普通高等教育“十一五”国家级规划教材

面向21世纪课程教材

高等学校旅游管理类专业系列教材

餐饮管理

（第六版）

主　编　蔡万坤　蔡华程

中国教育出版传媒集团
高等教育出版社·北京

内容提要

本书是面向21世纪课程教材、普通高等教育“十一五”国家级规划教材的修订版。

本书是以第五版为基础的修订版，共分十章，内容包括：餐饮管理基本原理概述、餐饮管理的机构设置和人员管理、餐饮预算目标管理原理和方法、餐饮经营市场营销和客源组织、餐饮经营的菜单设计与价格管理、食品原材料采购供应管理、厨房餐饮产品生产管理、餐厅酒吧销售服务管理、宴会经营与美食展销活动管理以及餐饮管理的成本核算与成本控制。各章设有“相关链接”“拓展阅读”“实际认知”“典型案例”，以及二维码“即测即评”，每章后设有“核心要义复习题”与“定量管理练习题”，方便学生强化餐饮管理基础知识的学习。

本书体系完整，结构合理。全书定量分析与定性分析相结合，注重理论联系实际，具有较强的实用性和可操作性。

本书适合作为高等学校旅游类专业教材，也可作为高等职业教育及自学考试相关专业教材和职业学校旅游专业教师的教学参考书，特别适宜做餐饮企业中、高级管理人员的业务参考用书，以及餐饮行业职业经理培训用书。

本书还特别配套了教学支持资源（教学课件）供老师们参考使用。

图书在版编目（CIP）数据

餐饮管理 / 蔡万坤，蔡华程主编. -- 6版. -- 北京：高等教育出版社，2023.4（2025.7重印）
ISBN 978-7-04-058877-4

Ⅰ. ①餐… Ⅱ. ①蔡… ②蔡… Ⅲ. ①饮食业－商业管理－高等学校－教材 Ⅳ. ①F719.3

中国版本图书馆CIP数据核字(2022)第109680号

Canyin Guanli

策划编辑 姚建婷　责任编辑 宋志伟　封面设计 张　志　责任绘图 邓　超
责任校对 刘丽娴　责任印制 刘思涵

出版发行 高等教育出版社
社　　址 北京市西城区德外大街4号
邮政编码 100120
印　　刷 三河市骏杰印刷有限公司
开　　本 787mm×1092mm 1/16
印　　张 26
字　　数 390千字
购书热线 010-58581118
咨询电话 400-810-0598
网　　址 http://www.hep.edu.cn
　　　　 http://www.hep.com.cn
网上订购 http://www.hepmall.com.cn
　　　　 http://www.hepmall.com
　　　　 http://www.hepmall.cn
版　　次 2018年10月第1版
　　　　 2023年 4 月第6版
印　　次 2025年 7 月第5次印刷
定　　价 58.00元

物 料 号 58877-00

第六版前言

《餐饮管理》从1998年首次出版至今已历25年，印制40多次，经受住了长期的市场检验，受到全国旅游院校师生和业内广大同仁的广泛欢迎。究其原因，一是该书内容原创基础及框架结构较好，其章节内容和逻辑安排基本上反映了餐饮企业管理的客观规律；二是高等教育出版社能够严把质量关，每次再版，都坚持了紧跟时代发展步伐，已经进行了六次与时俱进的修改，使本书从内容到形式都逐步达到了比较完美的程度；三是本书在长期教研建设过程中始终得到北京联大旅游学院和有关部门的关怀和爱护，并获得过一些荣誉，如2002年获得“十五”国家级规划教材，2004年被评选为北京联合大学“校级精品教材”，2005年又被北京市教委评选为“北京市高等教育精品教材”，2008年出第三版时被评选为普通高等教育“十一五”国家级规划教材，2021年再次评选为北京联合大学和北京市优秀教材。

精益求精，与时俱进，紧跟时代前进步伐是优秀教材建设的使命。为了更好地贯彻党的二十大精神，以适应新时代文旅发展的要求，我和副主编，清华大学经济管理专业研究生毕业的蔡华程先生（韩华集团总监兼韩华生命保险公司北京代表处首席代表）再次对书稿进行了本次修订：一是更换和修改了部分案例，使之更加与内容、与实际贴切；二是将每章后的复习思考题改为“核心要义复习题”和“定量管理练习题”，并修改调整部分题目，还在每章后都补齐了定量管理练习题，并编写全部定量管理练习题的标准答案，方便师生使用与练习检验学习成果；三是审读全书，对部分有印刷错漏的文字、图表、拓展阅读、实际认知、典型案例等中的文字和已不合时宜的数据做了修改。我们相信，第六版的《餐饮管理》不仅进一步保留和充实了全书内容的创新性、科学性、实用性和可操作性，而且更好地体现了全书理论、内容、方法、案例和形式的完美结合，也更加与时俱进了。

作者

2023年3月1日

第一版前言

《餐饮管理》是“十五”国家级规划教材，也是面向21世纪高等院校旅游管理专业专业课教材，同时，该书也是旅游教学研究领域中的一本旅游企业管理研究专著。该书1998年曾作为全国高等院校旅游专业统编教材正式出版。在几年的教学实践中，它以每年近1万册的发行量发行，受到全国包括港、澳、台地区高等院校旅游专业师生和全国饭店宾馆、涉外餐馆管理人员的广泛欢迎。此次出版，作者根据面向21世纪课程教材和国家级重点教材的要求对本书进行了全面、细致的修改，并增加了“餐饮管理的组织机构和人员编制”与“餐饮酒水销售服务管理”两章，使之更加全面系统和科学合理。

旅游业是一个新兴的产业，一个新兴产业的成熟需要理论研究的成熟，而理论研究必然有一个发展的过程。20世纪末，我国旅游企业管理，特别是饭店管理、客房管理、餐饮管理的书籍出了几十种，大体可分为两个阶段：第一阶段大多以传统的工商企业管理教科书为蓝本；第二阶段大体上以引用西方和东南亚地区的同类书籍为主，但在理论联系方面实际上还有不足之处，这是一个理论引进和消化的过程。20世纪最后几年到21世纪初，一些新的旅游企业管理书籍出现了。这些著作将西方管理先进经验和中国市场经济的国情相结合，将西方饭店企业管理的科学方法和中国实际结合起来，形成了自己的科学体系。该体系虽然尚未完全成熟，但它们已经初步具备了中国特色。《餐饮管理》在这方面做了较多的探索，应该说是一个代表。

本书根据餐饮企业经营管理的客观规律，以理论为指导，以业务经营活动为中心，以科学管理思想和方法为主要内容，坚持理论、方法和案例相结合，定性研究和定量分析相结合。全书在阐明餐饮管理基本原理的基础上，比较系统地论述了餐饮管理的组织机构、人员编制、市场营销、经营计划、原材料采购供应、产品生产、产品销售服务、酒水销售服务、宴会经营和食品展销，以及产品价格、成本核算与控制等环节的科学管理理论和方法。本书具有四个较突出的特点：一是理论的创新性。餐饮业历来是以手工操作为主，以师傅带徒弟的方式发展起来的，缺乏理论研究。本书结合餐饮管理实践，将经济学、市场学、管理学、行为科学、财务管理等各种理论的精神实质，通过综合与提炼，运用在餐饮管理的实践中，形成了自己的理论观点、概念、原则，体现在各章节的理论阐述中。二是方法的先进性。传统的餐饮管理由于以师傅带徒弟的经验管理为主，传统方法多，先进经验的总结不足，特别是定量管理比较薄弱。本书在总结先进实践经验的基础上，破除了传统经验管理思想的束缚，在市场营销、指标预测、预算编制、原料采购、生产管理、销售分析、价格管理、成本核算与控制等各方面，都引用了大量先进的管理方法，进行了深入的实证分析和定量分析，并在此基础上形成了解决餐饮管理实际问题的主要理论方法。三是内容的科学性。全书以管理理论为指导，以业务经营过程为主线，以降低成本费用、提高经济效益为归宿，将现代餐饮管理的内容组织起来，形成了内容全面、逻辑清楚、层次分明的科学体系。四是操作的实用性。全书各章节在结合实际阐明餐饮理论观点、管理原则、科学方法的基础上引用了大量的案例和实例分析，其理论既有对现实的归纳总结，又有自身的逻辑推演，从而揭示了餐饮管理的本质。而大量的案例和实例分析，因大多来源于餐饮管理的实际操作中，就更具有现实的指导性和实用性。

科学理论的发展是一个循序渐进的过程，企业管理实践又有大量新事物、新情况不断涌现，加之编者水平有限，书中缺点、错误之处，欢迎广大读者批评指正，以使本书不断充实和完善。

蔡万坤

2002 年 4 月

目录

第一章　餐饮管理基本原理概述

知识结构图

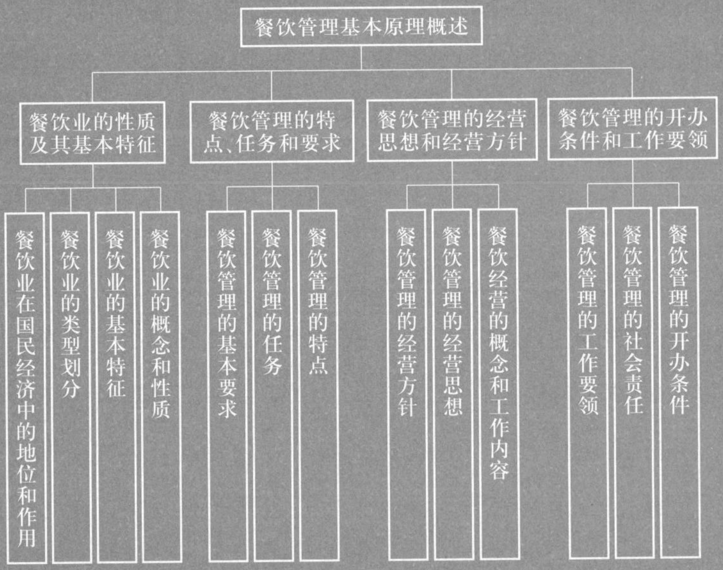

学习目标

知识目标

1. 掌握餐饮业的性质、基本特征及其地位作用
2. 掌握餐饮管理的特点和要求
3. 掌握餐饮管理的经营内容与方针

技能目标

1. 熟悉餐饮管理的开办条件
2. 熟悉餐饮管理的经营思想
3. 掌握餐饮管理工作的基本要领

第一节　餐饮业的性质及其基本特征

【案例导入】

中国餐饮业：一个庞大的产业

餐饮业既是国民经济的重要组成部分，又是旅游业的重要构成要素，也是创造社会财富的重要服务行业。中国餐饮业的业态形式主要有四种类型：一是依附型餐饮，以饭店、宾馆、酒店餐饮为代表。其餐饮不是独立的企业，而是依附酒店宾馆等企业而存在的。但它们却是餐饮经营与质量管理的代表。二是独立餐饮，以酒楼、饭庄、社会餐馆为代表。三是集团型餐饮，以各种连锁经营的餐饮集团公司为主。四是事业型餐饮，以机关、学校、医院、企业等内部食堂、餐厅为代表，但多不以盈利为目的，主要为内部人员的工作生活服务。中国餐饮业随着国民经济和旅游业的快速发展而迅速发展，已经形成一个庞大的产业。到 2020 年，全国规模以上的餐饮企业已近 500 万家，消费总额已超过 4 万亿人民币，就业总人数近 3 000 万人。这对拉动内需，促进国内外旅游业的发展，创造劳动就业机会无疑发挥着重要推动作用。但餐饮业又存在一定风险性，一旦遇到像 2020 年以来的重大疫情或社会性灾难，餐饮经营又会面临巨大困难，甚至大批企业倒闭。故，餐饮经营者对此应有清醒的认识。

点评　餐饮管理的目的是从市场供求关系出发，研究企业餐饮经营管理及其业务过程组织的基本规律、方法和技术，以提高企业餐饮产品和服务质量，获得优良经济效益。案例只为这一研究提示了一个大的产业背景。事实上，餐饮管理的研究内容是广泛而复杂的。它需要我们以这一背景为平台深入研究。本章作为全书开篇，主要介绍餐饮管理的基本原理，包括餐饮业的性质、特征、类型划分及其地位作用等，以为后面各章的研究打下坚实的基础。

一、餐饮业的概念和性质

（一）餐饮业的概念

餐饮业是利用设备、场所和一定消费环境为外出就餐的客人提供餐饮产品和用餐服务的生产经营性服务行业。

餐饮业是一个历史悠久的行业。从古至今，其为客人提供外出就餐服务的社会机能并没有改变。但是，随着社会生产力的高度发展，人类生活水平不断提高，人们在政治、经济、商贸、旅游、科技、文化等方面的交流日益频繁，家务劳动社会化程度日益提高，现代餐饮业正朝着设备舒适、环境优美、产品风味突出、服务质量优良的方向发展。

餐饮业的市场范围十分广泛。海内外各行各业的人们都能成为餐饮经营者的接待对象。与此相适应，餐饮业的经营类型十分复杂。酒店、餐馆、饭庄、快餐店以及各种类型的宾馆等，都从事餐饮经营。但不管其经营类型多复杂，餐饮管理都必须以目标客户（客人）为对象，以产品质量和服务质量为中心，以生产经营活动为主体，以提高经济效益为目的，使企业的等级规格、用餐环境与接待对象相适应。

餐饮业的营销活动是一个完整的供、产、销过程，食品原材料的采购、厨房的生产加工和餐厅的销售服务融为一体。还包括网购外卖、网上推销和送餐服务，它们以技术和网络手段为基础，技术含量较高。为此，餐饮管理必须研究营销活动的全过程，必须研究营销活动中的价值运动，分析其价值消耗和价值补偿，以适应市场变化，满足客人需求，获得优良的经济效益。

（二）餐饮业的性质

1. 经济属性

经济属性主要是指酒楼饭庄、酒店餐馆、餐饮集团等单位或部门的餐饮经营所固有的以追求经济效益为主要目的基本属性。经济属性是餐饮企业经营的本质属性。它要求餐饮企业管理必须遵循市场经济法则，在市场竞争中求生存、求发展；必须自主经营、独立核算、自负盈亏、自我发展、自担风险；必须具有企业法人的法律地位，独立承担民事法律责任。

2. 社会属性

社会属性主要是指酒楼饭庄、酒店餐馆、餐饮集团等企业或部门的餐饮经营都是为社会公众提供外出就餐服务的。它们都是公共消费场所。这种性质要求餐饮管理必须以客源为中心。要将客人当作餐饮业的衣食父母和希望所在，当作其经济效益的唯一来源。因此，餐饮管理必须坚持“宾客至上，服务第一，质量优先”的经营宗旨。餐饮管理只有始终以优良的消费环境、优质产品、优良服务与合理价格来不断满足客人的物质、精神和心理需求，才能始终立于不败之地，获得优良经济效益。

3. 文化属性

文化属性是指酒楼饭庄、酒店餐馆、餐饮集团等不仅是一种企业单位，而且是餐饮文化最典型、最集中的展现场所。餐饮业的文化属性主要通过三个方面表现出来：一是消费环境的建筑装修文化。它通过建筑与装修设计、环境装饰与美化形成餐厅特色与风格，体现出特定文化底蕴，对目标市场的客人产生强烈的形象吸引力。二是餐厅服务文化。它通过服务人员的服装服饰、服务态度、礼仪规格、服务操作和质量标准来体现不同餐厅的民族文化特色和地方文化氛围，展示具有浓郁文化色彩的特色服务。三是烹饪文化。它通过对烹调技术的传承与发展，在菜点名称、营养搭配、烹饪艺术、食雕造型、餐具选用、用餐方式等方面来营造出具有不同民族特色和不同饮食风味的文化氛围。消费环境的装修文化、餐厅服务文化和烹饪文化相结合，共同构成了餐饮业的文化属性。它可以使客人切身感受到现代餐饮所呈现出的不同的文化特色、风俗习惯和民族情趣，增强餐饮企业对目标市场客人的吸引力。

4. 生产服务属性

生产服务属性是指餐饮经营既有生产性质，又有服务性质。前者指餐饮经营是利用食品原材料，经过加工切配、烹饪制作生产出不同的餐饮产品。后者是指生产出的产品必须提供现场服务供客人就地消费。所以，餐饮经营是一个完整的供、产、销过程。其表现是边生产、边消费；厨房生产，餐厅消费；生产、消费和服务在时间和空间上都是基本相同的。餐饮业的生产服务属性要求餐饮管理必须十分重视厨房生产过程和餐厅服务过程的组织。要一手抓厨房生产和产品质量，一手抓餐厅销售和服务质量。始终坚持“两手抓，两手都要硬”，这样才能保证餐饮质量和经济效益。

二、餐饮业的基本特征

餐饮业是国民经济中为民众提供社会生活服务的基本产业。随着国民经济的发展，小康社会的到来，人均国民收入水平的迅速提高，到2020年我国餐饮业已经发展成年产值超过4万亿元的庞大产业。与其他行业比较，餐饮业具有四个基本特征。

（一）行业发展的依赖性和市场准入的容易性

餐饮业是为社会公众提供以外出就餐服务为主的生产经营性服务行业。餐饮业对国民经济的发展状况和国民收入水平有很强的依赖性。一个国家、一个地区、一个城市的国民经济越发达，人均国民收入和生活水平越高，尤其是旅游业越发达、流动人口越多，餐饮行业就必然越发达。所以，餐饮业的发展规模、结构、速度，是与当地国民经济的发展相适应的。

同时，餐饮业又是一种投资区别大、档次规模悬殊和经营方式灵活的大众服务性行业。其市场准入的门槛较低，只要能够筹集一定的资金和招募适当厨师人员，就可进入这一行业。正因为如此，餐饮业是一种很容易形成完全竞争和充分竞争的行业。市场竞争十分激烈，加剧了餐饮行业的市场波动性。进入容易，退出也很容易，这是餐饮行业发展的客观存在和必然趋势。

（二）市场范围的广泛性和顾客需求的多样性

餐饮业的市场范围十分广泛。凡是外出就餐的人员，无论他们的地位、身份、性别、年龄、职业、宗教信仰等如何，都可以成为餐饮企业的客人。但是，由于客人的国籍、民族、宗教信仰、生活习惯、饮食爱好、收入水平、支付能力等各方面的差别很大，因此，餐饮业的顾客需求又是多元化、多层次的。所以餐饮企业的经营就不可能面向所有市场。它必须明确自己的市场定位，以目标市场为中心来开展营销活动，在消费环境设计、产品质量保证和价格制定上要以目标市场为出发点，向其提供针对性强的优质服务，只有这样，才能确保经营成功。

相关链接

餐饮企业市场准入的基本条件

餐饮企业的市场准入是指企业经营者通过规划建设或租赁房产与开业筹划，在自由竞争、不设壁垒的条件下进入餐饮市场的一种行为过程。其市场准入的基本条件是：

（1）有符合企业等级规格的营业场所及其房产证明。

（2）有一定数额、经过验资的注册资本及其投资构成证明。

（3）取得企业卫生许可登记和消防安全登记。

（4）有符合要求的公司章程、协议，取得工商注册登记和营业执照。

（三）品牌创建的艰巨性和专利保护的困难性

餐饮业的经营活动是将食品原材料加工烹制成产品供客人食用。它以手工操作为主，高科技含量较低。在餐饮经营过程中，要想创造市场知名度和美誉度都很高的品牌，包括企业品牌和菜点品牌，即名点名菜，都是比较困难、艰巨的，往往需要较长的时间，投入较大的资金和人力、物力。且餐饮业的手工技术容易模仿，品牌专利的认证、界定比较困难，行业专利权的保护很困难。加之客源市场广泛存在的“吃新店”“吃新品”的“追新赶潮”消费心理的影响，由此形成了餐饮行业产品的模仿性、类同性、模糊性。要想改变这种现象，需要市场经济的深入发展、专利技术保护政策和法律法规的不断完善。

（四）饮食文化的民族性和产品风味的地方性

餐饮业是在长期的历史发展过程中，随着人类对美食的不断追求而逐步发展的。饮食文化包括餐厅装饰文化、服饰文化、烹饪文化、服务礼仪等。产品风味就是烹饪文化的集中体现。不同国家、不同地区、不同民族的地理气候、生活环境、宗教信仰、生活习惯不同，各地的物产和食品原材料也不同，从而就在长期的历史发展过程中形成了各种不同的饮食文化和产品风味，使餐饮行业具有“饮食文化的民族性和产品风味的地方性”特点。现代餐饮管理必须强化饮食文化、突出产品风味、办出经营特色、坚持产品质量和服务质量标准，只有这样，才能确保经营成功。

三、餐饮业的类型划分

现代餐饮业的经营类型是多种多样、复杂多变的。划分餐饮经营类型的目的是：第一，便于投资人根据餐饮类型选择投资方向，做出投资决策；第二，便于经营者根据餐饮类型和风味做好市场定位，选择主要目标市场和经营方向；第三，便于消费者选择适合自己需求的餐厅消费。根据考虑问题的角度不同，现代餐饮业的类型主要分为以下四种（见图 1–1）。

分类依据	餐饮类型	主要特点
按投资方式	国有独资餐饮	国有部门投资，以部门所有制形式出现，一般规模较大
	有限公司餐饮	股东以其出资额承担有限责任，公司不能公开募集股份和发行股票
	股份公司餐饮	募集或公开发行股票，股东权益和责任与持股额比例相对应。以大型饭店酒店为主
按存在方式	独立型餐饮	独立核算、自负盈亏、自我发展、自担风险的酒楼、餐馆、饭庄、餐厅等，是餐饮业的主体
	依附型餐饮	依附于酒店、宾馆，不是独立企业而是企业内部的一个部门，但一般餐厅类型多、设施服务先进
	集团型餐饮	多家或众多门店结合，形成多级法人治理结构，规模较大能够形成规模经营和规模效益
	事业型餐饮	机关、学校、医院、科研机构及企业内部食堂或餐厅，不以盈利为目的，主要为内部员工用餐服务
按中餐风味	广东风味	环境突出岭南风格，生猛海鲜为主，口味鲜嫩
	四川风味	装修巴蜀风格，原料多样化，口味以麻、辣、鲜为主
	淮扬风味	环境突出江南风情，制作精细，口味以甜、香、嫩为主
	山东风味	装修以齐鲁风格为主，善用汤，口味以咸鲜为主
	其他风味	环境突出地方或民族特色，口味各有特点，如闽菜、徽菜、傣家菜等
按西餐风味	法式西餐	环境突出法兰西特色，制作精细，产品质量优良，服务细致
	俄式西餐	具有俄罗斯特点，大盘为主，质量优良，服务较细致
	美式西餐	环境美观，形式多样，产品质量优良，装饰自由，服务较细致
	其他西餐	如英式、意式、西班牙式、芬兰式等，各有特色

图 1–1　餐饮业的类型

四、餐饮业在国民经济中的地位和作用

餐饮业是国民经济的重要组成部分。它主要为国民经济的发展提供社会生活服务。其地位和作用表现在四个方面。

（一）餐饮业是促进国内外经济文化交流、提供后勤服务的重要行业

随着我国市场经济的发展，国内外的政治、经济、文化交流更加频繁。大批外国政治家、科学家、企业家和文化界人士前来访问，从事经贸活动，进行科学考察和学术交流，他们都要品尝饮食风味，都要由餐饮业为其提供就餐服务。国内各行各业的专家、学者、工程技术人员、经贸工作者等在商务往来和学术交流过程中，也离不开餐饮企业。对外交流越广泛，国内经济建设发展水平越高，人们对餐饮产品的需求量越大。提供生活服务的餐饮业无疑对加强国际、国内交流，促进经济发展起着积极的推动作用。

（二）餐饮业是旅游业的构成要素和创造社会财富的重要服务行业

行、游、住、食、购、娱是旅游业的六大要素。发展旅游业，可以加强国际、国内交流，吸收外汇，满足国内人民日益增长的物质和精神生活需要，促进国民经济的发展。大批国内外旅游者前来游览观光、探亲访友，需要品尝饮食风味，领略当地的风土人情。餐饮业为其提供独特风味、优美环境和优良服务，不仅可以满足客人的需求，而且高超的烹调艺术、独具特色的饮食产品，也是饮食文化的结晶，本身又可以成为旅游资源，广泛吸引国内外旅游者。同时，餐饮业利用餐饮设备技术，通过食品原材料加工制造产品，本身就可以增加产品价值，创造社会财富。为海外旅游者提供餐饮服务的企业可以吸收外汇，提高我国的国民收入。

（三）餐饮业是活跃经济、繁荣市场、促进相关行业发展和提供就业机会的行业

餐饮业的发展规模、速度和水平，往往直接反映一个国家、一个地区的经济繁荣和市场活跃程度。同时，餐饮业的迅速发展，需要国民经济提供基础设施、生产技术设备、物资用品和各种食品原材料，因此，它必然促进轻工、建筑、装修、交通、食品原材料和副食品生产等相关行业的发展。这样，餐饮业的发展，为大批人员提供就业机会，包括在餐饮企业工作的直接就业和为餐饮业服务的食品原料、副食品供应及相关行业中的间接就业两种，成为解决我国就业问题的重要出路之一。到

目前为止，我国餐饮业的直接就业人数已达到 3 000 万人，间接就业人数在 5 000 万人以上。今后，随着我国经济的发展，餐饮业还将会为越来越多的人提供就业机会。

（四）餐饮业是促进社会消费方式和消费结构变化以及家务劳动社会化的重要行业

人类的饮食消费主要在家庭、工作单位和社会餐饮服务业中进行。经济越发达，国民收入水平越高，人类的对外交流活动越频繁，家务劳动社会化程度越高，越能促进餐饮业的发展。餐饮业的迅速发展，为人们的社会饮食消费创造了条件，可以减轻人们的家务劳动，促进社会消费方式和消费结构的改变。这就会促进家务劳动社会化的发展，促使社会分工合理化，从而促进社会经济更好、更协调地发展。

第二节　餐饮管理的特点、任务和要求

【案例导入】

餐饮总监张宝元先生的履新演说

Lidon 酒店是一家有 460 间客房、5 个餐厅、一个酒吧间的四星级酒店。酒店地处某市新建商业区，开业三年来，客房经营红火，但餐饮除西餐外，经营效果较差，基本处于亏损边缘。张宝元先生是半年前从一家大型餐饮集团公司跳槽来到 Lidon 酒店的。张先生中专烹饪专业毕业，已工作 6 年，又参加管理专业自学考试。受聘来到酒店后，他深入进行了调查，掌握了基本情况，提出了改革方案，得到酒店总经理的赞赏和支持。正式宣布上任后，他在酒店餐饮部发表了一个简单明确的履新发言。

张先生的发言在简单自我介绍的基础上，重点讲了三个问题：一是 Lidon 酒店餐饮部门的基本特点，以客观存在的优势为主，总结出带有规律性、能发挥竞争优势的几点看法；二是酒店餐饮存在的主要问题，包括质量不稳定、价格太高、产品风味不突出、宴会和餐厅利用率太低等；三是存在问题的原因分析和对策措施，主要介绍经酒店总经理审核批准的改革方案。

具有特级技师资格和丰富实践经验的张先生的履新演说受到酒店及餐饮部门员工的广泛欢迎，并投入实际运用。经过半年多的努力，Lidon 酒店餐饮部门的业务经营彻底改变

了面貌。餐厅上座率提高了 60%，宴会厅的营业收入提高了 80%。酒店餐饮部正在向更好的方向发展。

点评 性质、特点都是事物的本质反映，企业管理和实际工作一样，只有抓住本质，由此设定目标，才能确保正确的方向。案例中的餐饮总监张宝元先生正是抓住了事物的本质，从 Lidon 酒店餐饮部门的特点、问题等实际出发，进而拿出改革措施，所以才能取得良好结果。当然张先生的实际改革要比案例陈述复杂得多。这里没有具体介绍，本节的目的是借鉴张先生的精神，在学习完前一节餐饮业的性质、特征、地位与作用的基础上，进一步研究介绍餐饮管理的特点、任务和要求，以便为后面的研究提供理论支持。

一、餐饮管理的特点

餐饮管理是利用资源、运用管理功能来从事餐饮产品生产和销售服务活动，获得优良经济效益，满足社会需求的一种劳动方式。餐饮管理和一般工商企业及服务性企业管理比较，具有四个基本特点。

（一）生产过程短，随产随销

餐饮产品生产是通过对食品原材料的加工、切配、烹调制作来完成的。生产过程短，一份产品的制作往往只需要几分钟或十几分钟，即使是一次宴会也只需要几个小时。产品烹制完成后，必须马上销售，否则色、香、味、形都会受到影响，不能满足客人的消费需求。因此，餐饮管理具有很强的时间观念，必须将食品原材料的采购供应、加工切配、烹饪制作和销售服务形成一个整体。餐饮管理要坚持一条龙服务，正确处理生产过程中各个环节的关系，保持其衔接和协调。

（二）花色品种多，技术要求高

餐饮产品有各种不同的风味，在长期的历史发展中又形成各种菜系和派别，如中餐有川菜、鲁菜、粤菜、淮扬菜等菜系，每一种菜系又能烹制出成百上千个品种。就一个具体的餐厅而言，菜单上一般要安排几十个花色品种。随着季节和客人需求的变化，这些花色品种常常不断调整。在销售过程中，每一个品种所生产的份数又比较少。餐饮管理事实上是一个多品种、少批量的生产管理过程。从技术要求的角度看，餐厅每一个品种的主料、配料、调味料和烹制方法各不相同。产品质量取决于厨房的技术力量和厨师的技艺水平。因此，餐饮管理必须合理选好经营风味和花色品种，加强技术力量的培养，发扬优良传统特色。要树立应变思想和竞争观念，坚持继承和发展相结合，合理安排和适时调整花色品种，扬长避短，推陈出新，生产出独具特色的风味产品，办出经营特色。

拓展阅读

餐饮产品的核心技术

餐饮产品的核心技术主要指烹饪技术，其技术内容包括：

（1）刀功技术。这是指原料拣洗后的加工技艺，有切、片、拍、剁等技法，必须根据每种产品的风味特点和原料构成，分别采用不同技法，确保每种原料的加工在形状、大小、厚薄、粗细、长短等方面都符合产品和炉灶的要求。

（2）配份技术。这是指加工原料的构成搭配。即将每种产品所需要的主料、配料搭配起来，以保证产品风味。一个产品的主配料少则 2～3 种、多则 5～8 种。关键是要配量准确，无缺斤少两。

（3）烹调技术。这是指每个产品的烹制技法，包括不同产品的用油量、油温高低、下锅火候、配料的烹制技法、调味料的品种和用量、产品合成的火候控制、色香味形的形成控制等。

（4）雕拼技术。以冷拼为主，根据冷拼食品要求，将食材雕刻成适当的形状，与冷拼食品的造型配合，形成美观、典雅的产品形态。

（5）面点造型技术。根据产品风味和面食要求，在和面、发面基础上，将面、馅原料制成一定形状，美观的各种面点食品。

（三）影响因素多，营销活动具有风险与危机性

餐饮业和旅游业一样，其营销活动的影响因素众多。除企业自身的地理位置、交通条件、周围 0.5～1 小时车程范围内的商业繁华程度、大中型企业、机构、政府机构等的多少，企业有无存车条件、周围同类同等规格的企业多少和市场竞争程度外，还受国家和地区经济发展程度、居民生活水平、外出用餐宴请居民比例高低、当地国际国内旅游业的发展程度和流动客人的多少。特别是还受当地经济危机、地震、天灾、瘟疫、疾病流行等重大天灾人祸的影响，使其营销活动必然具有风险性和危机性。如在疫情前的正常条件下，北京、上海、深圳等一线大

城市，都有 8～10 万家以上的餐饮企业。但每年都会有成百上千以上的餐饮企业因各种因素的影响而倒闭关门、转让、转行。又有大量新的企业重新开张，你方唱罢我登场。特别是 2019 年年底开始，持续数年的新冠疫情、使旅游业、饭店餐饮行业几乎遭到了毁灭性的打击，刚刚开始浴火重生。为此餐饮饭店旅游企业管理人员，特别是投资人和高管人员都要树立风险意识、危机意识，随时关心企业和外界各种风险影响因素的变化，提前采取应对措施，预防和减少企业营销活动的风险、危机损失。

（四）经营方式灵活，收入弹性大

在餐饮管理中，由于菜系多、餐厅类型多、花色品种复杂、市场客源广泛，因此，经营方式要灵活多变。除了正常的一日三餐外，还可以根据市场需要，举办各种食品节、美食周、啤酒节、烧烤会、花园和池边品尝会等经营活动，将餐饮产品销售同会议、演出、自娱自乐、音乐茶座等各种文化活动结合起来。在实际经营过程中，餐饮收入弹性与接待人次、人均消费联系密切。餐厅座位周转越快，人均消费水平越高，收入越多；反之，收入越少。餐饮收入水平主要取决于企业的等级规格、市场环境、客流量、人均消费水平和服务质量。因此，餐饮管理必须坚持经营方式灵活、服务项目灵活、产品价格灵活；必须广泛组织客源，提高餐厅上座率和人均消费，改变客人消费构成。

（五）成本构成复杂，不易控制

餐饮经营成本包括食品原材料成本和流通费用，其中，食品原材料品种成千上万。在生产过程中，各种原材料的拣洗、宰杀、拆卸、涨发、切配方法和配制比例各不相同，原料耗损程度差别很大，它们在不同的餐饮产品中，既可作主料，也可作配料或调料。此外，还有水电燃料、餐茶具、清洁用品、服务用品消耗和劳动工资、折旧等流通费用。因此，餐饮成本构成十分复杂。在餐饮管理过程中，食品原材料要经过采购、储藏、领料、发料、加工、切配和炉灶制作过程，容易发生腐烂、丢失、耗损、报废等现象，使成本不易控制。因此，餐饮管理必须加强成本控制，建立一套成本管理制度，做好成本核算和成本分析，正确掌握毛利，随时掌握实际成本消耗，加强成本考核，以切实降低消耗，提高经济效益。

二、餐饮管理的任务

餐饮管理的任务是以市场开发和客源组织为基础，以经营计划为指导，利用餐饮设备、场所和食品原材料，发扬传统特色和民族美德，科学合理地组织餐饮产品生产和销售，满足国内外客人日益增长的、多层次的物质和文化生活需要，为繁荣经济、活跃市场、促进旅游业和国民经济的发展服务。具体包括：

（1）做好餐饮经营市场定位。即根据企业市场环境和内部条件，认真做好市场调查，选准目标市场和客源对象，搞好市场定位，并据此确定餐厅的经营风味、花色品种、经营方针、经营策略、价格水平，保证市场定位始终适应目标市场的需求变化。

（2）合理确定餐饮管理目标。即根据市场定位和经营策略、经营措施，在市场调查与分析的基础上，认真做好市场预测，合理确定预算目标，编制餐饮管理经营计划，确定企业和各餐厅收入、成本、费用、利润目标。

（3）做好食品原材料采供管理。即根据计划目标和业务需要，做好原料及物品采购、库房管理、领料发料等工作，保证生产需要。

（4）搞好厨房产品生产组织。即根据餐厅的经营风味，合理安排生产流程，继承和发展烹调艺术，搞好厨房生产过程的组织，保证产品质量。

（5）做好餐厅销售服务组织。即根据餐厅性质、风味提供优良就餐环境，合理安排服务程序，做好餐厅服务过程的组织，确保提供高质量、高效率的服务，满足客人物质和精神享受需要，扩大销售，增加经济收入。

（6）做好餐饮成本核算与控制。即制定标准成本和消耗定额，做好逐日、逐月的成本核算，加强成本控制，做好成本考核和成本分析，降低劳动消耗，以获得良好的经济效益。

三、餐饮管理的基本要求

（一）掌握客源，以销定产

餐饮管理过程就是客人的消费过程。它是就地销售、就地服务。它所生产的产品容易腐坏变质，色、香、味、形都具有紧迫的时间要求。由于生产过程短，随产随销，因此，必须坚持掌握客源，以销定产。它要求管理人员必须根据市场环境、历史资料、当地气候、天气变化等情况，做好预测分析。掌握每天、每餐次就餐客人的数量及其对花色品种和产品质量的要求，并据此安排食品原材料供应和生产过程的组织，以防止产销脱节，影响客人消费需求和自身业务活动的正常开展。

（二）注重食品卫生，确保客人饮食安全

餐饮经营过程中，客人流动性大，餐饮管理过程又是一种社会化劳动过程。因此，餐饮卫生好坏，直接关系到客人的身心健康。如果发生食物中毒和疾病传染，不仅造成重大经济损失，而且严重影响企业的声誉和当地旅游业的发展。因此，餐饮管理必须十分重视食品卫生，确保客人安全。它要求管理人员必须严格执行《中华人民共和国食品安全法》，从食品原材料的采购、验收、储藏、发料到加工、切配、烹制和销售都要建立一套严格的卫生管理制度。库房、厨房要坚持消毒，冷荤食品、重要宴会要坚持化验，做到层层负责、层层检查、层层把关，以确保餐饮产品新鲜可口、清洁卫生。

（三）正确掌握毛利，维护供求双方利益

餐饮经营毛利率的高低，直接影响企业经济效益和消费者的利益。餐饮毛利率分综合毛利率和分类毛利率两种。不同产品的毛利率是不相同的。正确掌握毛利、维护供求双方利益，要区别不同情况，坚持因地、因店、因花色品种和因接待对象制宜。它要求管理人员要正确执行餐饮价格政策，区别不同情况，制定毛利率标准。分类毛利率要有高有低，综合毛利率要有控制幅度，既要发挥市场调节的作用，又要维护供求双方的利益；既要扩大销售，又要在降低成本上下功夫。要定期检查毛利率执行结果，并根据市场供求关系做必要的调整。

（四）适应多种需求，提供优质服务

餐饮市场范围广泛，客人消费层次复杂多变，既有生理需要，又有精神享受需要，宴会服务更以享受成分为主。因此，餐饮管理必须适应客人多种需求，提供优质服务。它要求管理人员必须根据客人的身份、地位、饮食爱好、消费特点和支付能力，研究不同类型客人的消费需求

和消费心理，有针对性地提供优质服务。在产品安排上坚持品种多样，档次合理。在产品质量上突出风味特点，注重色、香、味、形。在服务质量上，坚持一视同仁，做到热情、礼貌、耐心、细致、周到，以满足客人多层次的物质和文化生活需要，提供优质服务。

第三节　餐饮管理的经营思想和经营方针

【案例导入】

北京功德福餐饮有限公司的经营方针

北京功德福餐饮有限责任公司是一家拥有七家大中型餐馆、一个培训基地、一处食品原材料配送中心的餐饮集团企业。公司是在房山区饮食服务公司的基础上，经过资产评估、产权分离、私人入股、企业改制而发展起来的。为促进公司规模拓展、规范公司内部经营管理，公司委托作者研究制定一套公司管理模式与规范。作者根据调查结果和公司未来发展方向及目标，为公司制定的经营方针内容是：立足公司总部所在的良乡、面向南城拓展市区，突出优良产品特色和优良服务，推行程序化、标准化和规范化管理，创造功德优先、福泽永存的品牌优势。发展横向经济联合、输出管理、投资参股、连锁经营，多元化发展，提高规模经济效益，促进集团公司和地区经济的发展。这一方针反映了公司当时的发展方向和目标，基本得到贯彻执行。

点评　思想和方针都是指导企业全局和方向与目标的，对企业经营管理具有十分重要的作用。案例中，功德福餐饮有限责任公司的经营方针就对集团公司的规模拓展及其标准化、程序化、规范化和品牌化管理的目标和方向提出了具体要求，对集团公司的经营管理有重要指导意义。当然，要贯彻这种经营方针，还会有很多政策、措施和方法。为此，我们在前面介绍餐饮管理特点任务的基础上，进一步研究介绍餐饮管理的经营思想和经营方针，以便帮助学员和业内同仁掌握酒店、餐馆等企业餐饮管理的全局性问题和方法。

一、餐饮经营的概念和工作内容

（一）餐饮经营的概念

经营是指筹划企业的营销活动以达到预期目标的总称。餐饮经营是指在国家方针政策和企业经营思想的指导下，以市场为对象，以产品销售为目的，筹划并组织餐饮产品的供、产、销活动，以满足客人的需求，获得良好的经济效益。餐饮经营的这一概念其核心包括三个要点：

1. 餐饮经营的要领

餐饮经营必须以企业拥有经营自主权为前提，以营销活动过程的组织为中心，以开展竞争为动力，以满足客人需求和取得营利为目的。

2. 餐饮经营的重点

餐饮经营的重点是研究企业同客观外界环境的关系。它要求企业从全局出发，研究餐饮经营思想、经营方针、经营策略、管理目标和风险收益，以便使客观外界环境同企业内部的人、财、物资源有机地结合起来，正确组织其营销活动。

3. 餐饮经营的实质

餐饮经营的实质是吸引招徕顾客，最大限度地满足客人需求，扩大产品销售。因此，它必须研究市场动向、市场特点、客源结构、销售方式、产品价格等，并根据市场变化及时调整产品结构、花色品种产品价格和就餐环境等，以增强企业竞争能力，广泛吸引客人，实现经营目标。

（二）餐饮经营的工作内容

餐饮经营是从市场定位、客源组织、菜单设计、原料选配、生产加工到接待服务的一个复杂过程。其内容主要包括四个方面：

1. 市场调查和经营预测

餐饮经营活动以市场调查为起点，其目的是寻找餐饮企业的市场所在。开展餐饮经营活动，必须确知自己的市场领域、顾客类型、客人的支付能力、客人要求的就餐环境以及产品风味、花色品种和产品价格等同客人需求的适应程度，这是开展经营活动的首要条件。

餐饮经营活动以市场预测为依据。它运用科学方法对调查资料进行加工处理。着重分析预测地区旅游发展状况，团体、散客、公司和长住客人数量以及当地外事机构、企事业单位的多少，当地居民和流动客人的多少，竞争对手的知名度，产品风味、特点、价格及其优势，餐饮企业所处地理位置、交通状况，客人流量和食品原材料的供应状况等。只有这样，才能将客观外界环境和企业供、产、销活动结合起来，确定自己的经营方针、经营策略、管理目标和风险收益，正确组织企业餐饮经营活动。

2. 经营方针和经营策略的选择

经营方针是餐饮企业发展的方向和指针。餐饮经营在遵循国家政策方针的前提下，还要根据市场调查和市场预测，确定自己的经营方针，以便为市场开发、客源组织、产品生产和销售、服务质量管理等指明方向。

经营策略是经营方针的体现。餐饮企业等级规格、设施条件、接待对象、技术力量不同，其经营策略也不完全一样。经营策略有单一产品策略、风味产品策略、多种经营策略、差别市场策略多种。企业具体采用哪些经营策略，需要根据市场调查和市场预测的结果，结合企业内部条件来选择。

3. 经营思想和管理目标的确定

餐饮经营活动是在经营思想的指导下进行的，它和餐饮企业经营方针、经营策略相辅相成。其实质是正确处理国家、企业、员工和消费者的相互关系，贯彻执行国家方针政策，确保餐饮企业坚持正确的经营方向。所以，餐饮管理人员必须根据国家方针政策，结合企业实际，确定自己的经营思想。

管理目标是餐饮经营的预期效果，它包括市场目标、销售目标、质量目标和效益目标，最终体现为经济效益。合理确定管理目标是餐饮经营的重要环节，也是餐饮管理的目的所在。它要求以餐厅上座率、接待人次、人均消费为基础，对企业收入、成本、费用和利润等做出全面安排。

4. 产品生产和接待服务活动的组织

餐饮企业所开展的各项经营活动最终都是为了扩大产品销售，满足客人消费需求。因此，产品生产是餐饮经营的中心环节之一。其关键是选择经营风味，安排花色品种，组织技术力量，确保产品质量，合理制定价格，以保证餐饮经营活动的顺利开展。

接待服务活动的组织是餐饮产品销售的直接体现。它要求合理安排接待程序，提供良好的就餐环境，有针对性地做好餐饮产品推销，提供优质服务，扩大产品销售，满足客人需求，由此完成餐饮经营活动的全过程，取得良好经营效果。

相关链接

餐饮经营过程模型（图 1-2）

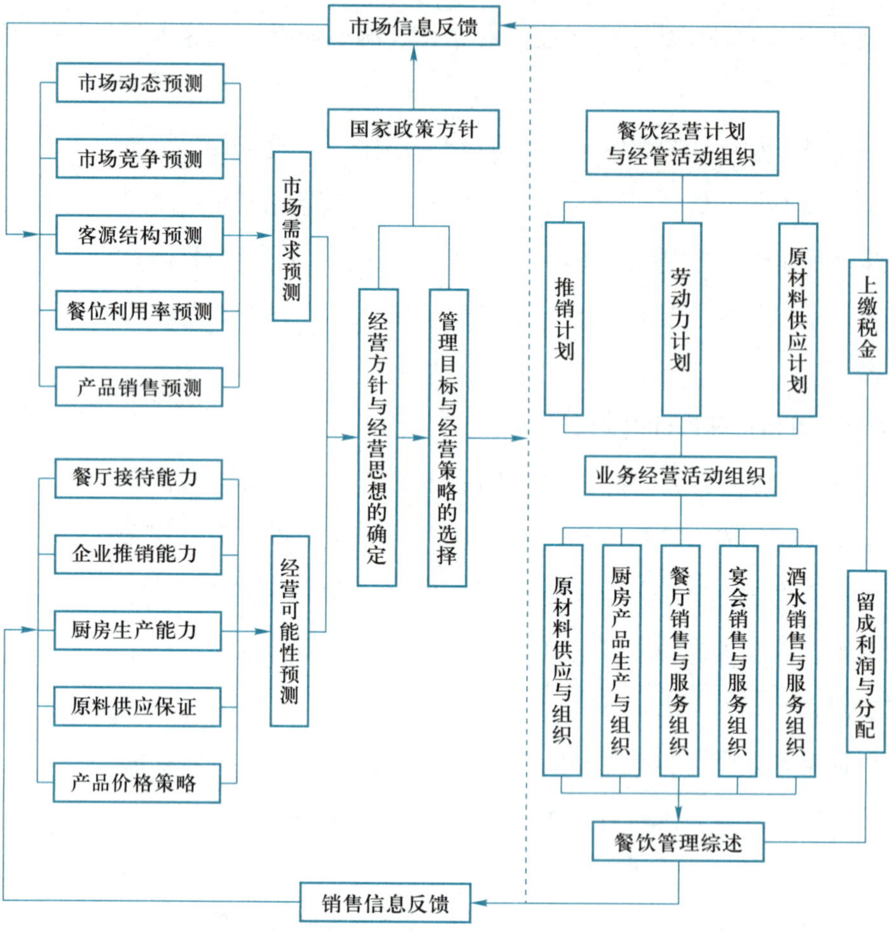

图 1-2　餐饮经营过程模型图

二、餐饮管理的经营思想

经营思想是由社会性质、生产力发展水平、企业管理特点和任务决定的。餐饮管理经营思想的内容主要包括五个方面：

（1）坚持以人为本、员工第一，改革管理制度，促进生产力发展的思想。具体地说，就是要正确执行国家方针政策，改革管理制度、分配制度、人事制度，树立以人为本、员工第一的经营理念，重视企业员工的权益，反对各种不正之风；要采用以搞活企业为中心的经营责任制度，完善企业内部运行机制；坚持合理用人，正确用人，改革人事选拔、任用制度，使能人脱颖而出。要采取各种措施，激发广大员工的主动性和创造性，充分调动人力资源的积极性，促进企业生产力的发展。

（2）不断改善服务态度、服务方式，提高服务质量，树立“企业的一切活动都是为了满足广大消费者需要”的思想。具体说来，要根据企业的等级规格、接待对象，制定质量标准，合理安排服务程序，形成质量管理制度；要根据客人要求，改善就餐环境，讲究服务方式和服务技巧；要教育员工树立强烈的服务意识，主动、热情、耐心、周到地提供优质服务；要树立以客人为中心、餐厅为龙头、厨房生产为餐厅服务、采购供应为厨房服务的一条龙服务思想。

（3）坚持以提高经济效益为中心，正确处理国家、企业、员工、投资方和消费者相互关系的思想。具体说来，要以经营计划为宗旨，合理确定利润目标；要加强市场开发、客源组织，扩大产品销售；要在照顾企业等级规格、提高服务质量的过程中，加强原材料成本控制，降低费用消耗；要正确处理价格、成本、费用和利润的相互关系，合理分配利润，兼顾各方利益；要认真执行国家经济政策，遵守财经纪律，反对偷税漏税、乱摊成本。

（4）坚持市场经济原则，讲信誉、讲质量，正确开展竞争，在竞争中直接接受广大消费者的评判和检验的思想。餐饮业的营销活动以市场调节为主，开展市场竞争是企业经营活动的动力。否则，企业一潭死水，缺乏生机和活力。正确开展竞争，必须讲信誉、讲质量，坚持以管理水平、服务质量竞争为主。在经营管理过程中对广大消费者的意见和建议要给予充分重视，以便促进企业改善经营管理，提高服务质量和经济效益。

（5）从长远利益出发，坚持高质量发展，不断创新，以勇于进取、勇于开拓的精神，社会效益、环境效益和经济效益一起抓，促进企业和国民经济共同发展的思想。餐饮业是一个历史悠久的行业，大批传统风味产品需要继承，同时又要不断创新。只有从长远利益出发，坚持高质量发展，以勇于进取、勇于开拓的精神，将继承和发展结合起来，不断创新，才能同时维护环境效益，提高经济效益和社会效益。因此，开展餐饮经营活动，就必须优化工艺流程，优化生产经营管理制度，不断提高管理水平，不断为创造新产品提供条件，从而促进企业和国民经济的发展。

三、餐饮管理的经营方针

经营方针是经营思想的集中体现，决定和指导着企业前进的方向。我国餐饮经营方针主要包括两个方面。

（一）行业经营方针

行业经营方针是指导全行业开展餐饮经营活动的指南。它由国家行政机关根据全行业餐饮经营管理的实际情况制定，对各级各类餐饮企业管理都适用。

我国餐饮业的行业经营方针是在实践中不断完善、不断发展的。

1956 年，针对当时的情况，国家主管部门提出了“尽量满足人民需要，在原材料供应许可的条件下，尽可能做到顾客想吃什么，有什么；什么时间吃，什么时间有”的行业经营方针，并要求大力恢复失传技术，总结历史经验，发扬优良传统。1964 年，全国餐饮工作会议对餐饮业的经营方针做了修改，提出了“面向大众，适应消费者多种需要”的方针；同时提出了划类分等经营的原则，制定了分等经营的一些标准和办法。1979 年，全国餐饮服务工作座谈会根据当时的形势和餐饮业迅速发展的需要，提出了“面向人民大众，分级划类经营，发扬优良传统特色，适应多种需要”的经营方针。

1985 年后，随着国民经济的迅速发展，我国旅游业迅速发展起来，带动了餐饮业的大发展，餐饮业的经营环境发生了深刻变化。经过近 40 年的发展，我国餐饮业不断发展壮大，并已形成规模经济的效应。到 2017 年，我国餐饮业的销售总额已达到 35 798.6 亿元人民币。现阶段我国餐饮业的经营方针可以概括为：以目标市场为对象，以消费需求为中心，面向国际、国内市场，分级划类经营，坚持高质量发展，宾客至上，服务与质量并重，发扬优良传统和民族美德，适应各种类型的消费者日益增长的、多层次的物质和文化需要，促进旅游业和地区国民经济的不断发展。这一方针反映了我国各级各类餐饮企业经营管理的共同要求。

（二）企业经营方针

企业经营方针是在行业经营方针的指导下，以企业经营目标为宗旨所制定的具体方针。它随餐饮企业的性质、任务、环境条件和接待对象的不同而变化。同时，在不同时期，企业经营方针的具体内容也不一样。

企业经营方针又分两种情况：一是针对酒店宾馆餐饮部而言，由于它们并不是一个独立的企业，而是酒店内部的一个经营部门。因此，一般说来，企业经营方针也是餐饮部门的经营方针。如北京王府饭店明确提出："从饭店设计开始，我们就意在为古老的北京增添一个新的传奇。国际旅游者种种美好的愿望都能在这里实现：享受最高水准的服务，体验最为诚挚的情意，品尝最富特色的佳肴，使用最为豪华的设备，王府饭店在北京为您创造一个惬意美满的家。"对于各种餐厅、酒家而言，由于它们专门从事餐饮经营，经营方针则直接根据企业的等级规格、接待对象、性质任务和管理目标来制定。如有的以"树立声誉、开拓市场、发扬××传统风味特色"为经营方针，有的以"以质量求生存，以竞争求发展，两个效益一起抓"为经营方针等。

在企业经营方针的指导下，餐饮经营还可以确定某些具体的工作方针，作为企业经营方针的补充。具体内容根据市场环境、管理目标等的不同而变化。如在市场开发方面，有的提出"以散客为重点，面向国际、国内市场"；有的提出"面向团体旅游客人和当地居民，提供有人情味的优质服务"等。在产品销售方面，有的提出"让客人在优美的就餐环境中享受独具特色的餐饮风味和亲切、礼貌的服务"；有的提出"面向人民大众，坚持薄利多销"等。

第四节　餐饮管理的开办条件和工作要领

【案例导入】

华为公司的员工培训

华为技术有限公司（以下简称：华为）是一家由员工持股的高科技民营企业，现已发展成一家世界著名的高科技大型集团企业，公司对新员工的培训极其严格，被称为“魔鬼训练”。华为的岗前培训一般包括军事训练、企业文化、车间实习、技术培训、市场演习五个部分，其中，“市场演习”尤为新颖，同时也彰显了华为培训的特色之处。

华为市场部要求新员工到市场见习 3 个月，其间的考试简直多如牛毛。其中，销售技能实战演习对员工最具挑战性。华为要求学员到街上推销、叫卖。为了增强实践的真实性，在销售过程中不允许说出自己是华为员工。深圳市严格禁止无证小贩摆摊售卖。因此，学员在实战演习中常常被当作无证小贩而被城管抓住……华为的这种“魔鬼训练”方法大大提高了公司的软件建设水平，为公司培养了大批人才。

点评 案例中华为的员工培训是企业软件建设的重要途径和方法，而硬件和软件建设都是企业极其重要的开办条件，也是企业长期生存和发展的基础和保证。为此，我们在本章最后研究介绍餐饮管理的开办条件、社会责任和工作要领，以帮助学生和业内同仁提高职业意识，也为以后各章的研究打下坚实基础。

一、餐饮管理的开办条件

餐饮管理是以餐饮产品的生产和销售服务活动的组织为中心，以满足人们外出用餐需求和取得一定效益为目的的一种社会劳动方式。从现代餐饮业的存在方式看，主要有独立型餐饮、依附型餐饮、集团型餐饮和事业型餐饮四种类型，前三种都属于以追求经济效益为目的的企业行为，最后一种则主要是为本单位的员工提供后勤服务，因而它们不以营利为目的。但不管属于哪一种，其管理对象则是相同的，都是以餐饮产品的生产经营和销售服务过程的组织为工作对象的。从这一角度来考察，现代餐饮管理必须具备硬件和软件两个方面的基本条件。这里我们重点介绍餐饮企业管理必须具备的基本条件。这也是本书研究介绍餐饮管理的基本出发点。

（一）硬件条件

1. 必须具有与企业规模基本一致的房屋设施

房屋是开办餐饮企业的基本条件。房屋是由企业选址决定的。一般应该选择位置优越、交通方便、面临大街、客流量大的位置。房屋面积必须与企业规模保持一致。所谓企业规模是指餐饮企业的餐厅、酒吧、宴会厅的餐位多少，同时必须拥有与企业餐厅、酒吧、宴会厅的餐位多少相适应的热菜、冷荤、面点厨房，有适当面积的干货、冷藏、冷冻库房和相应的办公、接待等房屋设施。这些房屋的面积都应与餐厅、酒吧和宴会厅的餐位数量相适应，这样才能保证餐饮管理各项业务的协调开展。

2. 必须有与企业等级相适应的各种设施设备

餐饮企业的设备可大致分为生产设备、接待服务设备和办公设备三种类型。生产设备以热菜、冷荤、面点厨房和库房设备为主，种类很多。接待服务设备以餐厅、酒吧、宴会厅的各种家具、电器设备为主。办公设备则以计算机联网系统设备和办公家具为主。但这些设备必须与餐饮企业的等级规格相适应。企业等级或星级越高，其设备档次越高，越豪华舒适。所以，拥有与企业等级规格相适应的、适用性强的各种设备设施，也是餐饮管理必须具备的开办条件。

3. 企业消费环境的装修美化必须与企业的等级规格保持协调一致

餐饮企业的等级规格或星级高低主要是由企业的设施设备和消费环境的装修与美化水平决定的。同样的房屋设施、家具与设备，若是普通装修，则企业等级就较低。反之，采用高档豪华家具与设备，经过精心设计、精美装修，形成豪华、典雅、美观、大方的消费环境，就成为高档豪华餐饮企业必备的了。任何餐饮管理总是针对一定等级规格和消费环境的企业而言的。离开了企业的等级规格和与之相适应的经过装修美化、形成一定消费环境的餐厅，餐饮管理就是一句空话。所以，拥有与企业等级规格协调一致的经过装修美化的消费环境，也是现代餐饮管理必须具备的重要条件之一。

（二）软件条件

1. 必须具有完善的组织机构和领导体制

现代餐饮管理本质上是对人的管理，是利用人力资源，组织餐饮企业员工来开展业务经营活动，满足客人的消费需求而获得优良经济效益。如果没有健全的组织机构和领导体制，餐饮管理就会群龙无首，成为一盘散沙。因此，建立健全餐饮企业的组织机构和领导体制，确定企业各级各部门的岗位设置，制定领导管理制度并认真贯彻落实，就必然成为餐饮管理的重要开办条件。

2. 必须制定健全的企业章程和规章制度

企业章程既是现代企业组建时注册登记、取得法律地位的必备文件，又是企业管理的根本制度。企业其他规章制度都是根据企业章程的要求和企业管理需要而制定的。没有规矩，不成方圆，企业章程和规章制度就是企业的宪法和配套法规。所以，制定健全的企业章程和规章制度也是餐饮管理必须具备的开办条件。企业章程又叫公司章程，是在企业注册登记时就必须制定的。这些章程主要包括企业“员工守则”“财务管理制度”“劳动分配制度”“人事管理制度”和“质量管理制度”等方面。它们大多是在企业开业期间制定，以后逐步修改补充和完善的。

3. 必须拥有一支人员素质与企业的等级规格相适应的员工队伍

餐饮企业的等级规格越高，其消费环境和设施设备越豪华典雅，则其客源档次和消费水平越高，收费标准越高，因而对其人员素质的要求越高。否则，对其人员素质的要求就会相对低一些。事实上，在市场经济条件下，餐饮企业的等级规模与其人员素质的高低是基本协调一致的。所以，拥有一支人员素质与其企业等级规格相适应的员工队伍，也是现代餐饮管理必须具备的条件。这种员工队伍的人员素质与企业等级规格的关系主要通过三类人员来体现：一是以总经理为核心，以行政总厨、餐厅部经理等部门经理为台柱的管理人员的素质；二是以企业产品风味为基础的厨师人员的素质；三是企业各餐厅、酒吧、宴会厅的服务人员的素质。企业等级规格越高，这三类人员的素质要求就越高，反之，则相对低一些。这些都是餐饮管理必须具备的条件，需要引起投资人、董事会和总经理等高管人员的重视。

二、餐饮管理的社会责任

餐饮业是为人们外出用餐、宴请提供服务的生产经营性服务行业，是国民经济中提供社会化生活服务的基础产业。因此，餐饮管理承担着比较重要的社会责任。

（一）繁荣经济，活跃市场

餐饮管理所需要的设备、食品原材料、燃料动力、各种生活用品等，都来源于国民经济的其他部门，因此，就要正确处理餐饮业同国民经济其他部门的关系，即要采用记价、记账、结算等等价交换的原则。同时，餐饮管理所创造的产品可以满足国内外旅游者和国内居民的社会生活需要，直接反映社会消费的繁荣程度。这本身就能促进国民经济相关行业的发展，起到繁荣经济、活跃市场的重要作用。

（二）增加社会积累，促进经济发展

餐饮管理从社会取得各种生产资料，经营过程中又将食品原材料、生活用品和劳动力等生产要素组织起来，创造出精美的食品，为客人提供社会生活服务，同时要遵循价值规律。由于加入了员工劳动，创造出了新的价值，必然创造利润。利润形成后，通过工商税、所得税、城市维护建设费、房产税等形式上缴国家和地方政府。同时又创造了大量的外汇收入，能够为社会增加积累，这也是餐饮管理社会责任的一种重要表现形式，同样能够促进国民经济的发展。

（三）提供社会生活服务，满足职工就业需求，促进自身繁荣

餐饮管理的最终目的是利用自己的设备和产品，为客人提供社会生活服务。在这一过程中，不仅为社会提供了就业机会，而且通过创造收入，增加利润，可以满足企业内部员工的物质需要，同时促进自身的繁荣和发展。这本身也是对社会的贡献和社会责任的一种表现形式。

三、餐饮管理的工作要领

餐饮管理要领是指餐饮管理人员为开展业务经营活动而实施的纲要性工作。它形成了餐饮管理工作的基本程序和日常事务。概括起来，餐饮管理的工作要领主要包括五个方面。

（一）分析经营环境，设定管理目标

餐饮管理总是在一定的客观外界条件下进行的。只有认真分析经营环境，才能结合企业内部实际，发现自己的长处和不足。分析经营环境的重点是大力开展市场调查，掌握市场动向、特点和发展趋势，了解客人需求变化，掌握市场竞争状况，同时掌握国家方针政策和对餐饮经营的有关法律和法规等。然后对这些调查资料进行认真分析，并和企业自身条件结合起来，最终达到确定经营方针、选择经营策略、确定经营风味以及筹划餐饮产品供、产、销活动的目的。

设定餐饮管理目标是分析经营环境的继续和深入。餐饮管理的目标

按时间划分有长期目标、中期目标、短期目标；按内容划分有市场目标、销售目标、质量目标和效益目标；按层次划分有企业目标、部门目标、基层目标等。设定餐饮管理目标要坚持以提高经济效益为中心，以企业目标和部门目标为主，整体与局部相结合。因此，要以调查资料为依据，通过预测分析，首先设定战略目标，然后形成市场、销售、质量、效益等具体管理目标，并通过管理目标的层层分解，转化成收入、成本、费用、利润等经济指标，落实到企业、部门、基层主管等各级管理部门和人员。这样，将各级管理人员和广大职工的注意力引导到餐饮管理目标上来，向着共同的目标奋斗。

（二）发挥规划功能，合理分配资源

规划和目标是相辅相成的。餐饮管理目标一经确定，就要根据餐饮目标管理的要求做好统一规划，以保证餐饮经营各部门、各环节的协调发展。餐饮管理发挥规划功能的重点是做好三方面的工作：一是人力规划。要根据企业等级规格、接待能力、管理任务的不同，对采购、储藏、厨房生产和餐厅服务的管理人员、厨师人员和服务人员做好统一安排。二是服务项目规划。要根据客人的需求，对餐厅类型、服务内容、销售方式等做好统一规划，以满足客人多层次的消费需求。三是业务活动规划。要对市场开发、客源组织、食品原材料供应以及厨房生产和餐厅、宴会服务等各项业务管理工作做好统一安排，形成互相联系、互相衔接的管理体系，保持全局“一盘棋”。

合理分配资源是发挥规划功能的自然结果。餐饮管理的资源主要是人、财、物三个方面。人力资源分配要以管理目标和任务为基础，根据定额、定员来确定；财务资源分配以资金消耗为主，要确定采购成本、生产成本、各种费用消耗、资金占用、资金周转等指标；物资资源分配是资金分配的转化形式，要确定库房定额、产品消耗定额。同时，要搞好综合平衡，合理安排各部门、各环节的各种资源分配的比例结构，最终达到物资流、资金流、信息流畅通，为完成餐饮管理目标提供资源保证。

（三）督导次级经理，组织业务经营

餐饮管理目标一经确定，在合理分配资源的基础上，就要根据管理

目标和任务，逐级督导，检查各级人员的工作，以保证管理目标和计划任务的顺利完成。督导次级经理要坚持垂直领导的原则，逐级进行，以控制计划进度，纠正偏差。同时要将定性管理和定量分析结合起来。凡属服务质量、服务态度等方面的问题，要深入实际去督导和检查；凡属收入、成本、费用、库存量、周转量等方面的问题，要运用财务信息反馈去督导和检查，以便和实际结果比较，发现各级、各部门的问题，有针对性地提出改进措施。

组织业务经营和督导次级经理是同时进行的。其重点是督导各级管理人员去做好客源组织、采购储藏业务组织、厨房生产组织和餐厅服务组织等各项管理工作，它是一个复杂的过程，管理人员要深入实际，制定管理制度，安排工作流程，充分发挥现场管理的作用。同时，要加强管理沟通，搞好内部协调，保证餐饮管理各项业务经营活动的顺利开展。

（四）协调内部关系，创造团体和谐气氛

餐饮管理内部关系十分复杂，常常在资源分配、任务确定、人际交往、工作安排、利益分配等方面产生矛盾或摩擦。只有正确处理好这些关系，才能使各级管理人员和职工心情舒畅，形成向心力和凝聚力，发挥餐饮管理的集体效应。协调内部关系，要理顺餐饮管理体制，明确规定各级管理人员的职权和隶属关系，管理过程中发生矛盾或摩擦，要坚持逐级协调的原则，尽量避免越级指挥和协调。

协调内部关系的目的是创造团体气氛。它是企业管理中员工精神面貌的外在表现。团体气氛来源于员工对企业、对集体的热爱和关心，根源于对企业前途和对事业的执着追求。它又可以形成强大的精神力量，引导员工奋发向上，做好餐饮生产经营和接待服务工作，提高服务质量和经济效益。餐饮管理要创造团结的气氛，把员工的注意力引导到餐饮管理目标上来，共同为完成管理目标而奋斗，它是形成餐饮管理团体气氛的纽带；必须保证员工在企业中的主人翁地位，关心员工的物质利益，使他们心情舒畅地工作在各自的岗位上，以主人翁的姿态工作，人人关心企业经营，人人关心服务质量，人人关心经济效益，由此形成良好的团体气氛。

（五）控制工作进展，检查完成结果

控制工作进展是保证餐饮管理各部门、各环节的工作朝着既定目标和计划任务顺利进行的重要条件。在餐饮业务管理过程中，客源数量、营业收入、成本消耗、经济效益等各项指标是通过逐日、逐周、逐月、逐季开展业务经营活动来完成的。控制工作进展就要建立原始记录制度，逐日、逐周、逐月、逐季做好统计分析，采用信息报表，及时发现问题，纠正偏差，保证管理任务的顺利完成。

检查完成结果和控制工作进展是一个问题的两个方面。一般说来，检查和控制是同时进行的。在餐饮管理中，各项管理任务都要通过检查来确定各级管理工作的好坏，检查完成结果要以计划目标为标准，利用信息反馈资料，将完成结果和计划标准进行比较。同时，要建立奖罚制度，根据各级、各部门完成任务的好坏，奖优罚劣，鼓励先进，这样才能调动干部职工积极性，保证各项任务的顺利完成。

核心要义复习题

1. 列举三家你去过的饭店或餐馆。根据你的观察和用餐感受，说说它们是一种什么样的行业。
2. 什么是餐饮经营？请你就一家饭店的餐饮管理说明其经营内容。
3. 我国餐饮业经营思想和经营方针的内容是什么？餐饮业为什么要执行这一方针？
4. 你一定到饭店餐厅用过餐，就你的观察和体会，说明其餐饮管理的特点。
5. 某新建饭店是一家有 300 间客房的三星级饭店。该饭店正筹建开业，准备招聘餐饮部经理。如果你去应聘，请你从全局出发，拟出一份饭店餐饮管理的工作纲要。

定量管理练习题

1. 天上人间大酒楼共有餐位 680 个，4 月的餐位利用率为 1.38。酒楼早餐接待人次占总人次的 21.5%，食品人均消费 23.2 元，饮料比率 3.6%。正餐人均消费 81.25 元，饮料比率 19.4%。请试算出天上人间大酒楼 4 月经营业绩，填入表 1–1 中。

表 1–1　天上人间大酒楼 4 月经营业绩

项目	项目		合计
	早餐	正餐	
接待人次			
食品收入			
饮料收入			
合计收入			
每人次消费			

2. 东坡大酒楼有餐位 360 个，“五一”假期三天的餐厅上座率（不开早餐）85.4%，食品人均消费 92.5 元，饮料比率 21.4%，期间接受当地有关部门的监督检查开出客单 3 次，消费 2 350 元，餐厅食品成本率 36.8%，饮料成本率 25.4%，请试算餐厅“五一”假期的营收和毛利，填入表 1–2 中，

表 1–2　东坡大酒楼“五一”假期营收与毛利

项目	营收（万元）	项目	毛利（万元）
接待人次		食品成本	
食品收入		饮料成本	
饮料收入		合计成本	
客单消费		营业毛利	
实际收入		毛利率	

即测即评

第二章　餐饮管理的机构设置和人员管理

知识结构图

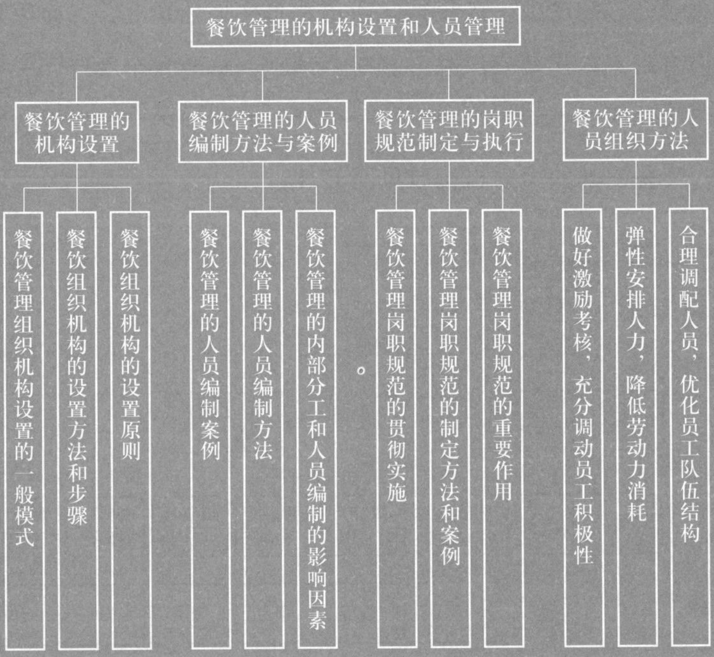

学习目标

知识目标

1. 餐饮组织机构概念、设置原则与步骤
2. 餐饮管理中的内部分工、人员编制的影响因素、岗职规范制定方法
3. 餐饮管理的人员组织方法

技能目标

1. 掌握餐饮人员编制与计算方法
2. 能制定厨房、餐厅基层人员岗位职责规范
3. 能提出一家小型餐厅人员组织工作重点

第一节　餐饮管理的机构设置

【案例导入】

北京新兴宾馆餐饮部的组织机构

北京新兴宾馆是一家管理比较先进的企业，曾获得北京市紫金杯最佳企业奖、全军质量效益双佳饭店。宾馆餐饮部设有粤菜、川菜、风味、咖啡、酒吧、宴会六个餐厅，一个客房送餐部。与此相适应，其厨房在行政总厨下设有与餐饮风味对应的厨房。宾馆餐饮在北京公主坟地区一直较有名气，其餐饮部的组织机构参见图 2-1。

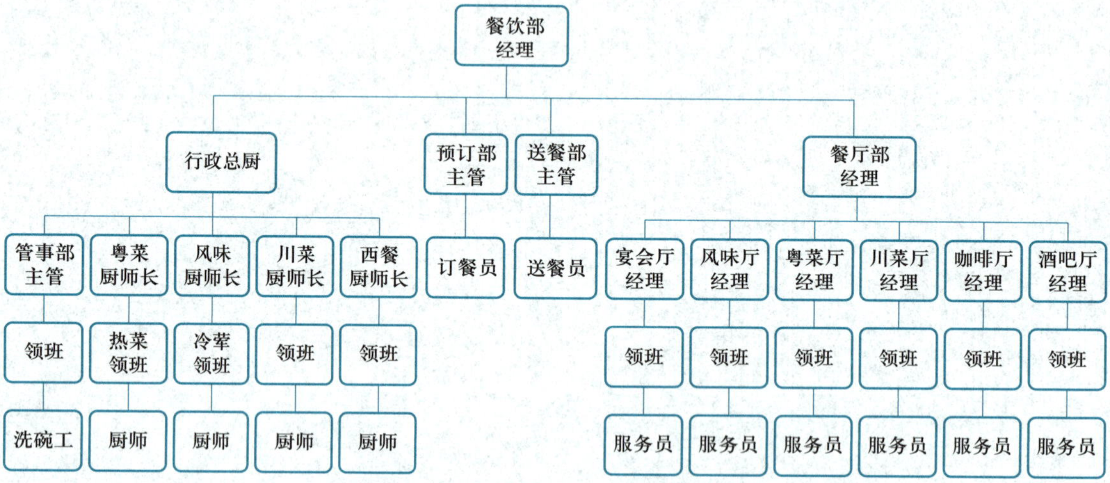

图 2-1　新兴宾馆餐饮部组织机构图

点评　机构设置是餐饮企业管理的组织保证，也是员工编制、人员管理的前提和基础。餐饮管理的机构设置和人员管理涉及多方面的问题，但一定要从本企业的实际出发。北京新兴宾馆餐饮部的组织机构图只是一个简图，其内部分工则更细致，有自己的模式。本章的目的是在餐饮管理基本原理的基础上，从人力资源的角度来研究餐饮管理的机构设置、人员编制，员工岗位、职责规范的制定、执行和管理方法，以便提供餐饮管理的人力资源保证。

一、餐饮组织机构的设置原则

组织机构是为完成经营管理任务而结成集体力量，在人群分工和职能分化的基础上，运用不同职位的权力和职责来协调人们的行动，发挥集体优势的一种组织形式。

餐饮管理的组织机构是针对企业餐饮经营管理目标，为筹划和组织餐饮产品的供、产、销活动而设立的专业性业务管理机构。

组织机构是有效开展业务经营活动的组织保证。组织管理学家巴克斯曾指出：领导的职责就在于成功地设计一种组织，并委派最恰当的人选，然后致力于按照组织原则促使大家去达到目标。餐饮管理的组织机构就是这种组织原理的具体运用。其组织机构的设置原则是：

（一）精简与效率相统一的原则

餐饮管理的组织机构是为经营活动服务的。组织机构的规模、形式和内部结构必须在符合业务需要的前提下，将人员减少到最低限度。精简的关键是精，能够用最少的人力去完成任务。精简的目的是为了减少内耗，提高效率。精简和效率相统一的主要标志是：配备的人员数量与所承担的任务相适应，机构内部分工得当，职责明确，每人有足够的工作量，工作效率高，应变能力强。

（二）专业化和自动调节相结合的原则

餐饮管理是一项专业性很强的工作，必须保持其组织机构和工作内容的专业性和正规性。组织机构内部的专业分工要明确，职责范围要清楚。各级管理人员和职工要接受一定的专业训练，具有一定的专业水平和能力。组织机构要有相对独立性，各类管理人员在职责范围内能够独立开展工作，能够灵活处理同客观外界环境的关系，具有一定的灵活性。专业化和自动调节相结合的主要标志是：组织机构大小同企业等级规模相适应，内部专业分工程度同生产接待能力相协调，专业水平和业务能力同工作任务相适应，管理人员能够在不断变化的客观环境中主动处理问题，并具有自动调节的功能。

（三）权力和责任相适应的原则

餐饮管理是运用不同职位的权力去完成管理任务。责任是权力的基础，权力是责任的保证。责任和权力不相适应，管理人员就无法正常地从事各项管理工作。餐饮业的组织机构坚持责任和权力相适应的标志是：组织机构的等级层次合理，各级管理人员的责任明确，权力大小能够保证所承担任务的顺利完成，责权分配不影响各级管理人员之间的协调与配合。

二、餐饮组织机构的设置方法和步骤

餐饮管理组织机构的设置方法根据企业性质、规模大小、档次高低、接待对象不同而不完全相同。从总体角度看，其设置方法主要分为四个步骤。

（一）根据企业性质和投资结构，选派产权代表，确定组织领导体制

我国餐饮业主要由酒店、宾馆的餐饮，与相对独立的餐馆、酒楼等组成。它们的企业性质和投资结构各不相同。从组织机构设置的角度来看，在市场经济条件下，任何企业的组织领导体制都是由投资结构决定的。因此，建立餐饮管理组织机构，首先要根据企业性质和投资结构选派产权代表，确定组织领导体制。这里分为两种情况：一是酒店、宾馆的餐饮。它们不是一个独立的企业，而是企业内部的一个部门，尽管其规模、档次一般都高于餐馆，但它们没有企业法人的资格。因此，酒店宾馆建立餐饮管理的组织机构，其产权代表就是酒店宾馆的总经理或董事长，由他们来研究、确定其餐饮管理的组织领导体制。一般说来，这种组织领导体制就是总经理或董事长领导下的部门经理负责制。二是餐馆酒楼。它们大都是一个独立的企业，根据投资结构不同，其第一投资人也必然派出产权代表担任董事长或总经理，由他们来研究确定企业的组织领导体制。

相关链接

企业产权代表的作用

产权代表是根据企业投资结构确定的代表企业投资人权益的高层负责人。国有企业的产权代表是由企业国有资产管理方任命的。股份公司和有限责任公司企业的产权代表是根据投资结构确定的。企业产权代表的作用主要表现在两个方面：

一是企业筹建时期。由企业主要投资方委派或任命，以筹建负责人的身份来负责企业的规划建设和开业筹备工作。到企业成立正式的组织机构结束。

二是企业正常经营时期。从组织机构建立转入正常经营后，企业产权代表以企业董事长为主，且都以副董事长或监事会主任等参与企业经营决策与管理，故企业的领导体制、组织机构和重要决策都是由他们来决定的。

（二）根据规模档次和接待对象，确定餐饮管理组织机构的大小和形式

在餐饮管理组织领导体制确定的基础上，饭店、酒店、餐馆等的餐饮管理组织机构的大小和形式都是由其规模、档次和接待对象决定的。如一星级、二星级的中小型酒店，其餐厅数量往往只有一到两个，档次也不高，座位数量也相对较少，因而内部机构很简单；一般中型酒店，大多有 2~4 个餐厅和配套厨房，档次多在三星级左右，因而其组织机构的规模和形式也较简单；四星、五星级的大型酒店，其餐厅数量一般在 7~8 个，多的甚至十几个，风味齐全，档次很高，其组织机构的规模和形式就复杂得多。

（三）根据专业分工确定部门划分和岗位设置，制定各岗位职责规范

在组织机构的规模和形式确定的基础上，企业根据各岗位具体任务，确定内部的部门划分和岗位设置。如大型餐饮企业可以设餐厅部、厨房部、酒水部，有条件的大型酒店还可以设置独立的宴会部，然后再确定各部门的下级归属，设置各种岗位。而小型酒店、宾馆则完全不必这么复杂，只需设置 1~2 个小餐厅或几个岗位即可。

在部门划分和岗位设置的基础上，还应根据不同岗位的任务、职责、权限，分别制定出各个岗位的职责规范。其内容应该包括不同岗位员工的学历、资历、专业、经验、仪表、语言等基本任职条件和具体职责规范，以保证组织机构中的各岗位人员的选择和任用。

（四）根据各岗位工作任务和职责规范，选派人员，形成正式、有效的组织管理

现代企业组织机构的设置和建立，除组织形式、管理体制外，关键在各岗位人员的选择和任用。餐饮管理的组织形式一经确定，就要按照不同岗位的工作任务、任职条件和职责规范去选派人员，特别是高中层管理人员的选择和任用，直接决定企业组织管理水平的高低，是能否做好餐饮管理的关键。因此，根据岗位任务、职责规范、任职条件选派人员，做到能级相应，对号入座，也是餐饮管理组织机构设置的重要工作之一。

三、餐饮管理组织机构设置的一般模式

餐饮管理组织机构的具体形式主要受企业投资结构、企业规模、等级高低、餐厅类型多少等因素的影响。其可供选择的模式主要由两种类型的企业而定。

（一）酒店宾馆餐饮组织机构的一般模式

在我国，酒店宾馆餐饮管理水平和服务质量都处于餐饮行业的先进水平。但它们不是独立的餐饮企业，而是企业内部的一个重要部门。酒店宾馆餐饮管理因企业的星级高低、规模大小不同，其餐饮管理可供选择的组织机构模式可分为三种：

1. 二星级以下小型酒店宾馆的简单模式

这种酒店宾馆餐厅数量少、类型单一，大多只经营中餐，其组织机构形式可参阅图 2–2。

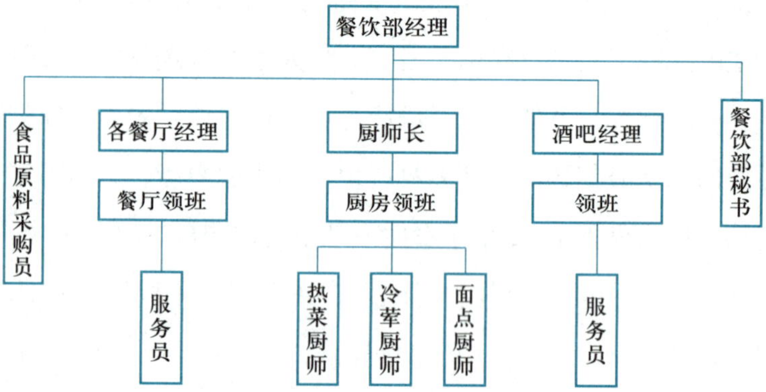

图 2–2　小型酒店餐饮部门组织机构图

2. 三星级以上中型酒店宾馆的复杂模式

这种酒店宾馆大多有 300 ~ 500 间的客房。餐厅类型比较齐全，厨房与餐厅配套、分工比较细致，餐饮管理组织机构相对复杂，其机构形式可参阅图 2–3。

3. 四星级、五星级以上大型酒店的专业化模式

大型酒店有 5 个以上餐厅，多的可达十几个、几十个餐厅，如中西餐厅、宴会厅、酒吧等各类餐厅齐全。厨房与各种类型的餐厅配套、分工十分细致，组织机构专业化程度高。在餐饮管理的具体组织形式上又分两种模式：一种与中型酒店基本类似。每个餐厅都设有与之配套的厨

房，各个厨房分别负责自己的食品原材料加工。其组织机构形式可在参阅中型酒店的基础上适当调整厨房。另一种是厨房实行专业化管理。全店设立中心厨房，各个餐厅设立卫星厨房。中心厨房统一为各卫星厨房

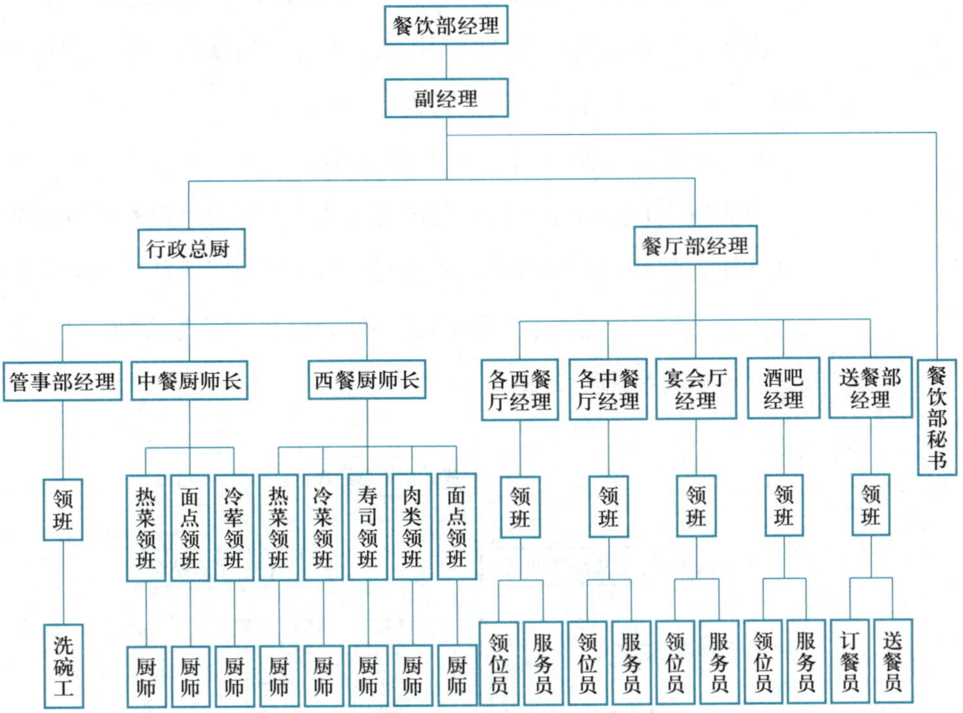

图 2–3　中型酒店餐饮部门组织机构图

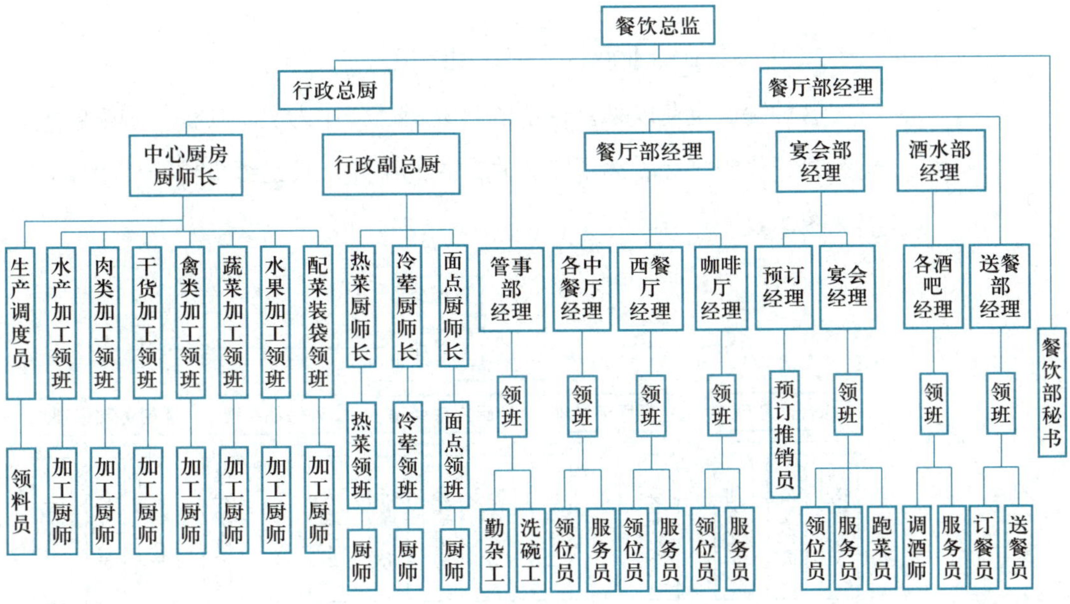

图 2–4　大型酒店餐饮部门组织机构图

加工食品原材料，按量装袋，供各卫星厨房使用，各卫星厨房则主要负责菜点的炉灶烹制。只有需要现场加工的特殊产品才在卫星厨房现场加工烹制，由此形成专业化组织机构模式，具体形式可参阅图 2–4。

（二）酒楼饭庄等独立型餐饮企业组织机构的一般模式

酒楼、饭庄、餐厅等社会餐馆大多是独立的餐饮企业。这些企业的规模差距较大。其组织机构模式也有三种。

1. 小型餐饮企业家族式组织机构模式

这种餐饮企业大多是私营餐馆或合伙企业，又多以有限责任公司的形式注册。就其组织机构的形式来看，与一般有限责任公司的组织形式没有大的区别，但领导管理体制是一种家长制和家族式相结合的体制，其一般模式可参阅图 2–5。

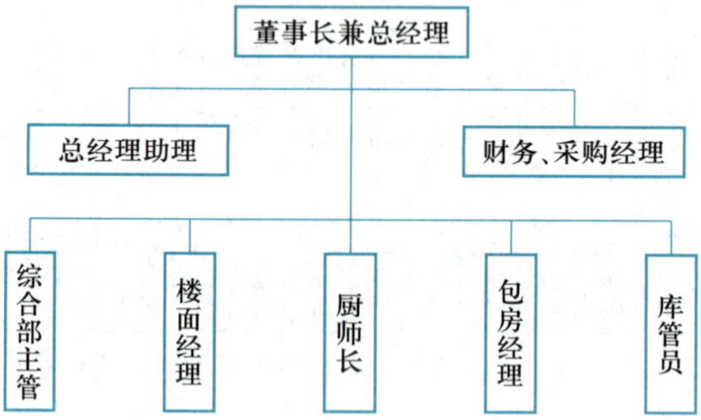

图 2–5　独立小型餐饮企业组织形式图

2. 中型餐饮企业两权分离式组织模式

这种餐饮企业以私营性质的有限责任公司为主，其餐厅规模较大，组织领导体制已经脱离了家族式方式的束缚，其组织机构的一般模式可参阅图 2–6。

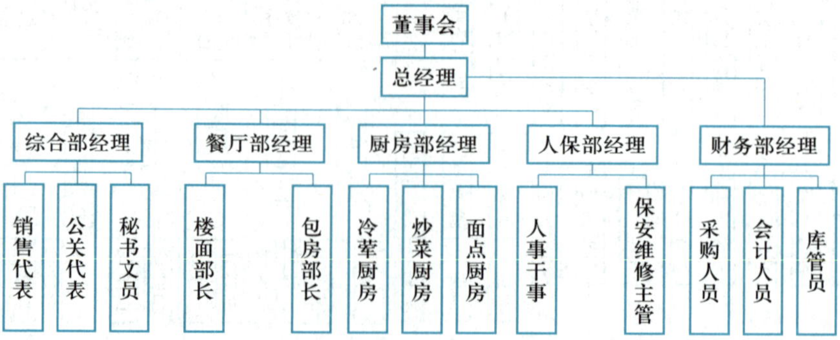

图 2–6　中型餐饮企业两权分离式组织形式图

3. 大型餐饮企业三权分离式组织机构一般模式

大型独立餐饮企业大多规模很大，各类餐厅齐全，投资结构以有限责任公司和以母公司为主体的多级法人集团连锁经营方式为主。只有极少数属于股份有限责任公司。高层管理仍以两权分离为主，也有三权分离、互相制衡的组织形式。前者一般组织形式与图 2–6 类似，后者组织形式更为复杂，其组织机构的一般模式可参阅图 2–7。

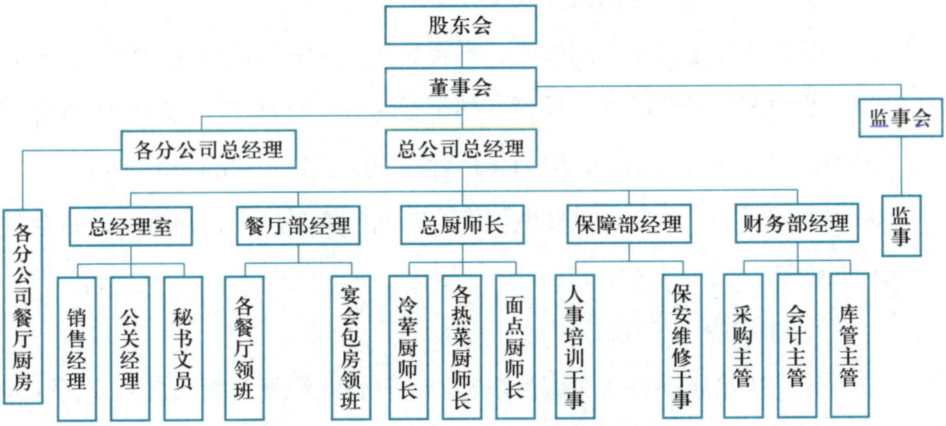

图 2–7 大型餐饮企业三权分离式组织形式图

第二节 餐饮管理的人员编制方法与案例

【案例导入】

北京建国饭店的年度人员编制

北京建国饭店是一家著名的中外合资企业。在人员管理方面，建国饭店每年年初都会进行一次人员编制，以保证企业人员使用和客房、餐厅等经营业务相适应。他们的基本做法是：①在编制程序上，坚持在总经理领导下，由人力资源部牵头，以部门为基础，逐级编制，逐级审查，人力资源部和总经理审核批准、统一发布执行，严格控制。②在职级人数确定上，坚持以计划客房出租率、餐厅上座率、商品销售量和岗位员工必须完成的工作量为基础，分部门、分岗位核定各级各岗需用人数。③在编制方法上区别不同岗位，采用不同方法，分别确定各级、各部门、各岗位的定编人数。④在编制执行上，坚持以部门为基础，严格执行，不许超标用人，不许随意加班，既保证业务需要，又控制在编人数与人工成本耗用。

点评 人员编制又称定员管理。它以组织机构为基础，以业务量和岗位工作量的大小为依据，根据不同岗位来确定所需员工数量。建国饭店的做法是行之有效的科学方法。为此，我们在上节餐饮管理机构设置的基础上，进一步研究介绍餐饮管理的人员编制方法和案例，以供学生和业内同仁学习和参考。

一、餐饮管理的内部分工和人员编制的影响因素

（一）餐饮管理的内部人员分工

餐饮管理是利用不同岗位、不同职务的各级人员的权力和职责来组织企业的餐饮经营活动。尽管各种类型的餐饮企业或部门的组织机构模式和设置方法各不相同，但为履行管理职能，各企业的内部人员分工却是基本相同的。其重点是要做好五个方面的人员分工，并据此做好企业人员编制。

1. 组织决策工作

组织决策属于餐饮高层管理工作，以企业经理、餐饮总监或餐饮部经理为主。他们主要负责企业餐饮管理的经营方针、经营策略、管理目标的制定，组织业务经营活动的开展，控制企业经营方向。完成这些管理工作，要组织市场调查，搞好销售预测，制定经营计划，合理安排人员，做好资源配备，调动全体职工的积极性，保证计划任务的完成。

2. 食品原材料供应

食品原材料供应主要由财务部下属的采购、验收、储藏部门负责。它要求根据餐饮经营计划和生产业务活动的需要，制定采购计划，组织采购业务，控制采购成本，做好入库验收、库房管理、领料、发料等日常管理工作，保证厨房生产的需要。

3. 厨房生产过程组织

厨房生产是餐饮管理的中心环节，主要由行政总厨和厨师长负责。其任务是选择经营风味，安排花色品种，制定菜单，合理安排生产任务，做好粗加工、细加工、炉灶制作、冷荤、面点制作等生产过程的组织，确保产品质量。

4. 餐厅销售服务管理

餐厅销售服务是满足客人需求的最终体现。它直接影响服务质量和

企业声誉，是扩大产品销售的重要环节。餐厅销售服务管理主要由餐厅部经理及各餐厅主管负责。它要求根据餐厅服务程序，组织服务员有针对性地提供优质服务。

5. 餐饮成本核算与控制

成本核算是控制成本消耗、提高经济效益的重要手段。餐饮成本核算一般由财务部成本会计和核算员负责。酒店一般在部门设成本核算员，其管理工作主要是按照管理层所提出的要求，制定标准成本和成本定额，核算实际成本消耗，提出改进措施，进而控制成本消耗，确保餐饮管理经济效益的实现。

餐饮企业的组织机构内部分工的专业化程度各不相同，主要取决于组织规模的大小，也要根据各企业的实际需要确定。

（二）餐饮管理人员编制的影响因素

人是生产力中最积极、最活跃的因素。坚持以人为本，做好人员编制、合理选配人员是做好餐饮管理的前提和基础，也是搞好餐饮管理最重要的条件之一。在实际工作中，影响餐饮人员编制的主要因素包括以下各项：

1. 餐厅档次和座位数量

餐厅档次越高，座位越多，服务质量要求越高，分工越细致，必然用人越多；反之亦然。因此，餐厅档次高低和座位多少是影响餐饮人员编制的重要因素。

2. 市场状况和座位利用率

市场环境越好，用餐客人越多，必然提高餐厅座位利用率，影响服务员的劳动定额，即每位服务员能够看管的座位数必然相对减少，用人相对增加；反之，市场环境不好，或大的市场环境较好，而本餐厅的座位利用率较低，也会影响人员编制。

3. 员工技术熟练程度和厨房生产能力

餐厅员工素质越高，操作技术越熟练，每个服务员能接待的客人数量可以相对提高；反之亦然。厨房生产能力以炉灶多少为主要标志，它与餐厅接待能力是相适应的。厨房生产能力越强，炉灶数量越多，用人必然越多。同时，厨房技术设备越先进、越科学合理，越能提高劳动效率，从而也会影响厨房的人员编制。

4. 餐饮经营的季节波动程度

餐饮业务经营有一定的季节性波动，但比客房波动程度低。季节不同，餐厅座位利用率的高低不同，从节约人事成本、降低人员编制、合理使用劳动力的要求来看，餐饮人员编制应以平季为基础。旺季人员不足时，可以利用短期合同工或利用淡季安排员工休假、旺季不休假来调节，淡季人员富余时又可多安排休假或开展员工培训，从而可以减少人员编制。

5. 班次安排和出勤率

在餐饮经营中，员工上班一般执行两班制，即早、晚班。如日夜餐厅则采用三班倒，必然增加用人。此外，每周工作天数和员工出勤率也是影响餐厅人员编制的重要因素。

二、餐饮管理的人员编制方法

餐饮管理的人员编制根据组织机构中人员分工和工作内容的不同而变化，基本方法主要有四种：

（一）岗职人数定员法

这种方法主要适用于餐饮企业或餐饮部门的主管、领班以上的管理人员编制。其人员编制方法是根据工作需要来确定岗位设置，然后按岗定人。如餐饮部经理、总厨师长或行政总厨各设 1 人。副职主要根据企业餐饮规模来确定。主管、领班则要适当考虑倒班和每周五天工作制。在能够照顾业务工作面的前提下，其人员数量宜少不宜多。这些都取决于企业餐饮管理的岗位设置和事先确定的岗职人数。

（二）上岗人数定员法

这种方法主要适用于那些很难制定劳动定额的部门和岗位的人员编制，如餐饮企业的管事部、冷荤厨房、面点厨房等。这种方法是依据某一部门或工种的日平均工作量来测定每天需要上岗的人数。上岗人数的确定以每人每日的工作量饱满、基本没有空闲时间为原则，然后根据班次和倒休的需要来确定定员人数，计算公式为：

$$n = \frac{D \cdot h \cdot 7}{5}$$

式中：n——定员人数；

D——每班上岗人数；

h——每天班次数。

（三）看管定额定员法

这种方法适用于炒菜厨房的人员编制。炒菜厨房用人包括厨师、加工人员。其人员编制方法以劳动定额为基础，重点考虑上灶厨师，其他加工人员可作为厨师的助手。其编制方法包括以下两个主要步骤。

1. 核定劳动定额

核定劳动定额即选择厨师人员和加工人员，观察测定在正常生产情况下，平均一个上灶厨师需要配几名加工人员，才能满足生产业务需要，即确定炉灶看管定额，由此核定平均劳动定额。

2. 核定人员编制

在厨房平均劳动定额确定的基础上，影响人员编制数量的还有厨房劳动班次、计划出勤率和每周工作天数三个因素。国家规定每周工作 5 天，因此，其人员编制的计算公式为：

$$n=\frac{Q_n\cdot F}{X\cdot f}\times 7\div 5$$

式中：n——定员人数；

Q_n——厨房炉灶台数；

F——计划劳动班次；

f——计划出勤率；

X——炉灶看管定额。

（四）接待人次定员法

这种方法适用于餐厅、酒吧、宴会厅等的领位员、跑菜员、酒水员和桌面服务员的编制。其人员编制方法也以劳动定额为基础，重点考虑桌面服务员。其编制方法主要包括以下两个步骤。

1. 核定接待人次

核定接待人次即选择服务人员，观察测定在正常开餐的情况下，每人可以接待多少就餐客人。这时，要特别注意不同餐厅的等级规格，如零点餐厅一名服务员可接待 20 人左右，团体、会议餐厅则可接待

30～40 人，宴会厅每人则只能接待 1 桌客人，而最高档次的西餐扒房每桌客人就需要配备 2 名服务员。所以，餐厅档次规格不同，每名服务员的接待人次是有较大区别的。

2. 编制餐厅定员

在定额接待人次确定的基础上，餐厅定员编制方法与厨房基本相同，其区别是影响人员编制的因素增加了上座率。计算公式为：

$$n=\frac{Q_n \cdot r \cdot F}{X \cdot f}\times 7 \div 5$$

式中：n——定员人数；

r——上座率；

F——计划班次；

Q_n——餐厅座位数；

X——定额接待人次；

f——计划出勤率。

餐饮管理的人员编制与人员使用是有区别的。在人员编制的基础上，不同季节的用人多少和日常人员安排还要根据业务经营的繁忙程度来确定。

三、餐饮管理的人员编制案例

【案例一】

冷荤与面点厨房的人员编制

旋宫大厦是一家有 480 间客房的四星级酒店。其餐饮部有 6 个餐厅和一个多功能厅。分别设置中餐厨房中的冷荤厨房、面点厨房和西餐面包房。根据餐饮部的机构设置、餐位数量和厨房工作任务量分析，三个厨房的管理人员和厨师人员的岗位设置、班次安排如表 2–1 所示，计划出勤率为 98%，请核定其人员编制。

表 2–1 冷荤、面点厨房岗位设置、班次安排

部门	管理岗位	定编人数（人）	员工岗位	每班上岗（人）	班次（班）	备注
冷荤厨房	厨师长	1	冷荤师	2	2	平均班次
	领班	2	厨工	3	2	平均班次
	—	—	出品记录员	1	1	平均班次

续表

部门	管理岗位	定编人数（人）	员工岗位	每班上岗（人）	班次（班）	备注
面点厨房	厨师长 领班 —	1 2 —	面点师 厨工 出品记录员	2 2 1	1.5 1.5 1	平均班次 平均班次 平均班次
面包房	主管 领班	1 2	面包师 出品记录员	2 1	2 1	平均班次 平均班次

案例分析：根据表 2–1 中数据直接核定人员编制，见表 2–2。

表 2–2　冷荤、面点厨房人员核定编制

部门	管理岗	定编人数（人）	员工岗	上岗人数（人）	班次（班）	定编人数（人）	合计人数
冷荤	厨师长 领班	1 2	技师厨工 出品员	5 1	2 1	15 1	19
面点	厨师长 领班	1 2	技师厨工 出品员	4 1	1.5 1	9 2	14
面包房	主管 领班	1 2	面包师 出品员	2 2	1.5 1	5 2	10
总　计							43

【案例二】

餐厅服务人员编制与检验

华枫宾馆蜀湘餐厅有座位 180 个（含单间）。预测餐厅座位利用率淡季 89.6%，旺季 148.6%，平季 105.4%。餐厅以接待散客为主，一日开两餐，餐厅桌面人员每人每天管 28 位客人，每位传菜员为 50 位客人传菜，餐厅另配领位、酒水员 3 人 / 班，平均 1.2 个班次，计划出勤率 98%。

（1）请为餐厅编制一份不同季节的人员需求表（座位利用率和上座率比较分析）。

（2）上月餐厅实际座位利用率是 98.6%。在编桌面人员用了 14 人，传菜员用了 8 人，问他们每人每班实际接待了多少客人？是否完成了劳动定额？

案例分析：

1. 座位利用率和上座率两种方法的比较（见表 2–3）

表 2–3　不同季节的餐厅人员需求表

人员	日座位利用率（%）			上座率 / 班（%）		
	148.6（旺季）	105.4（平季）	89.6（淡季）	74.3	52.7	44.8
客人数 / 班（人 / 班）	268	190	162	134	95	81
桌面 / 班（人 / 班）	9.57	6.79	5.79	4.79	3.39	2.89
传菜 / 班（人 / 班）	5.36	3.80	3.24	2.68	1.90	1.62
领位酒水 / 班（人 / 班）	6.00	6.00	6.00	3.00	3.00	3.00
合计 / 班（人 / 班）	20.93	16.59	15.03	10.47	8.29	7.51
1.2 班次人数（人）	12.56	9.95	9.02	12.56	9.95	9.01
在编人数（人）	17.94	14.21	12.89	17.94	14.21	12.87
进位（个）	18	15	13	18	15	13

2. 检验上月餐厅劳动效果

（1）上月桌面每班上岗人数 $= \dfrac{14 \times 98\% \times 5}{7} \div 1.2$

$= 8.17$（人）≈ 9（人）

（2）上月桌面每人每天实际接待人数 $= \dfrac{180 \times 98.6\%}{1.2} \div 8.17$

$= 18.10$（人）≈ 19（人）

（3）上月传菜每班上岗人数 $= \dfrac{8 \times 98\% \times 5}{7} \div 1.2$

$= 4.67$（人）≈ 5（人）

（4）上月传菜每人每天实际接待人数 $= \dfrac{180 \times 98.6\%}{1.2} \div 4.67$

$= 31.67$（人）≈ 32（人）

【案例三】

炒菜厨房及其管事部人员编制

皇城莉苑是一家五星级高档酒楼，经营四川风味菜肴。炒菜厨房设有炉灶 12 台。经测定，每位上灶厨师负责 1 台炉灶。厨房每班同时需用加工厨师 4 人，水台、打荷 2 人。厨房管事部设主管 1 人，领班 2 人，其中 1 人兼财产记录员。每班另配勤杂洗碗工 3 人。每周工作 5 天，每天 2 个班次，计划出勤率 98%，请核定厨房和管事部各需配备多少员工？如果将劳动班次由 2 个调整为 1.5 个，问可节省多少劳动力？

案例分析：

1. 计算厨房人员编制

（1）厨房看管定额 $= \dfrac{12}{12+4+2} = 0.67$（台 / 人）

（2）厨房定员人数 $= \dfrac{12\times 2}{0.67\times 98\%}\times\dfrac{7}{5} = 51.17\approx 52$（人）

（3）调整班次可节省人力 $= 52 - \dfrac{12\times 1.5}{0.67\times 98\%}\times\dfrac{7}{5} = 52-39 = 13$（人）

2. 计算管事部的人员编制

（1）管事部定员人数 $= \dfrac{3\times 2\times 7}{5}\div 98\% + 3 = 12$（人）

（2）调整班次可节省人力 $= 12 - \left(\dfrac{3\times 1.5\times 7}{5}\div 98\% + 3\right)$

$= 12 - 10 = 2$（人）

【案例四】

餐厅与厨房人员编制综合分析

某酒店越秀餐厅有座位 180 个（含单间），桌面人员劳动定额 20 客 / 人 · 天，传菜员 50 客 / 人 · 天。餐厅每班设领位、酒水员 3 人，计划出勤率 98%，每周工作 5 天，2 班制。请完成以下计算（保留小数点后两位，人数最后进整）。

（1）经预测，餐厅旺季上座率 86.9%，淡季上座率 62.4%，平季上座率 78.3%。请为餐厅编制一份不同季节的人员需求表。

（2）餐厅上月实际上座率 82.5%。在编桌面服务员用了 20 人，传菜员用了 10 人。问他们每人每天实际接待了多少客人？按劳动标准餐厅多用了多少服务员（不含酒水、领位员）？

（3）下月餐厅进入旺季，预测上座率 90.8%，估计空位率 4.6%。问按劳动标准，下月餐厅需用多少服务员？

（4）厨房每 30 个餐位配一台炉灶，上灶厨师和勤杂加工人员的配备标准为 1∶1。餐厅实行 2 班制，计划出勤率 97.8%。问厨房的劳动定额和定员人数各是多少？

（5）酒店实行休假制。企业规定，店龄 2 年以上者，可休企业年假 7 天；店龄 5 年以上者，可休企业年假 14 天。休假人数分别占餐饮部门总人数的 40%和 45%。请以平季上座率为基础，确定实行休假制后，餐厅和厨房各需配多少员工？

（6）为节省劳动力，餐厅和厨房将班次安排改为按层次安排。其平均班次餐厅由 2 个调整为 1.2 个，厨房由 2 个调整为 1.5 个。仍以平季上座率为基础，问班次调整后，餐厅和厨房各能节省多少劳动力？

案例分析：

（1）按旺季、平常、淡季上座率编制餐厅人员需求表，见表 2–4。

表 2–4　不同季节的人员需求表

人员	上座率（%）		
	86.9（旺季）	78.3（平常）	62.4（淡季）
客人数（人 / 班）	157.00	141.00	113.00
桌面（人 / 班）	7.85	7.05	5.65
传菜（人 / 班）	3.14	2.82	2.26
领位、酒水（人 / 班）	3.00	3.00	3.00
合计（人 / 班）	13.99	12.87	10.91
2 班人数（人）	27.98	25.74	21.82
在编人数（人）	39.97	36.77	31.17
进位（人）	40.00	37.00	32.00

（2）检查上月劳动效果如下：

上月每班客人数 = 180 × 82.5% = 149（人）

$$\text{桌面人员上岗人数} = \frac{20\times98\%\times5}{7}\div2=7\text{（人）}$$

$$桌面每人每天接待客人数 = \frac{149}{7} = 21.29 \approx 22（人）$$

$$传菜人员上岗人数 = \frac{10 \times 98\% \times 5}{7} \div 2 = 3.5（人）\approx 4（人）$$

$$传菜每人每天接待客人 = \frac{149}{3.5} = 42.57 \approx 43（人）$$

$$按标准上月应配桌面和传菜人数 = \left(\frac{149}{20} + \frac{149}{50}\right) \times 7 \div 5 \div 98\% \times 2$$

$$= 29.8 \approx 30（人）$$

上月多用员工数 = 30 –（20 + 10）= 0（人）

（3）计算下月餐厅应配人数。

下月每班客人数 = 180 ×（90.8% – 4.6%）= 156（人）

$$下月需要配备服务员 = \left(\frac{156}{20} + \frac{156}{50} + 3\right) \times 2 \times 7 \div 5 \div 98\%$$

$$= 39.77 \approx 40（人）$$

（4）计算厨房劳动定额和定员人数：

$$厨房劳动定额 = \frac{180 \div 30}{6 + 6} = 0.5（台/人）$$

$$厨房定员人数 = \frac{180 \div 30 \times 2}{0.5 \times 97.8\%} \times 7 \div 5 = 34.36 \approx 35（人）$$

（5）计算实行休假制后的餐厅、厨房人员配备数量：

$$餐厅厨房开工系数 = \frac{365 - 115 - 7 \times 40\% - 14 \times 45\%}{365} = 0.66$$

$$休假后餐厅需配员工数 = \left(\frac{141}{20} + \frac{141}{50} + 3\right) \times 2 \div 0.66 \div 98\%$$

$$= 39.80 \approx 40（人）$$

$$休假后厨房需配人数 = \frac{180 \div 30 \times 2}{0.5 \times 98\%} \div 0.66$$

$$= 37.11 \approx 38（人）$$

（6）计算班次调整后厨房、餐厅各能节省的劳动力：

$$厨房节省劳动力 = 37.11 - \frac{180 \div 30 \times 1.5}{0.5 \times 98\%} \div 0.66$$

$$= 37.11 - 27.83 = 9.28 \approx 10（人）$$

$$餐厅节省劳动力 = 39.80 - \left(\frac{141}{20} + \frac{141}{50} + 3\right) \times 1.2 \div 0.66 \div 98\%$$

$$= 39.80 - 23.88 = 15.92 \approx 16（人）$$

第三节　餐饮管理的岗职规范制定与执行

【案例导入】

一家四星级酒店宴会厅经理的岗职分析（表 2–5）

表 2–5　酒店宴会厅经理（高管级）岗职分析表

职务名称	宴会厅经理（主管级）	薪资级别	店内 5～8 级
直接上级	餐饮部经理	直接下级	宴会厅领班
管辖范围	宴会服务工作组织	权力范围	宴会厅日常管理
岗位职务条件			
项目	基本条件	理想条件	
学历	高职或高专以上毕业	本科以上毕业	
所学专业	经济管理或企业管理	酒店管理或餐饮管理专业	
身体状况	身体健康	精力充沛	
仪容仪表	端庄大方、注重仪容仪表	有良好气质和风度	
语言能力	英语中级以上水平	英语高级水平、表达能力强	
任职资格	取得中级服务员资格证书、通过升职考试，表现优秀者	取得高级服务员资格证书，人际交往力较强。余同左	
任职年限	3 年以上餐厅或宴会厅服务员工作经历，其中 1 年以上餐厅领班工作经历		
基本素质	1. 掌握酒店管理基础知识和餐饮管理专业知识，具有宴会管理实际经验 2. 具有宴会预订、宴会设计、厅堂布置、宴会谈判、签约和现场服务组织指挥等专业知识和基层领导素质		
主要能力	具有宴会客源开发、组织能力、宴会厅人员安排、服务流程设计与现场组织指挥能力		
考核要求	由餐饮部经理按岗位职责规范考核，每半年 1 次		

点评 岗位职责规范是酒店、餐馆等企业人员管理的重要工具，它由案例中的岗位职务分析和岗位职责内容两部分组成。制定和落实各级各岗人员的岗位职责规范，由此形成比较稳定的人员管理模式，是科学管理的客观要求。为此，我们在餐饮管理人员编制的基础上进一步介绍餐饮管理的岗位职责规范的制定和执行方法，以提高人员管理的规范性、科学性。为餐饮经营的业务管理提供人员保证。以上案例就是一个岗位的岗职分析格式，可供参阅。

一、餐饮管理岗职规范的重要作用

岗职规范是对一个岗位的基本条件和主要职责所做出的规定和描述。在一定时期内，它具有相对稳定性，企业和部门的岗位职责规范一经制定，其人力资源的管理就只对岗不对人，都必须按照岗位职责规范的要求来招聘、录用和管理各岗位员工。因此，采用岗职规范来做好餐饮企业和部门的人员管理具有十分重要的作用。

（一）岗职规范是餐饮管理选择使用各岗员工的主要依据

岗职规范以各个岗位的岗职分析和职责规范为主要内容，每个岗位制定一份，针对性极强，其中，岗职分析针对一个具体岗位名称和主要工作，制定了选择岗位人才的标准，包括学历、专业、资历、仪容、语言能力、基本素质和能力要求等。职责规范则对同一岗位人员的职责、权限、工作内容、工作要求等做出了具体规定。所以，它必然成为企业管理，包括餐饮管理中各岗人员选用的主要依据，它要求企业各级领导在选拔、使用自己的下级人员时，都必须遵守、贯彻落实这一标准和依据，有利于破除和克服人才使用上的任人唯亲，不顾条件、随意使用，甚至买官卖官等不正之风。不难看出，它在企业人员选择使用方面是十分重要的。

（二）岗职规范是餐饮各级人员管理标准化的科学体现和重要方法

在企业管理中，传统的人事管理都是以上级领导意志为主，人员的选拔、工作安排、业绩检查、工资待遇等，都是领导说了算，大多没有客观标准。采用岗位职责规范则要从上到下，事先制定各级各岗，包括领导管理岗位的岗职分析和职责规范，由此形成人员管理的标准化模式，要求各级管理岗位和领导者都必须一贯执行。由此必然破除传统的人事管理的弊端，提高企业人事管理的科学水平。所以，岗职规范也是餐饮企业各级人员管理标准化的科学体现和重要方法。

（三）岗职规范为企业员工培训和业绩考核指明了方向并提供了依据

员工培训的目的是帮助员工获得岗位职务所必需的专业知识和技能，具备上岗工作的任职资格，提高本职工作能力，而业绩考核是以员工为对象，以岗位职责的完成结果为考核依据对员工工作进行评价。岗位职责规范管理对企业和部门每个岗位的培训工作和业绩考核的要求和内容都事先做出了规定和描述。这就为企业的这两项工作指明了方向，提供了客观依据。事实上，酒店、餐馆及其集团企业的员工培训都要针对岗位职责规范的内容和要求来制定培训计划、培训大纲，进行课程设置和内容安排，采用干什么，学什么，缺什么，补什么的方法来组织员工培训，才能收到良好效果。

二、餐饮管理岗职规范的制定方法和案例

（一）餐饮管理岗位职责规范的制定程序和方法

餐饮管理，包括酒店餐饮、酒楼饭店、餐饮集团的各级岗位职责规范的制定都要在总经理领导下，由人事部经理牵头，以部门为基础，组织专业技术人员来研究制定。它是一项比较复杂细致的工作，要求研制人员具有酒店餐饮、酒楼饭庄管理的基础知识及人事管理的专业知识。其具体程序和方法是：

1. 明确工作岗位、确定关系定位

岗职规范都是以企业和部门的机构设置和工作岗位的架构为基础的。为此，研制人员首先要确定从上到下的各级、各个岗位的名称，每个岗位的上下左右关系，职级和职位的高低，掌握关系定位和职权范围，应该承担的工作职责等，然后才能针对具体的岗位，研究制定其岗位职责规范的具体内容。

2. 收集岗位工作信息、确定岗位职权和工作任务

岗职规范都是针对一个一个的具体岗位来制定的，从上到下的岗位职务的工作性质和职位高低不同，其岗位名称、权力大小和工作任务都是各不相同的。为此，在明确工作岗位、确定关系定位的基础上，就要

收集岗位工作的信息资料，包括为什么设这个岗位，这一岗位的工作内容和任务是什么？完成这些内容和任务需要承担什么职责，需要哪些权限？这些工作内容、任务、职责和权限同上级岗位、下级岗位、同级岗位的关系是怎样的？怎样防止这些关系中的交叉和冲突，等等。只有收集分析这些信息资料，才能确定一个岗位的具体工作职权和任务，保证其科学性、合理性和规范性，从而理顺不同岗位之间的权力分配和管理关系，制定出科学合理的岗职规范。

3. 根据岗位职责和任务分析需要的任职条件和标准

企业各岗人员的任职条件和标准都是由岗位职务的高低、职权和责任的大小和工作性质决定的。为此，在确定岗位职权和工作任务的基础上还要进一步分析不同岗位的任职条件和标准。这些条件还可以分为基本条件和理想条件，具体包括所需要的学历、专业、仪容、工作年限、任职资格等硬性条件和基本素质、主要能力等。这样，就为企业和部门餐饮管理的员工招聘、甄选、录用、提拔等提供了客观标准和依据，有效防止不顾标准，随意用人，任人唯亲，“一朝天子一朝臣”等不良现象的发生。

4. 区别不同岗位，采用规范格式和文字描述制定岗职规范

规范格式及其文字描述是岗位职责规范的最终落实。规范格式是指岗位职务分析的内容，即任职条件一般可采用表格形式，表达清楚，一目了然，文字描述则以岗位职责的内容为主。两者结合，即可形成各个岗位的岗职规范。

5. 领导审查修订，然后贯彻实施

餐饮管理各个岗位的岗职规范制定完成后，要逐级做好审查与修订。一般是基层各岗的岗位职责规范由行政总厨、餐厅部经理审查；部门各级领班、主管的岗职规范由人事部主管和部门经理审查；部门经理的职责规范由总经理或主管副总经理审查，经各级领导或主管经理修订后，再组织贯彻实施。

（二）餐饮管理岗职规范制定案例

酒店宾馆、酒楼餐馆等餐饮管理岗位职责规范的制定是一项十分庞杂的工作。由于不同餐饮企业的机构和岗位设置各不相同，具体岗位众

多，不可能逐一介绍各级各个岗位的岗职规范内容。现仅以酒店餐饮部分岗位为例，说明其岗职规范的格式和内容。

【案例一】

餐饮部经理或餐饮总监岗职规范

一般大型酒店设餐饮总监，下设餐厅部、厨房部、宴会部、酒水部等部门。中小型酒店设餐饮部经理，不再设总监。他们都是酒店餐饮管理部门的最高负责人。其岗位职责规范的内容基本相同。具体可参阅表 2–6。

表 2–6　酒店餐饮部经理（或总监）岗位职责规范

职务名称	餐饮部经理（或总监）	薪资待遇	店内 3～6 级
直接上级	酒店总经理	直接下级	各餐厅、各厨房主管
管辖范围	餐饮部门管理	权力范围	部门工作计划、组织、指挥、督导
岗位职务条件			
项目	基本条件	理想条件	
所学专业	经济或企业管理专业	酒店管理或餐饮管理专业	
身体状况	身体健康	精力充沛	
仪容仪表	注重仪容，仪表端庄	有良好气质与风度	
语言能力	英语高级水平，表达能力强	英语高级水平，表达能力强	
任职资格	旅游经济专业助理经济师以上职称，具有部门经理上岗证书或高级以上厨师职称	经济师以上职称，具有部门经理和职业经理上岗证书或高级厨师职称	
任职年限	五年以上酒店管理工作经验，其中三年以上餐饮部门主管或一年以上部门副经理工作经验，熟知餐饮管理的工作内容		
基本素质	1. 掌握管理学、经济学、市场学、领导学、服务学、烹饪及食品营养学方面的知识 2. 具备独当一面的中层管理经验，掌握菜点风味、原料管理及宴会、酒会、美食节策划与组织等方面专业知识		
主要能力	具有餐饮预算编制、家具与餐茶用品管理、人员组织等能力，具有厨房、餐厅、酒吧、宴会管理及成本控制能力		
考核要求	按年度任期目标和岗位职责由总经理考核，每半年一次		

职责：

（1）主持部门工作。在总经理领导下，贯彻酒店经营方针和领导决策，制定部门规章制度、劳动纪律，并贯彻实施；对酒店下达的部门营业利润、营业收入、毛利率、费用率、优质服务达标率、安全无事故率等指标承担领导责任。

（2）编制部门预算，纳入全店财务计划。分解落实计划指标，组织与督导各厨房、各餐厅贯彻实施；逐月检查各餐厅计划指标完成进度、完成结果，分析存在问题，适时提出改进措施，保证计划任务逐月按时完成和超额完成。

（3）掌握餐饮市场动向和客人需求变化。督导宴会预订部和各餐厅经理做好市场开发、客源组织、开展各种促销活动，提高各餐厅、酒吧与宴会厅的餐位利用率和客人人均消费。

（4）参加店务会议，主持召开部门例会，传达上级指示；布置本部门工作，听取员工汇报；巡视检查各厨房、餐厅的工作及会议精神贯彻落实情况，发现问题，及时提出改进措施；督导各厨房、餐厅限时整改，不断提高餐饮管理水平。

（5）会同行政总厨和各厨师长研究产品风味，制定菜单。督导厨房按照菜单和标准菜谱生产、烹制菜肴，保证菜肴质量；控制好原料消耗，提高经济效益。

（6）会同各餐厅、酒吧和宴会厅主管研究服务程序、质量标准。督导各餐厅每天按时完成开餐，切实做好接待工作，满足客人需求，确保提供优质服务。

（7）核签、审批部门使用的食品原料、物料用品和餐茶用品。核签领用支票、现金申请，贯彻部门审批制度，配合财务部控制部门成本费用开支。

（8）协调餐饮部门与饭店前台、客房、财务及食品库房等各部门之间的关系。协调部门内部各厨房与餐厅的关系，处理存在问题，保证和谐气氛，创造良好工作环境，保证餐饮管理各项工作的正常与顺利开展。

（9）负责部门员工招聘、录用、置换、考评，评估员工工作表现。签发员工工资、奖金分配，采取有力措施调动员工积极性。

（10）制定培训方案。督导各餐厅、厨房定期做好员工培训，负责领班、主管以上员工的培训工作，不断提高员工素质。

【案例二】

餐饮部门主管和领班岗职规范

餐饮部门主管较多，大中型酒店的每个餐厅和每个厨房都会设 1~2 名主管，分别负责一个具体餐厅和厨房的管理工作。本节开头的案例就是一家四星级酒店宴会厅经理，即宴会主管的岗位职务分析格式。具体制定时要针对不同餐厅，即中餐厅、西餐厅、咖啡厅经理（主管级）和不同厨房的具体主管级岗位来制定。每个主管岗职规范的具体内容各不相同。格式可参见本节开头的宴会厅经理。

餐饮部门领班岗位更多。一般小餐厅每个餐厅有 1 名领班，餐位较多的大型餐厅一般每个餐厅可设 2~3 名领班，其岗职规范也要区别不同岗位制定。现以一家酒店中餐厅领班为例，介绍其岗职规范的内容和格式，见表 2–7。

表 2–7　酒店中餐厅领班岗位职责规范

职务名称	餐厅领班	薪资待遇	店内 6~12 级
直接上级	餐厅经理（主管级）	直接下级	餐厅服务员
管辖范围	餐厅客人用餐服务	权力范围	餐厅班组服务组织领导
岗位职务条件			
项目	基本条件	理想条件	
学历	高职或高专以上	本科以上	
所学专业	旅游管理专业	酒店管理或餐饮管理专业	
身体状况	身体健康	精力充沛	
仪容仪表	身材匀称，注重仪表	端庄大方，有良好气质	
语言能力	英语中级以上水平	英语高级水平	
任职资格	取得中级服务员资格证书，有同等星级或高一星级酒店工作经历	取得高级服务员资格证书，通过升职考核，表现优秀者	
任职年限	一年以上同等星级酒店服务员，两年以上低一星级酒店服务员经历		
基本素质	1. 掌握酒店餐饮服务工作内容、工作程序、操作技术和专业服务知识 2. 掌握菜单一般知识，食品营养、卫生知识和基层管理专业知识，有较丰富的实际服务工作经验		
主要能力	具有对班组人员的组织、领导能力，工作安排、督导检查能力，人际关系处理能力和餐厅服务协调配合能力		
考核要求	由餐厅经理按岗位职责规范每月考核一次		

职责：

（1）餐前组织员工开好班前例会，传达上级指示，布置工作，检查员工仪容仪表、工作纪律状况、服务态度，督导服务员认真落实规章制度、劳动纪律，保证班组工作正常顺利开展。

（2）带领员工认真做好餐前准备，整理餐厅卫生，做好桌椅摆放、餐厅铺台、餐茶用品准备，保证开餐服务需要。

（3）正式开餐后，督导领位员、看台员、传菜员认真做好客人迎接、拉椅让座、开单点菜、斟酒上菜和派菜服务，并亲自参加服务工作，确保质量标准，提供优质服务。

（4）餐后组织服务人员清台、收拾餐具、整理好餐桌及打扫卫生、重新铺台，保持餐厅整洁和卫生环境良好。

（5）做好班组员工考勤、培训工作，处理存在问题，不断提高员工素质，认真评估员工工作表现，上报给餐厅经理。

（6）搞好班组内部员工与其他班组的协调配合，相互支持。预测和解决好餐厅和厨房之间可能出现的问题，受理客人投诉，保证餐厅服务工作的协调运行。

【案例三】

餐饮部门服务人员岗职规范

酒店餐厅服务员是各个餐厅的员工主体，人数较多，同时又有桌面服务员、传菜员、酒水员和领位服务员等之分，其岗职规范也是分别制定的。现以中餐厅桌面服务员岗为例，介绍其岗位职责规范的内容和格式，参见表 2-8。

表 2-8　餐厅桌面服务员岗位职责规范（中餐厅）

职务名称	餐厅服务员（中餐厅）	薪资待遇	店内 10 ~14 级
直接上级	餐厅领班	直接下级	餐厅传菜员（指定）
管辖范围	餐厅划定的餐位服务工作	权力范围	客人用餐服务与餐具用品管理
岗位职务条件			
项目	基本条件	理想条件	
学历	高中或职业高中以上	高职高专以上	
所学专业	旅游服务专业	酒店服务或管理专业	
身体状况	良好，身体协调	（同左）	
仪容仪表	注重仪容仪表	仪表端庄	
语言能力	中英文表达能力良好	语言能力较强	
任职资格	招工考试合格后录用，无不良卫生习惯	有同等企业餐厅服务经验	
任职年限	无特殊要求		
基本素质	1. 具有旅游和酒店服务专业知识，接受过食品营养、食品卫生和安全方面的专业培训，配合意识较强 2. 对酒店服务工作有一定认识和兴趣，工作踏实、主动、细心，人际关系良好		
主要能力	接受过岗位培训，有菜点知识、开单点菜、现场服务、铺台与口布叠花等实际操作能力		
考核要求	按岗位职责规范的内容和要求由领班和主管考核，每月一次		

职责：

（1）每天按领班安排搞好餐厅卫生、桌椅摆放、铺台服务，为客人前来用餐做好各项准备工作。

（2）每餐按餐厅服务程序和操作规范为客人安排台面、拉椅让座，提供点菜、斟酒、上菜与看台服务，及时更换吃碟，保持自己的服务区域及桌面清洁，确保提供优质服务。

（3）头脑灵活，反应敏锐，能有针对性地提供客人所需要的茶点、衣物照料、补充酒水饮料等各种服务。

（4）熟悉菜单、酒水单的内容，能主动回答客人有关菜单、酒水方面的问题，与厨房出菜、传菜员和吧台人员配合良好。

（5）上班精神饱满，保持微笑，不受个人情绪影响，能始终礼貌、大方得体地为客人提供服务。

实训操练

调研制定餐饮管理岗职规范

1. 实训操练目的

通过教材对三个岗位的岗位职责规范学习，进一步调研制定酒店宴会迎宾领位员，食品库房管理员，酒吧间调酒师三个岗位人员的岗职规范。

2. 实训操练步骤

（1）学员分组。将全班学生分6个小组，每组自选组长1人。将三个岗位的岗职规范分别分派给各组。

（2）实训调研。由组长带领学员到酒店或大酒楼实习操练，调查岗位职责规范的制定落实和执行状况，收集资料。

（3）实训操作。由组长组织学员讨论，并制定分派岗位人员的岗位职责规范，形成文字。

3. 实训操练考评

（1）讨论评估。教师组织，由每组选一代表宣讲其内容，互评其内容好坏。

（2）实训成绩。各小组制定的岗职规范经修改后交任课教师、评定好坏，成绩记入学员平时考核成绩。

三、餐饮管理岗职规范的贯彻实施

岗位职责规范是酒店宾馆、酒楼饭庄等企业员工管理的重要工具，也是一种挑选使用员工的重要管理制度。餐饮管理制定岗职规范的目的是规范各级员工的工作行为和高中层管理人员的员工管理行为，必须认真贯彻实施。其贯彻实施过程和方法包括以下四个方面。

（一）在人员选择、任用、提拔、晋升管理上必须坚持岗职规范标准

餐饮企业和部门的餐饮管理要做好岗位职责规范的贯彻实施，首先表现在员工使用上。只有总经理、副总经理、人力资源部经理、餐饮部经理和行政总厨等在自己的职权范围内，都能按照用人制度和岗位职责规范中规定的用人标准——学历、专业、资历、年限、任职资格等选择、任用、提拔、晋升餐饮管理的岗位员工，才能保证用人的合理、公平、公正，并将岗职规范的贯彻实施落到实处。

（二）做好岗职规范内容的学习培训，逐级贯彻落实

在人员安排使用已确定的基础上，餐饮管理岗职规范的贯彻实施是以各级各岗人员重视岗职规范的作用，熟知其内容条款和精神实质，掌握自己的岗位职责、权限、工作任务等为前提的。企业和各部门领导都必须根据实际情况，组织各岗员工学习岗职规范的内容，培训宣讲其贯彻执行的意义方法，并区别不同岗位组织专项培训，让员工提高认识，引起重视，才能逐级贯彻落实，从而促使员工按岗职规范规定的职责、权限、工作内容和要求努力工作，履行岗位职责，完成工作任务。

（三）按规定时间做好岗职规范的考核评估，调动员工积极性

餐饮企业员工履行岗职规范的考核时间依其岗位不同而变化。普通服务人员、厨师人员一般每月考核一次。主管、领班、厨师长等管理人员每半年考核一次。部门经理、行政总厨、餐饮总监等更高一级管理人员则每年考核一次。各级考核都要制定履行岗职规范的考核标准。考核结果必须和工资、奖金、企业分红挂钩，以奖优罚劣、奖勤罚懒调动员工积极性。所以，餐饮管理要做好岗职规范的贯彻实施，必须在总经理领导下，根据人事部门的安排，逐级按规定时间，做好员工履行岗位职责的考核评估，并根据考核结果落实奖罚制度，才能调动员工积极性。

（四）定期组织员工岗职规范的内容考试，长期发挥其管理效果

餐饮企业岗职规范管理容易出现的问题是随着时间的延长，企业和部门各岗员工流动和岗位员工的置换，不少员工对岗位职责规范的重视程度下降，甚至流于形式。为此，餐饮管理要每半年或一年组织一次员工岗职规范的内容考试，考试形式要灵活，考试结果要公开，考试成绩要与奖金挂钩，以便引起员工重视，从而保证餐饮企业或酒店餐饮部门岗职规范能够长期发挥人员管理效果。

第四节　餐饮管理的人员组织方法

【案例导入】

一家五星级酒店新任主管跟查考核的答卷

广州白天鹅宾馆是最早被评选为世界一流酒店的中国管理先进的著名五星级酒店。宾馆对各级管理人员包括新任主管等每年都要进行问卷考核，以下是一位西餐主管调查问卷考核的一道考题的答案。

题目：你认为你所管理的工作及人员目前存在的最大问题是什么？你准备如何解决？

答：目前存在的最大问题是如何提高我们的服务质量，我们不能停滞不前。停滞不前就等于落后了。因此，我们要不断改进管理和服务，使客人有亲切感，对于下层员工，最重要的是做好思想工作，在任务重、人员少的情况下，更需要我们去关心每一位员工，知道他们在想些什么，使他们认识到我们是处处为他们着想，为他们分担忧愁的，以激励他们更好地工作。

点评　在餐饮管理人员编制和岗位职责规范制定的基础上，餐饮管理人员组织的工作内容和方法是多种多样的，以岗位职责为基础的员工绩效考核是其工作内容和方法之一。本案例只提供了一个岗位某次考核的一道考题，及某位新任西餐主管人员的回答，具体考核还要按照企业考评制度做多方面工作，才能评估员工履行岗位职责的好坏。为做好员工管理，我们在本章最后介绍餐饮管理的人员组织管理方法。本节阐述了在餐饮组织机构设置、人员编制和岗职规范制定的基础上，做好餐饮管理的人员组织，重点要做好的三个方面的工作。

一、合理调配人员，优化员工队伍结构

现代餐饮业是一个劳动密集型行业。在酒店、宾馆业务管理中，餐饮部是用人第一大部，其员工人数一般要占全店总人数的 35% ~ 40%。在餐饮组织机构设置和人员编制计划完成的基础上，只有做好人员的适时调整，不断优化员工队伍，才能保证各岗人员合理使用，提高劳动效率。为此，又要做好以下三个方面的工作。

（一）做好关键岗位主要负责人的配备，坚持德才兼备的用人标准

饭店宾馆餐饮管理的关键岗位即主要负责人包括餐饮总监（需要设总监的高星级大中型酒店宾馆）、餐饮部经理、行政总厨和采购供应经理。酒楼宾馆等餐饮管理关键岗位的主要负责人是企业总经理、总厨师长、餐厅部经理、采购主管等人员。要做好这些关键岗位的人员配备工作，必须事先制定不同岗位的任职资格和用人标准，包括他们的学历、资历、专业、同等岗位工作年限、工作经验和能力要求等；然后由董事会招聘总经理或餐饮总监；再逐级按用人标准招聘配备其他关键岗位主要负责人及其下属人员；最后通过越级审核而最终确定和聘用。

（二）配备好关键技术岗位的专业技术人员，不拘一格使用人才

餐饮经营的关键技术岗位的专业技术人员主要包括各种风味的炒菜厨房、冷荤厨房和面点厨房的厨师长和技术骨干。只有这些人员配备好了，才能保证各个餐厅的各种菜点的色香味形符合质量要求，这是现代餐饮经营管理能否成功的关键。做好这些专业技术人员的配备的关键是要坚持技术标准，不拘一格使用人才。聘用厨师长要求人品正派，技术水平较高，有管好一种风味或一类菜点的能力和经验。技术骨干则要考察其技术水平和实际操作能力。整个餐饮企业的技术人员配备要形成专业技术梯队，既要能够保证关键时候的技术人员的需要量，又要保证专业梯队有发展后劲。

（三）合理使用和有序流动相结合，不断优化员工队伍结构

现代餐饮管理在人员配备的基础上，不管是关键岗位的管理人员，还是技术人员或服务人员，都要通过人员组织、调配、使用、晋升、降级、流动等，不断调整、优化员工队伍结构，也就是合理使用和有序流动相结合。其具体组织管理方法是：①按关键岗位、业务需要和预算目

标，对主要负责人推行内部任期目标管理，对技术人员、服务人员则实行岗位责任制度管理。②区别不同岗位，制定任期目标管理和岗位责任管理的考核标准、考核办法。③管理岗位每半年、员工岗位每月按考核标准做一次认真考核评估，根据考核结果，评出等级。④推行末位淘汰制，制定保证有序流动的管理制度和具体措施，淘汰那些不合格的人员，包括管理人员、技术人员和服务人员，同时，招聘合格人员。如此吐故纳新，不断调整，既能在餐饮管理内部形成优良的人员组织的运行机制，又能不断优化员工队伍结构，提高企业的管理水平。

二、弹性安排人力，降低劳动力消耗

现代餐饮的业务经营活动具有明显的季节性和时令波动性。季节波动是指由淡季、旺季客源的不同而引起人员使用的波动。时令波动是指在季节期内因天气、气候、节假日等不同而引起的客源变化和人员使用的波动性。做好餐饮管理的人员组织，必须弹性安排人力资源，以降低劳动力消耗，节省人力成本开支。其具体管理方法包括两个方面。

（一）固定员工和流动员工相结合，弹性使用人员，控制人力使用结构

做好餐饮管理的人员组织工作，坚持弹性用人，首先要将员工分为固定员工和流动员工两类。前者主要是指各级管理人员、重要技术人员、主管领班及厨师队伍和服务人员中的骨干人员，包括领位员、迎宾员、收款员、库管员等。后者主要是指可以随餐厅上座率的变化而增减变动的服务人员、勤杂洗碗工、洗菜工等。然后推行弹性用人制。其具体组织管理方法是：①根据季节变化预测不同季节和时期的餐厅上座率，编制餐饮弹性用人需求表，为餐厅人员使用提供依据。②以平均上座率或平季上座率为基础，确定需要使用的人员数量，作为用人的基准线。旺季或节假日，增加季节工、临时工、小时工。淡季客人较少，人员富余时，组织员工提前休假或实行每周五天工作制，同时组织员工轮流培训。③在推行弹性用人过程中，将弹性用人和有序流动结合起来：固定员工基本稳定，流动员工弹性使用。对那些需要淘汰、调换的人员，适时调整到弹性用人的名单中去。这样不断调换、弹性使用人员，既可减少用人总量，降低劳动力消耗，节省人力成本，又能形成既有动

力、又有压力的用人机制，控制餐饮管理的人力使用结构。

（二）根据每日餐厅客源预测，弹性安排员工上班，节省人员使用，提高工作效率

现代餐饮的业务经营活动，除因季节波动而需要弹性用人外，在季节内的不同时期，每天的客源数量也是波动的。为此，做好餐饮人员组织工作，还要根据每日餐厅客源预测和员工劳动定额，弹性安排员工上班，以节省人员使用，提高工作效率。其具体组织管理方法是：①根据近期接待人次，参照可能的天气、日期、气候等因素，近期预测每周内每天的餐厅接待人次。②根据餐厅类型和工种，制定员工劳动定额，确定每天每班需要的上岗人数。③按预测客人数和劳动定额，制定每周排班表，合理安排使用员工。

三、做好激励考核，充分调动员工积极性

餐饮管理的人员组织工作除了要做好人员配备和调整、优化员工结构及弹性用人和劳动安排外，还要认真做好日常管理，在以人为本、员工第一的原则指导下，加强激励考核，合理奖罚，充分调动员工积极性。其具体工作内容和方法包括三个方面。

（一）运用多种激励手段，激发员工热情和士气

员工激励是根据员工的需求、动机、心理因素，采用各种正相关的方法和措施，激发员工的工作热情和主动性。现代餐饮以手工操作和现场服务为主，人的主动性、积极性和劳动热情尤为重要。因此，做好人员组织必须运用多种激励手段，激发员工热情和士气。具体包括：动机激励、感情激励、目标激励、表扬激励、榜样激励、转换角色激励及奖金激励等。至于在什么时候对哪些员工应该采用什么激励手段，需要餐饮管理人员根据实际情况确定。

（二）定期做好员工考评，正确评价员工表现

做好考核评估既是餐饮管理人员组织和员工管理的重要工作内容，又是评价员工表现、发现人才、落实奖罚措施的客观依据。现代餐饮管理的员工考核主要包括管理人员的考核和普通员工的考核两种类型。前者主要是指领班主管以上的各级管理人员。对投资主体和投资人来说，重点是要做好对总经理、餐饮总监和各部门经理的考核。他们是决定企

业餐饮管理好坏和经济效益优劣的关键，必须每年或半年考核一次。后者主要是指领班以下的各岗员工应该每月考核一次。对普通员工的考核要以贯彻落实考核制度为主。定期做好员工考核的基本方法是：①区别不同类型的人员、确定考核内容。主管以上，特别是部门经理的考核要以思想状况、领导业绩、工作能力、知识与经验、培养下级等内容为主。而普通员工的考核则以劳动态度、礼貌仪容、服从领导、工作效率、客人表扬或投诉次数和内容为主。②制定考核标准，形成考核制度。即根据考核内容，按管理人员和普通员工两种类型，分别制定考核标准，形成定性、定量结合的考核指标，然后采用逐级考核、越级审核签署的考核制度进行考核。③定期做好考核，正确评价员工表现。管理人员可采用半年述职、年度综合考评的制度。普通员工则每月考核一次，采用本人小结，上级评估，越级签署，返回本人签字认可的程序和制度。这样比较容易收到良好效果。

（三）奖罚淘汰相结合，形成良性管理机制

做好员工考核的最终目的是要充分调动员工积极性，形成人员组织和员工管理的良性机制。所谓良性机制就是要在企业内部形成奖勤罚懒、奖优罚劣，有序流动的用人制度，形成既有动力、又有压力的良好气氛。这些都是以员工考核结果为依据的。因此，餐饮管理的人员组织必须在逐期考核评估的基础上，将奖罚淘汰结合起来。奖就是要奖励先进、优秀员工，奖励所有做出重要贡献的员工。罚就是要处罚那些违反规章制度和劳动纪律、达不到岗位职责要求的人，并和企业人员管理的结构优化、有序流动结合起来，保留优秀、良好员工，淘汰那些不合格的员工。由此，才能形成餐饮企业人员组织和员工管理的良性循环机制。

核心要义复习题

1. 什么是组织机构？设置餐饮组织机构的原则是什么？
2. 组织原则中的“精简与效率相统一”原则和“专业化与自动调节相结合”原则的标志分别是什么？
3. “权力和责任相适应”原则表现在什么地方？
4. 餐饮组织机构设置方法包括哪几个步骤？

定量管理练习题

1. 方圆大酒店冷荤厨房经过上岗测试，其人员配备为：厨师长 1 人，冷荤加工间和炉灶领班各 1 人。旺季日上岗人数为 5 人。酒店面点厨房的人员配备为厨师长 1 人，面点加工领班 1 人，旺季每日上岗人数为 4 人。厨房每日平均 1.5 个班次，计划出勤率为 98%。请确定酒店冷荤和面点厨房的定员人数。结果填入表 2–9 中。

表 2–9　方圆大酒店冷荤和面点厨房的人员需求表

管理岗位	定编（人）	员工岗位	每日上岗（人）	班次（班）	员工定编（人）	合计定编（人）
冷荤厨师长		冷荤间厨师				
领班						
面点厨师长		面点间厨师				
领班						

2. 江城饭店广东风味餐厅座位 150 个（含单间）。预测餐厅淡季上座率 58.2%，旺季上座率 96.8%，平季上座率 78.4%。餐厅桌面服务员每人管 20 位客人，传菜员每人为 50 位客人传菜，餐厅另配酒水、领位员 3 人 / 班。平均班次 1.5 个，计划出勤率 98.5%，每周工作 5 天。请为餐厅编制一份不同季节的人员需求表（保留 2 位小数，人数最后进整）。结果填入表 2–10 中。

表 2–10　不同季节的人员需求表

上座率	淡季	平季	旺季
客人数 / 班（人 / 班）			
桌面 / 班（人 / 班）			
传菜 / 班（人 / 班）			
领位、酒水 / 班（人 / 班）			
合计 / 班（人 / 班）			
1.5 班次人数（人）			
在编人员（人）			
进位（人）			

即测即评

第三章　餐饮预算目标管理原理和方法

知识结构图

学习目标

知识目标

1. 掌握餐饮预算管理的特点、基础工作
2. 掌握餐饮预算编制程序、基本要求
3. 熟知餐饮预测方法和计算公式
4. 掌握预算方案、贯彻实施方法

技能目标

1. 能用两种方法分别进行稳定型和趋势型市场预测分析
2. 能够编制小型餐厅的收入、成本预算
3. 能分析预算指标完成结果、做好预算管理收入和成本控制

第一节　餐饮预算管理原理概述

【案例导入】

向目标行进的实验带来的启示

曾有人做过一个实验：组织三组人分别向 20 公里外的目标前进。

第一组人对目标的地点、名称、距离长短一无所知，只让他们跟着向导走。刚走了 4～5 公里就有人叫苦，走了一半时有人就愤怒了，他们抱怨为什么要走这么远，何时才能走到，到离终点只有 3～4 公里时，有人甚至坐在路边不走了。坚持走到终点的只有一半人左右。

第二组人知道目标地点和路途，但路边没有路标。他们只能凭经验估计行程。走到一半时大多数人知道他们已走了多远，有经验的人说大概走了一半，当走到全程的 3/4 时，大家情绪低落，觉得疲惫不堪，当有人说："快到了！"，大家又振作起来，加快了脚步，走到了终点。

第三组人不仅知道目标地点、名称和路程，而且路上每一公里都设有一块路牌。人们边走边看路牌，每缩短一公里大家就有一小阵快乐，行程中用交流、歌声、笑声来消除疲劳，情绪一直高涨，很快就到达了目的地。

点评　企业预算管理就是设置和实现目标。案例中，一个相同的目标，其设置和实现的方法不同，三组人员实验的结果不同。它说明了目标管理方法的重要性。当然，酒店宾馆、酒楼饭庄的预算目标管理要比案例中的实验复杂得多。为此，我们在餐饮管理基本原理、机构设置和人员管理的基础上，进一步研究介绍餐饮预算目标管理的原理和方法，为学习后面各章的具体业务管理打好基础，指明方向。

一、餐饮预算管理的特点和基础工作

（一）餐饮预算管理的特点

预算又称企划或计划。餐饮预算是餐饮企业根据其经营方针和经营决策的要求，在分析企业内外客观环境和指标预测的基础上，对餐饮管理的任务、目标及其实施方案所做出的安排。预算管理是市场经济条件下确定企业目标的主要手段。它直接决定餐饮企业的资源调配和使用，直接影响和决定企业餐饮业务活动的开展和经济效益的高低。但餐饮预

算管理又和日常的业务管理不完全相同，它有以下四个特点。

1. 价值取向的外向性

餐饮预算是通过市场调查和预测来确定预算指标，其本质是提高经济效益。因此，餐饮预算管理就是要向市场要客源、要经济效益，即通过预算确定接待人次、人均消费、销售收入，最终确定完成利润额。换言之，餐饮预算管理具有价值取向的外向性，其预算指标的确定要以企业外部市场为主。为此，餐饮企业要认真做好市场调查，掌握市场动向、特点、发展趋势，分析企业自身的市场潜力，做好预测分析和预算管理。

2. 工作性质的导向性

预算管理的根本目的是确定企业和各部门的预算任务和经营目标。这些任务和目标又以预算指标的形式表现出来，因而必然具有导向性。餐饮预算管理工作的导向性重点表现在两个方面：一是预算指标的预测和确定要以市场为导向，市场环境好就应该提高预算指标；市场环境不好，风险大就该降低指标。二是各项预算指标一经确定，就具有明确的指导作用，是企业和各部门在其预算期内都必须完成的，所以具有导向性。

3. 指标安排的预见性

预算管理是以各种预算指标的确定和安排为中心的。这些指标，特别是各种销售指标的安排，既要以预测为基础，又要具有预见性。也就是说，要具有高瞻远瞩的眼光和科学分析的能力，立足现实，面向未来，既要看到市场趋势，又要掌握企业和各部门的潜力。只有保证指标安排的准确性、前瞻性、可行性，才能做好预算管理。

4. 工作内容的综合性

餐饮预算管理工作内容涉及面广、综合性强，既涉及全店和各部门的业务活动，包括原料采购、库房管理、厨房生产、餐厅服务等各项工作的开展，又涉及全店和各部门的收入、成本、费用、毛利、利润等各项指标的确定、贯彻、检查、考核等各项工作。这些既贯穿在餐饮管理的供、产、销等业务过程中，又体现在企业和各部门日常工作的各个方面。因此，餐饮预算管理必须坚持以经济效益为中心，以销售预测为起点，以业务活动为主体，以经营措施为保证。在预算管理过程中，还必须搞好企业各级各部门的收入、成本、费用、利润等各项预算指标的综合平衡，正确协调、处理投资人、经营者、广大员工和客人等各方面的利益关系。

（二）餐饮预算管理的基础工作

餐饮预算管理是一个复杂的过程。做好基础工作是做好餐饮预算管理的重要条件，特别是对于新建餐饮企业来说就更是如此。其基础工作的内容主要包括四个方面。

1. 合理的预算管理体制

预算管理体制既是餐饮财务管理的重要制度，又是预算管理的基础工作。酒店、餐馆等企业的餐饮管理专业技术性较强，餐饮经营有相对独立性。因此，需要建立由总经理负责，以部门为基础，由财务部主持预算编制、综合平衡和预算考核的企业预算管理体制。在这种体制下，企业每年预算的编制都由总经理下达工作指令，财务部提出具体要求，各部门编制自己的经营预算，报企业财务部汇总平衡，总经理审批，形成预算决策方案。在预算执行过程中，餐饮会计人员提供信息反馈，并和业务管理人员一起监督、检查预算执行情况，发挥预算控制职能。与此相适应，企业应建立健全店级、部门和各餐厅三级核算制度，以保证预算管理工作的顺利开展。

2. 健全的预算指标

餐饮预算是由一系列预算指标组成的。预算指标不健全，必然影响预算管理的科学性、系统性，无法为各级管理人员发挥预算控制职能提供决策参考。假定一家酒店、宾馆餐饮部门只有餐厅营业收入、营业成本、折旧费用、人员开支等综合性预算指标，管理人员发现营业收入降低、营业成本不合理，他们无法根据这些综合性指标进一步分析营业构成，食品、饮料人均消费，产品成本消耗，采购成本变化，库存资金占用，水费、电费、燃料费、洗涤费用和餐茶具消耗费等的具体数字，这样，也就不能发现餐饮预算管理在哪些环节、哪些项目上存在问题，因而也不能够有针对性地提出改进措施。所以，建立健全预算指标，是预算管理最重要的基础工作之一。健全的预算指标要从预算管理和业务经营活动的需要出发，有利于分析各部门、各餐厅、各环节的各项业务活动的经营状况，便于各级管理人员有针对性地指导餐饮业务经营活动的开展。如餐饮营业收入指标，应采用餐厅座位定员、计划上座率、接待人次、食物人均消费、饮料比率、食品收入、饮料收入、烟草收入、厅堂租金等一系列指标。具体指标内容很多，本书将在下面集中介绍。

3. 财务统计口径和费用分摊决策

财务统计口径和费用分摊决策是餐饮预算管理的重要基础工作。若财务统计口径在餐饮部门和其他部门不一致，必然造成预算统计指标的混乱。如餐饮流通费用中，哪些项目作固定费用处理，哪些项目作变动费用处理，物料用品中各项费用的划分标准，客用消耗用品、服务用品、清洁用品的区分界限等，在各部门的统计口径必须一致。

费用分摊决策是指为了考核各部门的实际经营效果，部分费用应采用什么办法分摊到各部门中去。如酒店各部门的水费、电费应采用什么办法分摊到餐饮、客房、商品等部门中去。大中型餐馆酒楼中的房屋家具折旧等费用如何分解到各部门中去等。这种费用分摊决策，直接影响各部门的预算指标和对实际完成结果的考核。所以，做好餐饮预算管理，企业必须对上述基础工作事先做出统一规定，以保证预算指标的科学性和实用性。

4. 原始记录制度和统计分析工作

原始记录和统计分析既是企业收集、积累计划资料的基础和预测确定预算指标的前提，又是执行预算、发挥预算控制职能的重要基础工作。在餐饮预算管理中，从食品原材料采购、储藏、入库验收、领料发料、厨房生产到餐厅销售，都必须做好原始记录。建立原始记录制度，其工作内容是：班组设原始记录员，每天记录各项收入、成本、费用、接待人次等的实际发生额；部门设统计员，逐日、逐周、逐月、逐季分类统计各项预算指标的完成结果；财务部门分类核算，做好分析工作。天天如此，月月如此，年年如此，坚持不懈，将原始记录和统计分析结合起来，既为餐饮经营预算的编制提供了原始资料，又为预算管理提供了信息反馈，成为各级管理人员加强预算控制、指导餐饮业务经营活动顺利开展的重要决策参考。

二、餐饮预算指标的内容和编制依据

（一）餐饮预算指标的内容

餐饮管理的最终目的是在满足客人需求的前提下，获得优良经济效益。餐饮管理预算指标在本质上是一个利润指标，它包括五个方面的内容。

1. 营业收入指标

营业收入指标是餐饮利润预算的基础。它根据餐厅上座率、接待人次、人均消费来编制。餐饮营业收入的高低受不同餐厅等级规格、接待对象、市场环境、客人消费结构等多种因素的影响。编制营业收入预算，需要区别不同餐厅的具体情况，至于营业收入预算的内容，则和销售预算基本相同。

2. 营业成本指标

营业成本是影响餐饮利润的重要因素。营业成本主要指食品原材料成本。餐饮管理中的其他各种消耗均作流通费用处理。营业成本是在食品原材料的采购、储藏、生产加工过程中形成的。编制成本预算，以产品成本为主，其内容主要包括标准成本率、成本额和成本降低率指标，以此作为食品原材料成本管理的依据。

3. 人工成本指标

餐饮业属于劳动密集型行业，用人相对较多。随着小康社会的全面建成和我国经济向中等发达国家迈进，企业人均工资的逐步提高，餐饮管理的人工成本比重会逐步提高。人工成本指标的内容主要包括 4 项，即人员工资、奖金工资、社保费用、员工福利等，这些都是人工成本必须测定的指标。

4. 营业费用指标

餐饮企业营业费用指原料成本和人工成本以外的各项费用消耗，包括水、电、洗涤费用、餐茶用品消耗，需要企业分摊的房屋折旧，家具用具折旧，销售费用，交际费用，管理费用，装饰费用等。费用预算要确定这些费用指标和相关质量指标。

5. 税金利润指标

营业利润是经济效益的本质表现。营业收入减去营业成本、营业费用和营业税金，就是营业利润。在酒店、宾馆的餐饮部门，营业利润形成后，上缴税金和利润分配由全店统一安排，营业利润指标只反映部门经营效果。在独立餐饮企业中，营业利润指标还包括税金安排和利润分配。因此，利润指标内容还包括利润额、利润率、成本利润率、资金利润率和投资利润率等。

相关链接

餐饮预算的利润形成

餐饮预算，包括年度、季度和月度预算的综合性较强。其利润形成，都是运用以下公式完成的：

营业收入 – 营业成本 = 营业毛利

营业毛利 – 人工成本 – 营业费用 = 税前利润

税前利润 – 应缴税金 = 税后利润

税后利润 ± 营业外净额 = 企业利润

（二）餐饮管理预算编制的客观依据

1. 地区经济和旅游发展状况及发展趋势

地区经济和旅游发展状况以及发展趋势直接反映市场需求和市场供给，必然成为编制餐饮预算的客观依据。因此，编制餐饮预算，必须调查分析地区经济和旅游发展规模、速度；国民收入、人均国民收入、家庭平均收入发展水平；客人数量、旅客流量、停留天数、不同档次客人的消费需求、人均消费水平；本企业的主要目标市场、客户单位、客源机构能够给本企业提供客源的多少和可以支付的餐饮消费标准等。此外，酒店还要分析客房出租率的高低、住店客人的多少、住店客人中有多少比例的客人外出就餐、有多少比例的客人在本店或本餐厅用餐等。只有将这些情况和本企业的餐饮管理结合起来，运用调查资料，做好预测分析，才能做好预算编制工作。

2. 企业周围的市场环境和客源状况

餐饮企业的客源是以近距离市场客人为主的。企业周围的市场环境和客源状况往往成为影响餐饮预算的主要因素。企业周围的市场环境包括外事机构、企事业单位的数量，长住客人的数量，国内居民的收入水平，周围地区的商业繁华程度，商场、车站、机场、体育馆、影剧院、展览馆等公共设施的数量以及地区流动客人的数量等。此外，还包括企业周围地区的市场竞争状况，如周围地区同类型酒店宾馆或酒楼饭庄的数量、等级规格、接待能力、经营风味、产品质量、服务质量以及它们同本企业的竞争状况、竞争结果可能给本企业餐饮经营带来的影响程度等。这些都必然成为编制餐饮预算的客观依据。只有对上述市场环境及客源状况进行认真调查，并结合本企业的实际情况，做好预测分析，才能合理确定预算目标。

3. 企业等级规格和接待能力

企业等级规格和接待能力直接影响餐饮管理的客源档次、价格水平、人均消费、成本消耗，从而影响餐饮预算指标的确定。企业的规格不同，接待能力、人均消费水平、设施利用率也不同。在企业等级规格已定的条件下，企业内部的各个餐厅还有不同的档次，如酒店宾馆的西餐扒房在各种西餐厅中档次最高，客人消费水平最高，但一般上座率很低；而咖啡厅则适应中档消费水平的客人。同样，中餐宴会厅在各种中餐厅中档次最高，人均消费水平最高。编制餐饮预算，就要以此为依据，区别不同情况，分别确定不同餐厅的收入、成本和毛利指标，以提高餐饮预算管理的科学性和准确性。

4. 企业餐饮管理的历史资料和季节波动程度

餐饮预算是以历史资料为基础，结合市场发展状况来制定的。企业历年来的餐饮预算指标，包括餐厅上座率、接待人次、人均消费、营业收入、成本消耗、费用支出、营业利润等的完成结果及其变化规律，必然成为餐饮预算的客观依据。各项预算指标的预测分析，都是以这些历史资料为基础来进行的。

餐饮管理的季节波动性，在相邻预算期内，具有周期性循环的规律。因此，其季节波动程度，又必然成为餐饮管理预算指标的客观依据，是保证餐饮管理预算指标完成的重要条件。

三、餐饮预算管理的工作程序和基本要求

（一）餐饮预算管理的工作程序

餐饮预算管理从预算编制开始，经过指标分解、执行、督导检查到

预算完成，是一个复杂的过程。它又体现在业务管理过程中，从餐饮预算管理过程的角度来考察，其管理工作任务和步骤包括以下四个方面。

1. 分析经营环境，收集预算资料

分析经营环境、收集预算资料是预算管理的前提和基础，也是预算工作的开始。分析经营环境主要是指市场环境，它要求在认真做好市场调查的基础上，掌握市场动向、特点、发展趋势和市场竞争状况，然后结合本企业的实际情况，分析企业顾客类型、档次结构、需求变化、产品风味、花色品种、价格水平、服务质量等同市场需求的适应程度，找出自己的优势和不足，为确定餐饮经营方向和预算目标提供客观依据。收集预算资料主要包括地区旅游接待人次、增长比率、停留天数、旅客流量等对企业餐饮预算目标的影响；企业各餐厅近年来的接待人次、增长比率、客房出租率同餐饮预算目标的关联程度以及餐厅上座率和人均消费等；企业各餐厅近年来的营业收入、营业成本、营业费用、营业利润、成本率、费用率、利润率等各项指标的完成情况及其变化规律。将这些资料收集起来，经过分析整理，同市场环境结合，即可为编制餐饮预算提供客观依据。

2. 预测预算目标，编制预算方案

餐饮预算管理的工作内容最终通过收入、成本、费用和利润等预算指标反映出来。预测预算目标，编制预算方案，重点是做好五个方面的工作：第一，根据市场动向、特点和发展趋势，确定企业市场类型，然后以调查资料为基础，预测各餐厅的上座率、接待人次、人均消费和营业收入；第二，分析食品原材料消耗，制定各餐厅标准成本，预测成本额、成本率，确定成本降低率指标；第三，根据业务需要和预算收入，分析人工成本和营业费用构成及其比例关系，预测各项费用消耗，确定费用降低率指标；第四，分析营业收入、营业成本、营业费用和营业利润的相互关系，预测餐饮利润目标；第五，在上述预测分析的基础上，编制餐饮预算方案，初步确定各项预算指标。

3. 搞好综合平衡，落实预算指标

实事求是、综合平衡是预算管理的基本原则。餐饮预算方案完成后，还要搞好综合平衡，落实预算指标。其具体任务是：审查收入、成

本、费用和利润的相互关系；审查采购资金、储备资金、周转资金的比例关系，使之保持衔接和协调；审查收入、成本、费用和利润在各部门之间的相互关系，使资源分配和预算任务在各部门之间保持协调发展。在此基础上，企业召开预算会议，经过分析讨论，做出预算决策，形成各项预算指标，为业务经营活动的开展提供客观依据。

4. 发挥控制职能，完成预算任务

编制预算方案、落实预算指标后，执行预算的过程就是发挥预算控制职能、完成预算任务的过程。其重点是做好三个方面的工作：第一，以餐厅、厨房为基础，分解预算指标，明确各级、各部门及其各月、各季具体奋斗目标，将全体职工的注意力引导到预算任务上来，为共同完成预算任务而努力工作；第二，建立信息反馈系统，逐日、逐周、逐月、逐季核对预算指标完成情况，发现问题，纠正偏差，发挥预算控制职能；第三，根据各级、各部门预算完成结果，合理分配劳动报酬，奖勤罚懒，择优汰劣，保证预算任务的顺利完成。

（二）餐饮预算管理的基本要求

餐饮预算管理具有目标性、层次性、综合性等特点。餐饮企业经营环境复杂，预算编制和执行的涉及范围都比较广泛，为此必须遵循下列基本要求：

1. 正确处理国家、企业、员工、消费者、投资人之间的关系

餐饮预算管理直接涉及国家、企业、员工、投资人和消费者等各方面的经济利益。预算的编制和执行都必须正确处理它们之间的关系，照顾各方面的利益，其具体要求是：编制预算时，要正确掌握毛利、成本、费用和利润的关系，搞好综合平衡；执行预算时，要正确执行国家政策，控制毛利标准，制定合理价格，维护消费者利益；处理利润时，要完成国家税收，合理分配企业发展基金、奖励基金、职工福利奖金、投资人利润，照顾各方面的利益。

2. 坚持以市场调节为主，正确处理供求关系

餐饮业主要为旅游客人和外出就餐的国内居民提供社会生活服务，它是人们家庭生活以外的社会服务性行业。餐饮企业的预算指标主要根据市场供求关系来确定。因此，需要建立国家引导市场、市场调节企业

的运行机制，其基本要求是：在宏观上，国家建立市场调节机制，制定餐饮业网点的发展规划，控制行业发展规模，引导市场供给，同时制定市场规则，加强行业管理，整顿市场秩序；在微观上，扩大企业自主权，引导企业正确开展市场竞争，坚持以市场调节为主。因此，预算指标的确定，要根据企业自身条件，在合理安排经营风味、花色品种的基础上，通过市场调查和市场预测来确定，以正确处理市场供给和需求的关系，充分发挥市场调节的作用，促进国民经济的发展。

3. 坚持预算指标的科学性和先进性

餐饮预算管理是餐饮企业开展业务经营活动的行动纲领，必须具有先进性和科学性。科学性是指预算指标要反映餐饮经营活动的客观规律，反映市场供求关系和餐饮经营实际。如预算指标要在广泛调查研究的基础上，经过预测分析来确定，不能想当然。先进性是指预算指标要充分挖掘企业内部潜力，掌握市场发展趋势，使预算指标必须经过各部门、各环节员工的努力才能完成。坚持预算指标的科学性和先进性，关键是使预算指标能够充分调动员工的积极性，对他们能够起到动员、激励的作用。

四、餐饮管理的预算指标及其计算公式

（一）餐饮管理的预算指标

预算指标又叫管理参数，它是用数字来表示的企业或部门预算期内经营管理所要达到的水平。在餐饮管理中，预算指标主要发挥着三方面作用：

1. 预算指标是预算目标数额大小的集中反映

预算指标最终用数字来反映。计划期内餐饮管理的收入额、成本额、费用额、利润额、成本率、费用率以及利润率等各项预算目标都通过预算指标表现出来，直接反映企业餐饮管理的奋斗目标。

2. 预算指标是计算各种指标数额的客观依据

预算指标通常由三部分组成：一是指标名称，它决定指标的性质和含义；二是计算方法，它用特定公式来反映本项指标和其他相关指标的关系；三是指标数额，它表示本项指标所要达到的水平。因此，各种预算指标一经明确，就成为计算指标数额的客观依据。

3. 预算指标是预算编制和指标分析的工具

餐饮预算的编制是根据预算指标来进行的。管理过程中的预算完成情况也是指标分析的工具。它可以和计划额、历史同期完成额、同行业同类指标的先进额等比较，从而发现预算管理的好坏，发挥预算控制的作用。

（二）餐饮预算指标的内容体系和计算公式

餐饮预算指标主要是根据国家文化和旅游部、地方政府财务管理部门和上级主管部门的要求，结合企业餐饮管理需要来确定的，内容很多，它们共同构成餐饮管理的预算指标体系，具体内容和计算公式见表3–1。

表 3–1　餐饮管理预算指标及其公式

编号	名称	公式	含义
1	餐厅定员	$=$座位数$\times$餐次$\times$计划期天数	反映餐厅接待能力
2	职工人数	$=\dfrac{\text{期初人数}+\text{期末人数}}{2}$	反映计划期人员数量
3	季节指数	$=\dfrac{\text{月（季）完成数}}{\text{全年完成数}}\times 100\%$	反映季节经营程度
4	座位利用率	$=\dfrac{\text{日就餐人次}}{\text{餐厅座位数}}\times 100\%$	反映日均座位周转次数
5	餐厅上座率	$=\dfrac{\text{计划期接待人次}}{\text{同期餐厅定员}}\times 100\%$	反映接待能力，每餐利用程度
6	食品人均消费	$=\dfrac{\text{食品销售收入}}{\text{接待人次}}$	客人食品消费水平
7	饮料比率	$=\dfrac{\text{饮料销售额}}{\text{食品销售额}}\times 100\%$	饮料经营程度
8	饮料计划收入	$=$食物收入$\times$饮料比率	反映饮料营业水平
9	餐饮计划收入	$=$接待人次$\times$食物人均消费$+$饮料收入$+$服务费	反映餐厅营业水平
10	日均营业额	$=\dfrac{\text{计划期销售收入}}{\text{营业天数}}$	反映每日营业额大小
11	座位日均销售额	$=\dfrac{\text{计划期销售收入}}{\text{餐厅座位数}\times\text{营业天数}}$	餐厅座位日营业水平
12	月度分解指标	$=$全年计划数$\times$季节指数	反映月度计划水平

续表

编号	名称	公式	含义
13	餐饮毛利率	$=\dfrac{\text{营业收入}-\text{原材料成本}}{\text{营业收入}}\times 100\%$	反映价格水平
14	餐饮成本率	$=\dfrac{\text{原材料成本额}}{\text{营业收入}}\times 100\%$	反映餐饮成本水平
15	喜爱程度	$=\dfrac{\text{某种菜品销售份数}}{\text{就餐客人人次}}\times 100\%$	不同菜品销售程度
16	餐厅销售份额	$=\dfrac{\text{某餐厅销售额}}{\sum\text{各餐厅销售额}}\times 100\%$	餐厅经营程度
17	销售利润率	$=\dfrac{\text{销售利润额}}{\text{销售收入}}\times 100\%$	反映餐饮销售利润水平
18	餐饮流通费用	$=\sum\text{各项费用额}$	反映餐饮费用大小
19	餐饮费用率	$=\dfrac{\text{计划期流通费用额}}{\text{营业收入}}\times 100\%$	餐饮流通费用水平
20	餐饮利润额	=营业收入－成本－费用－营业税金 =营业收入×（1－成本率－费用率－营业税率）	反映营业利润大小
21	餐饮利润率	$=\dfrac{\text{计划期利润总额}}{\text{营业收入}}\times 100\%$	餐饮利润水平
22	员工接客量	$=\dfrac{\text{客人就餐人次}}{\text{餐厅（厨房）员工人数}}$	员工劳动程度
23	员工劳效	$=\dfrac{\text{计划期收入（创汇、利润）}}{\text{员工平均人数}}$	员工贡献大小
24	员工出勤率	$=\dfrac{\text{出勤工时数}}{\text{定额工时数}}\times 100\%$	工时利用程度
25	工资总额	=平均工资×员工人数	人事成本大小
26	计划期库存量	=期初库存＋本期进货－本期出库	反映库存水平
27	平均库存	$=\dfrac{\text{期初库存}+\text{期末库存}}{2}$	月度在库规模
28	计划期初库存	$=\dfrac{\text{年预计销售额}}{\text{资金周转次数}}\times 0.5\times\left(1+\dfrac{\text{月度销售额}}{\text{各月平均销售额}}\right)$	计划期初库存安排
29	计划期末库存	=平均库存×2－期初库存	年末预计库存额
30	月度流动资金平均占用 季度流动资金平均占用 年度流动资金平均占用	$=\dfrac{\text{期初占用}+\text{期末占用}}{2}$ $=\dfrac{\sum\text{季度各月占用}}{3}$ $=\dfrac{\sum\text{各季度占用}}{4}$	年、季、月流动资金占用水平

续表

编号	名称	公式	含义
31	流动资金周转天数	$=\frac{\text{计划期营业收入}}{\text{同期流动资金平均占用}}$	
32	流动资金周转次数	$=\frac{\text{流动资金平均占用}\times\text{计划天数}}{\text{营业收入}}$ $=\frac{\text{流动资金平均占用}}{\text{日均营业收入}}$	流动资金管理效果
33	餐饮成本额	$=\text{营业收入}\times(1-\text{毛利率})$	反映成本大小
34	边际利润率	$=\text{毛利率}-\text{变动费用率}$ $=\frac{\text{营业收入}-\text{变动费用}}{\text{营业收入}}\times 100\%$ $=\frac{\text{销售份额}-\text{变动费用率}}{\text{销售份额}}\times 100\%$	反映边际贡献大小
35	餐饮保本收入	$=\frac{\text{固定费用}}{\text{边际利润率}}$	反映餐饮营利点高低
36	目标营业额	$=\frac{\text{固定费用}+\text{目标利润}}{\text{边际利润率}}$	反映计划利润下的收入水平
37	餐饮利润额	$=\text{计划收入}\times\text{边际利润率}-\text{固定费用}$	反映利润大小
38	成本利润率	$=\frac{\text{计划期利润额}}{\text{营业成本}}\times 100\%$	成本利用效果
39	资金利润率	$=\frac{\text{计划期利润额}}{\text{平均资金占用}}\times 100\%$	资金利用效果
40	流动资金利润率	$=\frac{\text{计划期利润额}}{\text{流动资金平均占用}}\times 100\%$	流动资金利用效果
41	投资利润率	$=\frac{\text{年度利润}}{\text{总投资}}\times 100\%$	反映投资效果
42	投资偿还期	$=\frac{\text{总投资}+\text{利息}}{\text{年利润}+\text{年折旧}}+\text{建造周期}$	反映投资回收效果
43	库存周转率	$=\frac{\text{出库货物总额}}{\text{平均库存}}\times 100\%$	反映库存周转快慢
44	客单平均消费	$=\frac{\text{餐厅销售收入}}{\text{客单总数}}$	就餐客人状况
45	餐厅服务费收入	$=\text{餐厅销售收入}\times\text{服务费比率}$	服务费收入大小
46	食品原材料净料率	$=\frac{\text{净料重量}}{\text{毛料重量}}\times 100\%$	反映原材料利用程度
47	净料价格	$=\frac{\text{毛料价}}{1-\text{损耗率}}$	净料单位成本

续表

编号	名称	公式	含义
48	某种菜生产份数	= 就餐总人次 × 喜爱程度	产品生产份数安排
49	附加价值	= 人事成本 + 利润 + 税金	劳动力所创造的新增价值
50	附加价值率	$= \frac{附加价值}{总收入} \times 100\%$	劳动力对新增价值创造程度，考核总经理和餐饮部经理工作能力
51	劳动分配率	$= \frac{人事成本}{附加价值} \times 100\%$	人事成本开支的合理程度
52	利润分配率	$= \frac{实现利润}{附加价值} \times 100\%$	利润分配的合理程度

第二节　餐饮管理预算指标预测方法

【案例导入】

一家四星级酒店餐厅销售预算指标预测表

以下是一家四星级酒店餐厅销售预算中的部分指标预测形成表，见表 3–2。其中，餐位利用率是年度预测数。

表 3–2　某酒店餐厅销售预算指标预测

餐厅	餐位数（个）	餐位利用率（预测）	食品人均消费（元 / 人）	饮料比率（%）	食品收入（万元）	饮料收入（万元）	合计收入（万元）
中餐厅	180	1.287 4	92.8	16.4	784.92	128.73	913.65
西餐厅	65	1.023 6	124.6	18.6	302.59	56.28	358.87
咖啡厅	90	1.612 4	78.5	12.8	415.79	53.22	469.01
宴会厅	160	0.928 2	168.2	20.5	911.76	186.91	1 098.67
酒吧间	50	1.148 4	58.2	72.8	121.98	88.80	210.78
客房送餐	—	—	86.4	8.5	98.76	8.39	107.15
部门合计	545	1.191 4	106.1	19.82	2 635.80	522.33	3 158.13

点评　在预算管理中，预测是预算的基础，预算是预测结果的调整和安排。预测一般都是根据本企业前几年已经完成的实际情况，采用不同方法计算出来的。而预算必须在此基础上首先分析预测期的市场发展变化，然后分析企业和部门可以挖掘的潜力大小，经过调整才能形成预算指标，所以案例中的数字都是预测值，而预测的方法又是多种多样的。

事实上，采用科学方法做好指标预测是预算方案编制和执行的前提和基础，也是预算管理最重要的工作内容之一。在餐饮预算管理中，企业每个计划期所面临的市场类型有稳定型市场、趋势型市场、随机型市场和季节型市场四种。市场类型不同，市场环境和计划资料所反映的市场状况和趋势也不同，其预测方法也不一样。本节将分类介绍上述四种市场类型的常用预测方法。

一、稳定型市场预测方法

稳定型市场是指企业所面临的市场环境比较平稳，市场需求和供给变化不大，餐厅上座率、接待人次和营业收入稳定在一定水平上。稳定型市场的预测方法有多种，现介绍两种常用的方法。

（一）修正移动平均法

修正移动平均法是在移动平均法的基础上对初次移动平均值的滞后性进行修正，求得最终预测值的一种方法。其预测方法分两个步骤：第一步，以基期实际值为依据，采用移动平均法求初次移动平均值，基期实际值期数的多少，根据实际需要确定，但其数值要比较平稳，具有稳定型市场的特点；第二步，对初次移动平均值产生的滞后性进行修正，求最终预测值。其预测公式如下：

$$y'_t=\frac{1}{n}(y_{t-1}+y_{t-2}+\cdots+y_{t-n})$$

$$y_t=\left(\frac{n-1}{2}+1\right)\cdot y'_t\cdot\alpha+y'_t$$

式中：y'_t——初次移动平均值；

y ——基期实际值；

n ——移动期数；

t ——预测期数；

y_t ——最终预测值；

α ——趋势平均增长率。

（二）加权修正平均法

加权修正平均法是在加权平均法的基础上对加权平均值进行修正，求取预测值的一种方法。其方法是以基期实际值为基础，分析不同基期实际值对预测值的影响程度，给予一定权数，然后加以修正，求预测值，基期实际值的期数一般选 3～4 期即可，其数值也要比较平稳，具有稳定型市场的特点。权数的大小一般是基期实际值离预测期越近，其权数越大，具体数值可根据影响程度确定，预测公式如下：

$$y_t=\frac{\sum y\cdot D}{\sum D}+y_t-y_0$$

式中：y_t ——预测值；

D ——权数值；

y ——基期实际值；

y_0 ——最初一期实际值；

y_t ——最后一期实际值。

【案例一】

燕都饭店中餐厅有座位 120 个，前五年餐厅上座率分别为 76.4%，77.8%，77.2%，78.4%和 78.9%。下年度早餐接待人次预计为 51.71%。早餐人均消费 15.2 元，正餐人均消费 45.8 元。根据市场调查分析，下年度市场环境不会发生重大变化。请分别用修正移动平均法和加权修正平均法确定餐厅上座率，并用两种方法的平均值确定餐厅下年度营业收入指标（$n=3$，权数分别为 1.5，1，0.5）。

案例分析：

1. 修正移动平均法

$$y'_t=\frac{1}{3}\times（77.2\%+78.4\%+78.9\%）=78.17\%$$

$$a=\sqrt[4]{\frac{78.9}{76.4}}-1=0.81\%$$

$$y_t=\left(\frac{3-1}{2}+1\right)\times 78.17\%\times 0.81\%+78.17\%=79.44\%$$

2. 加权修正平均法

$$y_t=\frac{77.2\times 0.5+78.4\times 1+78.9\times 1.5}{3}\times 100\%+78.9\%-77.2\%=80.15\%$$

3. 计算平均上座率

$$平均上座率 = \frac{79.44\% + 80.15\%}{2} = 79.8\%$$

4. 根据平均上座率，计算下年度营业收入指标（见表 3–3）

表 3–3　餐厅预测指标

项目	早餐	正餐	全年
接待人次（人）	22 650	82 208	104 858
上座率（%）	51.71	93.85	79.8
营业收入（万元）	34.43	376.51	410.94

二、趋势型市场预测方法

趋势型市场是指企业所面临的市场环境呈一定趋势，这种趋势有一定规律，但不是大起大落。它是在一定时期内，由市场供给和需求两方面的因素决定的，但判断是否是趋势型市场，不仅要看预算指标基期的统计数字，而且要分析计划期内的市场环境是否会使基期统计指标继续保持一定的趋势。如果市场环境不能满足这种条件，则不能选择趋势型市场预测方法。趋势型市场的预测方法很多，现介绍三种常用的方法。

（一）变动趋势法

变动趋势法是在移动平均法的基础上，分析预测对象基期数值的变动趋势，并以此作为预测的根据来求预测值的一种方法。其预测方法分为四个步骤：第一步，求若干基期数值的移动平均值；第二步，逐期比较移动平均值，求变动趋势值；第三步，求变动趋势平均值；第四步，以移动平均值和趋势平均值为基础，求预测值，其公式如下：

$$y_n = a + bn$$

式中：a——最后一期移动平均值；

b——最后一期变动趋势平均值；

n——移动期数。

（二）一元回归法

一元回归法又叫最小二乘法、一元线性法。它是根据事物过去时间内的变化规律来预测未来的一种方法。采用一元回归法预测的基本条件是：预测对象基期数值所反映的实际值必须呈比较平滑的上升趋势。这时，以预测对象为因变量，时间为自变量，即可根据两者的关系求预测值，其公式如下：

$$y_t = a + bt$$

$$a = \frac{\sum y - b \cdot \sum t}{n}$$

$$b = \frac{\sum y \cdot t \cdot n - \sum y \cdot \sum t}{\sum t^2 \cdot n - (\sum t)^2}$$

式中：a——直线坐标上的截距；

b——直线坐标上的斜率；

t——时间变量。

y、n 含义同前。

在实际运用中，如果设法使 $\sum t = 0$，上述公式还可以简化为：

$$a = \frac{\sum y}{n}$$

$$b = \frac{\sum y \cdot t}{\sum t^2}$$

（三）二元回归法

二元回归法是在一元回归法的基础上，增加待定参数来进行预测的一种方法。其原理和一元回归法基本相同，仍然是以预测对象为因变量，以时间为自变量，但其预测结果要比一元回归法更准确一点。二元回归法也适用于趋势型市场，其计算公式为：

$$y_t = a + bt + ct^2$$

$$\begin{cases} \sum y = a \cdot n + c \cdot \sum t^2 \\ \sum y \cdot t = b \cdot \sum t^2 \\ \sum y \cdot t^2 = a \cdot \sum t^2 + c \cdot \sum t^4 \end{cases}$$

式中：y_t——预测值；

a、b、c——待定参数；

t——时间；

n——基期期数。

【案例二】

稻香村大酒楼大众和雅座餐厅有座位 480 个。前六年餐厅上座率分别为 75.8%、74.3%、78.6%、81.5%、83.2%和 85.6%。预计下年度早餐人次占全年的 23.6%，早餐人均消费 18.4 元、饮料比率 3.2%，正餐人均消费 56.8 元，饮料比率 18.4%，酒楼市场正处于增长势头。请用变动趋势法（$n=3$）、一元和二元回归法预测下年餐厅上座率，并用三种方法的平均值确定下年酒楼销售计划指标。

案例分析：

1. 列一元和二元方法表计算待定参数需要的基础数据（见表 3–4）

表 3–4　一元和二元回归法参数计算表

期数	上座率（y）	时间（t）	$y\cdot t$	t^2	$y\cdot t^2$	t^4
1	75.8%	−5	−379	25	1 895	625
2	74.3%	−3	−222.9	9	668.7	81
3	78.6%	−1	−78.6	1	78.6	1
4	81.5%	1	81.5	1	81.5	1
5	83.2%	3	249.6	9	748.8	81
6	85.6%	5	428	25	2 140	625
$n=6$	$\sum y=479\%$	$\sum t=0$	$\sum y\cdot t=78.6$	$\sum t^2=70$	$\sum y\cdot t^2=5\,612.6$	1 414

2. 一元回归法计算酒楼预测上座率

$$a=\frac{\sum y}{n}=\frac{479\%}{6}$$

$$=79.83\%$$

$$b=\frac{\sum y\cdot t}{\sum t^2}=\frac{78.6\%}{70}$$

$$=1.12\%$$

$$y_t=a+bt=79.83\%+1.12\%\times 7$$

$$=87.67\%$$

3. 用二元回归法计算酒楼预测上座率

（1）将表中数据代入联立方程组，以求待定参数 a，b，c 的值。

$$\begin{cases}479\%=6a+70c\\78.6\%=70b\\5\,612.6\%=70a+1\,414c\end{cases}$$

（2）解方程组得：

$$\begin{cases} a = 79.36\% \\ b = 1.12\% \\ c = 0.04 \end{cases}$$

（3）用公式预测下年度餐厅上座率 y_t。

$$y_t = a + bt + ct^2$$
$$= 79.36\% + 1.12\% \times 7 + 0.04 \times 7^2$$
$$= 89.16\%$$

4. 用变动趋势法预测酒楼上座率

（1）列表计算待定参数 a、b 的值（见表 3–5）。

表 3–5　变动趋势法参数计算表　　单位：万元

期数	食品销售额	三期移动平均	变动趋势	趋势平均值
1	75.8	76.23		
2	74.3		1.90	
3	78.6	78.13		
4	81.5	81.10	2.97	2.40
5	83.2			
6	85.6	83.43	2.33	

（2）求预测上座率 y_t：

$$y_t = a + bn = 83.43\% + 2.4\% \times 3$$
$$= 90.63\%$$

5. 计算三种方法的平均上座率 $\overline{y_t}$

$$\overline{y_t} = \frac{87.67\% + 89.16\% + 90.63\%}{3} = 89.15\%$$

6. 以平均上座率为基础，列表计算酒楼销售计划指标（见表 3–6）

表 3–6　酒楼下年度销售计划指标

项目	早餐	正餐	全年
接待人次（人）	110 583	357 990	468 573
上座率（%）	63.12	102.17	89.15
食品收入（万元）	203.47	2 033.38	2 236.85
饮料收入（万元）	6.51	374.14	380.65
合计收入（万元）	209.98	2 407.52	2 617.50
每人次消费（元）	18.99	67.25	55.86

三、随机型市场预测方法

随机型市场是指企业所面临的市场环境极不稳定，在一定时期内需求和供给之间尚无规律可循，餐饮产品销售处于随机变化之中。这时，餐饮企业管理人员很难根据过去的资料来预测未来，一般只能采用主观判断来对预测对象做出分析，随机型市场预测方法也有多种，现仍举两种常用的方法。

（一）PERT 预测法

由于市场环境处于随机状态中，要开展预测工作，只能借助于最了解市场动向的经理人员、销售人员来进行，充分听取他们的意见，然后加以综合，做出预测。其具体做法分为两个步骤：第一步，选择熟悉市场环境的不同类型的人员对预测对象做出分析，提出预测值，并加以综合；第二步，对不同类型的预测人员的综合预测值，根据其经验和他们对市场环境的熟悉程度，给予不同的权数，提出最终预测结果。其计算公式为：

$$y'_t = \frac{A + 4B + C}{6}$$

$$y_t = \frac{\sum y'_t \cdot D}{\sum D}$$

式中：y'_t——不同人员平均预测值；

A——预测对象最高预测值；

B——预测对象最可能预测值；

C——预测对象最低预测值；

D——不同预测人员的权数；

y_t——最终预测值。

在随机型市场环境下，PERT 预测法将预测对象分为三段：第一段为最低销售段，第二段为最可能销售段，第三段为最高销售段。对有经验和熟悉市场环境的经理人员、销售人员来说，其预测的三个销售段的预测值一般会呈正态分布。这时，根据概率知识，第一段和第三段的可能概率均在 16.67%左右，第二段则在 66.67%左右。这样：

$$y'_t = A \times 16.67\% + B \times 66.67\% + C \times 16.67\%$$

$$= \frac{1}{6}A + \frac{4}{6}B + \frac{1}{6}C$$

$$= \frac{A + 4B + C}{6}$$

（二）主观概率法

主观概率法和 PERT 预测法的原理基本相同，但主观概率法在确定其预测值时，考虑了不同预测人员的主观概率，其方法分为两个步骤：第一步，选择不同类型的人员，对预测对象分析几种可能。每一种可能都根据分析结果，确定其相应的概率，由于预测对象属于互斥事件，因此，其概率之和等于 1，然后以概率为基础，确定综合预测值；第二步，对不同类型的预测人员的综合预测值，再给予不同的权数，求出最终预测值，具体方法和 PERT 预测法相同，公式如下：

$$y'_t = \sum P \cdot E$$

$$y_t = \frac{\sum y'_t \cdot D}{\sum D}$$

式中：E——不同人员对预测对象的分析结果；

P——预测对象不同可能性的相应概率；

D——不同预测人员的权数。

【案例三】

长安酒店宴会厅有座位 80 个，由于市场环境发生了较大变化，酒店周围又有三家酒店、两家餐馆将投入使用，使酒店宴会销售面临激烈竞争。为做好计划安排，酒店选择了三类人员对宴会销售进行预测，经过认真分析，预测下年度宴会人均食物消费 38.5 美元，饮料比率 18.6%，结果见表 3–7。请用 PERT 预测法和主观概率法预测下年度酒店宴会厅销售收入，并用平均值确定预算指标（每日 2 餐）。

案例分析：

1. 用 PERT 预测法预测宴会厅收入

（1）根据题目已知条件，列表确定不同人员预测的宴会食物综合销售额，见表 3–7。

表 3-7　PERT 预测法餐厅收入预测表

人员	预测销售段	预测可能值（万美元）	计算方法	综合预测值（万美元）
预订部经理权数 1.5	A B C	128.36 117.72 108.45	$\frac{128.36+4\times117.72+108.45}{6}$	117.95
餐饮部经理权数 1.2	A B C	126.47 115.23 105.78	$\frac{126.47+4\times115.23+105.78}{6}$	115.53
宴会厅经理权数 0.8	A B C	130.28 119.46 112.76	$\frac{130.28+4\times119.46+112.76}{6}$	120.15

（2）根据不同预测人员权数，预测食物最终销售额。

$$y_t=\frac{117.95\times1.5+115.53\times1.2+120.15\times0.8}{1.5+1.2+0.8}$$

$$=117.62（万美元）$$

2. 用主观概率法预测宴会厅收入

（1）根据题目已知条件，列表预测不同人员预测的宴会食物销售额，见表 3-8。

表 3-8　主观概率法预测表

人员	预测销售段	预测可能值（万美元）	概率	公式	综合预测值（万美元）
预订部经理权数 1.5	A B C	128.36 117.72 108.45	0.28 0.42 0.30	$=\sum E\cdot P$	117.92
餐饮部经理权数 1.2	A B C	126.47 115.23 105.78	0.32 0.36 0.32	$=\sum E\cdot P$	115.80
宴会厅经理权数 0.8	A B C	130.28 119.46 112.76	0.34 0.35 0.31	$=\sum E\cdot P$	121.06

（2）根据不同人员权数、预测宴会食物的最终销售额。

$$y_t=\frac{117.92\times1.5+115.80\times1.2+121.06\times0.8}{1.5+1.2+0.8}$$

$$=117.91（万美元）$$

3. 用两种方法的平均值计算宴会销售指标（见表 3–9）

表 3–9　宴会销售指标预测表

项目	计算公式	预测值
食品平均销售（万美元）	$\frac{117.62+117.91}{2}$	117.77
饮料收入（万美元）	117.77 × 18.6%	21.91
服务费收入（万美元）	（117.77 + 21.91）× 15%	20.95
合计收入（万美元）	117.77 + 21.91 + 20.95	160.63
接待人次（人次）	117.77 ÷ 0.003 85	30 590
餐位利用率（%）	$\frac{30\,590}{80\times 365}\times 100\%$	104.76%

四、季节型市场预测方法

餐饮销售大多有季节变化，这种变化在相邻年度之间具有周期性循环特点。采用季节型市场预测方法可以预测一年中各月或部分月度的销售量、接待人次和成本消耗等，它对预算指标的分解具有重要作用，其预测方法也有多种，现介绍两种比较简单和常用的方法。

（一）季节指数法

季节指数法是在年度预测的基础上，根据预测对象基期的实际数值，分析季节波动程度，求出季节指数，然后对预测对象做出预测分析，将计划指标分解到各月或各季的一种方法。季节指数及预测公式如下：

$$r=\frac{x}{y}\cdot 100\%$$

$$y_t=y_0（1+n\%）\cdot r$$

式中：r ——月（季）季节指数；

x ——月（季）完成数；

y ——年度完成数；

y_0——上年度实际值；

n ——年度增减率。

（二）累计百分比预测法

累计百分比是指预测对象各月（季）的逐期累计值占全年完成数的百分比。根据预测对象年度预测值和上年各月（季）的累计百分比，即可预测计划年度内各月（季）的累计值和预测值。公式为：

$$f=\frac{y_i}{y_n}\cdot 100\%$$

$$y_t=y_0\cdot（1+n\%）\cdot f$$

式中：f——各月（季）累计百分比；

y_i——各月（季）累计值；

y_n——全年完成数；

y_0——上年度实际值；

n——年度增减率；

y_t——各月（季）预测累计值。

【案例四】

燕城老妈是一家五星级高档大酒楼，共有座位 870 个（含散座、雅间、豪华包房）。上年度四个季度的餐饮接待总人次分别为 76 160 人、68 410 人、70 040 人和 73 478 人。酒楼各餐厅的座位数、预计下年食品人均消费、饮料比率见表 3–10。请完成下列预算。

（1）经市场调查和预测，预计下年度酒楼接待总人次要比上年提高 5.36%，请用季节指数法和累计百分比法预测下年度各季度的接待人次。

（2）根据表 3–10 的数据预算下年度各季度计划指标。

表 3–10　燕城老妈酒楼预算资料

项目	散座厅	雅间	豪华包房	合计
座位数（个）	320	340	210	870
客源构成（%）	38.6	36.2	25.2	100
人均消费（元）	46.8	72.5	94.6	
饮料比率（%）	18.4	20.5	25.8	

案例分析：

（1）用季节指数法和累计百分比法直接列表预测，见表 3–11。

表 3–11　接待人次预测表

季度	上年度接待人次（人次）	季节指数法		累计百分比预测法			
		季节指数（%）	各季预测值（人）	上年累计人次（人次）	累计（%）	各季累计预测（人）	各季预测值（人）
一	76 160	26.44	80 254	76 160	26.44	80 254	80 254
二	68 410	23.75	72 089	144 570	50.18	152 312	72 058
三	70 040	24.31	73 789	214 610	74.49	226 010	73 698
四	73 478	25.51	77 431	288 088	100	303 530	77 520
全年	288 088	100	303 530	288 088	100	303 530	303 530

（2）用两种方法预测结果的平均值和表 3–9 的资料，预测下年度计划指标（见表 3–12）。

表 3–12　下年度各季度计划指标预测表

项目		散座厅	雅间	豪华包房	合计
第一季度	接待人次（人次）	30 978	29 052	20 224	80 254
	食品收入（万元）	144.98	210.63	191.32	546.93
	合计收入（万元）	171.66	253.81	240.68	666.15
第二季度	接待人次（人次）	27 821	26 091	18 162	72 074
	食品收入（万元）	130.20	189.16	171.81	491.17
	合计收入（万元）	154.16	227.94	216.14	598.24
第三季度	接待人次（人次）	28 465	26 696	18 584	73 745
	食品收入（万元）	133.22	193.53	175.81	502.56
	合计收入（万元）	157.73	233.22	221.16	612.11
第四季度	接待人次（人次）	29 906	28 047	19 524	77 477
	食品收入（万元）	139.96	203.34	184.70	528
	合计收入（万元）	165.71	245.03	232.35	643.09
全年	接待人次（人次）	117 170	109 886	76 494	303 550
	食品收入（万元）	548.36	796.66	723.64	2 068.66
	合计收入（万元）	649.26	960.00	910.33	2 519.59

第三节　餐饮预算方案的编制方法及贯彻实施

【案例导入】

某酒店餐饮部月度预算指标报表

项目	当　　月				到本月累计			
	实际	预算	差额	占比（%）	累计	预算	差额	占比（%）
餐饮收入								
食品								
饮料								
其他								
餐饮成本								
食品								
饮料								
餐饮毛利								
人工成本								
营业费用								
营业税金								
部门利润								
利润率								

点评　预测是为预算方案的编制和执行服务的。上表是酒店餐饮月度预算和执行结合的简表，可供参阅。实际工作中，餐饮管理预算方案的编制和贯彻实施都是专业性较强的工作，需要掌握其内容和方法。为此，我们在本章专门介绍，希望引起广大学员和业内同仁的重视。

一、餐饮管理收支预算方案编制方法

（一）营业收入预算方案编制方法

餐饮预算方案的编制是以营业收入预算为起点的，编制营业收入预算一般分为三个步骤：

1. 确定餐厅上座率和接待人次

它要求以餐厅为基础，根据历史资料和接待能力，分析市场发展趋势和准备采取的推销措施，将产品供给和市场需求结合起来，确定餐厅

上座率和接待人次，其中，酒店接待人次要充分考虑住店客人，同时，又要考虑外客需要等。住店客人的接待人次一般是根据客房出租率分析住店客人到不同餐厅用餐的比率；外客则根据历史资料和市场发展趋势来确定。

2. 确定餐厅人均消费和饮料比率

餐饮人均消费应将食物和饮料分开，食品确定人均消费额，饮料确定销售比率，部分酒店和餐馆餐饮人均消费是将食物和饮料一起计算，不管属于哪一种，都要考虑三个因素：一是各餐厅已经达到的水平；二是市场环境可能对餐饮人均消费带来的影响；三是不同餐厅的档次结构和不同餐次的客人消费水平。

3. 编制营业收入预算方案

营业收入预算一般可通过季节指数分解到各月，也可逐月确定。季节指数的确定，既可以餐厅为基础，又可以全部餐饮销售额为基础。营业收入预算方案则都以餐厅为基础，最后汇总，形成食品、饮料和其他收入预算。

【案例一】

江城宾馆有客房 320 间，202× 年度计划出租率 72.5%，双开率 68.4%。宾馆有餐厅 5 个，餐饮部门管理人员在收集预算资料的基础上，研究了市场供求关系，做好了销售预测，得到如下资料，见表 3–13 和表 3–14。请完成宾馆餐饮部营业收入预算方案编制工作（早餐不接外客）。

表 3–13　各餐厅销售预测表

项目	中餐厅	西餐厅	宴会厅	咖啡厅	酒吧
座位数（个）	210	120	180	80	50
早餐店客率（%）	20	30	25	10	—
正餐店客率（%）	28	16	—	32	8
正餐外客上座率（%）	52.45	58.19	68.7	15.8	16.29
早餐食物人均消费（元 / 人）	8.5	12.4	9.4	6.8	—
正餐食物人均消费（元 / 人）	25.6	32.8	58.4	15.4	3.6
饮料比率（%）	18.6	21.3	23.5	12.4	62.8

表 3-14　各餐厅季节指数表　　单位：%

餐厅	1 月	2 月	3 月	…	12 月	合计
中餐厅	5.38	6.12	7.26	…	6.54	100
西餐厅	5.86	6.43	7.14	…	7.25	100
宴会厅	6.23	6.58	7.05	…	7.16	100
咖啡厅	5.96	6.24	7.35	…	7.48	100
酒吧	6.12	6.35	7.46	…	6.95	100

案例分析：

（1）确定各餐厅早餐接待人次，如中餐厅为：

$$接待人次 = 320 \times 365 \times 72.5\% \times (1 + 68.4\%) \times 20\%$$
$$= 28\,520（人次）$$

（2）确定正餐接待人次。

中餐厅为：

$$店客人次 = 320 \times 365 \times 72.5\% \times (1 + 68.4\%) \times 28\%$$
$$= 39\,928（人次）$$
$$外客人次 = 210 \times 2 \times 365 \times 52.45\%$$
$$= 80\,406（人次）$$
$$合计人次 = 39\,928 + 80\,406$$
$$= 120\,334（人次）$$

其他各餐厅预算方法相同。

（3）根据销售预测，编制餐饮部营业收入预算表（见表 3-15）。

表 3-15　餐饮部营业收入预算表

餐厅	项目预算数	202×年度			202×年 1 月			202×年 2—12 月
		早餐	正餐	合计	早餐	正餐	合计	…
中餐厅	接待人次（人次）	28 520	120 334	148 854	1 534	6 474	8 008	⋮
	上座率（%）	37.21	78.5	64.73	23.56	49.72	41	
	食品收入（万元）	24.24	308.055	332.295	1.304	16.573	17.877	
	饮料收入（万元）	4.509	57.298	61.807	0.243	3.083	3.326	
	合计收入（万元）	28.749	365.353	394.102	1.547	19.656	21.203	
西餐厅	接待人次（人次）	42 780	73 790	116 570	2 507	4 324	6 831	⋮
	上座率（%）	97.67	84.24	88.71	67.39	58.12	61.21	
	食品收入（万元）	53.047	242.031	295.078	3.109	14.183	17.292	
	饮料收入（万元）	11.299	51.549	62.848	0.662	3.021	3.683	
	合计收入（万元）	64.346	293.58	357.926	3.771	17.204	20.975	

续表

餐厅	项目预算数	202×年度 早餐	202×年度 正餐	202×年度 合计	202×年1月 早餐	202×年1月 正餐	202×年1月 合计	202×年2—12月 …
宴会厅	接待人次（人次）	35 650	90 271	125 921	2 221	5 624	7 845	⋮
	上座率（%）	54.26	68.7	63.89	39.8	50.39	46.86	
	食品收入（万元）	33.511	527.188	560.699	2.088	32.844	34.932	
	饮料收入（万元）	7.875	123.889	131.764	0.491	7.718	8.209	
	合计收入（万元）	41.386	651.077	692.463	2.579	40.562	43.141	
咖啡厅	接待人次（人次）	14 260	54 859	69 119	850	3 270	4 120	⋮
	上座率（%）	48.84	93.94	78.9	34.27	65.93	55.38	
	食品收入（万元）	9.697	84.483	94.18	0.578	5.036	5.614	
	饮料收入（万元）	1.202	10.476	11.678	0.072	0.624	0.696	
	合计收入（万元）	10.899	94.959	105.858	0.65	5.66	6.31	
酒吧间	接待人次（人次）	—	17 354	17 354	—	1 062	1 062	⋮
	上座率（%）	—	47.55	47.55	—	34.25	34.25	
	食品收入（万元）	—	66.247	66.247	—	0.382	0.382	
	饮料收入（万元）	—	3.923	3.923	—	0.24	0.24	
	合计收入（万元）	—	10.17	10.17	—	0.622	0.622	
部门合计	接待人次（人次）	121 210	356 608	477 818	7 112	20 754	27 866	⋮
	上座率（%）	56.29	76.33	70	38.88	52.3	70.23	
	食品收入（万元）	120.495	1 223.004	1 343.499	7.079	69.018	76.097	
	饮料收入（万元）	24.885	247.135	272.02	1.468	14.686	16.154	
	合计收入（万元）	145.38	1 470.139	1 615.519	8.547	83.704	92.251	

（二）营业成本预算方案编制方法

餐饮营业成本包括食物成本和饮料成本，编制营业成本预算方案的工作步骤是：

1. 确定不同餐厅的食品毛利率标准

根据市场供求关系和企业价格政策，结合企业餐饮管理实际确定餐厅的毛利率标准。毛利率标准一经确定，餐厅食品的成本率和成本额也就确定了。其计算公式为：

$$食物成本率 = 1 - 毛利率$$

$$食物成本额 = 计划收入 \times 成本率$$

2. 编制饮料成本预算

各餐厅的饮料成本以进价成本为基础，它受饮料销售额和上期成本率两个因素的影响，其计算公式为：

$$饮料成本额 = 去年实绩 \times（1 \pm 销售额增减率）\times（1 - 成本降低率）$$

$$饮料成本率 = \frac{饮料成本额}{计划收入} \times 100\%$$

3. 编制员工餐厅成本预算

我国酒店、餐馆的员工餐厅属于员工福利，在管理体制上分两种情况：一是员工餐厅归餐饮部管理，其原材料成本从餐饮部转拨；二是员工餐厅归企业行政部或总务部管辖，其成本预算不在餐饮部编制，一般三星级以上的酒店是单独核算的。餐饮企业的员工用餐则大多直接在餐厅营业前或营业后进行，其成本要计入餐厅成本，单独记账。员工餐厅不要求营利，其成本率较高，编制方法是：

$$成本额 = 去年实绩 \times （1 - 成本降低率）$$

$$成本率 = \frac{成本额}{计划收入} \times 100\%$$

4. 确定签单成本消耗

企业为了开发市场，组织客源，推销产品和开展业务经营活动，需要一部分交际费，它是列入预算的，其中，相当一部分用于餐厅餐饮消费。当这部分费用发生时，均由有关主管人员签单，列入餐厅成本消耗，在企业或部门交际费用中列支。因此，签单成本也是餐厅餐饮成本内容之一，其预算额一般根据企业历史统计资料来确定。

5. 编制餐饮成本预算方案

编制时，员工餐厅成本和签单成本预算必须单列，以保证成本预算的真实性，有利于控制餐饮成本。如果员工餐厅归企业行政部或总务部管理，单独核算，则不列入企业餐饮部门成本预算。

【案例二】

仍以前题为例。江城宾馆根据国家政策、各餐厅等级规格和市场供求关系，已经确定了毛利率和饮料成本率标准，见表 3–15。此外，员工餐厅餐票预计收入 128.76 万元，成本率 76.8%，签单成本预算为 65.4 万元。食品原材料期初库存 68.48 万元，期末计划库存 72.36 万元。资金周转 5.2 次，请编制餐饮成本预算。

案例分析：

（1）根据餐厅毛利率和饮料成本率，编制 202×年各餐厅成本预算，见表 3-16。

表 3-16　202×年餐厅营业成本计划表

项目	中餐厅	西餐厅	宴会厅	咖啡厅	酒吧	合计	备注
食品毛利率（%）	62.8	68.5	72.4	58.6	76.8	68.7	预算
食物收入（万元）	332.295	295.078	560.699	94.18	6.247	1 288.499	前例
食物成本（万元）	123.614	92.95	154.753	38.991	1.45	411.758	预算
饮料成本率（%）	26.850	24.86	23.65	27.43	23.28	24.8	预算
饮料收入（万元）	61.807	62.848	131.764	11.678	3.923	272.02	前例
饮料成本（万元）	16.595	15.624	31.162	3.203	0.913	67.497	预算
成本合计（万元）	140.209	108.574	185.915	42.194	2.363	479.255	预算
综合成本率（%）	35.580	30.33	26.846	39.859	23.24	30.71	预算

（2）根据题目已知条件，确定餐饮部门成本消耗额。

$$C_t = 479.255 + 128.76 \times 76.8\% + 65.4$$

$$= 643.54 \text{（万元）}$$

（3）根据库存计划，确定餐饮部门采购周转资金。

$$C = \frac{643.54 - 68.48 + 72.36}{5.2}$$

$$= 124.50 \text{（万元）}$$

（三）营业费用预算方案的编制方法

餐饮营业费用预算指标编制方法根据费用项目不同而变化，其主要方法有六种。

1. 财务分摊预算法

这种方法以财务会计报表为基础，结合营业费用实际消耗来确定预算费用额。它主要适用于房屋折旧、家具用具及厨房设备折旧等费用预算，其具体方法有使用年限折旧法、综合折旧率法、工作量折旧法等多种，具体采用哪种方法，均由企业财务部门统一掌握，并算出企业各部门的折旧额，作为营业费用预算指标。

2. 销售额比例预算法

这种方法以预算销售额为基础，分析费用所占比例，参阅历史统计资料来确定费用预算额。它主要适用于餐饮管理费用、销售费用、维修费用、装饰费用、餐茶具消耗等费用指标预算，具体方法是确定上述费用占预算销售额的比例，由此确定预算费用额。

3. 人事成本预算法

人事成本由固定人事成本和可变性人事成本组成。前者以员工人数为基础，确定人均需要量，其内容包括固定工资、浮动升级、员工膳食、副食补贴、物价补贴、医疗补助、三险统筹等；后者主要指餐饮企业中的临时工、季节工等人员的成本消耗。固定人事成本的预算公式是：

$$人事成本 = 人均需要量 \times 员工平均人数$$

可变性人事成本根据餐饮管理经济效益高低和业务需要来确定。

4. 业务量变动法

这种方法以历史统计资料为基础，分析费用消耗程度，结合餐饮业务量的变化来确定预算费用额。它主要适用于水费、电费、燃料费、洗涤费等可变性费用指标预算。这些费用一般是随餐饮业务量的变化而变化的。其预算公式为：

$$可变性费用额 = 上年实绩 \times（1 \pm 业务增减率）\times（1 - 费用降低率）$$

5. 不可预见性费用预算法

不可预见性费用是指企业管理中常常发生的捐助、赞助等其他费用消耗。这些费用支出往往是不可预见的，但又是必然会发生的。这部分费用一般在全店统一列支，做出预算安排，部门很少发生，其预算一般是根据历史统计资料确定的。

6. 营业性税费预算方法

营业性税费主要指在营业费用中列支的税金支出，其内容包括增值税、印花税、车船税、土地使用税、房产税、城市建设税和教育费附加等。此预算方法是根据企业实际情况和国家规定的税种税率，按税种分别预算。

【案例三】

仍以前题为例。江城宾馆餐饮部在编制餐饮收入和成本预算的基础上，已对餐饮流通费用进行了认真分析，并做出了费用预测，结果见表 3-16。请编制 202× 年餐饮费用预算。

案例分析：

根据题目已知条件，运用费用预算方法，列表直接预算各项费用消耗，编制餐饮流通费用和部分税金预算，具体见表 3–17。

表 3–17　202× 年餐饮部营业费用预算表

项目	预算基础	人数或比例	预算方法	预算额(万元)
人事成本	511 元 /（人·月）	485 人	人事成本预算法	297.4
薪酬	280 元 /（人·月）	485 人	按人预算	162.96
膳食	4.8 元 /（人·天）	485 人	按人预算	84.97
其他	85 元 /（人·月）	485 人	按人预算	49.47
管理费用	销售额	3.8%	销售额比例法	59.3
销售费用	销售额	2.5%	销售额比例法	39.013
维修费用	销售额	1.8%	销售额比例法	28.089
装饰费用	销售额	1.5%	销售额比例法	23.408
交际费用	销售额	1.6%	销售额比例法	24.968
餐茶具消耗	销售额	1.2%	销售额比例法	18.726
清洁用品	销售额	1.6%	销售额比例法	24.968
服务用品	销售额	1.4%	销售额比例法	21.847
水电费用	去年实绩	—	实绩报告法	53.02
燃料动力	去年实绩	—	实绩报告法	48.75
洗涤费用	去年实绩	—	实绩报告法	18.65
不可预见费用	—	—	—	28.47
营业税	销售额	5%	税种税率	78.026
营业性税费	—	—	—	28.56
折旧分摊	房屋与家具	—	财务报告法	186.75
合计				1 277.345

二、餐饮营业利润预算方案编制方法

餐饮营业利润预算又称损益预算，是餐饮企业各项预算的汇总，即将收入、成本和费用预算汇总，形成预算指标。在实际工作中，餐饮利润预算又有三种，即毛利预算、损益预算和利润分配预算编制方法。

（一）餐饮毛利预算方案编制方法

餐饮毛利预算又称营业明细表预算。编制方法是以餐厅为基础，逐月将各餐厅营业收入、营业成本和营业毛利汇总，形成各月度预算方案，作为餐饮管理成本控制的主要依据。

（二）餐饮损益预算方案编制方法

损益预算就是利润计划，它既可以部门为基础，也可以整个企业为基础进行利润率预算。餐饮损益预算方案的编制方法是将整个餐饮管理的收入、成本、费用汇总，形成餐饮管理损益预算表。它是餐饮经营预算的本质内容，其中，营业明细表是利润预算表的补充，两者结合使用，成为餐饮业务管理的重要工具。

（三）餐饮企业利润分配方案编制

利润分配方案是企业的核心机密。建立了现代企业制度的餐饮企业应该编制“企业利润分配预算方案”，其编制方法是：以营业利润为基础，先计算所得税和企业营利额，然后按董事会和《中华人民共和国公司法》等相关法律法规的要求，计算公积金和公益金预算额。企业对公益金的分配需分别计算出投资人的股票分配额、员工福利基金、奖励基金分配额等；对公积金的分配则将其作为餐饮企业的再生产或扩大再生产的资金来源，使其在未来的经营管理中产生资金使用的乘数效应，从而获得更好的经济效益。

【案例四】

仍以前题为例。江城宾馆已经取得星级资格，被评为三星级酒店。餐饮部门下年度起将加收 10%的服务费。请根据宾馆餐饮部门的收入、成本和费用预算，编制 202×年餐饮营业明细表和部门利润预算表。

案例分析：

（1）汇总餐饮收入和成本预算，编制营业明细表，见表 3–18。编制营业明细表时，部门毛收入中包括食品和饮料收入 10%的服务费。

（2）汇总餐饮收入、成本和费用预算，编制餐饮部门利润预算表，此表以年度为基础，全年和每月均一张，作为预算控制的依据，见表 3–19。

表 3–18　餐饮部门营业明细表　　单位：万元

餐厅		202×年预算	202×年各月预算				
			1 月	2 月	3 月	……	12 月
营业收入	总额	1 560.519	91.869	99.558	111.061	……	109.495
	中餐厅	394.102	21.203	24.119	28.612		25.774
	西餐厅	357.926	20.975	23.015	25.556		25.95
	宴会厅	692.463	43.141	45.564	48.819		49.58
	咖啡厅	105.858	6.31	6.606	7.781		7.918
	酒吧	10.17	0.24	0.249	0.293		0.273
	服务费	156.052	9.187	9.955	11.106		10.950

续表

餐厅		202×年预算	202×年各月预算				
			1月	2月	3月	……	12月
营业成本	总额	479.255	28.059	30.485	34.206	……	33.57
	中餐厅	140.209	7.544	8.582	10.18		9.17
	西餐厅	108.574	6.362	6.98	7.751		7.871
	宴会厅	185.897	11.582	12.232	13.106		13.31
	咖啡厅	42.194	2.515	2.633	3.101		3.156
	酒吧	2.381	0.056	0.058	0.068		0.063
营业毛利	总额	1 081.264	63.81	69.073	76.855	……	75.925
	中餐厅	253.893	13.659	15.537	18.432		16.604
	西餐厅	249.352	14.613	16.035	17.805		18.079
	宴会厅	506.566	31.559	33.332	35.713		36.27
	咖啡厅	63.664	3.795	3.973	4.68		4.762
	酒吧	7.789	0.184	0.191	0.225		0.21
	部门毛收入	1 237.316	72.997	79.023	87.961		86.875

表 3-19　202×年餐饮部门利润预算表

项目	预算数	实际完成	到当月累计	上月同期	去年同期
接待人次（人次）	477 819				
上座率（%）	70				
营业收入（万元）	1 560.519				
食品	1 288.499				
饮料	272.02				
服务费（万元）	156.052				
营业成本（万元）	479.255				
食品	411.758				
饮料	67.497				
营业毛利（万元）	1 081.264				
食品	876.741				
饮料	204.523				
毛收入（万元）	1 237.316				
人事成本（万元）	297.4				
工薪	162.96				
膳食	84.97				
其他	49.47				
管理费用（万元）	59.3				
销售费用（万元）	39.013				
维修费用（万元）	28.089				

续表

项目	预算数	实际完成	到当月累计	上月同期	去年同期
装饰费用（万元）	23.408				
交际费用（万元）	24.968				
水电费用（万元）	53.02				
燃料费用（万元）	48.75				
洗涤费用（万元）	18.65				
清洁用品费用（万元）	21.968				
服务用品费用（万元）	21.847				
餐茶具消耗费用（万元）	18.726				
其他费用（万元）	28.47				
折旧（万元）	186.75				
营业性税费（万元）	85.829				
营业利润（万元）	281.128				

三、餐饮预算方案的贯彻实施

在餐饮预算编制完成的基础上，其预算方案的贯彻实施过程就是餐饮企业的经营管理过程。餐饮预算方案的贯彻实施，重点是要做好两个方面的工作。

（一）下达预算任务，落实预算指标

下达预算任务、落实预算指标是根据餐饮预算方案编制结果，在总经理主持下，由财务部门准备好各部门、各餐厅的计划任务书，由总经理或餐饮总监与部门经理或餐厅经理逐级签订计划任务书，形成各级、各部门、各餐厅的预算指标和奋斗目标，将预算管理和目标管理结合起来。在这一过程中，营业收入、营业成本和毛利指标一般下达到各个厨房和餐厅。人事成本、直接费用、间接费用等指标只能下达到餐饮部门，不宜再分解到各个餐厅或班组，因为这些费用是班组员工难以进行数量控制和考核的。各级预算任务和预算指标的落实都应以各级主要负责人为主；并要做到任务明确、指标具体，考核、奖罚措施健全合理、可操作性强，以保证预算指标和计划任务的贯彻实施。

（二）发挥预算控制功能，保证计划任务顺利完成

在贯彻实施计划任务的过程中，重点是要发挥预算控制功能，以保证各级、各部门、各餐厅各项计划任务的顺利完成。其基本方法是：

第一，建立健全各项原始记录制度，逐日、逐周、逐月、逐季做好各个餐厅、厨房和部门的原始记录和统计报表填报工作，及时掌握各级各部门各项指标的完成结果、完成进度、管理状况。

第二，定期召开分析会议，做好各项指标完成的过程控制。其方法是班组（包括厨房和餐厅）每天根据原始记录分析上一天各项指标的完成结果，每周召开一次总结分析会议。部门经理每周分析各项收入、成本、毛利指标的完成结果，每月召开一次预算指标分析会议，肯定成绩，提出问题，分析原因，及时提出改进措施，保证各项指标在各餐厅顺利完成。

第三，根据各级、各部门、各餐厅各项预算指标的完成结果，认真贯彻落实各项奖罚制度：奖勤罚懒、奖优罚劣，奖罚都以预算指标和计划任务的完成情况为主要依据。如此坚持不懈，必然能够保证餐饮管理计划任务和各项指标的顺利完成。

拓展阅读

企业高管人员最关注的 4 个预算指标

在餐饮预算管理与贯彻实施中，常用的指标项目很多，企业高中级管理人员每年及各月最关注的是以下四个重要指标：

（1）营业收入和毛利率。前者反映企业和部门必须完成的营收额度，后者反映企业和部门必须控制的成本消耗与销售价格水平。

（2）营业利润和利润率。前者为数量指标，后者为质量指标，逐月预算和考核。它们综合反映企业和部门的经营能力与绩效。在利润已定的条件下，利润率指标更重要，企业和部门的利润率越高，说明成本费用控制越好。

（3）附加价值和附加价值率。附加价值是劳动力所创造的新增价值，其预算额和完成额越高，说明企业和部门的用人和劳动组织越好。附加价值率是附加价值在营业收入中的比率，比率越高说明员工所创造的新增价值越多。反之，则劳动效率较差，无效劳动较多。

（4）人工成本和劳动分配率。前者反映企业或部门人工成本的高低。随着全面小康社会的到来和向中等收入国家迈进，企业和部门的人工成本必然逐年有所提高。后者反映人工成本开支的合理程度，调节与控制企业的劳资关系。劳动分配率既不能太高，太高反映企业新增价值用于人工成本的比重太大，企业和部门利税比值太低，投资人无利可图；也不能太低，太低说明企业和部门对员工的剥削太重，工资福利很差，员工没有积极性。在激烈的市场竞争中，企业员工流失和置换的概率会大大增高，企业无法保持生机与活力。

核心要义复习题

1. 什么是餐饮预算？它有哪些特点？其内容包括哪几个方面？
2. 请以你所在的实习饭店为例，说明年度餐饮预算编制要完成哪些任务？
3. 请你调查一家饭店餐饮部，列举其在编制年度预算时所遵循的主要依据。这家饭店的预算工作做得怎样？请对其预算管理的基础工作做出评价。

定量管理练习题

1. 北京某宾馆是一家小饭店。餐厅有 128 个座位，预测下年度上座率 72.3%，早餐人次占全部人次的百分比为 21.8%，早餐人均消费为 15.2 元，正餐人均消费 65.8 元，计划综合毛利率 48.5%，费用率 23.4%，营业性税费共 5%。请列表计算预算指标。
2. 嘉陵餐厅有座位 150 个，经营四川风味，在周围社会餐馆竞争中处于均衡状态，市场环境相对稳定，前 5 年餐厅上座率分别为 82.5%、83.4%、81.8%、83.2%、84.6%。人均消费 75.2 元，饮料比率为 19.5%（不开早餐）。请用修正移动平均法（$n=3$）和加权修正平均法预测下年度餐厅上座率（权数为：1.5，1，0.5）。假定该餐厅毛利率为 58.6%，费用率为 21.5%，营业性税费共 5%。请以两种方法预测结果的平均值计算餐厅接待人次和营业收入，确定餐厅营业成本、毛利和利润。
3. 某饭店西餐厅在餐饮经营中形成竞争优势。餐厅有座位 138 个，前 3 年各月接待人次见表 3–20。预计下年度客源将增长 4.3%，食品人均消费 68.2 元，食品毛利率 64.5%，饮料比率 28.6%，饮料成本率 26.5%。请用季节指数法预测餐厅下年度各月接待人次、营业收入、上座率和食品、饮料成本消耗，以便做好预算安排（一日 3 餐）。

表 3-20 餐厅各月接待人次　　　　单位：人次

年份	1 月	2 月	3 月	……	12 月	全年
1	8 776	8 416	10 062	……	10 203	130 559
2	8 892	8 395	10 486	……	10 924	134 578
3	8 925	8 534	11 374	……	11 258	139 837

4. 豆花村餐厅是一家餐馆，共有座位 140 个。由于创出了特色，6 年来销售额稳步增长，前 6 年餐厅上座率分别为 72.5%、73.8%、74.6%、73.9%、75.4%、77.2%。餐厅全天候营业。预计下年度早餐人次比为 21.8%，早餐人均消费 15.4 元，饮料比率 3.2%，正餐人均消费 69.2 元，饮料比率 19.4%，餐厅综合毛利率 58.4%，变动费用率 9.6%，请用一元及二元回归法和变动趋势法预测餐厅下年度上座率，并用三种方法预测结果的平均值计算各餐次收入、餐厅营业成本和边际利润额（$n=2$）。

5. 某饭店新近开业，面临激烈的市场竞争环境。下年度餐饮经营将处于随机市场环境中。该店宴会厅座位 350 个，计划人均消费 98.6 元，毛利率 65.8%，饮料比率 21.3%，饭店餐饮部选了三类人员预测下年度宴会设施利用率，结果见表 3-21。请用主观概率法和 PERT 预测法确定宴会厅上座率，并用两种方法预测结果的平均值，计算宴会接待人次、营业收入、成本额和毛利额。

表 3-21 宴会预测人员三种预测结果

人员	预测上座率	预测可能（%）	概率	备注
销售部 经理 权数 1.8	A B C	82.5 78.6 72.5	0.29 0.38 0.33	
预订部 经理 权数 1.2	A B C	78.6 75.4 70.8	0.32 0.36 0.32	
宴会厅 主管 权数 0.8	A B C	81.2 76.3 71.5	0.34 0.37 0.29	

6. 长安饭店有 4 个餐厅，下年度预算收入 826.78 万元，综合毛利率 62.4%，变动费用率 12.8%，根据前几年的统计分析，预计下年度食品原材料成本占成本总额的 82.3%，饮料成本占 17.7%。在变动费用中，水电费用占 18.6%，燃料占 16.8%，客用消耗用品占 18.9%，餐茶用品占 25.4%，洗涤费用和清洁用品占 15.8%，其他占 4.5%。请确定饭店餐饮部各项成本费用消耗，以便做好计划安排。

即测即评

第四章　餐饮经营市场营销和客源组织

知识结构图

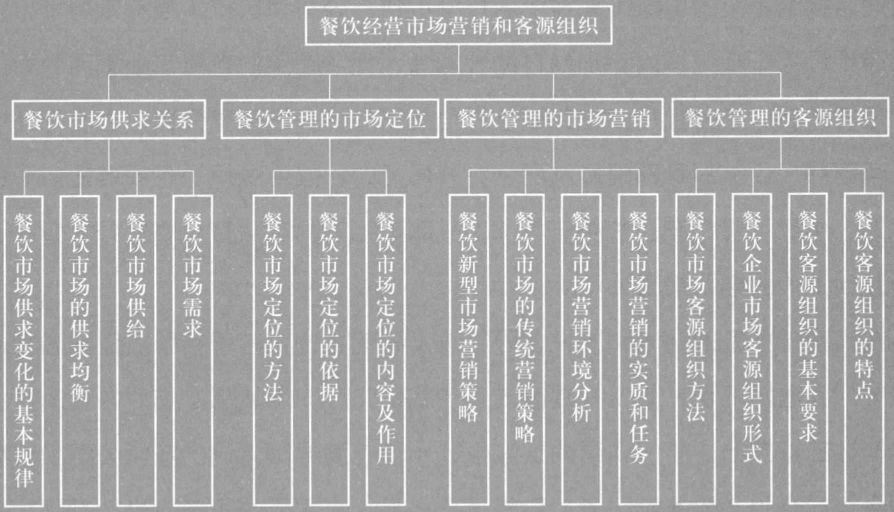

学习目标

知识目标

1. 掌握市场需求的概念、法则及其供求变化规律
2. 掌握餐饮市场定位的内涵、作用和客观依据
3. 掌握餐饮市场营销概念实质及策略
4. 掌握客源组织特点和要求

技能目标

1. 能以调查为依据为一个餐厅做出市场定位
2. 能以一家酒店或餐馆为例，说明怎样开展主题营销或品牌营销
3. 掌握忠诚客户概念与营销方法
4. 能以一家酒店或餐馆为例，拟订一份客源组织企划方案

第一节　餐饮市场供求关系

【案例导入】

外卖服务：满足市场需求的一种形式

广州中国大酒店接到了美的电器工业集团的预订申请：公司为庆祝工程完工剪彩，特向广州中国大酒店预订 1 800 位客人参加的自助餐酒会，地点在美的电器工业集团公司。

酒店接到预订任务后，十分重视。在正副总经理的领导下，酒店宴会部、酒水部、中西餐厅和厨房、运输部、公关部等部门协调配合，共同努力，提前做好了各项准备。酒会当天，一支由大巴、中巴、雪柜车、货柜车等 30 多部车组成的车队带着准备好的食品、酒水、鲜花提前开到了美的电器集团公司。

车队一到，按照事先准备的场地和方案，酒店员工各就各位，各司其职。篮球场、网球场变成了自助餐厅和酒水吧台，职工食堂改成了法式贵宾厅，虽然都是临时布置的，但仍然美观、高雅，在五彩缤纷、喜气洋洋的气氛中，一场充满异国情调的集团公司工程剪彩与自助餐和酒会相结合的餐饮外卖服务，取得了高水平、高质量的服务效果，受到客户的高度赞扬。广州中国大酒店不仅满足了客户的特殊餐饮活动需求，为 1 800 多位客人提供了优质高效服务，同时也获得了优良经济效益。

点评　需求决定供给、供给刺激需求，是餐饮业务经营的供求规律。案例中的外卖服务就是酒店餐饮市场需求和市场供给相结合的一种交易方式。事实上，餐饮管理的预算目标确定后，其预算任务和各项指标的完成，都要靠市场营销活动的开展和客源组织来完成。为此，本章承接前章餐饮预算管理原理和方法，研究介绍餐饮经营的市场营销和客源组织，首先研究餐饮市场供求关系及其规律，希望引起广大学员和业内同仁的重视。

一、餐饮市场需求

餐饮市场需求是指在一定时期和一定经营条件下，就餐客人愿以一定价格购买的餐饮产品的数量。

假定一批客人准备到一家饭店去品尝广东风味的餐饮产品，他们同时还可以有其他选择。例如，到经营同一风味的其他饭店、餐馆，或者不品尝广东风味，去享受四川风味、山东风味，或者去吃烤鸭、涮羊肉。如果这家饭店餐饮产品价格很高，服务质量不好，其他餐饮企业的互补产品或替代产品价格合理，就餐环境基本相同，客人的上述其他选择都可能发生。这说明，影响餐饮市场需求的因素是多种多样的。这些因素可以简化为下列方程式：

$$Q=f(P, P_a, P_b, I, N, K, V, \cdots)$$

式中：Q——某种餐饮产品需求量；

P——产品价格；

P_a——替代产品价格；

P_b——互补产品价格；

I——消费者收入；

N——消费者数量；

K——餐厅就餐环境；

V——企业地理位置。

在这个方程式中，决定餐饮产品需求量的各种因素可分为两种：产品价格 P 为运动参数，价格以外的其他各种因素为转移参数。它说明餐饮产品的市场需求取决于产品价格、替代品价格、互补产品价格、消费者收入、消费者数量、就餐环境和质量、企业地理位置和没有直接列出的其他各种因素，包括客人饮食习惯、消费心理、对价格的期待和企业交通条件等多种因素。在这些因素中，假定转移参数不变，就餐客人对餐饮产品的需求量会忠实地沿需求曲线变动。这就是餐饮管理的市场需求法则，如图 4–1 所示。

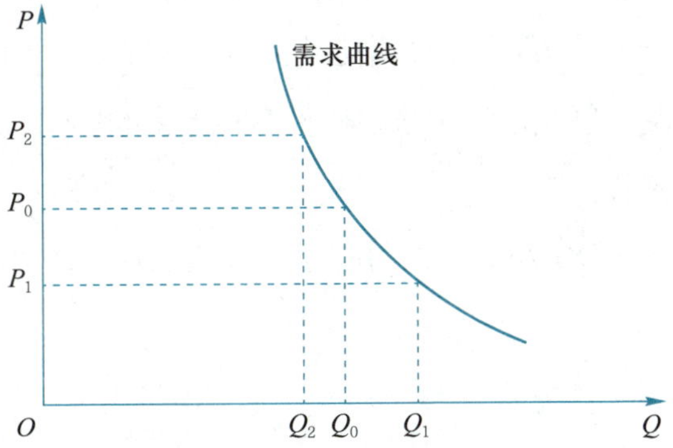

图 4–1　餐饮市场需求曲线

餐饮市场需求法则说明做好餐饮管理，必须认真分析影响市场需求的各种因素，在掌握市场需求变化和客人消费心理的基础上，合理确定产品价格，调节市场需求关系，才能扩大产品销售，增加经济收入。

拓展阅读

餐饮企业市场需求的量度标准及其相关因素

餐饮企业的市场需求集中表现在能够实现的目标市场的客源多少。客人越多、需求量越大。反之，则需求量不足。而企业客源的多少又主要受四大因素影响。

（1）产品因素。主要表现为产品风味、类型及质量对目标市场客人的吸引程度。这里的关键是产品质量。质量越高，前来用餐宴请的客人越多，说明需求量越大。

（2）价格因素。主要表现为定价水平对目标市场客人的适应程度。这里的关键是产品质量、盘菜分量要与价格适应，对客人有吸引力，目标市场的客人认可和接受。质次价高、分量不足、质量虽好但高价宰客，都会严重影响市场需求。

（3）环境因素。主要表现为餐厅厨房的装修水平和环境的舒适程度。典雅、美观、大方、良好的卫生环境对目标市场客人的吸引力较高。

（4）营销因素。主要表现为企业营销活动的组织和宣传推广、客源组织的能力。能力越强，企业及其产品的知名度越高，客人越多，则市场需求越大。

二、餐饮市场供给

餐饮市场供给是在一定时期和一定经营条件下，餐饮经营者愿以一定价格向就餐客人所提供的餐饮产品的数量。

假定一家酒店经营淮扬风味的餐饮产品，市场环境很好，价格上涨，经营者会面临多种选择：增加食品原材料，加班生产，增加厨房设备，扩大生产能力，多聘厨师，增加服务员，扩大餐厅面积，提供快速服务等。它说明，餐饮市场供给同样受多种因素的影响，这些因素可以简化为下列方程式：

$$Q=f(P, C, W, F, R, Y, \cdots)$$

式中：Q——餐饮产品供给量；

P——产品价格；

C——产品成本；

W——劳动力价格；

F——技术设备状况；

R——餐饮接待能力；

Y——企业技术力量。

在这个方程式中，决定餐饮市场供给的因素也分两种：价格 P 仍为运动参数，价格以外的其他因素仍为转移参数，但其内容已经发生了变化。它说明，餐饮市场供给取决于适度的产品价格、产品成本、劳动力价格、技术设备、接待能力、生产技术力量及没有直接列出的其他因素，如食品原料、流通费用、生产者要求等多种因素的影响。在这些因素中，假定转移参数不变，经营者在利润的刺激下，其产品供给量会随运动参数价格的变化而变化，并且这种变化是一个长期的过程。这就是餐饮管理的市场供给法则，如图 4–2 所示。

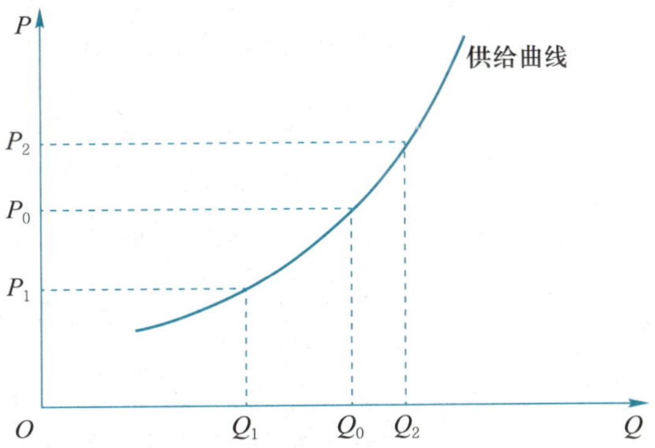

图 4–2　餐饮市场供给曲线

餐饮管理市场供给法则说明，做好餐饮管理必须认真分析影响市场供给的各种因素，特别是要在加强内部管理、提高产品质量、控制产品价格、确定市场定位、降低产品成本、合理使用劳动力、提高服务质量和生产技术水平等各个方面狠下功夫，由此造成局部竞争优势，才能扩大产品供给，获得优良的经济效益。

三、餐饮市场的供求均衡

餐饮市场的需求和供给都无法单方面决定市场价格，现实中的市场价格是供给法则和需求法则两种机制均衡作用的结果。

假定一家餐饮企业经营某种风味的产品，其供给曲线和需求曲线均衡如图 4–3 所示。价格究竟是向着市场需求方向移动还是向着供给方向移动呢？事实上，价格总是会渐渐趋于均衡价格 P_0。

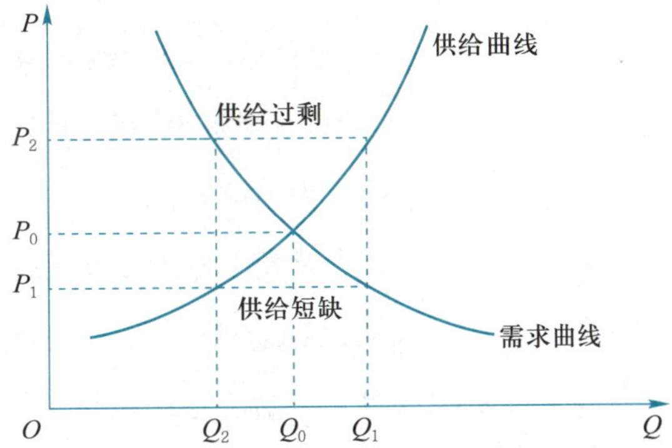

图 4–3　餐饮市场供求关系均衡

在图 4–3 中，当价格为 P_0 时，需求量 = 供给量 = Q_0。当价格为 P_1 时，需求量 Q_1 超过供给量 Q_2，出现需求过剩，供给短缺。这时，由于价格低，缺乏利润刺激，企业不愿扩大生产，行业中的同类产品也不会增加。供给法则起到了有效的控制作用。在这种情况下，经营者开始提价销售，客人也开始以较高的价格接受这类餐饮产品，价格 P_1 便不能再维持下去。在竞争的市场条件下，短缺现象很快消失。当价格上涨时，相应的需求量和供给量都发生变化，上涨的价格使经营者更多地生产这类产品，同行业中同类产品大量增加，而消费者的购买欲望随着价格的上涨越来越低，当价格上升到 P_0 时，供给量和需求量相等，推动价格上涨的动力也不复存在。如果价格上涨至 P_2，这时，供给量 Q_1 超过需求量 Q_2，出现供给过剩，需求短缺，经营者希望出售更多的产品以获得利润，但就餐客人因价格太高，购买欲望急剧下降，转而去购买其他有吸引力的该餐饮产品的替代品。这时，经营者无法再按较高的价格 P_2 出售产品，为了减少库存，他们开始降价，同行业中经营同类产品的企业甚至转而经营其他风味的产品。降价一方面使经营者减少供给，另一方面又使客人的消费需求上升，过剩现象不复存在，价格降到 P_0，市场重新处于均衡状态。

餐饮市场的供求均衡的基本条件是：供给量 = 需求量。但是，餐饮管理的市场供求关系是十分复杂的，市场供求均衡只能在市场需求和市场供给的转移参数都保持相对稳定的情况下才能出现。事实上，市场需求或供给的转移参数的变化都会相应地使供给曲线和需求曲线发生变化。当两条曲线相交、需求量等于供给量时，供求均衡出现，但它是暂时的、波动的。餐饮管理的过程就是不断追求供需均衡的过程。管理人员只有不断利用不均衡去寻求均衡，在不均衡中做出决策，使供给和需求相适应，才能获得良好的经济效益。

四、餐饮市场供求变化的基本规律

餐饮市场的供给与需求是互相依存、互为条件的，它们都不能单方面决定市场的价格。原因是：从供给者的角度看，经营者总是希望卖高价，但价格过高，又会使需求量下降，形成供给过剩、需求不足，迫使经营者降低价格；从需求者的角度看，随着价格的下降，需求量会增加，供给量会下降，当价格下降到一定程度，市场上又会形成需求过剩、供给不足；只有当供给与需求共同作用，当需求量等于供给量时，价格才保持相对稳定，即形成市场均衡。同时，市场均衡的条件是：在一定时期和一定经营条件下，供给和需求的转移参数保持不变。但在现实生活中，供给与需求的转移参数都是变化的，不变是不可能的。因此，市场供求变化的基本规律是：不均衡→均衡→不均衡，如此周而复始、循环往复地运动。

这种规律的具体表现是：

（1）在餐饮市场中，供求不均衡是绝对的，均衡是相对的、暂时的。在这种供求关系中，存在着众多的转移参数，这些转移参数处于变化当中，而每一个转移参数的变化，如时间、季节转移参数的变化，都会引起市场供求关系的变化，从而打破原有的市场均衡状态。在图 4–4 中，供给曲线与需求曲线的每一次位移都会形成一个新的均衡点，对应一种新的市场均衡状态。

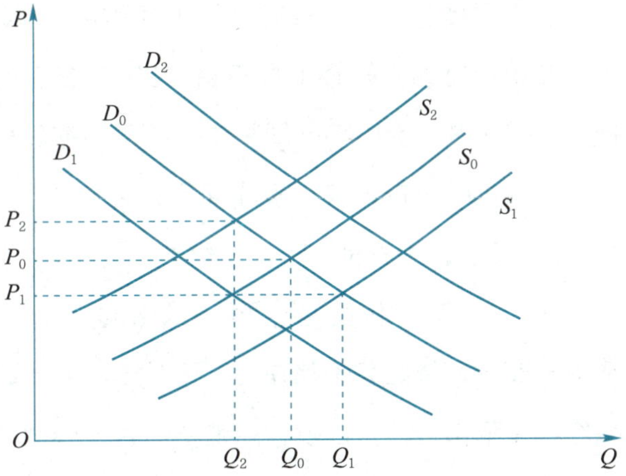

图 4–4　市场供求均衡变化

（2）在餐饮市场中，供求变化导致市场从均衡到不均衡，再到均衡，如此周而复始、循环往复地运动。每一个均衡只在短期内存在，在长期中，旧的均衡不断被打破，新的均衡不断形成，这是一个循环往复的过程。这种变化规律有两种表现：一是一年中淡、旺季不同引起的供求关系变化，这种变化导致市场由均衡到不均衡，再到均衡，如此循环运动。二是地区客源总量的变化和餐饮经营网点数量的变化使供求关系变化，进而导致市场由均衡到不均衡，再到均衡，如此循环运动。

餐饮产品市场均衡变化的发展规律说明，要想做好市场开发和客源组织工作，餐饮企业管理人员和市场销售人员都必须牢固树立应变思想，随时分析影响市场需求和供给的各种转移参数的变化及由此引起的供求关系变化，并在市场均衡尚未完全形成时就去寻求价格机会点，以适应市场均衡变化的不断交替发展的规律，从而获得优良的经济效益。那种不顾客观环境变化、以不变应万变的思想和行为，必然导致餐饮企业在市场竞争中失败。

第二节　餐饮管理的市场定位

【案例导入】

巴星酒楼的餐位利用率为什么由高到低

巴星酒楼是在一处普通居民小区租用 2 层楼房开设的一家普通餐馆，以经营川菜为主。餐馆面临大街，楼上楼下有 420 个左右的餐位。2015 年前，酒楼经过多次装修改造，但每次改造都以接待周围工薪阶层、家庭聚餐和少量流动客人为主。酒楼经营的特点是：川菜风味比较正宗，所选菜品档次一般，价格比较便宜，菜价以 10～30 元的菜点为主，人均消费 50～80 元。结果经营红火，上座率长期保持在 80%以上，中午经常要翻台。2019 年，酒楼经过再一次装修改造，变成了中高档餐馆。菜单价格上调了 50%～80%，最低菜价都在 30 元以上，大多数在 50～80 元。结果，长期的老客人和回头客大多不再上门，白领等高消费的客人因酒楼面临大街，没有停车场而又经常塞车进不来而放弃前来，因此，重新开业后，餐位利用率很快就由高转低，上座率经常只有 30%～50%，晚间更低，酒楼经营效益开始下滑。

点评　市场定位的准确程度是酒店餐馆的餐饮经营能否成功的关键。案例中巴星酒楼的餐位利用率由高到低的原因就是装修后的市场定位出了问题。案例只列举了改造前后的实际状况，没有分析原因。实际中，餐饮管理的市场定位涉及多方面问题，是影响市场销售和客源组织的各种因素综合作用的结果。为此，我们在餐饮市场供求关系的基础上，进一步研究餐饮管理的市场定位，以为其市场营销和客源组织提供客观依据。

一、餐饮市场定位的内容及作用

（一）餐饮市场定位的内容

餐饮市场定位是指餐饮经营者在一定经营条件下选择一定类型的客源，在合适的消费环境中用质价相符的产品和服务来开展业务，进行经营活动的市场营销手段。

餐饮市场定位是一个内涵和外延都比较丰富的概念，正确认识、理解、把握这一概念，需要掌握以下三个要点。

1. 市场定位的含义

餐饮市场定位主要包括定客源、定产品、定质量、定价格、定环境五个方面的内容。这五个方面的内容以客源为中心，产品、质量、价格、环境就像四个车轮，载着目标市场的客源，推动餐饮管理的市场营销和业务经营不断前进。因此，这五个方面的关系是：客源是中心，环境是基础，产品是关键，价格是杠杆，质量是保证。做好餐饮市场定位，就是要选准目标市场，设计好产品结构，制定合理价格，创造优良环境，提供优质服务。

2. 市场定位的工作体系

餐饮市场定位所包括的五个方面的内容，每一个方面都有其具体的内容结构，它们共同形成餐饮市场定位的工作体系。如定客源就是要选择什么类型、什么消费水平、以什么范围为主的客源市场，简称定类型、定层次、定距离，由此形成目标市场结构。定产品就是要根据选定的目标市场客人的具体需求确定用什么风味、什么品种、什么结构的产品来满足其消费需求。定质量就是要根据选定的目标市场的客人的质量偏好和具体需求来确保餐饮产品的色、香、味、形、声、器，从而培养忠诚客户，形成比较稳定的市场结构。餐饮市场定位每个方面的具体内容和工作体系请参阅图 4–5。这一内容体系的每个方面及其具体结构都是互相联系、互相依存、互为条件、密不可分的。做好餐饮管理的市场定位就是要去认真研究这一体系及其每一个方面的具体内容的表现形式和要求，它是一项十分复杂的工作，又是决定餐饮经营能否成功的关键，必须引起高度重视。

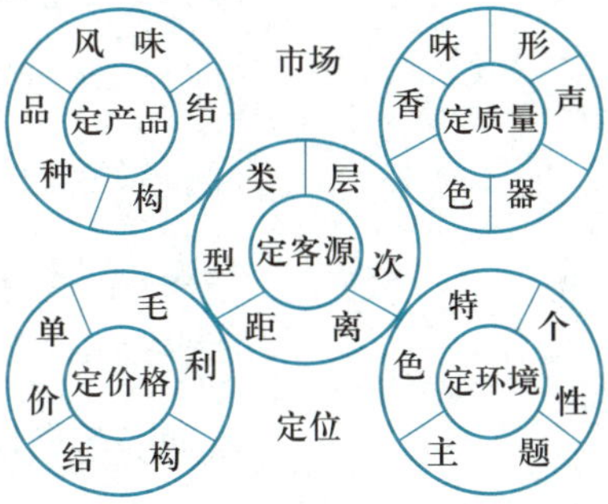

图 4–5　餐饮市场定位图

3. 市场定位的量度关系

餐饮市场定位所形成的工作体系，每一个方面的具体内容都存在一个量和度的掌握程度，即所谓市场定位的量度关系。如定客源中的三项内容：类型——是选择以公款消费为主还是以家庭为主，是选择以团体聚餐为主还是以散座零点为主；层次——是选择高消费还是中低消费客源，是选择以政府机构为主还是以公司社团为主；距离——是以流动旅游客人为主还是近距离客人为主等。再如定价格中的具体量度关系：单价——菜单上各种产品的价格水平应该在什么程度；毛利——菜单价格、宴会、团队等客源的毛利水平以多高为佳，分类毛利率、综合毛利率应控制在多少才能吸引、刺激、留住目标市场的客人；结构——菜单上各种产品的价格结构应该掌握在什么程度，高档、中档、低档菜价的比例如何安排才最有利于吸引、刺激、留住目标市场的客人等。这些都存在一个市场定位的量度掌握问题。所以，做好餐饮市场定位就是要根据定客源、定产品、定质量、定价格、定环境这五个方面中每一个方面所包括的具体内容来研究、确定、掌握、控制其量和度，使它们都能保持在一个相对合理、有利于吸引、刺激、开发、留住目标市场的客人的程度上，这是做好餐饮管理市场定位的目的所在。

（二）餐饮市场定位的作用

1. 餐饮市场定位是选准目标市场，做好市场开发和客源组织的前提和基础

餐饮经营是以客人前来就地消费而获得经济收入的。客源市场的范围十分广泛，任何一家餐饮企业，包括酒店餐饮业和酒楼饭庄等各种各样的餐饮企业，都不可能面向所有的餐饮市场。它们只有选择一定范围、一定地域、一定类型和一定层次的客源来开展市场营销和业务经营活动，才能集中自己的人财物资源去满足其目标市场的客人需求，因此，餐饮管理的市场定位首先是定客源。只有选好了客源市场的范围、类型、地域、层次，形成了自己的细分市场和目标市场，建立起合理的市场结构，才能有针对性地做好市场开发和客源组织，源源不断地为餐饮业务经营吸引顾客，从而提高餐厅上座率、扩大产品销售，获得良好的经济效益。所以，餐饮市场定位是选准目标市场而做好市场开发和客源组织的前提和基础，是组织市场营销和业务经营活动的首要条件。

2. 餐饮市场定位是设计企业产品结构和消费环境、控制企业档次和价格水平的客观依据

需求决定供给、供给必须与需求相适应。餐饮市场定位的目标市场和客源类型、层次一经确定，其目标市场的需求档次、产品类型、结构和价格水平等也就基本确定了。因此，餐饮管理的市场定位，特别是目标市场一经确定，就必须根据目标市场的顾客需求来设计、创造自己的产品结构和消费环境。其具体要求是：①根据目标市场需求确定产品类型、产品风味和结构。②设计产品花色品种、质量标准，制定质量保证

措施。③设计创造适合目标市场需求的消费环境，装饰要美观、舒适、独具特色，形成饮食文化气息。④根据目标市场的客人消费水平和支付能力制定产品价格，高、中、低档搭配，形成合理的价格结构。这些都是由餐饮市场定位的要求来决定的。所以，餐饮市场定位是设计企业产品结构和消费环境，决定企业档次和价格水平的客观依据。只有这方面的工作做好了，才能吸引、刺激、留住企业目标市场的客人，确保餐饮企业经营成功。

3. 餐饮市场定位是组织餐饮业务经营、提供优质产品和优良服务，从而获得良好经济效益的重要条件

餐饮市场定位最终是为其业务经营活动的开展提供服务的。在市场定位已经确定目标市场的客人类型、地域、层次、范围，掌握其细分市场的具体需求的基础上，餐饮企业就必须按照目标市场的客人需求、消费水平和支付能力来组织业务经营，提供适合客源市场需求的优质产品和优良服务，从而获得经济效益。这里的优质产品、优良服务，包括硬件质量、产品质量、环境美化质量等都要与定价、客人的消费水平和支付能力相符，即质价相符。

二、餐饮市场定位的依据

现代餐饮市场定位是一个比较复杂的问题。在餐饮业的市场竞争比较充分的条件下，影响市场定位的因素较多，而这些因素又大多是可变的、不确定的。做好餐饮市场定位，首先要从这些因素中找出一些常量或可测定因素，进而采用正确的分析方法，这样才能做好市场定位工作。具体来说，其主要依据有以下四点。

（一）投资人的经济实力和企业等级规格

餐饮管理的市场定位是站在经营者的高度来选择合适的目标市场及其客源结构。这种目标市场及其客源结构的选择和确定，首先是由企业等级规格或档次来决定的。白金五星级豪华酒店的餐饮必然选择高规格、高消费的商业客源和豪华团队为主。一二星级的低星级酒店餐饮则必然选择一般国内住店客人和小型公司的商务客人为主。同样，高星级的豪华饭庄酒楼等独立型餐饮企业必然选择政府机构、大型商业公司及社团为自己的主要目标市场，而大排档、低档次的餐馆、餐厅则肯定以其周围的普通居民、流动客人为主要客源。因此，餐饮企业的等级规格是其市场定位的首要依据。而这种等级规格又是由其投资人特别是投资主体的经济实力决定的。实力雄厚的风险投资巨头可以在市场竞争已经很激烈的豪华商圈内很快建一家装饰华美、独具特色、经营实力雄厚的豪华饭店来抢占市场份额，确立自己的市场定位，而经济实力弱的投资人则不能做此市场定位。因此，在现代市场经济条件下，投资人的经济实力和企业等级规格是现代餐饮市场定位的首要依据。

（二）可选目标市场的份额和潜力

餐饮市场定位以选择和确定目标市场为主，即定客源，但在市场竞争条件下，目标市场的选择不是盲目、随意的。它必须在市场调查、市场细分和竞争分析的基础上，首先找出可以选择的市场范围、市场类型、地域范围、客源层次和客源结构，形成主要目标市场，然后再分析预测这一目标市场的份额和潜力。所谓份额是指在一定地域范围内所选目标市场的规模有多大、客源类型有哪几种、消费水平和支付能力如何，在市场竞争中，自己能够渗透、争取、吸引到的份额有多少，是否和自己的餐厅等级规格、接待能力相适应。所谓潜力是指在未来一定时期内所选目标市场的规模、结构、数量、消费水平、支付能力及其给自己带来的接待人次、餐厅上座率、人均消费、销售收入是否有发展后劲，是否具有大力开发的价值，而这些又是受所选目标市场的地域范围内的政治、经济、文化、社会、人口发展等多种因素的影响的。所以，可选目标市场的市场份额和潜力大小是餐饮管理市场定位的重要依据。

（三）新兴地区或区域的发展规划和市场前景

随着经济的高速发展，全国各地新建了大量科技园区、高新技术产业区和规模庞大的居民住宅区。这些地区往往在短短的几年内就会形成人口集中、客源众多的消费市场。因此，新兴地区或区域的发展规划和市场前景也是餐饮市场定位的客观依据之一。餐饮企业要将这些地区作为市场定位的依据，必须详细掌握所选地区的发展规划情况，包括发展规模、发展速度、市场前景、交通规划及未来发展等，然后在最合适的时间、合适的地点设点、布局，既要抢占先机，又不过早进入，才能收到十分理想的效果。

（四）企业自身的市场竞争力和开发实力

在餐饮企业等级规格一定的条件下，市场定位所要求的实力主要是指企业市场竞争和市场开发的实力。这种实力的主要表现是：①企业地理位置的优越程度。企业若建在高度繁荣、客流量大、目标市场客源适应性强的地点，则其市场竞争力必然强。②企业交通条件的方便程度。交通越方便，车辆、人流可进出性越强，市场开发能力越强。③装饰布置的个性特点和形象吸引力的大小。餐饮企业门面装饰布置美观大方，餐厅室内装修主题鲜明，消费环境典雅，有独特的个性特色。个性越突出，形象越鲜明，对目标市场客人的吸引力越大，市场竞争力越强。④产品风味和质量的适应程度。产品风味越突出，产品质量、价格越适应目标市场客人的消费需求和支付能力，越能吸引、刺激、留住客人，企业竞争能力越强。⑤企业经营管理能力的强弱。企业各部门主要领导者的餐饮经营和管理能力越强，企业竞争力和市场开发实力必然越强。

三、餐饮市场定位的方法

做好餐饮市场定位是一个复杂的过程，其工作方法可大致概括为以下步骤。

（一）目标市场消费群体定位

餐饮市场定位是从目标市场消费群体，即客源对象和结构的选择和确定开始的。做好目标市场消费群体定位的基本方法是：

（1）做好市场调查。掌握当地市场的客源规模、类型、消费水平、支付能力、市场竞争状况等。

（2）分析市场可进入、可渗透的程度。这包括可选目标市场规模、客户类型、客源层次、市场份额、发展潜力、企业能够争取到的接待人次以及各种餐厅上座率等。

（3）分析目标市场消费群体的市场需求。这包括消费环境、产品风味、产品质量、产品价格、可以接受的价格波动幅度、人均消费和支付能力等。

（4）最终选择和确定目标市场的消费群体，完成市场客源定位。这一定位要最终落实到企业的不同餐厅的预测上座率和接待人次上，包括酒店的中餐厅、西餐厅、风味餐厅、宴会厅、咖啡厅、酒楼饭庄以及独立餐饮企业的大众散座餐厅、各种包房、雅间餐厅等。

（二）餐饮企业的商标和形象定位

餐饮企业市场定位在选择确定其主要目标市场后，关键是确定并巩固企业的产品和服务在公众和目标市场顾客心目中的地位。要给公众和顾客在企业的名称、商标、外观形象、室内装修环境、产品质量等方面留下独特、深刻的印象，就必须做好餐饮企业的商标和形象定位工作。商标是企业商品之间相区别的标志，形象是由企业的知名度和美誉度在社会公众和目标市场消费群体中所形成的比较独特、稳定的印象。做好餐饮企业的商标形象定位的方法是：

（1）企业商标的名称要响亮、简洁、明快、好听好记。企业标志、标牌、企业标准字、标准色等要和企业名称、商标一起精心设计，共同塑造企业形象和声誉。

（2）企业外观建筑及门脸装修要根据形象设计的要求，做到装饰美观大方，形象高雅独特，能给客人留下深刻印象。

（3）企业的消费环境要做到装修设计和装饰艺术处理主题鲜明，个性突出，对目标市场的客人产生强烈的吸引力，能给他们留下深刻的印象和美好的回忆。

（4）企业各个餐厅的产品质量和服务质量要能够吸引、刺激、留住目标市场的消费群体，给他们留下美好的印象，使他们成为回头客、老客户和忠诚客户。

（三）菜单产品结构和价格定位

餐饮企业是以自己的产品来开拓市场的，而菜单是餐饮市场定位的集中体现。菜单一经制定，它所选择的客源对象、类型、层次、产品风味、花色品种、产品价格等就已经确定了。反过来说，合理制定菜单，正确选择菜品结构、合理制定其产品价格，就是现代餐饮市场定位的一项工作内容。做好菜单产品结构和价格定位的具体方法是：

（1）区别不同目标市场的消费需求，制定不同类型的菜单。如零点菜单、宴会菜单、自助餐菜单、套餐菜单、循环菜单以及会议菜单等。

（2）根据不同菜单，合理确定风味和花色品种，使菜单能激发客人的消费需求，刺激客人消费。为此，菜单要做到凉菜、热菜、面点、汤类齐全，蔬菜、肉类、海鲜、鱼类、禽蛋等各种菜品适当。高档、中档、低档菜点比例及其价格和毛利结构合理，能够吸引、留住目标市场的消费群体。

（3）菜单的外观设计要与餐厅类型和经营方式协调，有利于树立餐厅形象。

（4）各种餐厅的菜单要根据目标市场客人的需求变化、季节变化和市场竞争的需要适时更新、及时调整，才能保持餐饮市场定位和市场需求变化的持续适应。

（四）产品质量和服务质量的标准定位

餐饮产品质量和服务质量是留住目标市场消费群体、保持餐厅较高上座率和销售收入的关键。只有通过产品质量和服务质量的标准定位，使社会公众和目标市场的客人认可你的质量标准，才能吸引和留住客人。做好产品质量和服务质量的标准定位的基本方法如下：

（1）产品质量标准定位方法。产品质量标准定位的具体方法是：①产品名称和花色品种清楚明确、结构合理，与目标市场客人的消费需求相适应。②每份产品的主料、配料、调料的用料标准制定合理，原料质量优良。③每份产品的分量标准固定，不缺斤短两、克扣宾客。④产品加工过程质量控制手段健全，色、香、味、形标准明确，质量保证程度高。⑤每份产品价格和毛利合理，与目标市场的客人消费水平和支付能力适应性强，能留住客人，从而使客源稳定。

（2）服务质量的标准定位方法。服务质量标准定位的具体方法是：①制定餐厅服务的通用质量标准，严格贯彻落实。具体包括餐厅服务态度、着装仪表、礼节礼貌、服务语言、职业道德、清洁卫生、形体动作以及客人投诉处理标准等。②制定各岗服务程序和操作标准，逐级督导贯彻实施。具体包括餐厅迎宾领位、桌面服务、传菜以及酒水等各个岗位的操作标准。③逐级督导检查，及时纠正偏差，保证质量标准定位的具体落实，确保提供优质服务。

拓展阅读

餐饮市场定位的两个关键时期

餐饮企业市场定位的合理程度直接影响企业的客源状况、业务经营和经济效益。其市场定位的好坏主要是由两个关键时期的工作决定的：

1. 开业前的企业硬件环境准备时期

餐饮企业的硬件环境准备不管是投资新建与装修还是租赁房屋装修改造，都直接影响和决定企业的市场定位。因为企业市场定位的硬件条件都是由这一时期的工作决定的。具体包括：企业选址会决定客源范围，投资规模和建筑装修改造的规格会影响决定客源类型和档次，厨房的装修和设备会影响产品风味，餐饮宴会厅、酒吧的格局环境会影响客人的用餐方式，整体装修档次和水平又会影响企业产品价格和收费标准的高低。这些都是餐饮市场定位必须考虑的，也是在企业硬件环境的准备时期形成的。

2. 开业时的软件方面的准备时期

餐饮企业不管是新建开张营业或重新改造后再营业，都必须根据硬件方面已经具备的条件做好市场定位软件方面的营销策划。具体包括产品风味选择、产品类型与结构、菜单设计、毛利掌握、菜单定价、产品质量保证、营销活动与客源组织等。只有将这些软件因素和硬件条件结合起来才能保证市场定位的准确性与科学合理性。

第三节　餐饮管理的市场营销

【案例导入】

让总统帮忙卖书的故事带来的启示

有一位书商手头积压了一批书卖不出去，情急之下，他想出一个法子：给总统送一本书，并征求意见。于是，他想方设法把样书送给了总统，并不断向其征求意见。忙得不可开交的总统就随便回了一句“这书不错”的话。书商如获至宝，大做宣传：“现有总统喜爱的书出售”，并把“这书不错”的字样印在封面上。结果，大量积压的书籍很快销售一空。

过了一段时间，书商又有了一批书，他便照方抓药，又给总统送去一本。总统有了上一次教训，想趁机奚落一下书商，就在送来的书上写了一个“这书糟透了”的话。结果，总统还是上了套，这次书商用的宣传广告是：“这里有总统最讨厌的书出售”，人们由于好奇还是很快就把书买光了。等到第三次，书商如法炮制将书送去时，总统索性来了个金口不开，但书商还是有办法，说：“现有令总统难以下结论的书，欲购从速。”结果同样将书很快卖出去了。

点评 这个故事并不一定真实，但书商善于利用名人效应开展市场营销活动的方法却是耐人寻味的。不管总统如何评价书的内容和质量，甚至“金口不开”，书商都能借机推销。当然，餐饮经营的市场营销要比案例涉及的内容广泛得多，方法技术也更复杂。为此，我们根据餐饮市场供求关系和市场定位，进一步介绍餐饮市场营销的基本原理和策略技巧，以为餐饮经营的客源组织提供基础。

一、餐饮市场营销的实质和任务

（一）餐饮市场营销的概念

餐饮市场营销是餐饮市场的需求者（即就餐客人）与供给者（即餐饮产品提供者）所发生的各种交易行为和过程。它贯穿于餐饮产品供、产、销过程的始终，体现在餐饮业务经营活动的各个方面。

餐饮市场营销起源于顾客需求，就餐客人之所以愿意支付自己的部分消费资金，主动参与交易活动，是为了满足旅游及生活的需要，餐饮经营者则是为了赚取利润而提供产品和劳务。于是便产生了餐饮市场营销活动，在这一过程中，双方各得其所。

餐饮市场营销活动是十分复杂的。从市场需求角度看，顾客类型多样，消费层次不同，生活习惯各异，需求复杂多变；从市场供给角度看，产品风味林立、花色品种众多、技术要求各不相同，各级各类餐饮企业经营方式灵活，形成激烈的市场竞争。于是，在供给和需求之间就产生了各种各样的交易行为，有直接销售、间接销售、零星销售、团体销售以及宴请销售等，销售手段也从坐店经营变成了主动推销，以适应不同类型消费者的需要。因此，如何根据顾客需求，选择经营方式，提高产品质量和服务质量，将餐饮产品和劳务从经营者一方转化为就餐客人的现实消费，就成为餐饮管理市场营销的重要任务。

（二）餐饮市场营销的实质

餐饮市场营销的实质是在外界客观条件下，控制运动参数和转移参数中的可控因素，使其朝着有利于经营者的方向发展和变化，以吸引顾客，扩大产品销售，获得优良的经济效益。

在餐饮市场需求和市场供给关系中，都存在着运动参数——价格和众多的转移参数。价格随供求关系的变化而变化。转移参数的变化又直接引起供求曲线的位移，决定新的市场均衡状态。这些运动参数和转移参数在餐饮市场营销活动中，转化为影响市场交易行为的各种因素，这些因素又分成两类：一是可控因素，如经营者的产品价格、劳动力成本、生产设备、技术水平、产品风味、花色品种、服务质量等；二是不可控因素，如替代品价格、互补餐饮产品价格、客源数量、支付能力、企业竞争、国家政策等。由于这些因素直接影响餐饮企业的市场营销行为和过程，因此，就必须控制可控因素，调节不可控因素，使其朝着有利于餐饮经营者的方向发展和变化。这样，就使餐饮产品能够更好地适应客人的需要。

餐饮市场营销的最终目的是招徕顾客、组织客源、扩大产品销售，以获得优良的经济效益，它以企业的产品、价格、销售方式、促销手段等为前提。餐饮市场营销活动的组织，就是要根据客人需求，在广泛调查的基础上，决定自己的方针和策略，将上述各种因素组织起来，形成营销组合，从而达到吸引客源、扩大销售、获得优良的经济效益的目的。

（三）餐饮市场营销的任务

餐饮市场营销的基本任务是根据市场需求，确定营销目标，选择营销策略，运用市场细分手段，广泛组织客源，适应就餐客人需求变化，促进旅游业和餐饮经营的长期发展。其具体任务是：

（1）确定营销目标。餐饮市场营销目标是企业总体目标的一部分，它必须以市场需求为中心。从长远来看，餐饮经营的重点是确定企业经营风味、产品结构、花色品种和经营特色；从短期来看，餐饮经营的重点是客人的具体需求、市场范围、主要目标市场所在；从营销效果来看，餐饮经营的重点是餐厅上座率、接待人次、客人人均消费水平、消费结构、营业收入等。将这些内容综合起来，就成为餐饮经营的市场营销目标。

（2）选择营销策略。营销策略是实现营销目标的手段，餐饮企业等级规格不同，经营风味和产品结构不同，接待对象不同，营销策略也不完全一样。其具体内容包括产品策略、价格策略、渠道策略、形象策略、市场细分策略、促销手段等。各种策略的运用都必须根据营销目标和市场需求的变化而灵活选择和运用。

（3）做好客源组织。市场营销是供求双方之间的交易行为，也是客源组织过程。做好客源组织要以突出产品风味和经营特色、确保产品质量和服务质量为基础，采用灵活多样的方式，将预订推销、外出联系、形象吸引、销售推广等各种方式结合起来。

（4）提供优质服务。餐饮营销目标的最终完成是以客人前来就地消费为条件的。服务质量是市场营销的重要组成部分，因此，必须根据餐厅类型和销售方式，提供舒适、典雅、美观的就餐环境，搞好餐厅布置，提供优质服务。

完成餐饮市场营销的任务还要根据就餐客人需求状况的不同，采用灵活的方式。具体说来包括：当客人对企业产品和服务不满意时，要创造条件改变客人的看法；当客人需求下降时，要开发市场、增加客源；当客人需求处于潜在状态时，要激发客人的需求；当客人消费结构和人均消费不理想时，要调节供给。总之，具体任务很多，必须根据客人的需求变化而灵活调整。

二、餐饮市场营销环境分析

餐饮市场营销环境是由供给和需求两个方面决定的，它们大多是供求关系中的运动参数和转移参数，同时也包括企业内外的客观条件，这些参数或条件大致可分为可控因素和不可控因素两大类。分析营销环境，就是要正确认识这些因素，以便将它们组织起来去开展营销活动，完成营销任务。

（一）市场营销可控因素

市场营销的可控因素主要来自经营者的市场供给方面，它是餐饮企业管理人员可以控制的，主要包括：

1. 经营风味和产品结构

经营风味和产品结构直接影响餐饮市场营销活动。经营风味的选择要根据目标市场客人的饮食习惯、客源数量、企业技术力量等来确定；

所选风味必须突出特点，坚持继承和创新相结合，确保产品质量，办出经营特色；花色品种的安排既要考虑客人的消费水平、支付能力、产品结构，又要将常年菜、季节菜、时令菜结合起来，适应客人多层次的消费需求。

2. 营销目标和营销组织

营销目标重点是确定主要目标市场和接待对象，每家企业都应根据自身的档次、设备条件、技术水平以及地理位置等，确定自己的主要目标市场和接待对象，并和目标市场的有关客户建立固定的业务联系。在确定市场营销目标时，要制定营销计划，确定餐厅上座率、接待人次和人均消费等指标，将营销目标落到实处。市场营销目标一经确定，就要建立营销机构，配备人员，搞好公共关系，做好营销组织工作。

3. 劳动力成本和技术设备

劳动力成本和技术设备是餐饮供给关系中的转移参数。劳动力成本主要取决于工资福利水平和劳动组织的合理程度。餐饮管理一方面要逐步提高员工的工资福利待遇，以增强企业竞争能力和调动员工积极性；另一方面，又要搞好定额定员编制，合理用人，搞好劳动组织，提高劳动效率，以降低劳动成本。技术设备的改进和劳动成本的降低是相辅相成的，配备良好生产设备，合理安排生产流程，既可搞好厨房生产过程的组织，确保产品风味和质量，又可降低生产成本，提高餐饮竞争能力。这些都是搞好餐饮市场营销活动组织的基础和前提。

4. 就餐环境和服务质量

就餐环境和服务质量是满足客人精神享受和物质享受的需要。根据企业等级规格和接待对象的需要，提供先进的设备，搞好餐厅布置、清洁卫生，制定接待程序和操作规程，提供高质量、高效率的服务，使客人在舒适、典雅、美观的环境中享受餐饮产品，可以增强餐厅形象吸引力，广泛吸引客源，改变客人消费结构，这本身就是餐饮市场营销活动的具体体现。

5. 原材料成本和流通费用

原材料成本和流通费用直接影响餐饮市场营销活动的竞争能力和营销目标。为了降低原材料成本和流通费用，餐饮企业经营者应当制定采购计划，合理组织食品原材料，降低库存；搞好餐饮产品加工过程的组织；制定领料、发料、投料、用料标准，控制成本消耗；加强水、电、燃料、餐茶用品管理，降低流通费用。降低餐饮消耗，可以使经营者在同行业中形成局部竞争优势，以同样的价格提供更多的产品，保证营销目标的实现。

6. 产品毛利和价格

价格是餐饮供求关系中的变动参数，价格通过毛利率来确定。合理确定毛利标准，控制产品价格，可以更好地进行市场营销活动。在餐饮营销活动中，价格是联结供给和需求的经济杠杆，由于餐饮毛利率有综合毛利率和分类毛利率之分，就使产品价格具有灵活性。具体产品价格要区别对象、原材料成本和市场供求关系，充分运用价格策略，调节市场需求。有的高进高出，有的低进高出，有的高进低出，有的随行就市，以适应客人多层次的消费需求。同时，餐饮市场营销中的均衡价格永远是暂时的，因此，根据市场供求关系的变化，适时调整价格，就是开展市场营销活动，扩大产品销售的重要因素。

相关链接

成本、毛利与价格的关系

餐饮成本是单位产品所耗用的原料价值量，包括主料配料和调味料价值。毛利是产品利润，人工成本、流通费用和税金的价值，故毛利不是利润或最后盈利，而是成本之外的利润税金和消耗之和，一般通过毛利率来反映。价格则是产品成本与毛利之和。故三者的关系是：成本是产品定价的基础，单位产品成本越高，价格会越高。毛利是价格的控制手段，毛利率越高，则产品价格越高，反之越低。价格则是成本、利税和各种耗用的价值之和。三者是密切相关的。在市场营销和市场竞争中，要保证价格具有竞争优势，就必须降低成本和费用消耗，切实提高产品质量。在菜单价格已定的条件下，要保证企业的盈利，就必须扩大产品销售量，同时降低产品成本和费用消耗。所以成本、毛利和价格都是餐饮企业市场营销和市场竞争的重要因素。

（二）市场营销不可控因素

市场营销不可控制因素主要来自市场需求，但是，利用可控因素去调节不可控因素，又能为餐饮市场营销活动的组织创造条件。不可控因素内容主要包括：

1. 地区客人数量和客人收入

地区客人数量和客人收入是餐饮需求关系中的转移参数。客人数量主要取决于当地旅游发展水平、国民经济发展程度。客人收入主要取决于旅游者的档次结构、国民收入水平。它们都是影响餐饮市场需求的重要因素，在一定时期，其总量又是稳定的。但是，在市场竞争条件下，餐饮经营者选好目标市场后，运用自己的独特风味、产品质量、企业声誉和优质服务去调节市场需求，广泛组织客源，这样既可以增加本企业就餐客人数量，又可以吸引现实客人和潜在客人，造成餐饮经营者的局部优势，实现企业营销目标。

2. 替代餐饮产品价格

替代餐饮产品价格是由同行业中竞争对手确定的，也是餐饮需求关系中的转移参数。这种价格只能在同类餐饮产品中比较，只有当某种产品价格过高，就餐客人难以接受时，客人才会转而寻求替代产品。从餐饮经营者的角度看，降低原材料成本和流通费用，提高产品质量和服务质量，调整自己的产品价格，使其在同种风味和同类产品中处于竞争优势，就能抑制就餐客人去消费竞争企业的替代餐饮产品，增加客源，保证餐饮市场营销活动向着有利于经营者的方向发展。

3. 企业地理位置和交通条件

企业所在地的地理位置和交通条件直接影响企业餐饮市场营销活动的组织。企业筹建时，应尽可能选择较好的地理位置和交通条件，但在企业地理位置和交通条件已经确定的情况下，餐饮经营者仍然可以利用可控因素去调节这一不可控因素。其重点是加强广告宣传，搞好公共关系，同企业周围的机关、企事业单位加强业务联系，逐步形成市场声誉，特别是要办出经营特色，突出产品风味和质量，扬长避短，发挥优势，使就餐客人成为回头客，同样可以搞好餐饮市场营销活动。

4. 客人饮食习惯和周围同类餐饮企业的数量

就餐客人的饮食习惯是复杂的，但是，除特殊宗教因素外，追求新鲜、品尝各种风味，是大多数饮食爱好者的共同需求。在产品风味确定后，针对不同客人的具体要求，适当调整，仍然可以满足客人品尝风味的需要。如果周围同类餐饮风味过多，企业可积极创造条件，改变风味特点，增加服务项目，以调节市场需求，形成新的竞争优势。

5. 企业竞争环境和竞争格局

企业竞争是影响餐饮市场营销的重要因素。餐饮市场竞争主要表现在产品质量、服务质量上，它们又通过产品价格、促销手段、销售渠道、销售方式和销售策略等表现出来。但是，竞争主要是同一档次、同种风味之间的竞争，同时，这种竞争又以周围近距离餐饮企业为主。餐饮经营者虽然无法控制企业大的竞争环境和竞争格局，但是，他们可以分析周围同类企业的经营风味、技术力量、市场领域、产品质量、价格水平、服务质量、销售方式、销售策略以及促销手段等，然后和企业内部客观条件结合起来，分析自己的长处和不足，调整竞争策略，扬长避短，以优取胜，同样可以在餐饮市场营销活动中立于不败之地。

6. 政治经济环境和国家政策

政治经济因素包括社会环境安定程度、经济发展水平、地区对外开放程度、通货膨胀率和汇率等。国家政策包括旅游发展政策、经济政策、税收政策和国家对餐饮经营的工商管理法规等。这些因素也是餐饮需求关系中的转移参数，是餐饮经营者自身无法控制的。但是，企业在认真调查和分析地区政治经济环境，正确执行国家政策，特别是在结合国家政策法规的基础上，制定企业的营销策略，并根据旅游发展状况，旺季增加客源，淡季调整价格，如发生通货膨胀，则应尽力降低成本。同时在遵守国家相关法律法规的前提下，增加服务项目，举办食品节、食品周、美食节、烧烤会、啤酒节等各种促销活动，坚持灵活经营，利用企业可控因素调节不可控因素，同样能够做好餐饮市场营销活动。

典型案例

“你方唱罢我登场”

餐饮业是完全和充分的市场竞争行业。餐饮企业市场准入的门槛和技术含量较低，又以手工操作的技术为主，故在其市场营销中，其竞争环境和竞争格局都是单个企业难以控制的。餐饮企业的竞争手段和方式很多。其最终结果是优胜劣汰，“你方唱罢我登场”，企业每年都像走马灯似的更迭不休。例如，北京市拥有 4 万～5 万家餐饮企业，每月有

8%~10%的餐馆处于转让和倒闭状态，又有10%左右的餐馆在重新开张。由此推算，平均每天新开张的企业就有130～150家，而同时每天又有120～140家的餐饮企业处于转让和倒闭之中。这就是餐饮市场竞争的必然结果和“你方唱罢我登场”的具体表现，也是单个餐饮企业的市场营销难以控制的。企业只有针对自身的目标市场加强产品质量、价格、消费环境管理与控制，降低消耗，加强市场开发与客源组织，切实提高服务质量，才能在长期的市场营销与竞争中始终立于不败之地。

三、餐饮市场的传统营销策略

市场营销策略是在市场供给和需求之间实现产品和劳务交换所采取的各种措施和手段。它涉及市场供给和市场需求两个方面，反映在餐饮业务经营活动的全过程。

餐饮传统市场营销策略是根据市场学原理而提出的开展市场营销的手段和措施。它以产品（product）为中心，以价格（price）为手段，将促销（promotion）和渠道（place）结合起来，称为4P营销理论，具体策略是：

（一）产品策略

产品策略是餐饮市场营销的基础，是市场供给的本质表现。餐饮产品策略除产品本身以外，还应包括提供产品的环境和条件。

餐饮管理要正确运用产品策略，重点要做好五个环节的工作：第一，选好产品风味和花色品种。这是产品策略的本质内容，但又必须根据市场需求的变化和竞争需要而适时调整，才能获得优良经济效益。第二，配备有专业技术水平的厨师队伍。产品策略的关键在产品质量，优质产品只有具有专业技术水平的厨师才能烹制出来。第三，保证优质食品原材料供应。巧妇难为无米之炊，只有食品原料优良，才能烹制出优良产品。为此，必须做好采购、库房管理。第四，做好厨房生产过程的组织。只有保证原料加工、配菜、炉灶烹制质量，才能保证产品策略的最终落实。第五，要加强销售管理，提供优质服务。优质产品只有销售出去，才能实现自身价值。只有加强餐厅销售和服务管理，才能增加客源、扩大销售，这也是餐饮管理产品策略的最终目的。

（二）价格策略

价格是联结市场供给和市场需求的纽带和桥梁，是影响餐饮市场营销的重要条件。在餐饮市场营销活动中，价格属于运动参数，它的变化既影响供给，又影响需求。

餐饮管理要正确运用价格策略，不仅仅是运用毛利标准简单地制定价格，其关键是根据市场供求关系的变化而变化，灵活掌握价格，以刺激需求，扩大销售。因此，价格策略的运用，重点要区别不同情况，根据供求关系的变化，采用不同的策略，主要包括差别价格策略、声望价格策略等，具体内容可参阅本书第四章。

在餐饮市场供给和需求关系中，运动参数价格的变化和转移参数的变化是密不可分的。运用上述价格策略，要随时分析转移参数的变化可能对价格变化的影响，并据此制定和调整企业产品价格。针对不同情况，分别采用不同的价格策略，促进餐饮市场营销活动的顺利开展。

（三）促销策略

促销策略是采用不同的手段去宣传企业产品，广泛组织客源，扩大产品销售。它是餐饮产品从经营者手中转化为就餐客人实际消费的重要条件。如果不采取促销措施，坐店等客，就无法适应市场竞争的客观要求。

在餐饮管理中，要正确运用促销策略，应重点做好四个方面的工作：第一，建立销售机构，配备推销人员。这是促销策略的前提和基础。第二，落实销售目标责任制度。即根据企业营销计划，将餐饮销售目标落实到有关部门和人员，使他们明确责任和任务，保证餐厅上座率、接待人数、人均消费和营业收入等计划目标的实现。第三，采用多种促销手段。要根据市场竞争需要，采用灵活多样的推销措施，主要包括餐厅销售推广、预订推销、订座销售、电话联系、外出推销、形象广告推销和公共关系等。第四，要控制销售成本，降低费用消耗，主要是交际费用、广告费用和公关费用等。这部分费用是不可缺少的，但应有计划和安排，防止盲目请客吃饭，要定期考核费用消耗情况，以降低费用开支，提高推销效果。

（四）销售渠道策略

销售渠道是指在市场营销中主要通过哪些方式、哪些途径向哪些类型的客人推销，它和促销策略是一个问题的两个方面，也是影响餐饮市场营销的重要条件。

餐饮管理要正确运用销售渠道策略，重点是抓住三个环节：第一，选好主要目标市场。除酒店宾馆餐饮管理以店客为主外，其他目标市场可根据企业自身条件，分别选择旅游客人、商业客人、企事业单位和零散客人等。第二，选择主要客户，包括旅行社、外交机构、当地社团和企事业单位等。第三，针对不同客户，运用不同推销策略，加强同客户的联系，提高客户到本企业的就餐率。

四、餐饮新型市场营销策略

餐饮市场营销是就餐客人的市场需求和经营者的市场供给之间所发生的各种交易行为和过程。其市场营销策略除传统的产品、价格、促销和渠道策略外，现阶段大多很注重各种新型营销策略。这些策略内容和方法主要包括以下各项。

（一）餐饮主题营销策略

餐饮主题营销策略是根据目标市场的消费需求和市场竞争需要，选择一个特定主题，然后围绕这一主题来创造出一种特定环境和营销气氛，从而引起社会公众和目标市场消费群体的集中关注，使营销主题成为客人识别企业产品的标志和吸引顾客、扩大产品销售的刺激物。因此，餐饮主题营销的“主题”实际上是一种营销手段和策略措施。

餐饮主题营销策略的实质是以特定主题为基础所形成的具有不同文化色彩的消费环境和餐厅气氛，它主要通过主题餐厅、主题营销活动两种形式表现出来。主题营销策略的基本方法和工作步骤是：

1. 选择确定营销主题

餐饮主题营销可供选择和确定的主题范围是十分广泛的，这种主题营销又通过主题餐厅的形式表现出来。可供选择的主题既可以以不同国家、不同民族、不同地域、不同类型的文化特色为基础，形成主题餐厅的特定文化氛围和消费环境，如巴西热带雨林餐厅、美国西部牛仔餐厅、西双版纳傣家酒楼餐厅或江南水乡农家小院餐厅等；也可以是现代的、未来的、怀旧的、复古的、想象的，甚至是幻想中的一种特定文化环境和气氛，如竹楼餐厅、蒙古餐厅、水浒餐厅、桃园三结义餐厅、太空餐厅、火星餐厅等；还可以是某种专业性、文学艺术性、文化娱乐性的主题，如运动员餐厅、文学馆餐厅、红楼梦餐厅等。总之，主题内容十分丰富。选择和确定主题的过程实际上是一个智力开发、主题创意的脑力劳动过程，其目的是别出心裁地创造出一种独特、新颖、能够引起社会公众和目标市场客人广泛关注的一种餐饮经营形象，以便吸引顾客，扩大销售，获得优良经济效益。

2. 设计布置主题餐厅

餐饮主题营销策略是以主题餐厅及其主题营销活动的形式表现出来的。因此，在选择确定营销主题的范围、内容和主题创意的基础上，设计、创造和装饰布置出具有独特风格的主题餐厅，就成为餐饮主题营销的重要工作内容。做好主题餐厅的主题设计和布置，重点要做好三个方面的工作：第一，选择确定主题名称。主题餐厅的名称要简练、响亮、好听好记，便于宣传推广，如以海鲜为主题的“天天渔港”，以历史名人为主题的“太白酒楼”，以田园风光为主题的“农家小院”，以少数民族风情为主题的“苗乡酒楼”，等等。第二，设计餐厅装饰主题。主题餐厅的装饰主题要反映所选定主题的特定文化气息，装饰主题要突出、具有鲜明的个性，力求对客人产生强烈的形象吸引力。第三，认真做好环境美化。在装修设计的基础上，选择能够反映主题特色和风格的装饰材料和装饰艺术手法，招聘专业装修队伍和技术人员来完成主题餐厅的装饰布置和环境美化，以便为主题营销活动的开展提供特色环境和经营场所。

3. 做好主题营销活动组织

餐饮主题营销的目的是用主题环境、主题活动来吸引客源、扩大销售、增加经济收入。组织主题营销活动，重点要做好三个方面的工作：第一，开展主题宣传，制造营销气氛。要事先做好计划，制定宣传创意，设计宣传内容，利用门脸招牌、楼顶广告、报纸电台或电视等媒体，广泛宣传自己的餐厅主题以及活动内容、形式、特色产品等。第二，设计主题产品，创造经营特色。要以菜单设计为中心，选择与营销主题相适应的饮食风味和花色品种，突出重点产品和名牌产品，做好生产组织，保证产品质量，创出经营特色。第三，广泛组织客源，做好营销活动过程的组织。在餐厅主题营销过程中，要始终维护主题餐厅的环境美化、清洁卫生，突出环境气氛，并且要做好客源组织，即通过预订、招徕、人员推销和电话推销等各种方式扩大客源。同时，要以主题为中心，每天确保提供优质产品和优良服务，保证主题营销活动的正常开展，更重要的是，要随时收集客人的意见和建议，不断改进提高，将“头回客”变成“回头客”，从而获得优良的主题营销的经济效益。

（二）餐饮品牌营销策略

餐饮品牌营销是通过创造企业品牌和名牌产品，形成品牌效应来开展市场营销活动、扩大产品销售的一种营销策略。它的实质是在设计、创造一个名称响亮、标志清楚、质量优良和管理规范的著名品牌的基础上，再运用这种品牌来开发市场，招徕顾客，开展营销活动，形成市场声誉。所以，一个著名的餐饮品牌往往就是一家有名的餐饮企业或一种名牌产品，也是企业十分重要的无形资产。现代餐饮管理要正确运用品牌营销策略和方法，重点要做好三个方面的工作：

1. 选好品牌名称，做好品牌设计

餐饮品牌营销是从品牌设计开始的，它是正确运用品牌营销策略的前提和基础。品牌设计的工作内容主要包括四个方面：第一，选好品牌名称。它是品牌的标志和代号。因此，名称要简短、响亮、好记、好听。第二，设计品牌标志。餐饮品牌可以是一家企业，也可以是一种产品，如北京的“全聚德”既是企业品牌，也代表其著名产品烤鸭，两者结合形成著名品牌，同时又赋予它一定的标志，并用某种图形、符号、颜色表示出来，这种标志图形就代表了“全聚德”。第三，选择品牌颜色。餐饮品牌作为一种客人识别的标志，在对外宣传、广告、客户联络、社会交往中都要广泛运用。选择合适的颜色来设计制作，反复运用，就能强化在社会公众和目标市场中形成的印象，有利于形成品牌效应，招徕顾客。第四，创造品牌特色。即要根据自己的品牌名称、标志来确定其内容和表现形式，并用言简意赅的语言和口号概括出品牌的主题特色，反复宣传，保证质量，即可形成品牌而广泛招徕顾客。

2. 制定品牌标准，保证品牌质量

餐饮品牌营销策略是以品牌标准和质量为前提和基础的，它们是品牌的生命。为此，要制定品牌标准，保证品牌质量，其具体内容包括四个方面：第一，品牌质量标准。要从创造名牌的高度规定设施设备质量、消费环境质量、菜点花色质量和卫生安全质量等方面必须达到的水平和标准，并有保证措施。第二，品牌操作程序。餐饮品牌是在为客人提供优质产品和优良服务的过程中展现出来的，名牌产品、名牌企业的质量必须通过服务操作让客人亲身感受。为此，必须从原料库房管理、原料加工、厨房生产到餐厅服务都制定出操作程序，并严格贯彻落实，才能保证产品质量和标准。第三，品牌行为规范。即为保证品牌质量而制定的全体员工在服务态度、着装仪表、形体动作、礼节礼貌、服务语言与各方面必须遵守的统一的行为准则，它是餐饮品牌质量的重要体现。第四，规章制度保证。即在创造品牌、名牌产品和服务、开展品牌营销的过程中，要建立健全、严格贯彻各项规章制度，规范、约束员工行为，维护劳动纪律，从而获得优良的品牌营销效果。

3. 开展品牌营销，形成品牌效应

品牌营销策略的最终实现是依靠开展品牌营销活动，形成品牌效应，即用品牌来招徕顾客、开发市场和组织客源。为此，开展品牌营销活动，重点要做好三个方面的工作：第一，树立全员品牌营销意识。通过品牌的创造、宣讲、培训等使全体员工对企业品牌内容、标准、标志、质量、操作规范和行为准则等有一个清楚的认识，明确其重要作用，能够自觉贯彻落实。第二，利用品牌效应做好客源组织。要利用品牌名称、标志、标准，特别是品牌产品的质量让客人得到亲身感受等，向客人和客户宣传自己的品牌，形成品牌效应，从而达到广泛开发市场、组织客源的效果。第三，提供优质品牌服务。在日常业务经营活动中，每天每餐都组织全体员工按照品牌标准、规范的要求提供优质产品和优良服务，让客人能够始终感受到餐饮企业的品牌效应，从而树立品牌形象，提高品牌声誉，形成餐饮管理和品牌效应之间的良性循环，获得优良的经济效益。

（三）忠诚客户营销策略

忠诚客户是指因对企业产品和服务有偏好而经常光顾，前来消费的老客户和“回头客”，是餐饮企业的主要客源和经济收入的提供者。餐饮管理以接待前来用餐的客人为主要业务。如果不能培养忠诚客户，不能形成以老客户和“回头客”为主的目标市场群体和市场结构，任何一家餐饮企业都不可能长期生存和发展，正确运用忠诚客户营销策略是现代餐饮企业能否成功及长期存在和发展的关键。现代餐饮管理要正确运用忠诚客户营销策略，重点要解决好三个方面的问题：

1. 坚持供求双方共同受益的营销思想和原则

现代企业培养忠诚客户，是以供求双方共同受益为前提和基础的。对经营者来说，培养忠诚客户，形成大批老客户和回头客，就为餐饮企业带来了源源不断的客源和良好的经济效益。对老客户和回头客来说，他们之所以能够成为忠诚客户，是因为他们每次前来用餐或举办需要的活动，都能得到质价相符的需求满足。企业的产品质量、服务质量和环境卫生都符合他们的要求，包括消费心理、身份地位和支付能力。如果餐饮企业不能满足他们的这些需求，或者质价不符而使其权益受到损害，他们也就必然另寻他处而不再是回头客或老客户了。所以，正确运用忠诚客户营销策略，必须始终坚持供求双方共同受益的营销思想和原则，而不能有任何宰客、欺客、怨客、蒙客和瞒客等不良思想和行为。

2. 正确运用培养忠诚客户的营销措施和方法

现代餐饮企业培养忠诚客户的主要手段和措施可以简单概括为“三一一”营销策略。“三”就是要始终坚持“三个质量标准”，即餐饮产品质量标准、环境卫生质量标准和现场服务质量标准。“一一”是指要坚持“一个价格策略”，保持“自己的一贯水平”，也就是要确保餐饮价格符合目标市场消费群体的支付能力，要质价相符；而在营销过程中，长期、始终保持自己的一贯水平，在产品质量、服务质量、产品分量和价格水平上就不能忽高忽低，反复波动，大起大落。只有采用这种营销策略和方法，才能培养、留住忠诚客户，从而不断提高餐厅上座率。

3. 切实抓好忠诚客户的队伍培养

餐饮管理要正确运用忠诚客户营销策略，切实抓好忠诚客户队伍培养，要做好四个方面的工作。一是定期调查收集客人或客户的意见、信息、反馈以及他们的偏好，掌握客人需求变化和具体要求，发现忠诚客户；二是建立忠诚客户档案，掌握忠诚客户的姓氏、单位、电话、职业、兴趣、生活习惯、饮食爱好、消费水平和支付能力等资料；三是运用电子计算机建立忠诚客户营销网络，有针对性地开展网上营销，不断扩大忠诚客户队伍；四是针对忠诚客户的来店次数、消费水平，适当给予特殊照顾、价格优惠和连带服务等，从而不断增加客源，扩大产品销售，获得优良经济效益。

第四节　餐饮管理的客源组织

【案例导入】

“是先有鸡还是先有蛋”的异样答案

一家酒店经营红火，门庭若市，财源广进。酒店老板计划拓展业务，正筹备接管一家新的酒店，准备新聘一位主管企业市场营销的总监。于是，他向最有潜质的三位部门经理问道：“是先有鸡还是先有蛋？”

A 经理想了想，答道：“先有鸡。”

老板接着问 B 经理：“先有鸡还是先有蛋？”

B 经理回答说：“先有蛋。”

老板继续问 C 经理：“先有鸡还是先有蛋？”

C 经理很坚定地说：“客人先点鸡就先有鸡，客人先点蛋就先有蛋。”

酒店老板根据三位经理的潜质与回答，很快决定晋升 C 经理为市场总监。

点评　客源是企业的生命，市场总监就是专门负责市场营销和客源组织的。案例虽然是一个带有笑话性质的幽默故事，却道出了酒店老板观察人才的准确性。事实上，餐饮企业的市场营销和客源组织都要靠人来完成，其工作是很复杂的。为此，在前面介绍市场定位和市场营销的基础上，本节进一步介绍餐饮管理客源组织的工作内容和各种方法，以为企业提高其设施利用率而创造优良的经济效益。

一、餐饮客源组织的特点

餐饮客源组织是在市场定位的基础上，运用各种传统的和新型的营销策略来开发市场、招徕顾客，以提高餐饮企业设施利用率、扩大产品销售。

餐饮经营因以外出就餐的客人为客源对象，通过零星分散的一个餐次一个餐次的接待客人来获得经济收入，因而其市场开发和客源组织与一般企业相比较，具有三个基本特点。

（一）市场范围地域性强，客源开发以近距离为主

餐饮企业的客源从其地理位置的角度来看，主要包括两种类型：一是流动客人，二是当地客人。流动客人大多是因为旅游、贸易、经商、考察、开会等来到目的地而到酒店宾馆或酒楼饭庄用餐的。从餐饮企业的市场开发和客源组织的角度来看，仍是以近距离当地客源为主，也就是说，餐饮企业的市场定位要以某一地区、某一城市或大中城市的某一区域的客源为主，其地域范围一般以自己的企业为中心，直径在一个小时的车程范围内即可。在这一市场范围内去选择自己的目标市场，集中人力、物力去做好市场开发和客源组织，能收到良好效果。对于大多数客人来说，没有特殊原因或活动安排，绝不会舍近求远到要花好几个小时车程的餐厅酒楼用餐，因此，餐饮企业必须集中精力做好自己市场覆盖范围内的客源开发与组织。

（二）顾客类型多种多样，客源组织紧迫性强

餐饮企业的市场范围虽然以近距离为主，但其顾客类型又是多种多样的。既有流动客人，又有当地居民；既有政府机构、机关团体，又有各种公司社团、商业机构；既有集团消费，又有家庭消费；既有高中档客源，又有中低档客源。对任何一家餐饮企业来说，做好市场开发和客源组织，首先必须根据自己的餐厅类型、等级规格和价格水平选好目标市场，形成自己的市场结构，然后才能有针对性地去做客源组织。另外，餐饮企业同时具有生产加工和商业零售性质。在餐厅座位已经确定的条件下，每个餐厅只有每天、每餐都必须保证一定的客源数量，才能保证必需的设施利用率和经济收入。只要客源不足，就会造成设施闲置，因而，餐饮企业具有客源组织的紧迫性。只有建立良好的目标市场

结构，每天每餐都做好客源组织，广泛招揽顾客，才能保证企业的餐厅上座率和优良经济效益。

（三）近期客人更换率高，长期市场回头客多

餐饮经营以近距离客源为主，餐饮企业附近和近距离的目标市场的客人，不管是政府机构、公司社团、机关团体还是家庭客人，除住店客人外，都不可能每天都到某一餐厅去用餐或宴饮，因此，从餐厅客源构成的角度来看，必然具有近期客人更换率高，长期市场回头客多的特点。也就是说，餐厅每天、每餐的客人在一周、一个月的短时间内，大多是变动的，回头客较少，但从一个季度、半年或一年等较长时期来看，其回头客、老客户的数量又相对较多。餐饮市场开发和客源组织的这种特点要求餐饮企业必须始终保持一个目标市场的客源规模和结构。这种规模和结构的客户总量必须与近期客源更换率的高低相适应，另外，餐饮管理的市场开发和客源组织又必须将培养忠诚客户，增加回头客和客户的比例保持在相当高的水平，才能保证餐饮经营客源充足，获得优良经济效益。

二、餐饮客源组织的基本要求

客源组织是根据市场供求关系变化，运用市场营销策略，广泛招揽和吸引客人前来就餐，以扩大产品销售，获得优良的经济效益。餐饮管理的客源组织应遵循的基本要求包括以下五个方面。

（一）以餐饮质量为根本

餐饮质量是餐饮市场开发和客源组织的前提和基础。餐饮质量的内容包括餐饮产品质量和餐饮服务质量。餐饮市场开发和客源组织，在很大程度上是以餐饮质量来招揽顾客的，例如一些传统的饭店、餐馆没有客源组织机构，也没有市场推销人员，单单凭借产品质量来招揽顾客。可见，在现代餐饮管理中，餐饮质量仍然是客源组织的重要凭借和手段。因此，餐饮管理要做好客源组织工作，必须十分重视餐饮质量。

（二）以目标市场为对象

目标市场是企业选择的主要市场范围和领域，它主要解决吸引哪种层次、哪些类型的客人前来用餐的问题。在餐饮市场营销活动中，企业的等级规格、设备条件、技术力量、产品风味和服务质量各不相同，餐

饮市场的客源组织要想面向整个市场，事实上是不可能的。只有根据企业的自身条件，以目标市场为对象，集中人力、物力和财力，创造出适合目标市场客源需要的产品和服务，并以此为基础，做好重点目标市场开发和客源组织，才能取得良好的经营效果。餐饮目标市场的选择要根据企业的具体情况而定。酒店、宾馆的目标市场，除住店客人用餐以外，要根据企业的等级规格、设备条件、产品风味、地理位置和交通条件来确定；餐馆的目标市场重点是旅行社团体客人、国内流动客人和周围社区的居民。对宾馆、酒店、餐馆的目标客源机构、客户单位，企业只有通过业务联系落实，才能有针对性地做好客源组织工作。

（三）以营销策略为手段

市场开发和客源组织，本质上是营销策略的具体运用。在餐饮市场供求关系中，影响客源组织的因素很多。企业内外可控因素和不可控因素的变化，都会影响市场开发和客源组织。市场营销策略根据产品、价格、促销和渠道的不同，确定营销措施，将客源组织和市场营销活动结合起来，就为餐饮管理的市场开发和客源组织指明了方向。因此，做好客源组织就必须根据市场供求关系的变化和竞争需要，选择各种方法，灵活运用。

（四）以餐饮企业形象和声誉为依托

餐饮企业形象是用餐客人对企业餐饮经营的总体评价，是企业餐饮经营的特征在顾客心目中的反映。评价餐饮企业形象和声誉有两个基本指标，即知名度和美誉度。知名度是企业餐饮经营被顾客知晓了解的程度，它是评价企业餐饮经营“名气”大小的尺度。美誉度是企业餐饮经营获得顾客信任、赞许的程度，它是评价企业餐饮经营社会影响好坏的尺度。知名度和美誉度共同形成餐饮企业形象和声誉，是做好餐饮市场开发和客源组织的重要条件。餐饮企业形象越好，声誉越高，名气越大，无疑在市场中树起一块牌子，形成竞争优势，不仅为餐饮市场开发和客源组织创造了条件，使餐饮经营的团体推销、宴会销售等展销活动的客源组织更加容易，而且本身就能广泛吸引客人。因此，餐饮管理必须十分重视餐饮企业形象和声誉，将市场开发和客源组织同餐饮企业形象和声誉结合起来，并以此为依托，广泛组织客源。

（五）以组织措施为保证

传统的餐饮管理大多没有市场开发和客源组织机构，主要采用坐店经营方式，以产品风味和门面招揽顾客。在现代经济技术条件下，餐饮市场环境越来越复杂，市场竞争日趋激烈，这就要求企业建立客源组织机构，配备市场推销人员。这样以组织措施为保证，集中少量人力、物力研究市场动向，了解客人需求变化，采取各种措施，有针对性地做好客源组织工作，才能扩大产品销售，获得优良的经济效益。

三、餐饮企业市场客源组织形式

（一）酒店餐饮客源组织形式

酒店是一种综合性服务企业，同时经营客房、餐饮、商品等服务项目，餐饮管理只是企业经营活动的一部分。市场客源以住店客人为主，同时组织当地外事机构、企事业单位的客人前来就餐。客源组织形式一般是企业设销售部或公关销售部，配备销售代表，分别负责不同类型客户的客源组织工作，餐饮部则设预订机构和预订人员，负责宴会、团队用餐的客源组织。具体形式可根据各酒店实际需要确定。其组织形式可参阅图 4–6 和图 4–7。

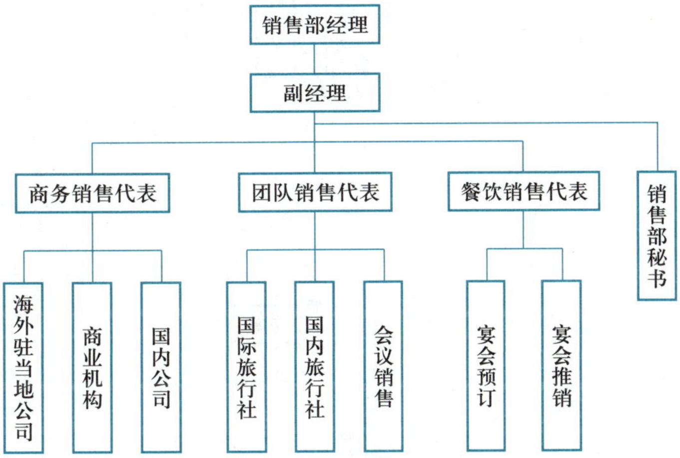

图 4–6　中型以上酒店客源组织机构图

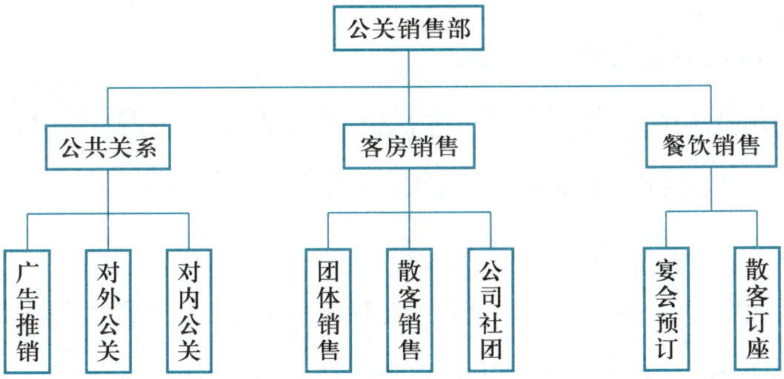

图 4–7　小型酒店客源组织形式

（二）餐馆酒楼餐饮客源组织形式

餐馆酒楼专业从事餐饮经营，是独立的企业，其客源组织形式各不相同。一般大型餐馆设有公关销售部，负责客源联系；中小型餐馆客源组织一般直接由餐饮部负责；部分小型餐馆没有专门的客源组织形式，主要以饮食风味和门面招揽客人，但各餐馆均可提供宴会预订和散客订座，其机构形式可参阅图 4–8 和图 4–9。

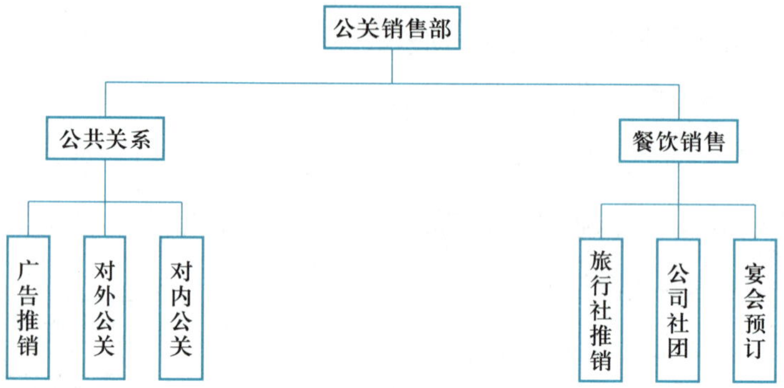

图 4–8　大型餐馆客源组织形式

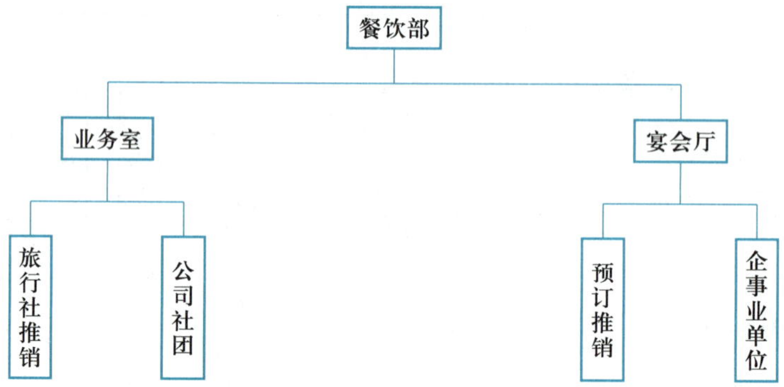

图 4–9　普通餐馆客源组织形式

四、餐饮市场客源组织方法

客源组织和产品推销是一个问题的两个方面，客源组织的过程也就是产品推销的过程，其客源组织方法主要有以下七种。

（一）营业推广法

营业推广法又叫销售推广法，它是以企业餐饮产品的风味特点、产品质量和服务质量为基础，办出经营特色，在客源市场上树立餐饮企业形象，形成良好的声誉，提高企业竞争力，以此招徕顾客的方法。这种方法不需要企业建立客源组织机构，配备餐饮推销人员，而是依靠优良的地理位置、独具特色的饮食风味、优良的产品质量、合理的价格和餐厅的优质服务来赢得广大顾客的信任、了解和支持，从而对客人形成很大的吸引力。这样企业的知名度就会提高，就会取得招揽顾客、扩大客源的效果。采用营业推广法，关键是要提高产品质量和服务质量，树立企业形象和声誉，要给每位前来就餐的客人提供优质产品和服务，让他们留下美好回忆，使其成为企业餐饮经营的义务宣传员。长此以往，坚持不懈，就能取得招揽顾客、提高产品销售的经营效果。

（二）预订推销法

预订推销包括宴会预订、散客订座（或订位）两种。采取该法的餐饮企业在餐饮管理过程中，要设立预订机构，配备推销人员。客人通过电话或口头申请，预订宴会或餐厅座位，推销人员给予确认，使客人的用餐需求得到满足。预订推销法主要是宴会预订，推销人员必须明确宴会名称、性质、主办单位、出席人数、宴会标准、开宴时间、设备要求等，并通过签订宴会预订协议而加以确认，同时做好安排，保证客人到达后，能按照事先确认的内容获得宴会享受；散客订座一般由餐厅服务员代管。采用预订推销法，企业内部必须制定工作程序，设计好预订表格，同餐厅、厨房、酒吧、库房等各部门协调好，确保预订的准确性。

（三）外出联系法

外出联系法是指由企业推销人员到客源机构、客户单位去联系业务，组织客源，它以企业目标市场为主，如到旅行社、外事机构、企事业单位去联系等。采用外出联系法要有针对性，事先掌握有关信息，同时必须加强同企业内部预订机构的联系，以确保客源组织和餐饮业务管理的衔接和协调。

（四）表报联络法

表报联络法主要适用于酒店、宾馆。在接待过程中，酒店、宾馆的前厅根据客人的接待情况，制作“团体、会议资料”和“VIP 客人接待资料”，安排客人用餐。他们将客人人数、用餐标准、时间安排等打印在有关表格上，传递给餐饮部门，以此安排客人就餐。采用表报联络法，餐饮部必须加强同前厅部门的联系，掌握用餐标准，做好餐饮产品生产组织，保证客人的需求得到满足。

（五）主动邀请法

主动邀请法是指企业事先掌握有关客户或重要客人的信息资料，提前主动发出邀请，吸引客人前来用餐或举办宴会。采用这种方法的企业一般建有客户档案，熟悉市场情况。例如，某跨国公司总裁、某大使夫人或某知名人士去年在本店举办过生日宴会或节日纪念活动，企业掌握了他们的饮食习惯、饮食爱好，今年就可提前去信或打电话邀请客人。采用这种方法，有针对性地提供优质服务，往往能够取得较大经济效益，提高企业声誉。

（六）内部推销法

内部推销法是指利用内部广告、告示牌、招贴画或在餐厅推销特别菜点来组织客源，扩大产品销售。当企业举办食品节、食品周、啤酒节、烧烤会或周末饮食展销等食品销售活动时，企业公关部或销售部要事先做好宣传，利用告示牌、招贴画、内部通知等告诉客人，吸引他们到时前往，扩大餐饮销售。在日常经营过程中，餐厅可根据需要，向客人推销时令菜、季节菜、新创名优特别推销菜等。这些都是内部推销法在餐饮管理中的运用。采用内部推销法来组织客源，关键是要加强餐饮推销机构和有关部门的联系，提前做好销售准备工作，大力加强内部宣传。

（七）广告推销法

广告推销法是指企业的公关部、办公室或餐饮管理部门，根据市场竞争需要，利用报纸、电视、电台等传播媒介，刊登企业餐饮广告吸引顾客的方法。采用广告推销法组织客源，一要选择合适的传播媒介；二要选好广告内容；三要连续一段时间反复播出，引起客人重视；四要注意节省费用开支。

相关链接

客源组织的关键

餐饮企业客源组织的方法很多，其关键是以人员推销为中心的各种方法的综合运用。

其中，最重要的是企业销售人员、预订人员、餐厅管理人员和服务人员所具有的做好客源组织和产品推销的主动性、积极性和创新精神。有了这种主动积极性和创新精神，他们就会结合本职工作，主动积极地自觉运用各种方法，做好客源组织和产品推销，这就是问题的关键所在。

核心要义复习题

1. 什么是餐饮市场需求和市场供给？其市场需求法则和供给法则的内容是什么？
2. 餐饮市场供给和需求变化的规律是怎样的？
3. 什么是餐饮市场定位？其市场定位的内涵是什么？其市场定位的依据是什么？
4. 餐饮市场定位的内容和方法是怎样的？
5. 什么是餐饮市场营销？其实质是什么？其主要任务是什么？
6. 请以当地一家酒楼为例，分别列出酒楼市场营销的五种可控因素和不可控因素，并说明这些因素的变化对企业市场营销可能带来的影响。
7. 某酒店餐饮部长期采用坐店经营，餐饮管理基本亏损。如果你出任该店餐饮部经理，你将怎样运用促销策略和渠道策略，并将采用哪些方法来做好客源组织工作，以扭转这种局面？
8. 什么是主题营销？请举例说明餐饮主题营销的方法。
9. 什么是品牌营销？餐饮品牌营销要做好哪些方面的工作？
10. 说说你对忠诚客户营销的认识。

定量管理练习题

1. 荔湾大酒店海鲜餐厅有餐位 450 个，餐厅进入淡季，月度收入为 90.25 万元左右，为提高设施利用率，提高销售额，酒店市场部与餐饮部结合，在海鲜餐厅开展了一次“天上人间鱼宴美食节”活动，因筹划宣传组织良好，大获成功，活动时间一个月，餐位利用率达 1.25，食品人均消费额 95.4 元，饮料比率 23.4%，活动组织宣传广告等费用耗去 5.28 万元，活动期间的食品毛率 64.8%，饮料成本率 23.5%，请简单核定餐厅美食节活动的经营成果，填入表 4–1 中。

表 4–1　海鲜厅美食节活动效果核定

项目	营收	项目	成本毛利
接待人次（人次）		食品成本（元）	
食品收入（元）		饮料成本（元）	
饮料收入（元）		合计成本（元）	
合计收入（元）		策宣费用（元）	
比平时多收（元）		费后毛利（元）	

2. 长城大酒店宴会厅经市场推销，承接到某国驻华大使夫人为大使庆贺 60 大寿的豪华级宴会，举办地为大使馆内，宴会合同内容摘要如下：

名称：豪华级寿宴

人数：80 人

标准：160 美元 / 人

酒水：20 美元 / 人

食品成本率：32.6%

花环与花坛费用：8 美元 / 桌

香烟每桌 1 盒：2.5 美元 / 盒

寿礼赠送品：285 美元

菜单设计印制费：25 美元 / 桌

饮料成本率：24.5%

办宴会的杂项费用开支预计 128 美元。

请核定此次豪华宴会的营收与毛利，填入表 4–2 中。

表 4–2　酒店豪华宴会营收毛利核定

项目	营收	项目	成本毛利
食品收入（元）		食品成本（元）	
饮料收入（元）		饮料成本（元）	
小计（元）		毛利额（元）	
杂项收入（元）		杂项支出（元）	
合计收入（元）		毛收入（元）	

即测即评

第五章　餐饮经营的菜单设计与价格管理

知识结构图

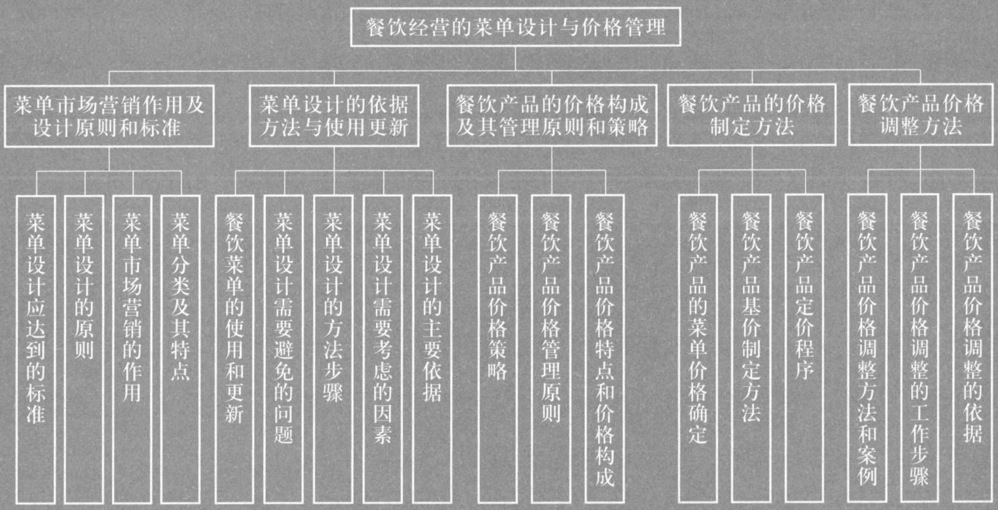

学习目标

知识目标

1. 掌握菜单设计原则与标准
2. 掌握菜单设计依据、步骤和方法
3. 掌握餐饮产品价格特点、构成，价格管理原则和价格策略
4. 掌握餐饮产品定价程序、调价方法

技能目标

1. 能设计小型餐厅零点菜单
2. 能运用相关数据和毛利率法、主要成本法制定菜点价格
3. 能运用相关数据和选择提价法调整菜点价格

第一节　菜单市场营销作用及设计原则和标准

【案例导入】

一家餐厅采用了两套不同的菜单

聚贤居大酒楼是租用 CBD 商圈的写字楼开办的四星级标准的高档餐厅，餐厅一层以接待白领散客为主，二层全是包间，以接待高消费的集体用餐和宴请客人为主，三楼为豪华宴会厅。一、二层的客源对象不同，餐厅装修美化的设计和效果不同，虽为同一企业，但分别设计了两套菜单。一层大众餐厅以川菜为主，菜单上有 100 个左右的菜点，菜价以 28 元～50 元的菜点为主，人均消费大多在 80 元～100 元。二层豪华包间大小和装修环境各不相同，菜价以 50 元～80 元的菜点居多，人均消费大多在 150 元～200 元。三层宴会厅则根据预订情况，与客人协商确定菜点和收费。由于地理位置好，菜单设计与目标市场协调配合良好，菜点和服务质量高，结果楼上和楼下都生意红火，午餐和晚餐的餐厅上座率分别达到 85%~90%，节假日则超过 100%。

点评　酒店宾馆、酒楼饭庄等餐饮企业的市场营销都离不开菜单。案例中一家餐厅同时采用了两套不同的菜单而取得了经营成功，主要是酒楼经营者从本企业的实际出发，注重了菜单设计的针对性。事实上，餐饮经营的菜单设计是一个比较复杂的问题，只有充分认识其作用，针对客源组织的结果、掌握其设计原则和标准，才能适应目标市场客人的消费需求。为此，本章承接前章市场营销和客源组织，介绍菜单设计及其价格管理，为以后各章餐饮具体业务的开展创造条件。

一、菜单分类及其特点

菜单是餐饮经营者向客人推出的开展市场营销、完成产品交易的菜点目录。菜单大多装帧精美、图文并茂，选择的菜品排列科学，以便客人欣赏和选择自己喜爱的食品。菜单一头联结市场需求、一头联结经营者的产品供给，它是餐饮经营者开展市场营销活动的纽带、桥梁，是完成其产品交易的营销工具。

餐饮企业要想开展餐饮经营活动，都离不开菜单。餐饮企业的餐厅类型、经营方式、接待对象和营销目的不同，菜单类型、形式和结构也不一样。我们可以将菜单分类及其特点列表进行比较，见表 5–1。

表 5-1 菜单分类及其特点比较

角度	分类	主要特点
按用餐与定价方式分类	零点菜单	• 菜点品种较多、种类齐全。各种类型档次的菜点兼收并蓄，组合形式多样，价格明确 • 菜单设计考究，装帧印制精美，名点名菜重点推销菜品突出
	套餐菜单	• 菜点品种较少，按人体热量和营养需要配餐，组合销售，成套或按人次定价，无单个菜点价格 • 菜点组合方式、档次高低区别大，中式、西式套餐组合不同，设计制作美观大方
	宴会菜单	• 按客人预订标准和要求定制设计，档次规格较高，装帧制作精美考究，菜单上无定价 • 菜点品种较少，名菜名点的档次与数量随预订标准而变化，风味突出，品种齐全，定制生产 • 菜单内容根据每个宴会的预订标准和要求而变化
	团体菜单	• 以团队、会议、聚餐客人为对象，菜点品种按预订标准或同客人协商确定。档次区别大，菜点无定价 • 菜单一般不直接同桌面客人见面，只有高档、豪华团队会议菜单才印发给客人。菜点品种每天不重样
按市场与特定客人需求分类	固定菜单	• 以名牌、品牌和传统定型产品为主，形成产品组合，长期不变，价格稳定 • 原料供应、加工方式、产品烹制标准化，质量稳定性强
	循环菜单	• 按一定天数、周数或月数设计，选择不同花色品种形成一定套数，循环使用。目标市场适应性强 • 一套菜单品种较少，循环使用的整套菜单品种众多。循环周期越短，经营效果越好，设计使用难度越大
按市场与特定客人需求分类	即时性菜单	• 以一次活动、一定时期、一定时令的需要为主设计制作。菜点具有时令性、临时性，如美食节、情人节、圣诞节等菜单及自助餐菜单、厨师长每日特式等 • 菜点花色品种较少，目的性、针对性较强。设计美观大方，菜点创新性、灵活性较强
	客房菜单	• 专为客房用餐客人使用，分早餐、正餐两种 • 菜点品种较少，设计使用方便，预订与送餐服务配套
	特定性菜单	• 在零点菜单的基础上，为特定客人设计的补充式菜单。菜点品种少，口味针对性强，如儿童菜单、老年菜单、情人菜单等 • 设计制作相对简单、形式活泼多样

二、菜单市场营销的作用

（一）菜单是餐饮市场定位的集中体现

市场定位是企业开展营销活动的前提和基础，也是保证企业客源和产品销售的关键。在餐饮管理中，菜单就是市场定位的集中体现，因为菜单一经确定，其目标市场、客源对象和客源层次也就随之确定了。同时，菜单一经制定和公布使用，其餐厅所经营的产品风味、花色品种、产品规格、主要食品原料和对厨师技术水平的要求等，也就确定了。餐饮管理人员只有按照菜单市场定位的方向去组织客源，开展生产经营活动，才能获得成功。

（二）菜单是餐饮市场营销的依据

市场营销是由供求双方决定的。从需求关系看，菜单的设计与制定必须根据市场的需求确定产品风味、花色品种和产品价格。从供给关系看，菜单上的产品风味、花色品种和产品价格必须同企业的等级规格、技术力量、成本消耗和利润目标相适应，两者有机结合，才能合理制定菜单。同时，市场供求关系发生变化，菜单必须随之进行调整，以适应供求关系的协调发展。所以，菜单是餐饮市场营销的客观依据，是市场供求关系协调发展的直接反映。为此，餐饮经营者必须根据市场供求关系及其发展变化来设计、制定、调整和修订菜单，菜单一经确定，就必须根据其内容和价格来加工、制作、销售其餐饮产品，提供相应服务。

（三）菜单是餐厅产品推销的广告

菜单有零点菜单、团体菜单、宴会菜单、自助餐菜单和套式菜单等多种。但不管属于哪一种，餐厅类型和销售方式一经确定，菜单就成为产品推销的广告。它通过菜单的内容、形式、装帧，富有吸引力的花色品种，多档次的产品价格来招揽顾客，起到组织客源、扩大产品销售的作用。

（四）菜单是客人消费需求的凭借

市场营销包括供给和需求两个方面。菜单是根据市场需求制定的，它充分地考虑了花色品种、产品价格、客人的饮食习惯和营养卫生等方面的要求，必然成为满足客人消费需求的凭借。这种作用主要表现在它给客人提供了多方面的选择，如零点中餐菜单一般有 50～60 个品种，高、中、低档俱全，冷菜、热菜、面点、汤类齐备，客人可以自由选择，起到了满足客人消费需求的作用。

（五）菜单是餐饮生产经营活动的工具

餐饮市场营销是以菜单为主要依据的。菜单一经制定，产品风味、花色品种、技术要求和产品价格就基本确定了。餐饮管理人员必须以菜单为基础，根据客人点菜要求或宴会标准，组织食品原材料，安排生产经营活动。同时，客人一旦点菜，就必须按照菜单生产，每种菜点的制作、加工、用料和投料都必须符合产品风味、成本控制的要求，才能在维护消费者利益的同时，获得必要的利润。因此，菜单必然成为餐饮生产经营活动的工具，起到控制餐饮产品生产和销售的作用。

三、菜单设计的原则

设计制定菜单必须遵循以客人需求为重点，供给和需求相适应，体现市场营销目标，反映餐厅经营特色，有利于吸引客人、方便消费、扩大销售的原则。这些原则主要表现在以下四个方面。

（一）体现经营风味，树立餐厅形象

餐厅的菜单设计应反映经营风味，有利于树立餐厅形象。如高档酒店的餐厅，菜单设计应高雅庄重，菜品名贵价高；海味餐厅、野味餐厅可配备不同的图案，反映各自的风格等。

（二）花色品种适当，刺激消费需求

不同餐厅菜单上的花色品种应有明显的区别，但品种数量要适当。中餐菜单的凉菜、热菜、面点、汤类一般分类排列，其比例应掌握在 5∶15∶4∶3 左右。对客人喜爱程度高或重点推销的品种以安排 3～5 种为宜。同时，应将常年菜、季节菜和时令菜结合起来，而价格水平一般应高、中、低档搭配，高档菜可在 25%左右，中档菜在 45%～50%，低档菜在 25%～30%，套式菜单则根据客人需求，安排多种档次。这样，可以刺激客人消费，适应不同档次客人的需求。

（三）创造竞争优势，保证利润目标

菜单设计与制定要充分做好市场调查，掌握客人需求变化，有利于开展市场竞争。因此，要充分考虑客人的喜爱程度，突出本餐厅重点风味产品和重点推销产品。菜单要定期调整，花色品种要循环更新，使客人有新鲜感。价格制定在成本核算的基础上，要有利于竞争，在条件基本相同的情况下，应略低于竞争对手。产品毛利率要分类掌握，一般主食毛利较低，冷盘毛利较高，主菜毛利最高，面点毛利可区别掌握，材料费高、加工精细和享受成分高的特殊风味产品，毛利率要适当高些。具体毛利标准要根据企业餐厅档次、设备条件、接待对象、客人消费水

平和花色品种来确定。

（四）市场供求结合，符合企业实际

菜单主要是根据客人的需求来制定的。它是需求和供给共同作用的结果，是市场营销活动均衡的体现。设计和制定菜单要供求结合，要充分考虑厨师的技术力量和技术水平、食品原材料的保证程度、库房储备条件以及企业生产技术设备等因素，这样才能符合企业实际，实现餐饮管理市场营销目标。

四、菜单设计应达到的标准

一份科学合理的菜单，其设计标准应该达到以下几个方面的要求：

（1）菜单外观设计要美观、典雅、舒适，能够和餐厅的等级规格、接待对象和销售方式相适应。在方案选择、图案设计、颜色选用以及规格尺寸等方面要有特色，利于树立餐厅形象，给客人留下深刻印象。

（2）菜点名称、图片（照片）与文字说明能够引起客人食欲。各种菜点均能以优美文雅的语言和恰如其分的文字描述来迎合客人的需求。菜点图片应美观、大方、真实可信，切忌过分放大，给客人造成欺骗的感觉。

（3）花色品种的选择搭配和比例结构的安排科学合理，并根据目标市场客人的特点合理搭配菜肴，以满足客人多方面、多层次的需要。

（4）不同菜点的产品价格和毛利合理。要做到高中低档搭配，畅销菜和一般菜、高营利菜和低营利菜比例安排适当，能够保证菜单设计的利润目标。

（5）菜点设计、厨师技术水平和厨房设备紧密配合，能充分发挥各级厨师的烹调技术，有利于各种设备用具的综合利用，又能促进原料加工、切配和烹调制作等厨房生产过程的标准化管理，有利于降低消耗，提高综合经济效益。

（6）菜单内容安排具有灵活性。能够根据市场客人的需求变化、食品原材料的季节和时令变化而调整，有利于菜点的推陈出新，给客人以新鲜感。

（7）菜单内容要保证供应。设计出的菜单必须保证各种菜点的供应，缺菜率不能高于 2%。

第二节　菜单设计的依据方法与使用更新

【案例导入】

菜单设计管理带来的严重后果

2020 年 5 月，我儿子与其妻子带着孙女来我家团聚，看望父母，共度端午节。我很高兴，看到孩子、孙女每到年节假期，总要看望我们。因疫情平缓，决定带他们一家到离家不远的酒楼用餐。这家酒楼 2019 年上半年刚进行过简单的重新装修。我们入座后，发现服务人员、餐厅主管都已换人。很快服务员送来了崭新的菜单，一眼就能看出这是请外单位专业人员设计，印制精美的零点菜单，我出于专业管理习惯，细致看了一遍。发现菜点总量只有 50～100 种，大部分菜名与装修前一致。但菜价比原来同种菜品都涨了 1/3 以上，甚至更高。我们按过去习惯点了一桌喜欢的菜点。没有多久，菜点逐步上桌。我们开始聚餐，发现菜点的味道却大不如前，甚至不如街上的大排档。我们虽然提了意见和投诉，却无法解决。一半以上的菜未吃完就走了。从此，我们极少到此餐厅用餐。经过观察和询问，也找到了原因。

点评　餐饮菜单设计与产品质量密切相关，都是十分复杂的，必须做好调查研究掌握菜单设计的依据方法，厨师技术水平、菜单价格与质量的适应性等。案例反映这家酒楼的实际问题。菜单设计与价格水平、厨房生产、产品质量和目标市场需求严重不符，其餐厅上座率已从原来的 80%～90% 降至 30%～40%。为此，本节进一步介绍饭店、宾馆、酒楼、饭庄等餐饮管理的菜单设计的依据方法、使用更新，以供广大学员与业内同仁学习参阅。

一、菜单设计的主要依据

设计制作菜单是一项复杂细致的工作，其主要依据有以下五方面。

（一）目标市场的客人需求

任何一家酒店或餐厅的餐饮经营都不可能满足市场上所有客人的消费需求，它只能针对一部分具有相似消费特点和消费能力的客源。因此，各种餐厅的菜单设计都必须以目标市场的客人需求为首要依据。同时，目标市场仍然是一个消费群体，要成功地设计出菜单，还要进一步分析餐厅的主要客源，了解他们的所属阶层、旅游目的、消费水平、职业特点、年龄结构、风俗习惯、饮食嗜好等特点以及他们对餐厅环境、花色品种、产品质量、产品价格的具体要求。只有对目标市场各类客人进行深入细致的调查，掌握其相似特点，才能正确掌握菜单的设计原则与方向。就一家具体的餐厅来说，目标市场的客人需求主要表现在八个方面：一是客源档次，客人档次越高，菜单设计要求越高，菜点规格越高。二是客人消费方式，零点消费、团体用餐、宴会享受方式不同，菜单设计的内容和要求也不同。三是客人用餐目的，根据客人结婚、祝寿、社交以及宴请等不同目的，菜单设计要求也不同。四是客人年龄结构，如年轻人喜欢高热量食品，并乐意尝试新奇食品，老年客人喜欢清淡食品，这些必然影响菜单设计的品种安排。五是客人性别结构，不同性别的客人对菜点的品种和热量要求不同，成为菜单品种搭配的依据。六是客人宗教信仰，不同宗教对食品的种类和加工制作方法往往有不同的要求。例如：印度教徒不食牛肉，犹太教徒只食符合教规的食物，这也是影响菜单花色品种安排的重要依据。七是客人的饮食习惯，不同国家和地区的客人都有自己的饮食习惯，国内不同省份、不同职业的客人，其饮食爱好也不完全相同，菜单设计必须在品种选择、品种安排、菜点搭配上同目标市场的客人习惯结合起来。八是客人的支付能力，它主要对菜单设计的价格结构产生影响。

（二）食品原材料的供应状况

原料供应是餐饮产品生产的先决条件。菜单设计再好，如果原料供应没有保证，造成缺菜率很高，也会影响销售额和该餐饮企业的声誉。因此，凡是列入菜单的产品，必须无条件地保证原料供应。它要求菜单设计人员必须根据企业的地理位置、交通条件认真分析食品原材料的市场供应情况、采购运输条件以及原料供应的季节变化等信息，然后利用这些信息来设计、制作菜单。这里要掌握四条原则：一是尽量使用当地生产、供应充足的食品原料；二是需要从外埠或国外购进的原料，必须事先签订保证及时供应的合同；三是需要库存的食品原料，要能够保证库存供应和厨房使用，才能列入菜单；四是季节性食品原材料，在菜单设计中只能作为季节菜、时令菜处理。这样，凡是列入菜单的各种产品，都能保证原料供应，满足客人消费需求，预防因缺菜引起客人的失望和不满。

（三）餐饮产品的花色品种

餐饮产品的花色品种成千上万。在保证原料供应的条件下，同一种食品原材料的加工方式、配菜方法和烹调方法不同，其产品也不一样。设计制作菜单，究竟应该安排哪些花色品种，既是菜单设计的重要依据，又是充分发挥想象力和聪明才智的客观要求。这里要掌握四个原则：一是花色品种的选择要尽量做到多样化，能够满足目标市场多方面、多层次的用餐需求；二是所选择的花色品种必须保证产品质量，有利于充分发挥厨师的烹调技术，尽量做到每一种产品都色泽纯正、香气四溢、味道可口、造型美观，能够给客人造成色、香、味、形俱佳的感受；三是所选择的花色品种在烹调技术上要尽量全面，煎炒煮炸、烤烩焖扒、溜炖焗烧、酱爆拌挂，能够使客人获得良好的饮食文化享受；四是不同花色品种的口感和味道要综合搭配，清冷热温、酥嫩细脆、软香鲜滑、酸甜苦辣各得其所，能够增进客人食欲，刺激客人消费。

（四）不同菜点的营利能力

菜单设计的最终目的是扩大销售，增加餐饮利润。任何一家酒店或餐厅的菜单都有众多的花色品种，而不同品种的营利能力是不相同的。各种菜点的营利能力主要受产品成本、价格高低和销售份额三个因素的影响。这就要求菜单设计不仅要合理安排花色品种，而且必须充分考虑不同菜点的营利能力，合理安排产品结构。就一份具体的菜单而言，其菜点的营利能力可大致分为四类：一是成本低、销量大、营利能力强的菜点；二是销量大但成本高、利润低的菜点；三是销售量小但成本低、利润高的菜点；四是既不畅销又缺乏营利能力的菜点。菜单设计者应事先分析各种类型菜点的营利能力，合理安排菜点结构。具体安排菜点结构时要综合考虑三个方面的因素：一是各类菜点的成本、价格和毛利高低，确定其成本率和营利能力；二是各类菜点的畅销程度可能引起的营利能力变化；三是某类菜点销售可能对其他菜点带来的影响。在此基础上，对上述四种类型的菜点分别采取不同的态度。一般说来，对成本低、销量大、利润高的一类菜点的比例应安排在 60%～70%。对销量大、成本高、利润低的二类菜点，应尽量少安排或不安排。这类菜点销售得多，必然影响其他菜点的销售，改变餐厅各类菜点的利润结构，最终使整体利润减少。对不畅销但利润高的三类菜点，应该保留，可安排在 15%～20%。这类菜点虽然销量少，但利润高，可以作为重点推销菜。对销售量小、利润低的四类菜点，可安排在 5%～10%。这类菜点营利少，但销售也少，不会影响其他菜点销售，还能丰富菜点花色品种，起到配合作用。

（五）厨师技术水平和厨房设备

菜单设计的品种安排和菜点规格直接受厨师技术水平和厨房设备的限制。没有特级厨师的餐厅，即使设计出规格较高的名点名菜，厨房也无法烹制出名副其实的产品，反而让客人感到失望。菜单的品种、规格和水平超越了厨师技术水平和设备生产能力，菜单设计得再好，也无异于“空中楼阁”。因此，设计制作菜单要从餐饮企业的厨师技术力量、技术水平和厨房设备条件等实际出发，量力而行，实事求是，防止凭空想象造成名不副实的情况，影响客人需求和餐厅形象。

图 5–1　菜单设计要考虑的因素

二、菜单设计需要考虑的因素

影响菜单设计的因素是多种多样的，但总的说来，设计制定菜单要以客人需求为中心，以企业物质技术条件为基础，综合分析影响市场供给和需求的各种因素，包括产品风味、花色品种、产品质量、产品价格、成本消耗、厨房技术、外观形象、推销能力和顾客感受等，具体如图 5–1 所示。

三、菜单设计的方法步骤

菜单设计由行政总厨或厨师长负责，餐饮部经理和各有关人员参加，其设计方法和过程可大致分为五个步骤。

（一）明确经营方式，区别菜单种类，确定设计方向

菜单的种类和设计方向是由不同餐厅及服务项目的经营方式决定的。这要解决好以下三个问题：

（1）根据餐厅的经营方式和服务项目确定菜单种类。从经营时间上讲，有早餐菜单、午餐菜单和晚餐菜单；从经营方式上讲，有零点菜单、团队菜单、套式菜单、宴会菜单、自助菜单和客房用餐菜单。菜单种类不同，其设计内容和要求也不相同。

（2）根据餐厅性质和规格确定菜单设计档次。酒店星级和餐馆档次规格越高，菜单的规格也越高，如同一家酒店的宴会厅、零点餐厅、高档西餐厅、一般团队餐厅、咖啡厅，也会因餐厅性质不同而使菜单规格及其设计内容和要求有很大区别。

（3）根据市场特点和销售方式确定菜单具体形式，包括固定菜单、循环菜单、季节菜单、限定菜单和其他菜单。

以上这些问题解决了，菜单设计的方向、内容和要求也就大致确定了。

（二）选择经营风味，设计菜单内容，安排菜点结构

在确定菜单种类、明确设计方向的基础上，要根据餐厅类型、目标市场的客人需求，厨房技术及设备条件等选择经营风味，设计菜单内容，安排菜点结构。就经营风味而言，可分为中餐、西餐、日餐、韩餐和其他国家或地区的饮食风味，中餐风味本身，还有广东、四川、山东、淮扬、宫廷、海味等各种各样的具体风味，西餐风味也同样如此。菜单设计要明确经营风味，切忌不伦不类。就设计要求而言，关键是菜单内容设计和菜点结构安排。这时，要解决好三个方面的问题：

（1）菜单上花色品种的数量控制。菜单种类不同，其花色品种的数量要求是不相同的，既不能过多，又不能过少，以适合不同菜单的客人需求。如零点菜单要安排 60～100 种，套式菜单则只能安排 5～10 种，一套团队循环菜单往往要安排几十种、甚至上百种菜，每天上桌使用的菜点则只有几种到十几种，自助餐菜单往往要安排 30～40 种，而宴会菜单则根据客人的预订标准和双方协商结果来确定菜点的数量。

（2）不同菜单菜点品种的选择与确定。就一家具体的餐厅而言，任何一种风味的餐饮产品都有成百上千种菜，具体选择哪些品种，往往是菜单设计最难解决的问题。菜点品种的选择与确定，要掌握四个原则：一要以那些能够代表所选风味特点的菜肴为主，同时又有不同的侧重；二要选择那些与餐厅等级规格和接待对象相适应的菜肴，能够满足多数客人的需求；三要选择比较新鲜、能够引起客人食欲的菜肴；四要选择那些饮食营养互相搭配，有利于促进客人身心健康的菜肴。

（3）菜点花色品种结构比例的确定。一份科学合理的菜单上的菜点花色品种结构是十分重要的。其具体结构安排要从能够刺激消费、扩大销售、增加利润的角度出发，分为五种类型：一是冷荤、热菜、面点、汤类等不同类型的菜点结构；二是肉类、海鲜、禽蛋、素菜等不同营养成分的菜点结构；三是高档、中档、低档等不同规格和价格水平的菜点结构；四是畅销程度不同的菜点结构；五是高营利、一般营利、较低营利和微利等不同营利能力的菜点结构。菜单设计要将上述五种结构结合起来，确定不同种类的菜点数量和比例。

（三）确定菜单程式，突出重点菜肴，注重图文表述

菜单花色品种和各种比例结构确定后，还要将各种菜点按一定程式排列起来，便于客人选择，这时，需要重点解决好四个方面的问题。

（1）菜单程式。从总体上来说，中餐菜单可以按冷盘、热菜、主菜、汤类和面点的顺序排列，然后再分成冷荤、鸡鸭、猪牛肉、海鲜、蔬菜、主食、汤类和点心等不同的种类。西餐菜单可以按开胃菜、汤类、主菜和甜点等顺序排列，然后再分成开胃菜点、汤菜、海鲜、鱼虾、猪牛羊肉、素菜和甜点等不同的种类。此外，团队菜单、宴会菜单、套式菜单和客房菜单的菜单程式又各不相同，早餐、正餐的菜单程式也有区别。所以，必须根据菜单种类、饮食风味和具体销售方式的不同，分别确定。

（2）突出重点推销的菜肴以引起客人重视。其方法有三种：第一，将重点推销的菜点安排在菜单最显眼的位置；第二，将重点推销的菜点编号，编成最前面的号码；第三，改换字体或加框边装饰，引起客人的注意和重视，扩大销售。

（3）菜点要配有文字说明。除名称外，每道菜点应用简捷、准确、优美的语言描述其主要原料、烹调方法、口味特点，特别是重点推销和以形象取名的菜点更应如此。

（4）分类制作样品，拍照制作菜单。菜单要按冷荤、热菜、海鲜、面点等分类，每一类菜点要选有代表性而重点推销的菜点拍成照片，精心编排，形成美观、大方、典雅和图文并茂的精美菜单，供客人使用。

（四）正确核定成本，合理制定价格，有利市场竞争

价格是影响产品销售和市场竞争的重要因素，而餐饮产品的价格又是由成本和毛利决定的。在具体核定菜单成本、制定价格的过程中，要注意三个方面的问题：

（1）成本核定要根据菜单种类不同而变化，做到准确、稳定。

（2）毛利的确定要灵活，应区别不同菜点种类，该高则高，该低则低。就成本和毛利的关系来看，要做到有的高进高出，有的高进低出，有的低进高出，有的平进平出，使各类菜点的毛利灵活多样，而菜单毛利的控制重点则放在综合毛利率的掌握上。

（3）菜单价格要有利于促进销售，开展市场竞争。如零点菜单价格要高、中、低搭配，套式菜单和自助菜单价格要充分考虑目标市场多数客人的承受能力，时令菜、季节菜和特别推销菜点的价格可以随行就市。

（五）注重菜单外观设计，讲求规格尺寸，突出美感效果

在这方面，应重点解决好以下五个方面的问题：

（1）菜单装帧与餐厅等级规格、菜单内容及整体环境相协调。如宫廷餐厅菜单装帧要高雅、古色古香，富有宫廷气氛；宴会厅的菜单装帧要豪华、雅致，具有形象吸引力；咖啡厅的菜单要清新、随意，富于情趣。菜单内容和餐厅规格不同，菜单装帧的要求也不一样，因此，需要综合运用各种艺术手法进行设计。

（2）菜单图案。菜单图案的选择要有利于突出产品风味，如西餐菜单要选择能够反映西方文化特点的图案，中餐菜单要选择能够反映中华民族文化特点的图案，海味餐厅菜单要突出海边风格，野味餐厅菜单要反映山野风光。

（3）色彩运用。各种菜单在设计外观图案和表面装帧时，都要选

好主色调，大胆使用陪衬色调，使各种色调的运用有主有次，深浅适宜，明暗搭配。如规格较高的餐厅，菜单色彩应有大块主色调和鲜艳的图案、赏心悦目的标题，宴会厅菜单可以红色为主，咖啡厅菜单可以蓝色为主。

（4）尺寸规格。饭店菜单的尺寸规格一般不宜过小。一般餐厅的单页菜单可使用 28 厘米 × 40 厘米，对折菜单可使用 25 厘米 × 35 厘米，三页菜单可使用 18 厘米 × 35 厘米等尺寸。

（5）材料选择。菜单封面应选择美观、耐用、不易折损和不易弄脏的材料制作。一般不选用塑料布、丝绸、绢布作菜单封面。前者过于低廉，后者容易沾污染渍，最好选择质地优良的纸板或其他材料。

实际认知

菜单设计好坏的关键所在

菜单设计的主要依据，需要考虑的因素和设计方法都是从理论概括的角度来讲的。就实际工作而言，一家餐饮企业菜单设计的好坏，关键在于行政总厨（或总厨师长）和单体厨房厨师长的专业技术水平和实际工作经验。大中型高中档酒店的行政总厨直接负责宴会菜单和重要餐厅的菜单制定和其他餐厅的菜单审批。一般餐馆、酒楼的菜单制定则直接由总厨师长和单体厨房厨师长研究制定。各种菜单及其定价都要报餐饮部经理或总经理审批。所以，行政总厨或总厨师长及其下属的单体厨房厨师长的专业技术水平和实际工作经验，必然成为企业菜单设计的关键。而好坏的主要标准则是所设计的菜单及其定价能否吸引、招徕和留住客人，增加回头客和忠诚客户。正因为如此，餐饮企业必须十分重视行政总厨、总厨师长的选聘和使用。国际上高档酒店的行政总厨往往与总经理享受同等待遇。

四、菜单设计需要避免的问题

（一）过于简陋，缺乏必要的规格与档次

不少菜单不是专门设计制作的，而是找一些文件夹、讲义夹、普通的硬皮纸来代替封面，表面未加装饰或简单装饰，规格尺寸过小，有的用 16 开纸制作，有的甚至用 32 开的普通纸制作。而菜单内芯又用双层塑料将纸张包起来。这样的菜单不仅过于简陋，不能起到点缀、烘托环境的作用，而且使客人点菜时目眩，显得与餐厅的装饰格格不入，不伦不类。

（二）印制质量差，长期不换，又脏又破

不少菜单印制质量差，又长期使用，因此，菜单表面和内页不仅四处留下菜汤、酱油、辣椒水等污点、印迹，而且卷边、毛边、缺角，让客人看了极不舒服，更不用说产生好感，引起食欲了。

（三）数量控制不当

有些餐厅菜单上的菜品数量很少，无法满足客人点菜的需要，有些餐厅菜单上的菜品数量又太多，有的多达 200～300 种，客人常感到无所适从。

（四）缺乏必要的图片介绍和文字说明，经常涂改

不少餐厅的菜单，只有菜点名称，没有必要的文字说明，特别是一些新创菜和以形象命名的菜点，也无中文或外文介绍，使客人特别是外国客人看了不解其意，更有甚者，一些餐厅的菜单，经常涂改菜名或菜价，有的用笔直接涂改，有的用纸片或胶布遮改，看起来非常不雅观，易引起客人反感。

（五）遗漏和省略，给客人造成不方便

不少菜单既无酒店名称、地址和电话号码，也无餐厅营业时间、服务内容和预订方法。更有甚者，个别菜单只有菜点名称，没有价格，使客人使用起来极不方便。

五、餐饮菜单的使用和更新

菜单设计是为餐饮销售服务的，在使用过程中要注意三个问题。

（一）专人保管，留档备查

各餐厅的菜单正式投入使用后，一般由迎宾或领位员保管。菜单数量要充足，能够满足高峰期餐厅的营业需要。客人来到餐厅，由迎宾领位员引导客人入座，同时递送菜单，客人点菜后一般应将菜单收回。每日营业终了，应清点菜单，如果是宴会厅或团体餐厅，菜单应在摆台时按标准摆在桌面上。客人未带走的菜单也应收回。各种菜单调整更换后，还应由餐饮部分类整理，留档备查，以便为新的菜单设计提供参考。

（二）正确使用，加强维护

菜单在使用过程中，尤其是每次客人点菜收回后，应检查菜单是否

清洁，发现有菜汤、酱油等污迹应及时清除，加强维护。使用时间较长，已经破损、陈旧的菜单，应用备用菜单代替，以防影响客人使用和影响餐厅服务规格。此外，餐厅服务员要熟悉菜单，能够背诵菜单上各种菜点名称、价格、原料、简单烹调方法和口味特点，便于推销菜点。

（三）定期更换，以旧换新

各种菜单使用一定时期后，都应根据市场客人的需求变化和菜点的发展趋势，重新设计与制作新的菜单。一般说来，季节性菜单每年应更换 3～4 次。零点菜单除个别长期固定菜单外，每年应更换 1～2 次。宴会菜点的封面也应定期换新，而套式菜单、自助餐菜单、客房菜单等，都应定期换新。

第三节　餐饮产品的价格构成及其管理原则和策略

【案例导入】

给芝麻加点糖带来的启示

一位年事已高、准备将自己的公司交给儿子打理的富豪，想向儿子交代点什么。他的儿子刚从美国一家著名工商大学毕业。一天，富豪带着儿子来到一片低矮破旧的街道，望着儿子迷惑不解的神情，老头说：“你想知道我这几十年来做生意的秘诀吗？”

儿子的眼睛立即露出了一道光芒，等待父亲的秘诀，这时，老头指着街边一间狭小的店铺说：“我开办的第一家商店，就是从这里开始，才渐渐发展成了今天这样的大型跨国公司。”

过了一会儿老头问道：

“你知道 1 斤[①]芝麻卖多少钱吗？”

“谁都知道，1 斤芝麻卖 7 块钱。”儿子笑着答道。

“那 1 斤黄糖呢？”

“最多也只卖到 3 块钱。”

“那 1 斤芝麻加 1 斤黄糖值多少钱呢？”

“这还不简单，1 斤芝麻加 1 斤黄糖正好值 10 块钱啊。”

①1 斤＝0.5 千克。

老头摇摇头说：“不对。如果你做芝麻糖来卖，1 斤芝麻加 1 斤黄糖，可以卖到 20 块钱，如果改进，加点香料，就可以卖到 25 块钱。其实，做生意的秘诀就在于此。你只要将不同的东西按照人们不同的需要组合起来，就能创造出更大的价值。”

点评 菜单制定和其产品定价是密切相关的。案例中富豪告知儿子的秘诀就是要针对人们的需要，将不同的东西组合起来，形成新的产品，然后合理定价而售出。餐饮产品就是不同食品原材料的加工组合，其价格也不简单地是原料价值之和。餐饮企业一方面要善于运用各种原料和菜单生产出各种产品，另一方面又要掌握企业产品的价格原理，包括价格特点、定价原则和定价程序和方法。为此，我们在菜单设计的基础上，进一步介绍餐饮产品的价格特点与构成，管理原则和策略，为价格制定提供理论根据。

一、餐饮产品价格特点和价格构成

（一）餐饮产品的价格特点

1. 价格形成的特殊性

餐饮产品的价格是在生产、销售和消费过程中形成的。其价格形成和一般商品不同，它没有收购、调拨、批发价格之分。具体而言，其特殊性主要表现为：第一，从生产到销售过程中所产生的一切耗费、利润、税金，最终都通过零售价格表现出来。第二，餐饮产品的价格构成应包括成本、费用、税金和利润，但除食品原材料成本可以按品种核算外，其他各种合理的劳动消耗、税金、利润都难以按品种、分环节核定。所以，餐饮产品价格的制定，是把生产费用、管理费用、利润和税金等合并在一起，形成毛利，加上原材料成本来制定价格。

2. 价格水平的灵活性

餐饮产品的价格受原材料进价成本、产品类型、质量、企业等级规格和生产加工的复杂程度多种因素的影响，企业各种餐饮产品的类型不同，花色品种不同，毛利率不同，价格区别较大。特别是餐饮产品烹调制作取材灵活，加工方式各不相同，烹调技术千差万别，即使是同一种产品，在质量上也存在差别，必然带来价格上的差异。所以，餐饮产品的价格水平是很灵活的。为此，餐饮经营者必须根据企业的等级规格、设备条件、产品类型、花色品种、产品质量和服务质量以及市场供求关系的变化，灵活掌握餐饮产品的价格水平，始终保持价格和市场的最佳适应性。

3. 价格形式的多样性

餐饮产品价格种类是多种多样的，有食品、酒水、饮料和特殊服务项目价格等。其中，食品价格又包括盘菜价格、包饭服务价格、自助餐价格、宴会价格，以及送餐服务价格多种，其花色品种成千上万，表现形式各不相同；酒水饮料价格既有瓶装、杯装价格，又有各种鸡尾酒价格；特殊服务项目往往根据客人的需求而灵活掌握，如会议包餐、鸡尾酒会等，其收费标准各不相同，价格通过各种形式表现出来。为此，餐饮经营者，必须充分认识餐饮产品价格形式的多样性，既要根据餐厅类型和销售方式的不同，分类制定餐饮产品的基本价格，又要根据客人的需求和消费方式的不同，灵活掌握各种特殊服务项目的收费标准，以适应各种类型的消费者各种形式的消费需求。

4. 价格管理的时令性

餐饮产品价格管理的时令性是由食品原材料的时令性、市场需求的季节性和波动性决定的。常年生产的食品原材料，其价格比较稳定。季节性、时令性食品原材料，由于受进价成本的影响，其产品价格必然也有时令性。同时，旅游的季节波动性又使市场需求具有季节性。企业为调节市场需求，菜单经常调整，既有常年菜、季节菜、时令菜，又有特别推销菜。举办食品展销活动，每次还要推出与食品节、食品周、烧烤会相适应的特式菜点。由此，必然带来产品价格的时令性。为此，餐饮经营者在价格管理中，一方面必须坚持灵活进出、时菜时价的原则；另一方面又要根据季节、时令和市场需求的变化，在调整菜单的过程中，适时调整产品价格。

（二）餐饮产品价格构成

餐饮产品的价格是以价值为基础的，其价值主要包括三个部分：一是物化劳动的转移价值，它以食品原材料价值、设施设备、家具用具、餐茶用品和水电燃料消耗价值为主，其中，既有物化劳动价值的直接转移，又有物化劳动价值的渐进补偿；二是活劳动消耗中的必要劳动价值，它以劳动者的工资和工资附加费、劳保福利、奖金消耗为主，即劳动力价值；三是活劳动消耗中的剩余劳动价值，它以税金和利润的形式为国家提供公共积累，并为企业的再生产积累资金。

餐饮产品的价格构成同其价值是相适应的，在价值向价格的转化过程中食品原材料价值转化为产品成本。生产加工和销售服务过程中的设施设备、家具用具、餐茶用品、水电燃料、工资及工资附加费和福利费等转化为人工成本及经营费用；产品成本和流通费用形成餐饮经营成本；税金以公共积累的形式上交国家；其余额为餐饮产品的利润。因此，餐饮产品的价格是由产品成本、人工成本、经营费用、税金和利润五个部分构成的。其公式为：

产品价格＝产品成本＋人工成本＋经营费用＋税金＋利润

在实际工作中，除食品原材料成本以外，餐饮产品的人工成本、经营费用、税金和利润很难按花色品种单独分摊到各个产品中去进行单独核算，这是由餐饮产品花色品种繁杂、产销服务融合在一起、产品销售随时处于变化之中的特点决定的。因此，其价格构成中的人工成本、经营费用、税金和利润融合在一起，形成产品毛利。由此可以得出结论：餐饮产品的价格是由成本和毛利构成的。其公式为：

餐饮产品价格＝产品成本＋产品毛利

二、餐饮产品价格管理原则

（一）按质论价，优劣分档

餐饮产品花色品种多，各类产品的风味、原料、加工方式不同，产品质量区别较大，其质量既包括产品质量，又包括餐厅环境、设施条件和服务质量。创造这些条件的各种劳动消耗都是构成产品价格的重要因素，本身也存在着较大区别。为此，餐饮产品的价格管理必须坚持按质论价、优劣分档的原则。其具体要求是：优质的产品、优等的设施、优良的就餐环境和优等的服务，产品毛利高，价格水平高；同等产品、同等设施、同样就餐环境和同等服务，价格水平基本相同。

（二）区分市场，随行就市

餐饮管理市场范围和市场领域不同，接待对象不同，客人对餐饮产品的质量要求也不同。对于多数客人而言，他们大多要求经济实惠；对于高档客人来说，他们则既追求物质享受，又追求精神享受，特别是高档餐厅、宴会服务、食品展销活动等，享受因素是主要的。另外，餐饮产品的价格受原材料进价成本波动程度的影响较大，如高档风味产品、特色食品、名贵时令产品以及原材料昂贵、进价成本高、加工方式复杂精细的产品，价格必然较高。为此，餐饮产品价格管理必须坚持区分市场、随行就市的原则。其具体要求是根据接待对象、企业等级规格和不同餐厅的具体条件，将市场划分为高档市场、中档市场和经济市场，分别设计不同的产品，制定不同的价格，提供不同的服务，使餐饮产品的供给随市场需求而变化，价格因不同市场客人的享受程度而调整，该高就高，该低就低，随行就市，以适应客人多层次的享受需要，获得优良经济效益。

（三）有利竞争，自我调节

价格是调节市场供求关系的经济杠杆，也是开展市场竞争的利器。随着我国旅游事业的迅速发展，市场竞争越来越激烈，其竞争又包括国际竞争和国内竞争两个方面。企业为广泛招揽顾客，扩大产品销售，要善于运用价格手段开展市场竞争。为此，餐饮产品的价格管理必须坚持有利竞争、自我调节的原则。其基本要求是：以同等企业、同类产品为基础，瞄准竞争对手。在国内竞争中，同等企业、同类餐饮产品的毛利和价格水平应以企业自身竞争能力为基础，参照周围地区竞争对手的价格水平，使价格随着市场供求关系和竞争对手价格策略的变化而变化，具有自我调节的功能。

（四）价格管理和成本控制相结合的原则

餐饮价格管理的目的是合理定价，扩大销售，增加毛利和利润，而餐饮产品的价格是由成本和毛利共同构成的。从价格、成本、毛利的相互关系来看，餐饮产品的价格一经确定，要想保证必要的毛利，就必须控制成本，如果成本控制不住，就必然降低毛利。同理，价格一经确定，要想增加利润，就必须控制餐饮费用。餐饮产品定价都是一次性、阶段性的，而产品成本消耗和费用消耗则是每天和经常发生的，所以，餐饮产品的价格管理必须和成本控制相结合。价格一经公布执行，就必须以日常成本和费用控制为主，才能保证毛利和利润的实现。

三、餐饮产品价格策略

餐饮产品基价制定为餐厅菜单价格的确定提供了数量依据，但在市场经济条件下，各种产品的实际价格高低还要根据市场竞争需要来确定。在产品基价的基础上，价格可高可低，但最低不能低于成本。具体价格的掌握，主要取决于企业的价格策略。价格策略主要有以下六种。

（一）满意利润策略

该策略以争取正常利润为主，重点在掌握企业综合毛利率和分类毛利率，使产品价格补偿原材料成本和流通费用后，有比较满意的利润。由于餐饮产品利润包含在毛利之中，而价格制定又主要是运用毛利率法来确定的，因此，运用满意利润策略，要重点注意三个问题：一是产品价格的最终确定要充分考虑分类毛利率标准，如蔬菜、传统名优产品，毛利率要从高，反之则从低；二是分类毛利率的比较标准要以同一档次、同类产品为主，毛利率大体和其他同类企业、同一档次和同类产品相当；三是具体产品的价格水平要相对稳定，使产品价格和实际利润水平与同行、同一等级的同类产品大体相当，求取合理利润。

（二）市场占领策略

该策略是产品价格以占领市场为主要目标，其具体目标又有两种：一是占领新的市场，二是扩大原有产品的市场占有率。运用市场占领策略在价格制定上，要大力降低成本费用开支，然后以较优惠的价格吸引就餐客人，造成局部优势。从表面看，产品价格比同行同类产品略低，但成本低、质量好、企业具有竞争优势，可以占领更多的市场。因此，餐饮产品市场占领策略的总体价格水平相对较低，有利于占领新的市场或扩大市场占有率。

采用市场占有策略，餐饮产品的价格水平相对较低，有一定风险性。为此，采取该策略需要具备两个条件：一是企业餐饮经营有较大的规模、资金技术雄厚、有一定承受能力，这样，才能在较长时期内以低价扩大市场占有率，取得预期效果。二是目标市场对企业餐饮产品的价格变动比较敏感，能够较快引起客人的重视，否则，价格较低，而市场反应不大，反而造成企业的经济损失。

（三）声望价格策略

声望价格策略又称撇脂价格策略，为创造企业某种风味，某类产品的名贵形象，形成市场声望，在一定时期内采用高价，尽快取得高额利润。这种策略主要适用于两种类型的企业：一是企业刚开业，设施设备及产品质量高，估计自己的某类产品投入目标市场后会深受客人的欢迎，趁产品对顾客有较大吸引力，价格弹性较小之时，制定较高价格，形成自己产品的名贵形象，获得丰厚利润。如果随着时间的推移，市场需求发生了变化，企业再采用正常价格，仍能获得满意利润。二是企业经营某种特殊风味，其产品在市场上具有较高的垄断性，如北京饭店的谭家菜，仅此一家，别无分店，为保持企业产品的名贵形象，企业采用较高价格，从而获得优良经济效益。

（四）差别价格策略

差别价格策略是根据不同市场或同一市场不同消费者群的具体情况，对同类餐饮产品制定的不同价格。同一企业中，根据不同餐厅的接待对象不同，确定不同的价格水平，都属于差别价格策略。这是餐饮经营中经常采用的一种价格策略。前者如宴会经营、特殊食品展销活动，是面向较高层次的消费者，但不同客人的消费水平和支付能力不同，价格水平区别较大。如宴会经营，高档宴会的人均标准可达 3 000 ~ 5 000 元，低档宴会往往只有几十元；后者却针对不同餐厅的接待对象掌握不同的毛利率。风味餐厅毛利率高，团体餐厅、咖啡厅毛利率相对较低，就是同一餐厅内，不同花色品种的餐饮产品，毛利率也不相同，因而价格水平区别较大。差别价格策略可以适应各种类型及不同层次的消费需求，所以，餐饮经营者广泛采用此种策略。

（五）竞争价格策略

竞争价格策略以开展市场竞争、扩大产品销售和增强竞争能力为主要定价目标。采用这种策略，餐饮经营者的眼光始终瞄准同行竞争对手的同类餐饮产品的价格。如果自己的产品和服务明显高于竞争对手，深受客人欢迎，立即采用较高价格，造成产品名贵形象；如果自己的产品和同行竞争对手没有太大区别，则以竞争对手同类产品价格作为自己的比较参数，价格略低，形成竞争优势；如果同类产品竞争激烈，企业则尽快开发新产品，吸引对方顾客，加速市场分化，形成局部优势。因此，采用竞争价格策略，餐饮产品的价格是随竞争对手的价格水平而变化的。正确运用这种策略，关键在于及时掌握餐饮产品价格的调价时机和价格水平，竞争价格既不能过高，又不能过低，否则，必然影响企业经济效益，反而削弱了竞争实力。

（六）心理价格策略

心理价格策略就是掌握顾客心理，通过定价刺激客人消费，获得优良经济效益。餐饮产品心理价格策略，主要有三种表现：一是对追求餐饮享受的客人，他们的主要目的是通过餐饮消费体现自己的身份地位和消费水平，或在客户面前显示自己公司的经济实力以便获得合同或订单。他们认为，价格反映产品质量和服务质量，不计较花钱多少，价格越高，越能反映产品质量，提高自己的声望，因而，餐饮价格应尽量从高。二是多数客人对产品价格比较敏感，可采用奇数定价，以适应客人的消费心理，如盘菜价格 29.95 元，不要定为 30 元；19.8 元，不要定为 20 元，多数客人乐于接受奇数定价，认为是在某一整数范围内的开支，有利于扩大销售。三是对有一定声望的企业和一些高质量的产品，可采用偶数定价法。如 48.5 元可直接定为 50 元，因部分消费水平较高的客人可能认为以奇数为尾数的价格质量较低。

第四节　餐饮产品的价格制定

【案例导入】

宴会定价和菜单定价的区别何在

在餐饮销售中，菜单定价是以单件产品，即每盘或每份为单位的，宴会，包括团队餐和自助餐定价是以每人次为单位的，两种定价单位不同，其价格制定方法也不同。单件产品定价是以单件产品的成本核定为基础，再根据市场供求关系和产品质量等影响定价的因素确定毛利率，然后按照单位成本 ÷ 成本率来确定基本价格（成本率 = 1 – 毛利率）。宴会定价则是以企业等级规格和目标市场客人的档次高低、客人能够接受的享受程度等拟订出不同的价格标准，如每人 100 元、150 元、200 元等，再根据客人预订人数确定总体价格，酒水则不包括在内。因此，两者的价格管理重点是不完全相同的，前者重点在单位产品的成本与价格核定，后者重点在宴会价格协商和预订后的成本控制，以保证宴会和团队餐等的毛利实现。

点评 案例中提出的餐饮产品两种定价及其管理的重点是由餐饮产品销售方式的多样性和灵活性决定的。事实上定价方法多种多样，本节所介绍的餐饮产品定价方法只是其中的几种基本方法，只有掌握这些方法，并结合实际灵活运用，才能发挥价格管理的作用。

一、餐饮产品定价程序

餐饮产品的价格构成是制定产品价格的理论基础，它对价格的实际制定和调整都有重要的指导作用，其定价程序主要包括五个步骤。

（一）判断市场需求

餐饮产品正式定价前，只有在做好市场调查，判定某种风味、某类产品的市场需求量、探测消费者对产品价格的态度和市场价格竞争状况，才能合理制定产品价格。为此，要区分市场类型，根据企业不同餐厅的具体情况来确定。高档餐厅的市场需求是确定和探求消费水平和支付能力较强的客人对产品的需求量和对价格的态度；中低档餐厅的市场需求是探索一般用餐客人对餐饮产品的需求和价格的态度，在此基础上，要分析同行竞争对手同一档次、同种规格和同类产品的价格，然后选择定价策略。其定价方法又有三种：一是按市场价格定价，不管竞争对手的价格，这样可以保证一定利润，不致因高价将客人吓跑；二是按高于竞争对手的价格定价，这样可以强调产品质量，但可能面临客人减少的风险；三是按低于竞争对手的价格定价，这样可以树立价格低廉的产品声誉。具体采用哪种价格竞争策略，也要根据企业的实际情况确定。

（二）核定产品原料成本

成本是影响价格的主要因素。餐饮产品价格是以单位产品成本为基础来制定的，其价格是成本和毛利之和，只有事先核定出产品的原料成本，才能制定价格。餐饮产品的原料成本包括主料成本、配料成本和调料成本三种，主料和配料成本的核定方法都是根据公式来计算的，调料成本一般是以平均消耗量为基础来核定的，由此即可核定出产品成本，为餐饮产品价格制定提供客观依据和数量标准。

$$单位原料成本=\frac{毛料价}{净料率}\times 单位用量$$

$$单件产品成本 = \sum \frac{毛料价}{净料率} \times 单件产品用量$$

（三）确定产品定价目标

定价目标是价格策略在价格制定中的具体体现，产品定价目标不同，同样的成本，其价格水平是不相同的。因此，在判断市场需求和核定产品成本的基础上，还要根据餐厅等级规格、产品类型和花色品种的不同，确定产品定价目标，以保持产品价格和市场需求的最佳适应性。

餐饮产品的定价目标主要包括市场导向目标、利润导向目标、成本导向目标、竞争导向目标和享受导向目标多种。在实际工作中，具体选用哪些定价目标，要根据餐饮企业及其餐厅的等级规格、产品风味、花色品种、市场竞争程度和目标市场客人对价格水平的接受能力等多种因素来确定。

（四）制定产品毛利率标准

毛利是影响餐饮价格的重要因素，它是由人工成本、经营费用、营业税金和利润额四部分构成的。餐饮产品的毛利率分为分类毛利率和综合毛利率两种。前者是某一种类的餐饮产品毛利额占其销售收入或原料成本的比率，如海鲜、肉类、蔬菜、河鲜毛利率等；后者是某一等级、某种类型的餐饮企业或餐厅的平均毛利率，如中餐厅、西餐厅、咖啡厅的毛利率或整个餐饮部门或餐饮企业的毛利率等。制定餐饮产品的毛利率标准，主要采用分类毛利率。毛利率的高低主要取决于三个因素：一是地区内企业星级的高低；二是企业内部餐厅档次高低；三是同一餐厅不同类型的餐饮产品，即分类产品毛利水平。为此，制定餐饮产品价格，要从企业和餐厅、特别是分类产品的实际情况出发，合理确定不同种类、不同花色品种的毛利率标准，才能制定比较合理的产品价格。

（五）选择基价制定方法

餐饮产品基价是根据产品成本和毛利制定出来的平均价，其基价制定方法是多种多样的。若定价方法不同，即使产品成本相同，其价格高低也是不相同的。为此，具体定价方法要根据原料种类、产品类型、定价目标和价格策略来确定。

实际认知

怎样掌控毛利率

在餐饮经营中，不同餐厅的毛利率水平是不相同的。餐厅档次规格越高，其毛利率越高。在同一餐厅中，不同菜点的毛利率也是各不相同的。一般掌控毛利率的做法是：

（1）蔬菜类产品，毛利率最高，单价较低。

（2）一般肉类产品，毛利率一般，单价居中。

（3）海鲜类产品，毛利率偏高，单价较高。

（4）加工复杂的名贵产品，毛利率较高，单价最高。

（5）加工简单的一般产品，毛利率最低，单价也较低。

各类产品的具体毛利率要根据本企业和本餐厅的档次规格、星级或等级和接待对象的档次、类型等灵活掌握，没有统一的标准。

二、餐饮产品基价制定方法

（一）毛利率定价法

餐饮产品基价制定是在核定产品成本和毛利率的基础上完成的，其定价方法有多种。其中，毛利率法是最常用、最简单的方法之一。具体方法又有两种：

1. 销售毛利率法

采用销售毛利率法制定价格通常在核定单位产品成本的基础上，根据产品的花色品种，参照分类毛利率标准来制定。它主要适用于零点餐厅餐饮产品定价。其计算方法是：

$$产品价格=\frac{单位产品定额成本}{1-销售毛利率}$$

【案例一】

某酒店中餐厅销售清蒸鲥鱼和松鼠鳜鱼，进价成本分别为 11.5 元 / 千克和 18.6 元 / 千克，净料率为 82%和 78%，盘菜用量为 0.75 千克，两种菜肴的配料成本分别为 0.8 元和 1.2 元，调料成本分别为 0.5 元和 0.7 元，毛利率为 52%和 68%，请分别确定两种产品的价格。

案例分析：

（1）分别计算两种产品的盘菜成本。

$$清蒸鲥鱼的成本=\frac{11.5}{82\%}\times 0.75+0.8+0.5\approx 11.82（元/盘）$$

$$松鼠鳜鱼的成本=\frac{18.6}{78\%}\times 0.75+1.2+0.7\approx 19.78（元/盘）$$

（2）分别计算两种产品的基价。

$$清蒸鲥鱼的基价=\frac{11.82}{1-52\%}\approx 25（元/盘）$$

$$松鼠鳜鱼的基价=\frac{19.78}{1-68\%}\approx 62（元/盘）$$

2. 成本毛利率法

采用成本毛利率法制定产品价格，通常是先制定单位产品原材料与配料定额，计算出成本，然后根据规定的成本毛利率定价。成本毛利率因其比较的基础和销售毛利率不同，毛利水平一般比销售毛利率更高，其价格计算方法是：

产品价格 = 单位产品定额成本 ×（1 + 成本毛利率）

【案例二】

某酒店零点餐厅销售叉烧仔鸡。盘菜主料用公鸡 1.5 千克，进价 8.4 元/千克，经加工处理后，下脚料折价 0.8 元，配料成本 2.8 元，调料成本 2.4 元，成本毛利率 85.6%，请确定叉烧仔鸡的盘菜价格。

案例分析：

根据题目条件直接计算产品基价 P。

$$\begin{aligned}叉烧仔鸡价格\ P&=(8.4\times 1.5-0.8+2.8+2.4)\times(1+85.6\%)\\&\approx 32（元/盘）\end{aligned}$$

3. 两种毛利率的换算

在餐饮产品价格管理中，财务部门采用的毛利率指标都是销售毛利率。它直观地反映出毛利在销售额中的水平。但部分企业厨房工作人员喜欢用成本毛利率。这就需要进行换算。事实上，两种毛利率之间存在着互相转换的内在联系。其转换公式为：

$$r=\frac{f}{1+f}\times 100\%$$

$$f=\frac{r}{1-r}\times 100\%$$

式中：r——销售毛利率；

f——成本毛利率。

以上面案例一中的清蒸鲥鱼和案例二中的叉烧仔鸡为例，清蒸鲥鱼的销售毛利率换算成本毛利率和叉烧仔鸡的成本毛利率换算成销售毛利率分别为：

清蒸鲥鱼：$f=\frac{r}{1-r}\times 100\%=\frac{52\%}{1-52\%}\times 100\%\approx 108.33\%$

叉烧仔鸡：$r=\frac{f}{1+f}\times 100\%=\frac{85.6\%}{1+85.6\%}\times 100\%=46.12\%$

采用换算后的毛利率重新制定价格，可以检验清蒸鲥鱼和叉烧仔鸡原定价是否正确，结果会相同：

清蒸鲥鱼的价格 = 11.82 ×（1 + 108.83%）

≈ 25（元 / 盘）

叉烧仔鸡的价格 $=\frac{8.4\times 1.5-0.8+2.8+2.4}{1-46.12\%}$

≈ 32（元 / 盘）

（二）价格乘数法

价格乘数是餐厅可容成本占计划销售额的倍数。这种方法是从餐饮产品销售的利润目标出发，在保证餐厅生产销售过程中各种合理耗费得到补偿的基础上，来制定餐饮产品的价格。采用这种方法，需要根据餐饮经营计划，事先收集餐厅计划销售额、流通费用、利润和税金等有关资料，然后根据产品成本来制定价格。

价格乘数法是国外餐饮产品价格管理中采用的一种方法。它的优点是从餐厅经营的全局出发，充分考虑了经营管理过程中的各种合理耗费，能够保证利润目标的实现；缺点是价格乘数对各种餐饮产品都是相同的，产品之间的价格主要取决于单位产品成本，高低差别相对较小，难以充分反映名优产品的价格差别。采用价格乘数法制定价格包括四个步骤：一是收集餐厅计划资料；二是计算餐厅可容成本，即在计划销售额中扣除各种合理耗费、计划利润和税金后的余额；三是计算价格乘数，即计算餐厅可容成本在计划销售额中的倍数；四是根据单位产品成本制定产品价格，即用价格乘数乘以单位产品成本。其计算公式为：

$$r=\frac{Q}{C}$$

$$P=C_n\cdot r$$

式中：r——价格乘数；

Q——分类产品计划收入；

C——分类产品可容成本；

P——分类产品基价；

C_n——分类产品单位成本。

【案例三】

某酒店湘竹餐厅经营风味产品，在一个定价期内食品预算销售额为 318.65 万元，其中，热菜占 65%、凉菜占 20%、面点占 10%、汤类占 5%。四种类型产品的成本率分别为：热菜 38.2%、凉菜 39.5%、面点 35.4%、汤类 32.6%。预计人工成本占销售额的 18%，营业费用占销售额的 28.5%，营业性税费 5%。请完成：

（1）编制餐厅经营预算，并计算各类菜点的价格乘数；

（2）餐厅已经核定出部分产品的标准成本见表 5–2，请制定菜单中这些产品的基价。

表 5–2　餐厅部分产品标准成本　　单位：元

热菜	红烧鱼唇： 百合鲍鱼：	21.75 24.84	面点	梅花糕： 凤尾烧卖：	5.42 3.28
凉菜	五柳拼盘： 酱香牛肉：	9.86 6.45	汤类	三鲜汤： 元鱼汤：	3.85 7.98

案例分析：

（1）编制餐厅预算，计算各类菜点价格乘数，见表 5–3。

表 5–3　价格乘数计算表　　单位：万元

项目	热菜	冷荤	面点	汤类	合计
销售收入	207.12	63.73	31.87	15.93	318.65
原料成本	79.12	25.17	11.28	5.19	120.76
人工成本	37.28	11.47	5.74	2.87	57.36
营业费用	59.03	18.16	9.08	4.54	90.82
营业性税费	10.36	3.19	1.59	0.80	15.94
菜点营利	21.33	5.74	4.18	2.53	33.77
价格乘数	2.617 8	2.532	2.825 4	3.069 4	2.638 7

（2）根据分类产品标准成本和价格乘数，核定部分产品基价，结果如下：

红烧鱼唇	56.94 元	五柳拼盘	24.97 元
百合鲍鱼	65.03 元	酱香牛肉	16.33 元
梅花糕	15.31 元	三鲜汤	11.82 元
凤尾烧卖	9.27 元	元鱼汤	24.49 元

【案例四】

某酒店中餐厅销售非制作类、半制作类和制作类三种类型的菜点。定价期内预算食品销售额 438.76 万元，食品原料成本率 39.5%，其中制作类成本占 75%，半制作类成本占 20%，非制作类成本占 5%。餐厅人工成本 19.5%，其中烹调制作人工成本占 45%，服务人员人工成本占 55%，其他营业费用占 24.8%，营业性税费 5%。餐厅已核定出部分产品的标准成本为：

桃仁鸡卷	12.54 元	香蕉柑子	4.36 元
生菜色拉	3.28 元	油爆双脆	9.86 元
凉拌青笋	2.85 元	甜瓜香果	3.85 元

请完成：

（1）编制餐厅预算与成本表；

（2）计算三类菜点的价格乘数；

（3）核定部分产品的盘菜基价。

案例分析：

（1）编制餐厅成本与预算，见表 5–4。

表 5–4　餐厅成本预算表

项目	制作类菜肴（万元）	半制作类菜肴（万元）	非制作类菜肴（万元）	合计（万元）	销售份额（%）
原料成本	129.98	34.66	8.67	173.31	39.5
烹调人工成本	30.40	8.10	—	38.50	8.77
服务员人工成本	35.30	9.41	2.35	47.06	10.73
营业费用	81.61	21.76	5.44	108.81	24.8
营业性税费	16.45	4.39	1.10	21.94	5
菜点营利	35.32	9.43	4.33	49.08	11.2
营业收入	329.07	87.75	21.94	438.76	100

（2）计算三类菜点的价格乘数。

制作类的价格乘数 = 329.07 ÷ 129.98 ≈ 2.531 7

半制作类的价格乘数 = 87.75 ÷ 34.66 ≈ 2.531 7

非制作类的价格乘数 = 21.94 ÷ 8.67 ≈ 2.530 6

（3）根据产品标准成本核定部分产品基价。

①制作类。桃仁鸡卷：31.75 元，油爆双脆：24.96 元。

②半制作类。生菜色拉：8.3 元，凉拌青笋：7.22 元。

③非制作类。香蕉柑子：11.03 元，甜瓜香果：9.74 元。

（三）主要成本法

主要成本法是根据菜点的主要成本和定价系数来制定价格。菜点的主要成本是指原料成本和直接人工成本之和。在核定菜点原料成本和直接人工成本的基础上，可以算出菜点的定价系数，然后制定价格，其价格计算方法是：

（1）预算分类菜点成本率。它以餐厅统计资料为基础，分别确定不同种类菜点的成本率，如蔬菜、肉类、主食、面点、野味和禽蛋，菜点种类不同，成本率的高低会有所不同。

（2）预算直接人工成本率。直接人工成本是餐饮部门或某一个餐厅的人工成本，不包括企业高层管理人员和综合管理部门的人工成本。

如果核定一个餐厅的产品价格，则只算一个餐厅的直接人工成本，其计算方法是根据过去餐厅的人工成本和销售收入大致确定。

（3）计算产品定价系数。将分类产品的原料成本和直接人工成本结合起来，分析它们与价格之间的关系，即可确定产品的定价系数，其方法是直接用预算收入和主要成本来计算，计算公式为：

$$r=\frac{Q}{c_1+c_2}$$

式中：r——定价系数；

Q——预算收入；

c_1——原料成本；

c_2——直接人工成本。

（4）核定产品基价。即在核定菜单各种产品标准成本的基础上，求出主要成本，制定产品基价。其计算公式为：

$$P=(c_1+c_2)\cdot r$$

式中：P——产品基价；

c_1——原料成本；

c_2——直接人工成本；

r——定价系数。

【案例五】

某酒店风味餐厅定价期内预算销售收入 285.76 万元，其中，冷菜类占 12.8%，蔬菜类占 18.6%，肉类占 28.5%，海鲜类占 25.4%，禽蛋类 10.2%，其他占 4.5%。餐厅直接人工成本率 15.4%，各类菜点分类毛利率分别为：冷菜类 62.5%、蔬菜类 68.7%、肉类 60.8%、海鲜类 58.2%、禽蛋类 61.3%、其他 57.4%。餐厅已核定出部分产品盘菜标准成本见表 5–5。

表 5–5　餐饮产品成本表　　单位：元

品种	冷菜类	蔬菜类	肉类	海鲜类	禽蛋类
品种 a	3.86	0.98	5.85	9.45	11.75
品种 b	2.58	0.56	7.45	12.74	18.46

请用主要成本法核定上述产品的基价。

案例分析：

（1）编制各类菜点销售收入、主要成本和定价系数，见表 5–6。

表 5–6　定价系数计算表

项目	冷菜类	蔬菜类	肉类	海鲜类	禽蛋类	其他	合计
销售收入（万元）	36.58	53.15	81.44	72.58	29.15	12.86	285.76
原料成本（万元）	13.72	16.64	31.92	30.34	11.28	5.48	109.38
人工成本（万元）	5.63	8.19	12.54	11.18	4.49	1.98	44.01
定价系数	1.89	2.14	1.83	1.75	1.85	1.72	1.86

（2）计算菜点直接人工成本。每种菜点原料成本越多，分摊的人工成本也越多。如冷菜类产品 a 直接人工成本计算方法为：

①冷菜类人工成本比率 $= \dfrac{15.4\%}{1-62.5\%} \approx 0.41$

②冷菜类产品 a 分摊人工成本额 $= 3.86 \times 0.41 \approx 1.58$（元）

（3）编制菜点基价，见表 5–7。

表 5–7　主要成本法产品定价表

菜点	产品	原料成本（元）	人工成本（元）	定价系数	产品基价（元）
冷菜类	a b	3.86 2.58	1.58 1.06	1.89	10.28 6.88
蔬菜类	a b	0.98 0.56	0.48 0.27	2.14	3.12 1.78
肉类	a b	5.85 7.45	2.28 2.91	1.83	14.88 18.96
海鲜类	a b	9.45 12.74	3.50 4.71	1.75	22.66 30.54
禽蛋类	a b	11.75 18.46	4.70 7.38	1.85	3.43 47.80

（四）毛利贡献法

毛利贡献法是从餐厅经营全局出发，分析客人用餐中各种菜点应该花的毛利。客人前来用餐，他们既要支付原料成本，还应支付餐厅经营中的人工成本、税金、水电燃料等各种费用。此外，餐饮经营者还必须有一定营利。除原料成本外，客人支付的人工成本、各种费用、税金和餐厅营利共同构成毛利。毛利贡献定价法就是根据这一原理来制定产品价格，其定价过程如下：

1. 编制定价期内的餐厅预算

其内容包括销售收入、原料成本、人工成本、各种费用、税金和计划营利等。这时，计划收入扣除原料成本外，即为餐厅毛利。

2. 预测定价期内的产品销售量和平均单位毛利额

餐厅产品销售数量主要根据预测接待人次和预计人均点菜份数来确定。其方法一是根据过去的统计资料，二是分析定价期内的市场环境，然后大致确定。这时，只要用餐厅毛利额除以产品销售总份数，即可算出产品单位毛利额。

3. 分摊产品毛利，制定产品基价

在产品定价过程中，不同产品的毛利率是不相同的。一般蔬菜类毛利率高，肉类较低，海鲜略高，加工复杂的名贵产品最高。因此，要将单位产品的平均毛利额，分摊到不同的产品中去，然后制定价格。

其价格计算方法是：

$$m=\frac{M_n}{Q}$$

$$P=C_1+m\cdot\frac{D}{\overline{D}}$$

式中：m——单位产品毛利；

M_n——餐厅预算毛利额；

Q——预测产品份数；

C_1——单位产品成本；

D——分类产品毛利率；

$\overline{D}$——毛利率平均值。

【案例六】

丽苑酒店风味餐厅有座位 238 个（含包房），经分析定价期 90 天内的餐厅平均座位利用率为 1.28。根据过去统计分析，平均每位客人每餐的点菜份数为 2.84 份，餐厅人工成本率 16.85%，原料成本率平均 36.74%，费用率 18.42%，营业性税费 5.5%。90 天内的预算收入 158.76 万元。餐厅已确定分类产品毛利率，并已核定出单位产品成本，见表 5–8。请用毛利贡献法核定产品基价，以便为菜单价格制定提供依据。

表 5–8 分类产品毛利率和单位成本表

项目	冷菜类	海鲜类	肉类	汤类	合计
毛利率	0.648	0.675	0.613	0.654	0.647 5
产品名称 与成本举例	红油肚丝 4.28 元 夫妻肺片 5.12 元	红烧海参 12.8 元 松鼠鳜鱼 18.6 元	水煮牛肉 9.84 元	酸辣汤 3.65 元	— —

案例分析：

（1）根据题目已知条件核定定价期内餐厅经营预算，见表 5–9。

表 5–9 餐厅经营预算表

项目	预算额（万元）	构成比（%）	项目	预算额（万元）	构成比（%）
销售收入	158.76	100	营业费用	29.24	18.42
原料成本	58.33	36.74	营业性税费	8.73	5.5
人工成本	26.75	16.85	营业利润	35.71	22.49

（2）计算定价期内的餐厅产品销售份数 Q。

$$Q = 238 \times 1.28 \times 90 \times 2.84 \approx 77\ 866\text{（份）}$$

（3）计算餐厅平均每份菜的毛利额 m。

$$m = \frac{158.76 - 58.33}{77\ 866} \approx 12.90\text{（元/份）}$$

（4）分摊单位产品毛利、制定产品基价，如红油肚丝的产品基价 P 为：

$$P = 4.28 + 12.9 \times \frac{0.648}{0.647\ 5} \approx 17.19\text{（元）}$$

其余产品基价制定方法相同，结果分别为：

夫妻肺片	18.03 元	红烧海参	26.25 元	松鼠鳜鱼	32.05 元
水煮牛肉	22.05 元	酸辣汤	16.68 元		

三、餐饮产品的菜单价格确定

餐饮产品基价制定为餐饮菜单价格的确定提供了数量依据。各种产品的实际价格高低在产品基价的基础上，还会受市场竞争程度、产品实际加工质量、客人喜爱程度等各种因素的影响。因此，确定菜单餐饮产品的实际价格，一定要在产品基价的基础上，根据下列因素适当调整，形成菜单销售价格。

（一）分析市场竞争状况

在产品基价已经制定的基础上，分析市场竞争程度、分析竞争对手同类产品的价格。如果竞争不足或自身竞争优势明显，或竞争对手没有同类产品和自己竞争，这时，菜单价格应高于基价，尽快获取利润。反之，如果竞争激烈，同类产品较多，自身竞争优势不足，则菜单价格必须低于基价，甚至调整产品，以便形成自身的价格优势。

（二）试验产品价格的市场反应

在产品基价制定的基础上，先按基价试销。试销试验期间，每天详细记录餐厅客人数和每种产品的销售份数，经过 3 ~ 7 天的试验，观察客人的反应，分析每天的客源变化和客人对每个产品的喜爱程度。这时，凡是客人没有意见的产品可以保留；凡是喜爱程度较高的产品，产品价格要高于基价；喜爱程度一般的产品基本上按产品基价确定菜单价格；喜爱程度很低，或试验期间客人明显不满意或提出过价格投诉的产品，则实际价格应低于基价，甚至淘汰。这样经过试销分析后，再逐一落实菜单价格，印制菜单。

（三）灵活运用餐饮产品价格策略

在产品基价制定的基础上，针对不同产品运用不同价格策略，从而最终落实产品价格。如菜单中的部分大众产品，若缺乏明显特色和竞争优势，可以采用满意利润策略，基本按产品基价定价。菜单中的特色产品或名贵产品，如果缺乏竞争对手且具有强劲竞争优势，可以采用声望定价策略。

（四）尽可能采用心理定价方法

根据上述分析，在产品基价制定的基础上，具体确定菜单上各种产品的价格时，尽可能采用奇数定价，以适应大多数客人的消费心理，对某些特色、名贵产品，也可采用偶数定价法。

总之，餐饮产品菜单价格的最终确定要以产品基价为基础，根据实际需要灵活掌握。

实际认知

并不规范的实际定价

餐饮企业的菜单定价方法多种多样，这些方法以产品成本核定和毛利分析掌控为基础。但在实际工作中，不少酒楼饭庄，包括部分中低档酒店餐厅的菜单定价并不规范，它们往往并无完整的成本核定和毛利分析而是以经验为主，参照左邻右舍而制定菜单价格。它们的一般做法是：

（1）制定菜单。即由总厨师长召集各厨房厨师长、骨干厨师和餐厅管理人员开会先讨论务虚，再结合餐厅等级规格、主要客源对象的用餐需求，过去使用过的菜单和企业的厨师技术等，制定出新的菜单。

（2）产品定价。即由行政总厨或总厨师长根据新的菜单产品的原料构成、进价高低、左邻右舍的同种产品的价格、客人可能接受的程度等，再结合自己的经验逐一制定菜单上各种产品的价格。

（3）价格确定。产品定价后，再征求各级厨师、餐厅经理、成本记录员等人的意见，经过讨论，修改，并报总经理审批后，确定菜单最后定价。

这种方法缺乏单位产品的成本核定和分类产品的毛利分析，也未做菜单产品的逐一测试，它是以管理人员的经验为主的，所以并不规范。但对那些管理水平较低的中低档餐馆、酒楼和酒店餐饮来说，也是一种方法。

第五节　餐饮产品价格调整

【案例导入】

一块宝石的价格

一位年轻人在山中捡到一块石头，石头很大，很漂亮。他捧着这块石头，兴奋地往市场走去，希望卖个好价钱。

年轻人经过一个菜市场，许多人看到石头想：它可以做个很好的小摆件，孩子们可以玩，或者可以把它当作称菜的大秤砣。于是他们出了价，要求买下这块石头，价钱只不过几个小硬币而已。年轻人拒绝了。

又走了不远，年轻人来到黄金市场，一大群人围了上来，抢着报价，有人愿意出价1000 元，年轻人又拒绝了。

最后，年轻人来到珠宝市场，珠宝商们纷纷围观，经过一番讨价还价，有人愿意出 5 万元买下这块石头。年轻人这下同意了，拿着 5 万块钱高高兴兴地回家了。

点评　商品的价格既是由价值决定的，又要得到购买商品的人群，即消费群体的认可。一块宝石，卖菜的商贩只愿出几个小硬币，黄金商人只愿出 1 000 元，而珠宝商人却愿出 5 万块钱。餐饮产品基价制定后，其实际价格的制定和调整与案例中的寓言故事的实质类同，关键要看目标市场的供求关系和消费者的具体情况。为此，我们在本章最后研究介绍餐饮产品的价格调整方案和案例，为餐饮业务活动的开展提供灵活的价格，也为广大学员和业内同仁提供学习和参考。

一、餐饮产品价格调整的依据

餐饮产品的价格制定和执行不是一成不变的，在市场经济条件下，餐饮产品价格总是随着市场供求关系的变化而上下波动，这是价值规律起作用的一种表现形式。因此，餐饮产品价格调整是不可避免的，引起产品价格调整的依据和原因主要来自三个方面。

（一）市场供求关系的变化

需求决定供给，供给刺激需求。在市场经济条件下，餐饮市场供求关系的变化是随着时间的推移而呈阶段性波动变化的。其时间的阶段性变化大致有两种：一是因餐饮企业的建造周期而引起的市场供求关系的变化，这种供求关系的变化多以 1～3 年为一个周期；二是一个年度内随着季节波动而引起的市场供求关系变化，这种变化多以一个带有周期性的季节为一个周期，如淡季、旺季的供求关系变化，春、夏、秋、冬因食品原料的季节波动和客人口味需求变化而引起的市场供求关系变化。餐饮市场以时间为周期所形成的供求关系的变化规律如图 5–2 所示。

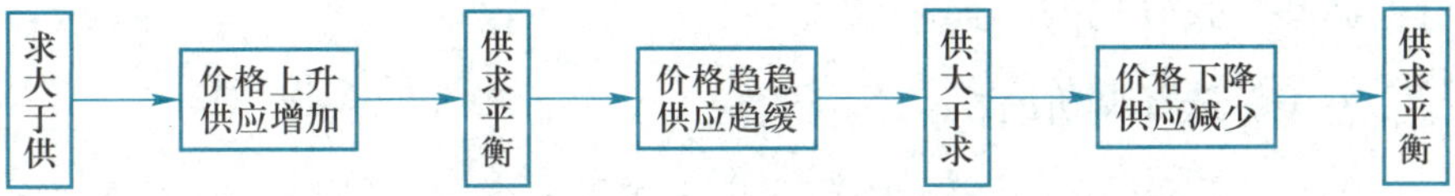

图 5–2　餐饮市场供求关系波动图

由于餐饮市场供求关系波动规律的客观存在，必然引起餐饮产品的价格调整。在比较完全和充分的市场竞争环境中，餐饮企业的价格调整大多不是单一的涨价或降价，而是与企业的产品风味、花色品种调整和菜单重新制定相结合，同时伴随着餐饮集团企业之间的资本运作、市场进入和退出而发生的。

（二）原料成本与费用的市场变动

原料成本和费用开支是影响餐饮产品价格的重要因素。在一定时期和一定经营条件下，同一地区、同一城市的同等规格与档次的原料成本和费用开支水平是基本稳定的，但餐饮企业无法控制社会通货膨胀。当通货膨胀引起食品原材料价格和各种费用开支水平大幅上涨时，必然引起餐饮产品价格的向上调整。反之，当社会上出现银根紧缩、银行利率下降、原料物品价格下降时，又必然引起餐饮产品的价格向下调整。这也是引起餐饮产品价格调整的重要原因之一。

（三）餐饮经营者的市场策略变化

餐饮经营者的市场策略是多种多样的，但引起产品价格调整的策略一般有三种：一是将市场占有策略调整为新的价格策略。如企业刚开业时，采用以低价为主的市场占有策略，经过一段时间的努力奋斗，打开了销售局面，形成了良好的市场声誉和丰富的客源市场，转而采用满意利润策略或声望价格策略，必然引起价格向上调整。二是因市场竞争激烈而调整市场营销策略。如将企业的风味产品调整为大众产品，将企业的特色产品调整为家常菜等，也会引起价格调整。三是企业升级而调整人事政策，提高人员的平均工资。提高员工工资水平的资金来源必然是增加产品销量，提高产品价格而带来的经营收入。这些都是由经营者的市场策略变化而引起的。

二、餐饮产品价格调整的工作步骤

餐饮产品价格调整常常是伴随着企业产品和菜单的调整而进行的，价格调整大致分为四个工作步骤。

（一）选择调价时机

餐饮产品的调价时机是由市场供求关系的变化、原料成本和费用开支变动或企业经营策略调整决定的。选择调价时机，就要有预见性，即要根据市场供求关系变化和企业实际情况，在机会到来时及时做出调价决策。过早和过迟都对经营不利，调价时间过早，引起敏感性反应，可能影响餐饮客源和声誉，调价时间过晚，又会贻误战机，影响企业经济收入，所以必须选准调价时机。

（二）分析调价范围和品种

餐饮产品花色品种多，价格的调整往往是局部的，因此，正式调价前，餐饮经营者要分析调价范围和花色品种，要坚持价格的调整以企业餐饮经营实力为基础。实力是企业产品风味、产品质量和企业形象、声誉、管理水平以及服务质量的综合反应。企业实力雄厚、产品质量和服务质量高，具有局部竞争优势，可以保持价格的相对稳定或局部调价。另外，企业有各种不同类型的餐厅，其中，有些餐厅利用率很高，有些餐厅可能利用率很低。价格的调整就要根据不同餐厅的具体情况来确定，选好调价范围。就每一个餐厅而言，餐饮产品又有各种花色品种，其中，有的品种喜爱程度高，有的品种可能客人很少问津。因此，调整产品价格还应选择好具体花色品种，有的可以上调，有的可以下浮。分析调价范围和品种，就是要针对企业各种类型的餐厅及其花色品种做出抉择。

（三）拟订调价方案

餐饮产品因其花色品种众多，其价格调整不像工业产品或大件商品那样简单地在商品原价基础上将价格上调或下降。就其产品价格调整的形式来看，主要有两种：一是零星菜点的价格调整，二是以人均收费为基础的自助餐、套餐产品价格调整。当价格调整的机会到来时，就应制定或拟订调整方案，如果不制定调价方案，而是在菜单上简单地将产品价格或人均收费数量上调或下降，必然引起客人的敏感性反应。制定调价方案，一是分析为什么要调，选择哪些产品调价，哪些不调价；二要确定价格调整要达到的目的，特别是要预测可能引起的产品销售量、餐厅客人数量的变化趋势；三要将价格调整和菜单调整结合起来。只有这样，才能做好餐饮产品的价格调整工作。

（四）采取调价措施

采取调价措施就是根据调价方案，选择适当方法，在分析测试的基础上，做出具体的调价决策。如果是价格上调，重点是宣传产品质量、口味，形成良好口碑。如果是价格下调，更要做好宣传促销，以确保增加销量从而增加经济收入。

三、餐饮产品价格调整方法和案例

（一）边际成本法

边际成本法主要适用于餐饮企业的自助餐、套餐、团体餐厅等以人均收费为价格表现形式的餐饮价格调整或定价。这种方法的基本原理是：产品价格越高，销售量越小；反之亦然。但销售量的增加或减少，只影响原料成本和变动成本，不影响餐厅的固定成本。因此，经过测试分析，在产品价格和销售数量的最佳适应点，边际收入会等于边际成本。这时，餐饮产品的利润最大。价格制定或调整就以这时的价格为标准，形成产品定价。这里的边际收入是指每增加一单位产品销售量所增加的收入，边际成本是指每增加一单位产品销售量所增加的成本。边际成本法的调价步骤如下：

1. 收集价格资料

这主要包括产品原价、接待人次、原料成本、固定费用和变动费用，以便为产品价格调整提供依据。这些资料可以餐厅过去一定时期的实际统计资料为准。

2. 预测调价效果

根据调价方案确定在不同价格条件下的预测产品销售数量或接待人

次，进而测试产品价格和销售数量或接待人次的最佳适应点，计算边际收入和边际成本。

3. 决定调价水平

根据测试结果，找到边际收入等于边际成本时的产品价格和销售数量或接待人次，从而作出调价决策。

【案例一】

某酒店自助餐厅计划成本率 32.5%，人事、折旧等固定费用预计每月 3.58 万元，水电燃料等可变费用预算 12.5%，自助餐原定每人次收费 75 元。预计月接待人次 1 500 人。若价格下调，接待人次将增加，结果见表 5–10，请确定未来 1 月最优利润价格目标。

案例分析：

根据题目条件，直接列表分析价格、接待人次、边际收入和边际成本，确定定价目标，具体见表 5–10。

表 5–10　边际成本法产品价格计算表

人均收费（元）	预测月人次（人）	收入（元）	边际收入（元）	成本费用支出（元）				边际成本（元）	边际毛利（元）	利润（元）
				原料	固定费用	可变费用	总支出			
75	1 500	11.25	0	3.66	3.58	1.41	8.65	0	0	2.60
73	1 710	12.48	1.23	4.06	3.58	1.56	9.20	0.55	0.68	3.28
70	2 010	14.07	1.59	4.57	3.58	1.76	9.91	0.71	0.88	4.16
68	2 310	15.71	1.64	5.11	3.58	1.96	10.65	0.74	0.9	5.06
65	2 430	15.80	0.09	5.14	3.58	1.98	10.7	0.05	0.04	5.10
62	2 550	15.81	0.01	5.14	3.58	1.98	10.7	0	0.01	5.11
60	2 580	15.48	–0.33	5.03	3.58	1.94	10.55	–0.15	–0.18	4.93

分析结果表明，自助餐人均收费以 60～62 元／人为最好，这时，边际收入和边际成本大致相等，利润最大。

（二）选择调价法

选择调价法主要适用于零点餐厅的餐饮产品的价格调整，一般以选择提价为主。当价格调整的机会到来时，其调价方法的运用可大致分为四个步骤：

1. 选择需要调价的菜点品种和数量

零点餐厅的菜点花色品种很多。在市场竞争条件下，当调价机会到来时，受各种产品的价格、顾客喜爱程度和原料成本的影响，所以，绝不应该采用统一提价或降价，即所有菜点都按一定比例调整价格的方法，而应该首先选择那些需要调价的菜品来进行价格调整。其选择的方法一般是以统计资料为基础，选择那些客人喜爱程度高、销售量、毛利率或毛利额需要变动的产品。

2. 计算产品调价需要增加的销售收入

采用选择提价法只需要选择部分产品提价。调价的根据和原因主要是供求关系变化、原料价格上涨、营业费用和人工成本增加、原有产品价格过低、产品口味和质量引起喜爱程度发生很大变化等。不管属于哪一种，采用选择提价后都会引起客人的人均消费变化，也会引起销售收入的增加，否则，餐饮产品调价毫无意义。因此，用调价期内的预测客人人均消费和预测接待人次，即可计算出产品调价后的新增收入。

3. 计算新增收入在调价产品中的分摊比率

采用选择提价法所获得的新增收入都是通过提价产品销售而得到的。它与不提价的产品没有必然联系，而选择提价的产品不止一个。这就需要根据所选择的提价产品的喜爱程度和原价高低及其构成比例的平均值来确定餐饮产品提价后的新增收入的分摊比率。

4. 预测提价产品的销售份数和提价额

选择提价法是选择喜爱程度高的产品来提价。因菜单中的产品众多，提价后的这些产品一般不会引起客人对价格的敏感性反应。因为不是统一提价而是选择提价，而提价产品的品种和提价额又较小。这时，根据市场状况和统计资料、预测提价菜在调价期内或每天的销售份数，即可确定每个调价产品的提价额。

【案例二】

双安大酒楼经营广东菜。上期酒楼客人的人均消费 64.38 元。因面临通货膨胀，猪肉价格、蔬菜进价涨幅较大。本期酒楼计划调整产品价格。管理人员经过对市场物价上涨趋势、企业成本分析、酒楼经营环境预测已经收集了有关资料，制定了如下调价方案，并据此调整已选出的部分产品价格。

（1）酒楼餐位 480 个。经预测本期上座率可达 86.5%，调价前人均消费为 64.38 元，调价后必须达到 68.52 元才能弥补物价上涨损失，完成计划利润目标。

（2）经对菜单销售分析和预测，本期已选出 4 种喜爱程度最高、需要调价的菜点。这些菜点的上期销售统计和本期日均预测销售份数如表 5–11 所示。

表 5–11　餐饮产品调价基础数据

菜点名称	上期价（元）	上期日均份数（份）	本期日均份数（份）
家常海参	38.6	158	154
雪山鸡片	32.8	146	150
水晶虾球	29.4	140	142
鱼丝菠菜	16.5	165	160

案例分析：

（1）根据题目预测，计算本期日均新增收入。

$$新增收入 = (68.52 - 64.38) \times 480 \times 86.5\% \times 2$$
$$\approx 3\ 437.86（元／日）$$

（2）根据提价菜的上期日均份数和价格，计算每种菜点应该分摊的新增收入百分比，结果见表 5–12。

表 5–12　提价菜点分摊新增收入百分比

菜点	上期日份数（份）	上期价格（元）	份数构成比（%）	价格构成比（%）	平均分摊率（%）
家常海参	158	38.6	25.94	32.91	29.43
雪山鸡片	146	32.8	23.97	27.96	25.97
水晶虾球	140	29.4	22.99	25.06	24.03
鱼丝菠菜	165	16.5	27.09	14.07	20.58
合计	609	117.3	100	100	100

（3）根据提价菜本期日均预测份数，计算菜点提价额和本期价。

$$家常海参 = \frac{3\ 437.86 \times 29.43\%}{154} \approx 6.57（元）$$　新价：45.17 元

$$雪山鸡片 = \frac{3\ 437.86 \times 25.97\%}{150} \approx 5.95（元）$$　新价：38.75 元

$$水晶虾球 = \frac{3\ 437.86 \times 24.03\%}{142} \approx 5.82（元）$$　新价：35.22 元

$$鱼丝菠菜 = \frac{3\ 437.86 \times 20.58\%}{160} \approx 4.42（元）$$　新价：20.92 元

核心要义复习题

1. 什么是菜单？菜单在市场营销中有何重要作用？
2. 菜单设计应遵循哪些原则？其设计依据是什么？
3. 菜单设计的方法是怎样的？需要注意避免什么？
4. 餐饮产品的价格有何特点？其价格构成是怎样的？
5. 餐饮产品价格管理要遵循哪些原则？其价格策略有哪几种？
6. 餐饮产品的定价程序是怎样的？其常用的定价方法有哪几种？
7. 什么是销售毛利率？它与成本毛利率有何不同？
8. 餐饮产品价格调整的依据是什么？其调价步骤是怎样的？

定量管理练习题

1. 某饭店销售海南仔鸡：主料进价 15.86 元 /千克，净料率 82.5%，盘菜用量 0.42 千克，配料成本和调料成本分别为 0.8 元和 0.5 元，销售毛利率 62%。请确定产品价格，并将销售毛利率换算成本毛利率，检验价格是否一致。
2. 花园餐厅计划销售 786.85 万元。其中，食品占 69.82%，饮料占 30.18%，毛利率分别为 58.92%和 68.36%，营业性税费 5%，餐厅人工成本及经营费用 247.38 万元，部分产品单位成本见表 5–13。请用价格乘数法制定产品价格。

表 5–13　花园餐厅部分产品的单位成本　　　单位：元 / 千克

产品名（菜点）	单位成本	产品名（酒水）	单位成本
（1）	12.54	（3）	16.47
（2）	18.65	（4）	15.73

3. 某酒店中餐厅上期人均消费 48.95 元，本期预计人均消费 51.34 元，接待人次 2 045 人。餐厅计划选择 4 种喜爱程度最高的产品提价，4 种产品上期销售记录和本期预计销售份数见表 5–14，请用选择提价法确定 4 种产品的提价额。

表 5–14　本期预计销售份数

菜点	上期价（元）	上期份数（份）	本期预计份数（份）
软炸肉片	16.4	386	395
滑溜仔鸡	20.8	418	436
清蒸鳜鱼	28.5	374	368
清炒虾仁	24.3	298	345

4. 某酒店嘉陵餐厅定价期内餐饮产品预算收入 487.96 万元，其中，热菜类占 62.4%，冷菜类占 24.8%，面点类占 8.6%，汤类占 4.2%。餐厅直接人工成本 15.8%。各类菜点的毛利率分别为热菜 62.5%、冷菜63.8%、面点 59.4%、汤类 68.5%。餐厅部分菜点的标准成本核定结果见表 5–15。请用主要成本法核定各类菜点产品基价。

表 5–15　嘉陵餐厅部分菜点标准成本　　单位：元

品种	热菜	冷菜	面点	汤类
品种 a	14.56	8.45	6.42	5.86
品种 b	9.28	11.36	4.38	9.24

5. 某涉外餐馆经营广东风味，共有 540 个餐位。定价期内餐馆预算食品收入 628.78 万元，其中：热菜占 61.5%，冷菜占 21.8%，面点占 12.3%，汤类占 4.4%。综合毛利率为 63.5%。四类菜点的预算毛利率分别为：热菜 63.4%、冷菜 65.8%、面点 58.6%、汤类 67.2%。餐馆人工成本占销售额的 18%，营业费用占 16.4%，营业性税费占 5.5%。定价期 150 天内的餐厅上座率 78.2%，每餐每位客人的平均点菜为 2.16 份，请用毛利贡献法制定产品价格。完成：

（1）编制餐馆经营预算，计算各类菜点价格系数。

（2）餐馆部分菜点的标准成本见表 5–16，请用价格乘数法核定产品基价。

表 5–16　某涉外餐馆部分菜点的标准成本　　单位：元

品种	热菜	冷菜	面点	汤类
品种 a	15.86	16.38	3.75	5.74
品种 b	8.42	6.25	6.42	9.28

即测即评

第六章　食品原材料采购供应管理

知识结构图

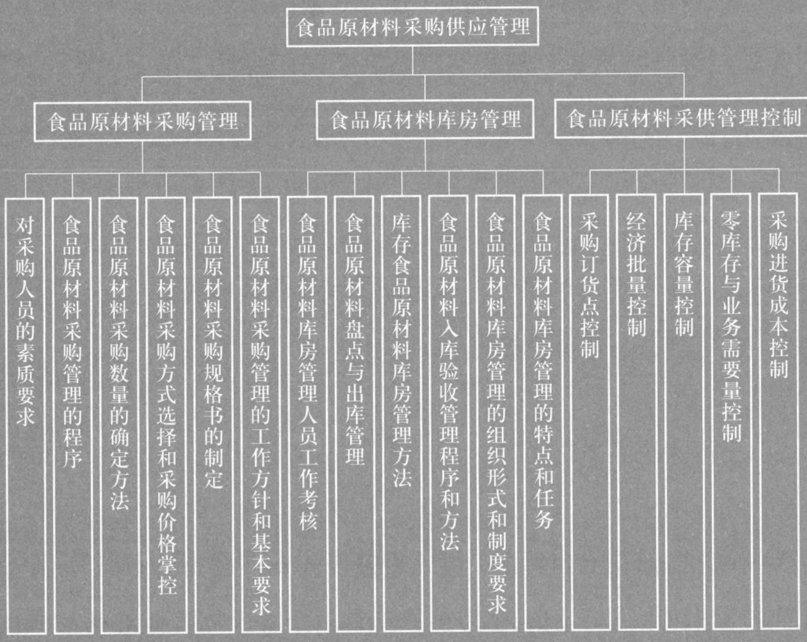

学习目标

知识目标

1. 掌握食品原材料采购工作方针、基本要求、采购程序
2. 掌握食品库房管理特点，管理任务，基本制度内容
3. 掌握经济批量、最高存量、零库存、订货点等概念

技能目标

1. 能制定采购规格书，确定原材料采购数量、熟知采购价格确定方法
2. 掌握食品原材料入库验收、库存管理、库房盘点、出库管理程序和方法
3. 能做库存容量、经济批量、订货点的有关数据计算

第一节　食品原材料采购管理

【案例导入】

两个采购员的故事带来的启示

小张与小王受雇于同一家超市，开始时大家都一样，从基层干起，做采购工作。不久，小张受到总经理的青睐，被一再提拔，从采购员做到了部门经理。小王对此一直不满，终于有一天忍无可忍，向总经理提出了辞呈，并痛斥总经理用人不公。总经理耐心听着。他了解这个小伙子，工作肯吃苦，但似乎缺了点什么。于是，他对小王说：

“你别着急，现在你到集市上去，看看今天有什么卖的。”

小王很快从集市回来说，刚才集市上只有一个农民拉了一车西红柿卖。

“一车大约有多少袋、多少斤？”总经理问。

小王又跑去，回来说有 10 袋。

“价钱多少呢？”，小王再次跑到集市上……

总经理望着跑得气喘吁吁的小王说：“休息一会吧，你可以看看小张是怎样做的。”说完叫来小张对他说：“小张，请你马上到集市上去，看看今天有什么卖的。”

小张很快从集市上回来了。汇报说，到现在为止，只有一个农民在卖西红柿，有 10 袋，价格适中，质量很好。他带回几个让总经理看，这个农民过一会儿还将弄几筐茄子上市。据他看价格还公道，可以进一些货。这种价格的茄子总经理可能会进货，所以，他不仅带回了几个西红柿做样品，还把那个农民也带来了，他现正在门外等着回话呢。

总经理看了一眼小王，说：“请他进来。”

这时小王似乎悟出了点什么，然后离开了总经理办公室。

点评　巧妇难为无米之炊。采购是餐饮企业经营餐饮业务的首要环节，但采购管理是一项比较复杂的工作。案例反映了两位采购员的素质差别，由此必然会造成工作效率和结果不同。为此，本章承接前章，主要介绍餐饮企业食品原材料的采供管理原理和方法技术，以保证企业产品生产需要，降低成本费用。

一、食品原材料采购管理的工作方针和基本要求

（一）采购管理的组织形式

食品原材料采购管理是餐饮生产业务活动的首要环节。采购管理工

作的质量，直接影响厨房生产、产品质量、成本消耗和经济效益。采购管理的组织形式必然会对食品原材料的采购工作产生影响。这种组织形式是由餐饮企业的管理体制决定的。现阶段，我国餐饮企业采购管理的组织形式主要有三种：

1. 财务部的二级部管理形式

这种组织形式是全店统一设置采供部，采供部是企业财务部的二级部。全店各级各部门所需的各种物资用品，统一归采供部管理，采供部内部再分设不同的采购小组和库房管理人员。这种形式主要在大中型酒店宾馆、餐饮集团特别是合资酒店中广泛采用。其优点是从系统观念出发，由财务部统筹全店的资金筹措、设备物资、原料物品采供、会计核算和效果考核，有利于资金的统一调度和使用，有利于加强成本核算和控制。二级部组织形式因企业规模大小、管理体制、具体情况不同会有所区别，一般模式可参阅图 6–1。

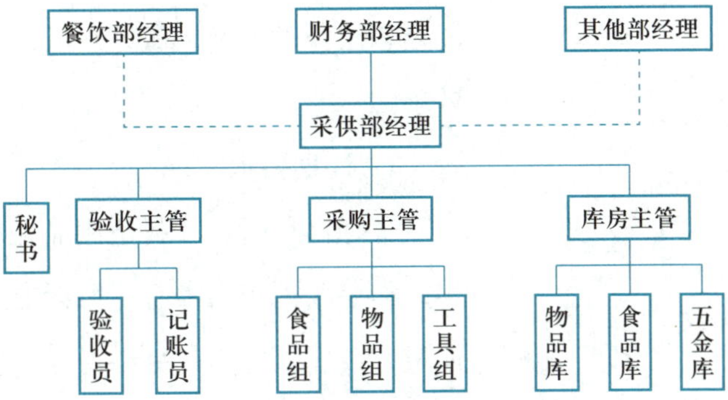

图 6–1　大中型企业采购管理组织形式

2. 餐饮部门采购的组织形式

这种形式又称分部采购管理形式。它是由各部门分别设置采购人员和库房，自行采购，然后到财务部报账。食品原材料和餐茶用品的采购，库房管理均由餐饮部门负责。这种形式是我国国有餐饮企业的一种传统组织形式，酒店宾馆从事业单位转变成独立核算、自负盈亏的企业后，大多都不再采用。

3. 餐饮采购直属总经理的组织形式

这种形式也是全店统一设置采购和库房，食品原材料、各种餐茶用品都统归采购主管人员负责，采购主管则直接对总经理负责。这种形式在以私营经济为主的各种独立的酒楼饭庄中广泛采用，其组织形式的一般模式可参阅图 6–2。

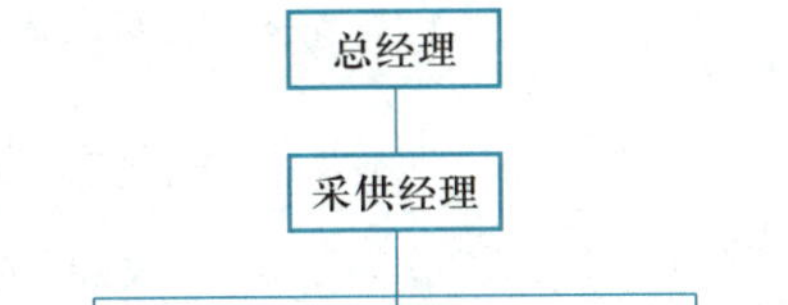

图 6–2　小型企业采购管理形式

（二）采购管理的工作方针

采购工作方针是指导采购业务、控制采购工作和进价成本、保证业务需要的行动指南。由于餐饮经营所需的食品原材料种类很多，采购工作零星、分散、琐碎，并且餐饮市场变化大、情况复杂。为此，做好采供管理必须遵循以下工作方针：面向生产业务、坚持采购计划，掌握市场行情、保证原料供应，严格遵守制度、廉洁奉公、保质保量、进货及时、降低成本。

（三）采购管理的基本要求

食品原材料采购管理是一项涉及面广、独立性强、关系复杂、对成本影响大的业务性较强的工作。为保证采购管理工作方针的贯彻落实，满足餐饮业务需要，做好食品原材料的采购管理，还必须遵循以下基本要求。

1. 计划要求

做好食品原料和餐茶用品采购，都必须根据采购计划，坚持以厨房生产和餐厅销售为中心，每天的采购都做到适用、适销、适时、保质、适量，具体表现为：品种对路、质量优良、价格合理、数量适当、到货准时。

2. 质量要求

食品原材料的采购质量直接影响原料加工的出料高低、配菜要求和烹调质量，最终影响产品成本、产品质量、客人需求和经济效益。为此，食品原材料采购管理在原料质量上的基本要求是：部位准确、色纯味正、优质上乘、新鲜安全、规格达标、确保卫生。

3. 价格要求

食品原材料的价格直接影响餐饮成本和产品毛利。为此，原材料采购管理必须在保证原料质量的前提下，随时掌握市场行情，选好供货渠道，减少流通环节，掌握合理价格，做到“价比三家，货比三家”。

4. 渠道要求

采购渠道对食品原材料的购货方式、进价成本、采购手续、运费高低和质量控制等都有一定影响。为此，在原料进价和质量标准基本相同的条件下，食品原材料在采购渠道方面的基本要求是：先市内后市外，先国内后国外，先国有后个体，先比较后决定，力求减少流通渠道，降低进货成本。

二、食品原材料采购规格书的制定

采购规格书又称采购质量标准控制单，是决定和控制食品原材料采购品种、规格、质量标准和使用要求的主要依据。食品原材料采购规格书应该在行政总厨的指导下，由各个厨房的厨师长分别制定，其制定过程大致包括三个步骤。

（一）确定食品原材料采购规格书的种类

食品原料种类很多，在市场上的初步整理、分档包装、质量状况等区别很大。为此，制定采购规格书首先要根据菜单内容和厨房对原料部位、质量、加工方式的要求，将采购规格书分成不同的种类，然后按原料的种类及其用途制定采购规格书的具体内容。就其采购规格书的具体分类而言，可大致分为：蔬菜类、禽肉类、畜肉类、海鲜类、河鲜类、水果类和干货类。

（二）调查市场主要食品原料供应规格与质量

原材料采购规格书的内容包括名称、规格、用途、质量状况等，都必须与市场供应相吻合。只有这样，才能保证采购规格书的实用性，并控制采购质量。如牛肉中的里脊和上脑，在市场供应中是否已经分开供应、分开包装；鸡肉中的胸脯肉、鸡翅、鸡腿等分开供应的规格、质量如何等。通过调查，将市场上的原料规格、质量状况和采购规格书的内容结合起来，才能增加实用性，达到控制采购规格、质量的目的。

（三）分类制定食品原材料采购规格书

食品原材料采购规格书的具体内容主要包括：原料分类、原料名称、采购规格、原料用途、质量要求五个方面，具体内容依蔬菜、海鲜、禽肉、畜肉、河鲜、干货等原料种类、名称、部位等不同而变化，现举例说明，见表 6–1。

表 6–1　食品原材料采购规格书

分类	品名	规格	用途	质量说明
畜肉	牛腰肉	0.5 千克 ~ 5 千克 / 块	黑椒牛柳、水煮牛肉、干煸牛肉	带骨切块宽 2.5 厘米，油层 1 ~ 1.5 厘米，深红色，一级，无变质，味正

续表

分类	品名	规格	用途	质量说明
河鲜	肉蟹 膏蟹	350 克 ~ 400 克 / 只 400 克 ~ 450 克 / 只	姜葱炒肉蟹 清蒸膏蟹	鲜活，无绳，达到一级标准 鲜活，无绳，一级标准

三、食品原材料采购方式选择和采购价格掌控

（一）食品原材料采购方式的选择

采购方式影响采购价格，而采购价格的掌控程度和效果直接影响产品成本和毛利，两者都是餐饮采购管理的重要工作内容，是做好采购管理的前提和基础。食品原材料采购方式的选择要根据原料品种、用途、使用时间、采购规格、质量要求和采购价格多种因素来决定。根据餐饮企业对食品原材料的分类用途和各种影响因素分析，其采购方式、适用范围及要求可简单列表比较如下，见表 6–2。

表 6–2　食品原料采购方式比较表

采购方式		适用范围	特点与要求
1	零星直拨采购	新鲜蔬菜、瓜果、肉类、海鲜等，每日购入后直接进入厨房	• 每日采购。品种多、数量少、零星分散 • 质优、新鲜、采购规格、内容固定 • 手续简单，操作方便，价格波动较大
2	短期储备采购	新鲜而需短期储备的原料为主，品种、周期、质量、规格稳定	• 7 ~ 10 天采购一次，小批量 • 多商家、少环节、竞价比较后定供应商 • 采购规格具体、手续程序固定
3	集中竞价采购	储藏期较长的干货、海鲜、贵重原料，高中档宴会使用为主	• 批量大、周期长、品种少、质量与规格稳定 • 干货、海鲜为主，价格较高，单次开支大 • 招标竞价，“货比三家、价比三家”后定
4	特需临时采购	高档、特别宴会、宴请、VIP 客人等特殊需要的原料	• 品种少、供应紧张或奇缺，价格较高 • 采购规格、质量不固定，厨师长现定 • 限时购买，多方联络，效率要求高
5	竞价派送采购	大中型集团连锁餐饮企业，品种固定，先购后派送	• 品种多、数量大、规格、质量稳定 • 公开招标、竞价签订协议，渠道较固定 • 手续完善，派送快速及时，价格低

（二）食品原材料采购价格制定

采购价格是影响原料成本的重要因素之一。在采购管理过程中，控制原料进价，防止舞弊行为，是降低餐饮成本的重要措施。由于采购价格是由供求双方决定的，各种食品原料在一定时期内有一定市场行情，因此所谓采购价格就是供求双方通过的协商、竞价、讨价还价等方法来确定食品原材料的进货价格。现阶段，餐饮企业制定采购价格的方法主要有三种。

1. 采购人员定价

这种方法是由采购人员根据市场行情，在采购过程中与供应商协商，确定双方均可接受的采购价格，然后根据进货发票由采购人员到企业会计处报账，由此完成原料采购，形成餐饮进价成本。采用这种采购价格管理方法的前提和基础是建立在对采购人员的觉悟、思想水平、政策水平的充分信任，特别是对他们廉洁奉公的精神和自觉程度的充分信任基础上的。虽然也有财务报销管理制度的规定，但大多是难以执行和检查的。在市场经济条件下，这种采购价格制定方法的弊端是不言而喻的。

2. 货源报价制定价格

这种方法是在采购部和财务部设价格管理人员。价格管理人员根据原料种类、采购周期、市场行情、同期历史价格资料等，每周、半月或一个月从供应商或原料市场上取得各种原料的最高、最低和正常价格，再根据餐厅菜单和采购计划，制定原料采购货源报价表并下达到采购部经理和采购人员。各种原料在保证采购规格、质量的基础上，其采购的价格以货源报价表中的平均价格为准，上下浮动的范围一般要求控制在1%～3%。最后由物价员检查采购价格执行情况。这种定价方法与前一种比较，其优点显而易见，但也有两点不足：一是很多时候货源报价中的最高、最低和正常价格常常悬殊太大，特别是不同供应商的报价更是如此，因而平均价格掌握的准确性较难；二是实际进价往往难以控制。因此，这种定价方法只能起到相对控制采购进价的作用。

3. 集体竞价定价

这种方法是先建立企业采购进价管理制度，然后集体讨论，与供应商竞价，最后集体定价，其内容是：

（1）确定原料物品定价期。一般鲜活原料 7 天左右为一个定价期，短期储备的原料 15～20 天为一个定价期，其他原料物品可以 1～3 个月为一个定价期。

（2）联系供应商准备样品和报价。根据不同原料定价期内的品种、采购数量、规格和质量要求，由采购经理组织采购人员深入市场了解行情，并通知供应商准备样品和报价，使价格和样品结合起来。

（3）货源报价和集体定价。在制定具体价格时，财务部先从市场上取得货源报价表并召开有采购员、库管员、厨师长和物价员参加的集体定价会议。同时将三家以上的带有样品和报价的供应商约请到企业采购部，共同审查样品，比较供应商报价和货源报价表中的同种原料价格，同供应商讨价还价。经过集体研究和与供应商协商，最后敲定供应商，确定需采购的原料物品种类、名称、规格和价格，再与供应商签订采购协议书。

（4）原料采购价格实施。集体定价后，由采购部制定原料采购规格和价格表。采购规格均以采购协议为主要依据。价格表一式四份：一份交采购员组织进货，鲜活原料每天购进，其余原料按采购申请计划、依照集体定价要求采购；一份交验收人员，原料验收时，必须同时验收数量、质量和价格，原料质量和价格不符合集体定价要求的，不许验收入库或使用；另两份给部门签字的经理人员和财务报销的会计人员，他们在审核签字和处理报销时，必须同时审核实际进价和集体定价要求是否相符，如有问题，要按相应制度和规章处理。

（5）采购价格责任规定。在价格制定和实施过程中，必须坚持采购人员、验收人员、会计人员和物价管理人员共同负责。在哪个环节出了问题，违背了集体定价所要求的质量和价格，由此造成的经济损失，由相关责任人员承担，如果责任不清，则集体承担，从个人工资中扣出，情节严重者则随时辞退。

上述三种采购价格定价方法中，显然第三种方法效果最好，应该引起餐饮企业的高度重视。

（三）食品原材料采购价格掌控

在原料定价的基础上，控制好实际价格是降低进价成本的重要途径，也是贯彻落实采购管理的工作方针的重要措施，其采购价格掌控的基本方法是：

1. 坚持货源报价，严格定价制度

餐饮企业要根据食品原材料市场行情波动大、原料采购频繁的特点，坚持每次采购前都要取得供应商报价，然后严格定价制度，坚持集体定价，掌握好采购进价水平，防止成本上升。

2. 公开价格管理，杜绝暗箱操作

价格管理要公开，报价、定价都以集体为主，不允许一个人和供应商联系后就制定了价格，特别是大宗采购时更要如此。

3. 严格检查定价实行情况，控制实际进价

餐饮企业必须严格执行采用集体定价后所确定的价格。每次采购完成后，都应以采购规格、质量、集体定价的价格为依据，检查实行结果。要将采购、验收、签字、报销和物价员审核的工作结合起来，共同做好检查，落实责任制度，才能控制采购进价，降低原料成本。

四、食品原材料采购数量的确定方法

食品原材料的采购数量是由不同品种的原料的采购周期及周期内的日均用量决定的，其采购数量的确定方法主要有五种。

（一）每日购进核定法

这种方法主要适用于每日购进的蔬菜、瓜果、鲜肉和活鱼等各种鲜活原材料，其方法是根据前后几天的客源变化及各种鲜活原料的每日使用量来确定采购数量，公式为：

$$Q = \text{当日需要量} - \text{厨房现余量} \tag{1}$$

（二）标准存量核定法

这种方法主要适用于定期采购的各种干货原料和需要建立短期储备的冷冻原料，其采购数量的确定方法是根据不同原料的采购间隔周期不同，建立标准存量，然后根据库存状况、采购时的发送时间长短来确定采购数量，公式为：

$$D = a \cdot n + D_n \tag{2}$$

$$Q = D + a \cdot t - Q_n \qquad (3)$$

式中：D——标准存量；

a——订货期间日均用量；

n——采购间隔天数；

D_n——预防保险量；

Q——采购数量；

t——原料发送天数；

Q_n——现存量。

例如：山城酒店餐饮部根据市场原料供应状况、厨房生产需要、原料库存历史资料等相关数据，确定了部分食品原料的标准存量，见表6–3。请确定这些原料的标准存量和采购订货数量。根据公式（2）、公式（3），将计算结果填入表6–3。

表6–3　标准存量与采购数量表

原料	日均用量（千克/天）	间隔天数（天）	保险天数（天）	提前发送天数（天）	现存量（千克）	标准存量（千克）	采购申请量（千克）
海参	1.6	30	2	2	1.5	51.2	52.9
大米	85	30	2	1	15	2 720	2 790
香菇	3.2	30	3	3	2.8	105.6	112.4

（三）季节储备核定法

这种方法主要适用于需要建立季节性储备的部分蔬菜、水果等食品原料。这些原料建立季节储备的目的是降低过季购买的价格损失，能够大幅降低进价成本，保证客人消费需求。其采购数量确定方法是根据季节储备天数和日均用量来确定，公式为：

$$Q = \text{日均用量} \times \text{季节储备天数} \qquad (4)$$

（四）经济批量确定法

这种方法主要适用于那些进价成本高、用量较大、市场供应稳定的食品原材料。经济批量是指花费在储存管理中的订货费用和储存费用都最低时的一次购货量，它受三个因素的影响，一是除进价成本外的每次订货费用，二是储存管理费用，三是缺货损失。在这三个因素中，订货费用与采购次数成正比，与订货数量成反比，存储费用随订货数量的变化而变化，缺货损失则直接由订货数量不足造成。要降低订货费用，就要求加大订货批量、减少订货次数，要降低存储费用就要求减少订货批量、增加订货次数。经济批量确定法就是在做好原始记录、统计分析的基础上，找出存储费用和订货费用都是最经济的一次采购订货数量。计算公式为：

$$Q=\sqrt{\frac{2CD}{I}} \qquad (5)$$

$$=\sqrt{\frac{2CD}{P\cdot\gamma}}$$

式中：Q——经济采购订货量；

C——每次订货费用；

D——一定时期的原料需要量；

P——原料订货价格；

γ——库存维持费用率；

I——单位原料库存费用。

（五）特殊需求确定法

这种方法主要适用于高档宴会和急需的计划外特殊原料采购数量的确定。采购数量是由行政总厨或厨师长根据特殊产品或宴会生产任务量和原料加工损耗程度来确定的。临时采购数量的计算公式为：

$$Q=\frac{D\cdot n}{1-f}+Q_n \qquad (6)$$

式中：Q——特殊原料临时采购量；

D——单位净料用量；

n——特殊产品生产份数；

f——原料加工损耗率；

Q_n——预防保险量。

五、食品原材料采购管理的程序

餐饮食品原材料采购管理的最大特点是工作零星琐碎、品种数量庞杂、市场行情多变、规格质量要求高。根据上述特点和餐饮企业实际情况，食品原料的采购管理程序可概括为五个步骤。

（一）制定采购计划

食品原材料种类很多，原料消耗方式、库存多少、库存周期也有很大差别。因此，其采购计划以月度计划为主，并且是逐月编制的，编制方法是：

1. 分析确定不同原料的采购周期

一般是每月最后一周由主管副总经理或餐饮总监召集采购、库管、财务、餐厅等部门经理、行政总厨和厨师长等人参加餐饮工作例会。在总结上月销售情况、原料消耗、预测分析下月餐厅上座率的基础上，根据食品原料的消耗方式、每日消耗数量、库存要求和市场供应，确定不同种类的食品原料的采购进货周期，以便既能保证满足业务需要又能减少库存，加快资金周转。采购周期的长短各不相同，通常，除每日进货的鲜活原料外，有的 3～5 天进货一次，有的 7～10 天一次，有的 15～20 天一次，有的一个月以上进货一次。

2. 分类编制食品原料采购计划

根据原料的采购周期，在预测下月客源数量、分析上月进货记录的基础上，确定不同原料的日均用量、月度进货数量，进而编制月度食品原料采购计划。计划内容可参阅表 6–4。

表 6–4　月度食品原料采购计划

原料分类	原料名称	规格质量	报价	预计日均用量	采购周期	采购次数	计划采购	预计成本	建议供货商

（二）提出采购申请

食品原料因采购周期和使用要求不同，其采购申请和审批程序也不同，采购申请主要有两类。

1. 每日进货的鲜活原料申请

由各厨房厨师长、宴会厨师长或行政总厨（酒店宴会厅）根据前后几天的原料消耗、下一日客源状况、宴会预订情况和厨房当日原料余存，提出采购申请，填写“鲜活原料采购申请单”，格式可参阅表6–5。

表 6–5　鲜活原料采购申请表

厨房＿＿＿＿　日期＿＿＿＿　申请人＿＿＿＿　编号＿＿＿＿

原料名称	规格质量	请购数量	单价	用途	建议供应商
审批人签字					

2. 定期储存的原料申请

由各食品库房（包括干货库、化解库、冷库、酒水库等）管理人员，根据月底库房盘点后的原料余存情况、当月采购计划和库存周期长短，提出补充进货的采购申请，填写“库房原料采购申请单”，格式参阅表 6–6。

表 6–6　库房原料采购申请单

库房＿＿＿＿　填报人＿＿＿＿　申请日＿＿＿＿　编号＿＿＿＿

货物名称	规格质量	计划储量	现存余额	请购数量	供应商报价			实际采购	
					（1）	（2）	（3）	数量	价格

（三）做好采购审批

餐饮企业的原料采购审批，大致分为两种情况。一是鲜活原料采购，因品种多，数量少，需每日进货，一般由采购主管或餐厅经理签字后，直接交采购人员办理。二是各库房的定期储备的原料采购，因批量大，耗用资金多，采购间隔周期相对较长，影响企业资金周转，因而其审批分为三级：一是库房原料采购请购单先交采购部经理审阅、签字、汇总；二是由采购部经理将汇总后的采购申请报财务部审批，主要是审核资金使用；三是财务部将审核结果制成采购资金使用报告，报总经理批准后，再将库房原料采购请购单转回采购部，交采购人员按计划和规定采购进货。

（四）控制采购价格、质量和数量

1. 采购价格控制

餐饮企业不管采用什么方式，都必须认真做好价格控制。每次采购前，特别是批量采购前，都必须制定出各种规格原料的采购进价标准及控制幅度，做好价格管理。

2. 采购质量控制

原料采购必须根据产品质量要求和市场供应状况，将分类制定的食品原材料采购规格说明书分发给采购人员，并组织样品对照、厨房实习等活动。采购部经理或主管要监督贯彻实施。验收人员必须按采购规格说明书的要求验货，把好各种原料的规格质量关。

3. 采购数量控制

每次采购数量控制一般以经过批准的采购申请单上各种原料的数量为准。其具体数量控制一般以不超过申请数量的5%为原则。

（五）及时组织进货

在采购申请批准后，由采购部经理或主管组织采购人员积极深入市场，按采购规格书的要求，按时、按质、按量、按价组织进货。每天、每次采购进店后，鲜活原料直接进入厨房或餐厅，其余原料进入库房，进店入库均要经过严格验收，由此完成食品原料和餐茶用品的采购管理全过程。

六、对采购人员的素质要求

食品原材料采购是一项专业性和独立性较强的工作，采购人员的素质直接影响采购业务活动的开展和成本消耗。为此，采购人员应具备以下基本素质：

（一）有强烈的事业心和责任感

具体表现为热爱本职工作，不图享受，不怕辛苦，能吃苦耐劳，克服困难，出色完成采购任务。

（二）有较丰富的原料专业知识

食品原材料和餐茶用品的种类成千上万，各种货品的性质、规格、质量差别较大。同一类食品原材料也因产地、生长期等自然条件不同，色泽、质地、质量、涨发率、出料率等有所不同。采购人员只有具有丰富的原料专业知识，善于辨认、鉴别和检验各种食品原材料，特别是干货原料，掌握市场行情，才能采购到价格合理、质量优良、适合厨房生产和餐厅需要的食品原材料和餐茶用品。

（三）有较强的社交活动能力

由于采购人员要同各种类型的人打交道，因而应头脑机敏，反应灵活，善于同各种类型的人交往，以适应客户单位众多、货源渠道广泛、采购价格灵活多变、供货方式各不相同的市场特点，保证适用、适销、适时、适量地做好采购供应工作。

（四）有一定的政策水平和法律知识

只有遵守国家政策，正确执行经济合同，遵守野生动植物保护、食品卫生等方面的法律，遵守企业采购业务各项规章制度，懂得法律程序和有关规定，才能维护企业的经济利益，完成采购任务。

（五）廉洁奉公，不谋私利

由于采购工作独立性强，采购人员代表企业处理经济业务，因此，要杜绝私收回扣、礼品、小费等现象发生。

实际认知

家族式餐厅的另类采购控制

家族式餐厅大多指“父子店”“夫妻店”等形式出现的餐馆、酒楼。其规模有大有小，档次规格有高有低，但管理方式都是家族性质的。其老板大多经受过市场竞争的考验和磨炼，故其管理方法多以自身的经验为主。上面所讲的食品原材料采供管理的原理和方法对他们来说，都难以运用。他们大多采用一种另类的采供管理控制方法。其做法是：

（1）采购人员选用。以老板的妻子、儿子、女儿等家族成员为主，也可使用忠诚老实、又有一定能力的外部员工，但不管用什么人都要直接由老板掌控。

（2）原料使用。以蔬菜、肉类、鱼类、禽蛋等鲜活原料为主，贵重干货等库存原料较少，资金占用不多。贵重干货如需批量购进，则由老板直接看货议价购进。

（3）原料进价。由老板或采购人员直接与批发商协商，订立协议或到市场批量购进。供应商相对稳定。进价则根据品种不同确定，随季节变化、价格较低。

（4）每日采购量。各种原料每日采购数量根据餐厅规格、客源数量和前几天的实际用量，与厨师长协商，大致确定。每日购进的原料，除极少数要库存或未用完外。大多能满足业务需要而全部使用完。

（5）采购控制方法。每日购进的原料成本，报老板和会计记账。老板的控制方法是总量推算。如某日原料采购花了 4 500 元，餐饮毛利率控制在 52.5%左右，则当日的营业收入应在 9 470 元左右。老板只要一比较当天的采购支出和实际收入包括应收款，即知道成本控制的好坏。如果发现采购支出与销售收入不成比例，悬殊较大，老板就会从采购进货、厨房使用、偷吃偷拿等方面去发现问题，采取改进措施。这就是家族式餐厅的食品原材料采购中的另类控制方法。

第二节　食品原材料库房管理

【案例导入】

一次库房原料报损的损失计算

Monting 酒店是一家合资酒店，开业 5 年来，经营效果一直很好，内部管理科学规范。去年 8 月底，餐饮库房盘点突然发现酒店极冷库的部分肉类和海产品已经解冻，有了严重异味，经现场清理，损失较大。按原料进价计算，损失成本金额 9 580 元。事后查明，造成库房保管损失的原因是库房施工中的隐蔽工程线路出了问题，造成隐蔽部分的线路受阻，使库房温控失效。酒店立即采取措施进行了专业抢修。在计算库存报废损失中，财务部门按 9 580 元的进价损失做账。在分析酒店经济损失时，外方管理人员以酒店平均毛利率 62.8%为依据，得出需按 25 758 元核定实际经济损失。其核定方法让中方部分管理人员大开眼界，也引起了大家对库房管理的更加重视。

点评　食品原料的采购和库房管理都是为厨房生产服务的。库房管理不善，必然造成经济损失。传统方法都是按原料进价核定损失。案例中的外方管理人员提出了按原料加工制作后的销售额来看待和核定损失，是很有道理的。库存原料如果不发生报损，投入使用而售出，就应该获得 25 758 元的收入。当然，食品原料库存管理的问题很多。为此，我们在采购管理的基础上，进一步介绍食品原料库房管理的有关原理和方法，以保证需要、降低损耗。

一、食品原材料库房管理的特点和任务

（一）食品库房分类

餐饮企业是根据企业餐饮经营的规模大小、等级规格、餐厅接待能力、产品类型、专业化程度、需要保存、用于周转的食品原材料以及酒类的数量、结构、储存期的长短等多种因素来建立和设置各种库房的。因此，各餐饮企业的库房种类是各不相同的。从整体上来看，其库房种类主要有以下七种，如表 6–7 所示：

表 6–7 食品库房分类比较

库房	温湿度	物品储存与分类
干货库	温度 15～37°C 湿度 40%～60%	• 比较干燥，不易腐坏变质的干货、调料等 • 可再分干货调料库、餐茶用品库、杂品库等 • 如米面、干果、木耳、香菇等原料
恒温库	温度 10～15°C 湿度 50%～70%	• 主要储存短期存放的新鲜蔬菜、瓜果 • 储存时间多在 5～10 天
保鲜库	温度 3～5°C 湿度 50%～70%	• 主要储存保管期较短的鲜肉、鱼类、海鲜、蔬菜、豆制品、半成品等，时间多在 3～5 天 • 可用冷柜、冰箱代替库房储存
极冷库	温度 –20～–15°C 湿度 80%～90%	• 主要储存需长期存放的肉类、海鲜等 • 储存期可在 1～3 个月，也可分成小库储存
酒水库	以室温为主，温度 4～16°C 最好 湿度 40%～60%	• 主要储存各种酒水、饮料，如烈性酒、葡萄酒、啤酒、果汁等 • 多建在地下室或一层
厨房柜存	温度 3～5°C，干货用品以室温为主	• 保管每天未用完的鲜活原料，供第二天使用 • 保管每天使用而又不宜每天去领的部分调料、米面及干制品等，用冷柜、冰箱、货柜储存
原料食品展示柜箱	温度 3～5°C。灯光展示，以海鲜为主	• 主要设在餐厅展卖区，以冷冻、冷藏、展示柜代替库房，主要适用于专业性餐厅 • 将新鲜原料食品在柜中展卖，供客人直接挑选

（二）食品原料库房管理的特点

1. 库存原料种类繁多，出入库管理工作庞杂

餐饮企业一般有不同的食品库房，有的库房往往要储存几十种甚至

上百种食品原材料。而这些原料的品种、规格、保管温度、质量要求各不相同，储存时间长短各异，加之每天又有大量原料进入、验收、发放工作要做，因而其管理工作比较庞杂。为此，餐饮企业要制定和完善食品库房管理制度，掌控工作流程，既要保证库存物品安全，又要保证厨房每日生产需要。

2. 储存要求差别较大，管理过程不易控制

餐饮库房所储存的原料种类规格不同，每种食品原料的储存周期、保管要求的温度、湿度、通风条件、码放规格以及卫生标准要求各不相同，就是同一库房的不同食品原料，其具体储存保管的要求也有一定区别。同时，各种原料的最高、最低库存、资金占用、出入库管理也有较大区别。因此，要保证各种原料库房管理全过程的准确、及时、安全、优质，做好管理过程控制，不是一件容易的事情，需要引起食品库房管理人员的高度重视。

3. 资金占用与周转要求高，管理工作责任重大

餐饮管理在保证经营环境、产品与服务质量和餐厅客源的基础上，主要靠资金周转，成本控制而获得满意利润。食品原料、酒水与餐茶用品的库房管理会占用较多的资金。减少库存资金占用，加快资金周转是库房管理的基本要求。同时，库存原料管理水平的高低，直接影响原料安全、卫生、报损数量、资金占用和资金周转的速度。因此，库房管理对企业原料资金占用、周转和成本消耗都承担着重要责任。为此，只有完善岗位职责、落实各项制度，才能做好库房管理。

（三）食品原料库房管理的任务

1. 当好参谋，发挥“蓄水池”作用

库房是为生产服务的，它一头连接采购，另一头连接生产。食品原材料不断购进，又不断发出，库房起到“蓄水池”的作用。为此，库房管理人员必须当好参谋，合理制定库存物资补充计划，控制最高存量和最低存量，根据生产需要及时发货，及时补充各种食品原材料，并随时掌握库房状况，及时提供库房物资进销调存的数据，为生产经营活动服务，以充分发挥食品库房“蓄水池”的作用。

2. 科学储存，控制库存业务

库房是根据食品原材料种类的不同设置的。由于各种食品原材料性质、产地、质量、用途不同，储藏管理的温度、湿度、气流、储存期、保管方法和要求也不同。库房管理要针对不同库房的食品原材料和餐茶用品，采用科学的方法，做好储存管理，保证货物安全。同时，为降低库存，加快货物周转，其工作内容包括进货数量控制、储备定额控制、期初期末存量控制、安全存量控制、库存容量控制和库存资金控制等。

3. 制定工作程序，严格管理制度

食品原材料种类很多，各种原材料从采购入库到出库使用交替进行，中间有一个储存期。入库验收、库存登记、建立货卡、统计对账、盘点核查、收付发生额和余额计算以及库存资金占用统计汇总，是一个复杂的过程。为此，库房管理必须合理制定工作程序，将记账员、仓管员的工作和采购、库房管理、厨房领用及财务记账核算有机地结合起来，以保证库房各项管理工作的衔接和协调。同时，必须严格管理制度，包括库存补充制度，入库验收制度，库房保管制度，出库手续制度，记账、对账制度，盘存核查制度和报表传送制度。

4. 做好出入库管理，完善账务手续

入库和出库管理是库房管理的两大关口。它和库存量结合，直接反映食品原材料的来龙去脉。为此，入库验收和出库都要建立库存账卡，做好登记，随时掌握各种食品原材料进、销、调、存动态，完善账务手续，控制成本消耗，更好地为厨房生产服务。

二、食品原材料库房管理的组织形式和制度要求

（一）食品库房管理组织形式

食品原材料库房管理处于采购供应和厨房生产的中间环节，现阶段我国酒店、餐馆食品原材料库房的设置有两种形式。

1. 库管部管理形式

库管部管理形式是全店设立仓管部，统一储存、保管企业各部门所需的各种物资用品和食品原材料，又分两种情况：一是库管部和采购部一起，是企业的一级部，和其他业务部门平行；二是库管部和采购部一起归企业财务部管理，是企业的二级部。不管属于哪一种，库管部都根

据企业物资用品和食品原材料储藏管理的需要，分类设置库房，如百货库、五金库、陶瓷库、布草库、食品库等，其中，食品库再根据食品原材料种类的不同，分别设置不同的小库房，为餐饮产品生产服务，其组织形式可参阅图 6–3。

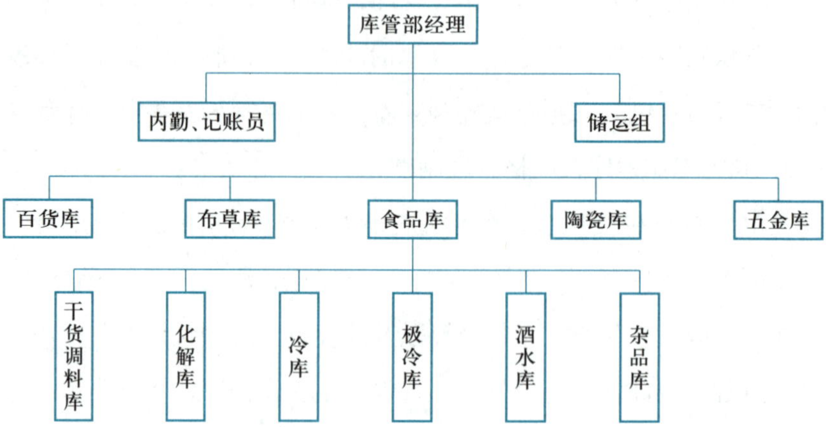

图 6–3　企业库管部组织形式

库管部组织形式内部设库管部经理、内勤、记账员、库房保管员等主要工种，其主要职责如下：

（1）库管部经理，主持库管部的全面工作，直接对总经理或财务部经理负责，编制库房年度计划、月度计划，审核库存定额，制定并督促各仓库管理员贯彻执行库房管理制度和工作程序；协调采购、库房、厨房及各部门的关系；审查各部门领用物资用品和食品原材料的数量；掌握库存物资及资金占用，控制库存，为各部门业务活动服务，降低损耗，提高经济效益。

（2）内勤，主要履行秘书职责。传递公文，上情下达，下情上传；起草部门文件、报表，催办落实上级指示；熟悉各库房各环节的工作，向经理提供建设性建议；接听电话，接待各部门的有关人员；负责部门考勤，完成经理交办的其他工作等。

（3）记账员，汇集各仓库的进货单、领料单、出库单，并进行分类整理、统计汇总和入账登记；制作企业物资用品、食品原材料的进、销、存账目；与库房保管员对账，保证账账相符；发现问题，及时查明原因；及时处理坏账、死账、挂账；每月统计各类物资用品和食品原材料报表数据，报送库管部经理审阅；参加库房盘点，制作库存月报和年终盘点报表，分送各部门经理、财务、采购及各库房。

（4）库房保管员，负责分管库房物品储存、保管工作，直接对仓管部经理负责；贯彻库房管理制度，做好入库验收、库存保管、发料出库工作；审查单据，制作验收单、存货账卡、出库单和库存日报，保证账物相符；参加库房盘点，同记账员对账，做好所管库房的安全、卫生等工作。

2. 餐饮部门库房管理形式

这种形式是食品原材料和餐茶用品库房直接归餐饮部管理。餐饮部门设食品库房主管，直接向餐饮部经理负责，接受财务部的检查和监督，部门内部根据食品原材料和餐茶用品种类，分别设置不同的小库房。这种管理形式多在内资酒店、宾馆中采用，与第一种方式的区别在于：库房主管只管餐饮部门所需的食品原材料和餐茶用品，不管其他部门所需的物资用品，职权范围较小。一些小型酒店的餐饮部门和餐馆的库房只需 1～3 人即可，并无固定的组织形式。餐饮部门库房管理的组织形式可参阅图 6–4。

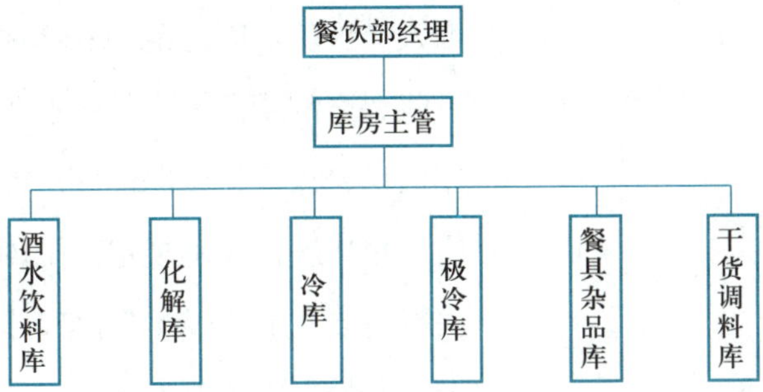

图 6–4　餐饮部门库房管理形式

（二）库房管理基本制度

为保证食品原材料储藏、保管的安全，认真贯彻食品卫生法，食品原材料库房管理必须坚持以下五项基本制度：

1. 四禁制度

禁止无关人员入库，禁止存放个人物品，禁止在库房饮酒，禁止危险物品入库。

2. 四不制度

采购人员不购腐坏变质的食品原材料，库房人员不收腐坏变质的食品原材料，厨房人员不用腐坏变质的原材料制作食品，销售人员不售变质、变味的食品。

3. 四隔离制度

在食品原材料保管、储存的过程中，要坚持生熟食品隔离，成品和半成品隔离，食品和杂物、药物隔离，食品和天然冰隔离，预防食品污染和食物中毒。

4. 三先一不原则

在食品原材料库房及出库管理中坚持先入库的先出，易腐易变的先出，有效期短的先出，腐坏变质的不出，及时报损处理。

5. 四防制度

即防火、防盗、防腐、防毒制度。要认真做好防火、防盗、防腐、防毒工作，一切进库人员，不得携带火种、背包、手提袋等进库。因业务工作需要进入库房的人员，入库前要办理入库登记手续，并有库房人员陪同，不得擅自入库。凡入库人员工作完毕，出库时应主动请库房管理人员检查。库房范围及库房办公地点，不得会客，其他部门员工不得在此围聚闲聊，不许带亲友和无关人员到库房参观。库存原料物品要定期检查、盘点，要保证库房的空气流通和环境整洁，防止原料腐坏、变质、变味。在库房规定范围内不得生火，也不准堆放易燃易爆物品。库房每月要检查防火、防盗、防腐、防毒设施，接受企业安全部门的检查、监督，以确保库房安全。

（三）库房管理基本要求

1. 六化要求

即管理专职化、货位固定化、码放规格化、计量标准化、库房整洁化和检查经常化，以保证库存原料物品安全。

2. 四懂要求

即库房管理人员要懂原料物品的品种、规格、数量、质量标准，懂原料物品的特点和用途，懂库存物品的保管知识，懂库存原料的相关业务流程。

3. 四会要求

即会识别食品原材料，会制定库存账卡，会保管、储存不同的原料食品，会盘点库存物品。

三、食品原材料入库验收管理程序、方法和日报

（一）入库验收程序

餐饮企业的食品原材料入库验收主要有两种形式：一是全店在财务部下设立统一的验收组，设验收员和记账员，负责全店所有食品原材料和各种物资用品的验收工作，验收单据交财务部核算和库管员记账；二是各种食品原料和物资用品直接由库管员和厨房人员（鲜活原料）验收入库或使用。两种验收方式，前者采用较为普遍。不管采用哪种方式，餐饮企业食品原材料的入库验收程序主要包括三个步骤：

1. 验收申请

各种食品原材料采购进店后，由采购员申请验收，一般需提前电话联系，以请验收人员做好准备。

2. 货物验收

一般是两人临场，一人点验、一人记账，验收时要与发票核对，按采购申请单上批准的原料品种、规格、质量、数量、价格要求逐一验收。如果是当天使用的鲜活原材料，则直接由厨师长或其指定人员验收。

3. 填制验收单据

需要填制的验收单据主要有三种：一是入库验收单，由记账员或库管员填写，记录货物进入库房情况；二是直拨验收单，由厨房验收人员填写，已登记的货物直接进入厨房当天使用，两种单据格式可参阅表6–8；三是原料验收付款签单。原料验收后由验收人员填写付款凭证，即验收付款签单。此签单和进货发票及入库验收单一起送给财务部。财务部出纳员只有收到验收付款签单后，才能向供应商付款，其单据格式可参阅图6–5。

表 6–8　食品原料入库（直拨）验收单

验收日期________　验收员________　编号________

供应商	品名	规格	单价	采购量	验收数	金额	库房或厨房
采购员________　库管员________							

致财务部：

下列食品原料与酒水饮料已经验收合格入库（厨房），附验收单于后，可以付款。

验收员＿＿＿＿＿　　采购员＿＿＿＿＿

记账员＿＿＿＿＿　　日　期＿＿＿＿＿

图 6–5　食品原料验收付款签单

（二）食品原材料验收方法

验收食品原料，包括酒水饮料和餐茶用品等，重点要注意六个方面的问题。

1. 品种与数量验收

每次验收，均以采购单上批准的花色品种和数量为准。品种上要注意防止超范围采购或供应商超品种送货。数量上则以尾数差额不超过3%为宜，以保证品种对路，数量合理。

2. 质量与规格验收

每次验货都以事先制定和下达的采购规格说明书所规定的质量和规格为依据，逐一检查，比较其部位、规格、色泽、弹性、新鲜程度等指标。凡是不合指标的，必须坚持退货或降价处理。

3. 商标与产地验收

凡是罐头食品、瓶装与罐装的酒水饮料等，每次验收要逐一或抽查商标与产地，尽可能选用著名厂商或供应商的产品，防止虚假、伪劣原料食品进入库房。

4. 箱装与包装验收

简单包装或散装食品均逐一验收，箱装或包装完好的食品则采用抽检方法，开箱、开包验收。坚持本地的少验、外埠的多验，完整无缺的少验、有破损的多验，混装的全验原则。

5. 色泽与新鲜度验收

肉类、鱼类、蔬菜、瓜果、海鲜等鲜活食品原料，每次验收都要逐一检查其原料色泽、部位、块状、规格、水分、弹性和有效期，确保新鲜优质，杜绝注水、掺假、过期、变质变味等原料食品混入。

6. 特别要求与价格验收

对于燕窝、鱼翅、猴头菇、鲍鱼、茅台等贵重的食品原料或酒水，要特别逐项验收，验收人员要掌握验收专业知识，防止假冒伪劣原料和酒水入库。贵重酒水要检查摇动后的泡沫多少和澄清还原程度。最后，要特别注意各种食品原料和酒水的价格是否符合企业规定，即采购单上领导批准的价格水平及其许可的变动范围，以防止采购人员随意增加进货成本。

（三）食品原材料验收日报

1. 直接使用的原料验收日报

每天进入厨房或部门使用的鲜活原料，先由厨师长填写直拨验收单，然后，单据交记账员汇总并填写直拨原料验收日报交财务会计员记账，日报格式可参阅表 6–9。

表 6–9　直拨原料验收日报表

供应商	票据号	品名	规格	单价	数量	金额	使用厨房
合　计							

2. 库存原料验收日报

根据入库验收单副本，由记账员汇总，填写库存原料验收日报表，交财务部成本会计记账，其格式可参阅表 6–10。

表 6–10　库存原料验收日报表

供应商	票据号	品名	规格	单价	数量	金额	存入库房
合　计							

3. 酒水饮料验收日报

每次酒水饮料验收完毕进入酒水库房或酒吧间后，由记账员根据入库验收单汇总后填报酒水饮料验收日报，交财务部会计员记账，格式与表 6–10 基本相同。

四、库存食品原料管理方法

（一）库存原料储存保管方法

餐饮库房种类和库存原料物品花色品种很多，不同的原料物品其储存保管方法也不同。原料储存保管重点要做好以下工作：

1. 控制好库房温度

食品原材料的保存期长短主要取决于保管温度。不同库房和不同种类的原料物品对温度要求不同，为此，库房管理人员要根据库房及其所储存的食品原料储存周期，控制好库房温度。如干货库、酒水库对温度要求不高，恒温就应控制在 10～15℃，保鲜库则在 3～5℃，极冷库则在 –20～–15℃。库管管理人员要坚持每天或定期检查库房温度。

2. 适时调节库房湿度

干货库的湿度在 40%～60%，恒温库、保鲜库的湿度略高，在 50%～80%，极冷库在 80%～90%。由于湿度受空气与库房通风条件的影响较大，为此，最好每天或定期调节湿度，以保证不同食品原料在适宜的温度和湿度下储存。

3. 原料保存要规范

即各种库房内的各类食品原料都应按规定的货位、货架存放保管。货架距墙面 5～10 厘米，底层距地面 10～15 厘米，货架高度 200～250 厘米，货架间距 90～100 厘米。货架上的各种物品要码放整齐、货位清楚、并挂牌编号。

4. 做好库房卫生

在每天整理库房环境卫生的基础上还要做到以下五点：①冰箱冷柜每天清理，定期除霜；②生熟食品、成品和半成品每次分开存放，防止串味、污染；③食品入库均拆包后存放，保证按规格保存；④有特殊气味和要求的食品原料要单独密封保管；⑤发现有表面黏滑、产生异味的原料要迅速处理，保证食品安全。

5. 定期检查以防变质

针对原料的性质、特点，可采用盐渍、烟熏、糖渍、翻晒、醋腌、通风、翻动等方法，做好检查处理，防止原料变味变质，保证储存安全。

6. 预防细菌污染

保管过程中，应根据原料种类、储藏要求，正确使用清洁剂、杀虫剂、防鼠药、消毒剂等药剂，防止细菌污染，提高库存保管质量。

（二）库存原料账面管理方法

1. 建立库存货物标牌

保管过程中，以库存物品分类为基础，按货位建立和悬挂标牌，每次进货后填挂在货位上，格式可参见图 6–6。

货　位：牛肉类	品　名：牛腰肉
进　货：×年×月×日	供应商：××有限公司
进货量：85 千克	规　格：国家一级
金　额：1 343 元	单　价：15.8 元 / 千克

图 6–6　库存原料货物标牌

2. 使用“库存货卡”

“库存货卡”是控制分类物品库存变动的主要依据，它按库存物品货位填制并挂在货位上，每次进、出库时填写，以保证每个货位上的原料物品的来龙去脉十分清楚，其格式和内容可参阅表 6–11。

表 6–11　食品原料库存货卡

库房 ________ 货位 ________ 最高存量 ________ 订货点 ________

日期（月、日）	品名	单价（元）	入库量（千克）	出库日期（月、日）	品名	出库量（千克）	余额（千克）
10.5	一级牛肉	15.8	120	10.6	一级牛肉	85	35
10.5	特级牛排	19.8	65	10.6	特级牛排	40	25

3. 做好库存物品明细账记录

根据“入库验收单”和“库存货卡”，每次原料入库和出库，都要逐一做好“库存物品明细账”记录。它不仅是检查库存、核对库存状况、库房盘点的基础和依据，也是掌握库存物品来龙去脉、保证做到“库存物品与明细账对口、库存物品同货卡对口、货卡库存余额和明细账对口”“三对口”的要求，其格式见表 6–12。

表 6-12　食品原料库存物品明细表

货物入库					货物出库					
日期	分类	品名	单价	入库量	日期	分类	品名	单价	出库量	余额

4. 编制库存物品进销存月报

每月盘点后，根据“原料物品库存明细账”，由库管员编制一份“库存物品明细账”，汇总后再由会计人员编制出全店“库存物品进销存月报”，分送有关管理人员，为他们掌握和控制原料资金占用和资金消耗提供决策参考，其表格内容可参阅表 6–13。

表 6–13　食品原料库房进销存月报表

库房________　月度________　编号________

种类	品名	单价	当月入库		当月出库		库存余额	
			数量	金额	数量	金额	数量	金额
主管签字								
		库管员签字　　　　年　月　日						

五、食品原材料盘点与出库管理

（一）库存原料盘点管理

餐饮企业的各类库房，每月至少盘点一次，必要时可临时盘点。盘点一般由库管员和财务人员共同完成，通常在月末进行。库存原料盘点管理重点是做好三个方面的工作：

1. 清点库存物品，填写盘点清单

库房盘点一般两人一组，一人清点，一人记账，逐库逐架或逐货位进行。其步骤是：第一，按财务盘点清单表，先掌握或记录各类物品账面余额；第二，逐一清点各类物品实际库存余额，填写盘点清单；第三，如果发现账面余额与实际盘点不符，做好记录，查明原因，盘点清

单格式可参阅表 6–14。

表 6–14　库存原料盘点清单

库房（厨房）________　月度________　编号________

货号	货品名称	单位	单价	账面余额	盘点数	盘点金额	备注

盘点人：　　　　库管员：　　　　____年____月____日

2. 处理盘点结果，调整库存数据

库房盘点中，“库存货卡”上的原料物品的账面余额是按“上月末库存 + 本月进货 – 本月出库 = 本月末库存”的公式填写的。实际盘点结果常常会有出入。其处理方法是：第一，正常差额在 1%以内的盘点物品，往往是因保管过程中原料吸收空气水分膨胀或自然减重等原因造成的，不用追查原因；第二，发现过期、变质变味、腐坏霉变的食品原料，要填写“报损报告单”，请餐饮部经理或行政总厨和厨师长亲自察看，得到批准后作报损处理；第三，未发现损坏而有较大出入的食品原料，要查明原因，提出处理意见报领导，必要时应追究直接责任人的责任；第四，经上述处理，报主管成本会计审查后，调整库存物品数据，保证各种物品月初库存账面数与实际库存相符。

3. 编制盘点报表，做好盘点核算

即根据盘点和处理结果编制盘点报表，做好盘点核算，报表内容和格式可参阅表 6–15。

表 6–15　库存原料盘点报表

货号	品名	单价	账面数		盘点数		盘亏数		盘盈数		报损数	
			数量	金额	数量	金额	数量	金额	数量	金额	数量	金额
合计												

（二）库存原料出库管理

厨房餐厅每天需要从库房领取的原料物品均按管理制度和规定执行。库存原料出库管理需要做好三个方面的工作。

1. 审查领料申请

各厨房、餐厅、酒吧等使用部门领取原料物品，一律凭本部门指定主管人员签字的领料单办理。审查领料申请就是看有无正式单据，内容填写是否清楚，领料单格式可参阅表 6–16。

表 6–16　库房食品原料领料单

库　　房 ________　库管员 ________　编号 ________
领料单位 ________　领料人 ________　日期 ________

货号	品名	单价	请领量	实发量	金额	用途

厨房主管签字 ________

2. 准确发货出库

根据领料单，按厨房或使用部门要求的品名、规格、数量发货，并逐一做好记录，保证出库发料准确，防止差错发生。

3. 填写出库日报

即根据每日原料出库记录，将出库单汇总，形成“食品原料出库日报表”，其日报内容可参阅表 6–17。

表 6–17　食品原料出库日报表

库房 ________　日期 ________　编号 ________

货号	品名	领料单号	单价	出库量	金额	领用厨房	每日汇总	厨房	金额
当日出库总额							制表人		

六、食品原材料库房管理人员工作考核

食品原材料、餐茶用品和酒水饮料种类很多。库房管理进、销、

调、存业务量大，工作零碎繁忙。为保证业务需要，节省库容，防止差错发生，应对库房管理人员的工作建立考核指标，主要包括：

1. 库房人员的劳动效率

库房人员根据其劳动和业务部门的不同，主要负责库存物品的收货、发货和保管。其劳动效率，可用收发货笔数、吨位数和保管物品吨位数来反映，计算公式为：

$$库房人员的劳动效率=\frac{计划期保管吨位数（或收发货笔数或吨位数）}{同期员工平均人数} \quad (7)$$

2. 账货相符率

库房人员入库验收，制作库存货卡、“进、销、调、存月报”，出库登记和库房盘点等各项账务工作频繁，需要有高度的责任心和耐心细致的工作态度。账货不符，常常造成库存损失。因此，定期考核账货相符率，是评定库房管理人员劳动效果的重要指标，其公式为：

$$账货相符率=\frac{计划期账货相符笔数}{库存账货总笔数}\times 100\% \quad (8)$$

3. 保管损失率

在库房储存、保管过程中，各种食品原材料和餐茶用品始终处于流动之中。库房管理人员必须采用科学的方法，有针对性地做好食品原材料保管。如果方法不当、责任心不强，腐坏、变质、报损、丢失必然增多，甚至发生失窃现象。保管损失率是考核库房管理人员储存、保管食品原材料和餐茶用品的重要指标，其公式为：

$$保管损失率=\frac{计划期保管损失金额}{同期平均储存额}\times 100\% \quad (9)$$

调研实训

餐饮库房管理调研

（一）调研组织

（1）调研分组。将班里学员每4～5人分成一个小组，每组选一名组长。

（2）调研题目。调查酒店餐饮部食品原料库房管理的状况、存在问题与改进建议。

（3）调研方法。由组长带领组员到学校附近的酒店实习或打工，开展调研活动。

（二）调研成果

（1）小组成果。每个小组根据调研结果在小组讨论的基础上，写出一篇不少于 3 000 字的调研报告。

（2）调研点评。教师组织每组选一位代表宣讲调研报告内容，点评报告内容好坏。

（3）成绩考核。在开展点评的基础上，各小组修改报告内容，将报告交任课教师审评，记入阶段成绩。

第三节　食品原材料采供管理控制

【案例导入】

这家酒楼采供管理失控的原因何在?

怡然居大酒楼是一家有一个大餐厅，一个雅座餐厅，15 个包房的四星级餐饮企业，总餐位达到 480 个。酒楼地处商业区内，开业以来餐位利用率一直保持在 120%以上，但最近半年以来，逐步发生了一些变化。一是企业食品原材料的采购成本逐月上升，但营业收入变化不大，毛利率却有一些下降；二是客人反映，餐厅菜点质量不稳定，特别是菜单和价格虽然没有变，但不少菜点的分量越来越少，部分老客户和回头客的投诉增多，餐位利用率下降；三是部分员工反映，厨房原料加工浪费程度高，偷吃、偷喝的现象屡禁不止。

这些现象经过总经理的巡视检查，并与财务部门的账务检查结合，发现主要问题在食品原材料采购失控，采购质量下降、购进价格上升，加工损耗提高，加上个别人偷吃偷喝，使菜点成本上升，分量减少，影响客源数量和经济收入。总经理与财务部和总厨师长协商，采取改进措施解决此问题。

点评　食品原料采购管理最容易出现的问题是价格、质量和使用中的损耗难以控制。案例中存在的问题在餐饮经营中是广泛存在的。为此，我们在本章介绍餐饮采购管理控制的内容和方法，以供读者学习参阅。

一、采购进货成本控制

采购进货成本既是餐饮原料成本的起点，又是企业食品原料成本的关键。做好食品原料进货成本控制，重点是要做好四个方面的工作。

（一）掌握成本控制标准

餐饮原料进货成本控制以月度为基础，其控制标准是以每次“采购申请单”上规定的原料采购数量和采购价格为依据，申请单必须有经理、行政总厨、厨师长的签字。在保证原料规格、质量符合业务需要的前提下，逐日、逐周、逐月统计“采购申请单”，即可得到每月采购进货成本控制标准值，公式为：

$$\text{库房月度进货标准成本} = \sum \text{每种每次进货数量} \times \text{规定价格} \quad (10)$$

（二）检查每次进货价格

进货后，验收人员和库管人员都应该严格按照主管经理或厨师长签字的“采购申请单”认真做好验收，逐一检查每种原料的质量、数量和实际进价，严格把好食品原料进货价格关，防止随意提高进价或增加采购数量，进而控制进货成本。

（三）核算每月实际进货成本

在逐日、逐周、逐月做好入库验收的基础上，将每月每次验收的实际进货发票和“入库验收单”比较，在成本记账的基础上，进而核算出每月的各种食品原材料的实际进货成本。

（四）分析进货成本差额

根据每月实际进货成本和标准进货成本，分析其成本差额，找出存在差额的原因，进而有针对性地提出改进措施，控制每月采购进货成本。在分析进货成本差额时，以相对误差为主。公式为：

$$\text{相对误差} = \frac{\text{实际进货成本} - \text{标准成本}}{\text{标准成本}} \times 100\% \quad (11)$$

在分析相对误差的基础上，如果其误差超过 3%，应进一步查明原因。这时应分析存在问题的主要食品原料及其进货成本误差，然后再进一步分析这些原料进货时存在的价格误差。如果进价误差超过 5%，必须针对存在的问题采取具体措施，防止进价严重超过主管人员批准的“采购申请单”上规定的各种原料进价。如果没有每次进货的严格价格检查和每月的进货成本误差分析，控制进货成本就是一句空话。价格误差分析的计算公式为：

$$\text{价格差} = \sum \text{进货数量} \times (\text{实际进价} - \text{标准价格}) \quad (12)$$

二、零库存与业务需要量控制

零库存是指企业基本不安排库存，而由企业和原料供应商事先签订协议，根据企业生产需要由供应商随时和及时提供原料，以保证业务顺利进行的一种原料管理方式。零库存的目的是在保证业务需要的前提下，减少资金占用，加快资金周转，进而减少库房面积和管理人员，节省成本费用开支。解决零库存和业务需要量的关系是能否实行零库存的关键。在西方国家，由于市场供应的标准化程度高，市场供求关系比较规范，餐饮企业采用零库存管理方式比较普遍。但中餐因其食品原材料的花色品种众多，市场供应的标准化、规范化、价格的波动性都较大，因此，只能选择部分食品原料实行零库存管理方式。零库存和业务需要量控制的基本方法是：

（一）选好需要实行零库存的原料品种和供应商

是否建立零库存，在原料品种选择上必须满足三个条件：一是市场供应十分充足、稳定、长期处于供大于求的食品原料，只有选择这样的原料实行零库存管理，才能随时保证厨房生产业务需要，如果建立了零库存而常发生原料供应不上或不及时，也就失去了零库存的意义；二是市场价格比较稳定，实行零库存后价格比较合理的食品原材料，因为零库存是企业基本不安排库存，供应商的原料供应比较零星，每天每次供应的大多是品种多、数量少、新鲜程度和规格质量要求高的原料，如果价格太高和不稳定，就失去了零库存的价值；三是供应商愿意长期合作，能够保证供应的食品原材料。尽管食品原料的供应发展趋势是供大于求，但供应商们并不是都愿意为餐饮企业的零库存而长期合作的，所以，供应商的选择、供应商的原料供应保证和餐饮企业与供应商间的相互的利益协调，都是影响零库存能否建立的重要条件。

（二）签订实行零库存的原料采购供货合同

餐饮企业实行零库存的食品原材料是通过与供应商签订采购供货合同来保证的。因为企业并不是所有食品原料都要实行零库存，所以，餐饮企业管理人员必须事先认真深入市场，做好调查研究，广泛联系供应商，了解他们经营的原料品种、供货能力、价格水平、合作意向等，通过多方比较，选出那些需要和能够实行零库存的原料种类和供应商，然后签订供货合同。合同内容除一般采购供货合同的内容外，必须保证四点：一是在明确原料种类、名称、规格质量的基础上，每天供应的品种、数量不管多么琐碎，必须保证及时送货上门，保证原料新鲜优质。二是每种原料每天的供应虽然是品种多，数量少，但也属于批量进货合同范围，其价格必须保证相对合理。三是每天供应的各种原料品种和数量应在合同中约定，由企业指定人员提前和供应商联系，在保证准时到货的前提下，经过严格验收，直接进入各个厨房使用。四是结账方式以先验收、后结账为原则。一般半月和每月结账一次，双方均要遵守合同、诚信经营。

（三）专人负责零库存的每日原料进货联系和验收

在签订原料采购供货合同的基础上，为保证零库存的原料每日进货准时、新鲜、优质，确保厨房业务需要，必须指定专人负责每日进货联系和验收，保证厨房生产业务的顺利进行。

三、库存容量控制

库存容量是影响采购计划能否顺利完成的关键，它直接决定资金周转速度。库存容量通过不同种类的食品原材料的最高存量和最低存量反映出来，最高存量是每次进货入库时所达到的最大储存量，最低存量是随着生产业务的进行，食品原材料不断被消耗，库存量下降到最低点时的储存数量。控制库存容量主要是控制最高存量和最低存量。

（一）最高存量控制

食品原材料最高存量是由库存周期内的日均需要量和进货间隔周期决定的，其计算公式为：

$$Q_1 = a \cdot (n + t_1) \tag{13}$$

式中：Q_1——最高存量；

a——日均需要量；

n——进货间隔天数；

t_1——安全保险天数。

控制最高存量的关键是要抓好三个环节的工作：

（1）掌握库存余额。每次进货前，库房管理员根据食品原材料种类，分析库存货卡，掌握库存余额，然后根据月度计划要求和厨房生产需要，提出进货补充计划。

（2）及时补充进货。进货补充计划要根据食品原材料的进货间隔周期、日均需要量和安全保险天数来确定，并制定采购单，经过部门经理和财务人员审批，然后组织进货。

（3）控制最高存量。每次进货后，库房管理人员要调整库存货卡，制作进货报告，使最高存量符合储备定额要求，防止过高或过低，必要时，库管部门记账员和财务人员要做好检查，以此控制最高存量。

（二）最低存量控制

最低存量以满足短时间内厨房生产原材料需要为限度，其计算公式为：

$$Q_2 = a \cdot (t_1 + t_2) \quad (14)$$

式中：Q_2——最低存量；

a——日均需要量；

t_1——安全保险天数；

t_2——提前采购天数。

控制最低存量的关键是要掌握不同种类的食品原材料的库存余额，每天在库存货卡上做好货物出入库记录，同时分析最近几天的日均用量、安全保险天数和提前采购天数，算出最低存量。当库存余额降到或接近最低存量时，就要提出补充进货的要求。

【案例一】

江城宾馆部分食品原材料消耗和采购资料见表 6–18，请确定其最高存量和最低存量，以便为采购储存控制提供依据。

案例分析：

根据公式（13）、公式（14）列表计算，具体结果见表 6–18。

表 6–18　食品原材料库存量计算表

原料	日均消耗	单价（元）	进货[1]周期	提前采购天数（天）	安全保险天数（天）	最低存量	最高存量	最高资金占用（元）
海参	2.5 千克	58.60	3 个月	15	10	62.5 千克	250 千克	14 650
鲍鱼	1.2 千克	84.8	3 个月	15	10	30 千克	120 千克	10 176

续表

原料	日均消耗	单价（元）	进货[1]周期	提前采购天数（天）	安全保险天数（天）	最低存量	最高存量	最高资金占用（元）
大米	62.4 千克	1.5	1 个月	10	5	936 千克	2 184 千克	3 276
面粉	58.6 千克	0.96	1 个月	10	5	879 千克	2 051 千克	1 968.96
鸡蛋	21.3 千克	4.2	15 天	5	7	255.6 千克	468.6 千克	1 968.12
食糖	3.2 千克	2.4	15 天	5	7	38.4 千克	70.4 千克	168.96
啤酒	580 瓶	0.8	1 周	3	2	2 900 瓶	5 220 瓶	4 176
可乐	650 听	0.6	1 周	3	2	3 250 听	5 850 听	3 510
					合计	—	—	39 894.04

① 一个月按 30 天计算。

四、经济批量控制

在食品原材料库存管理中，控制经济批量的目的是：降低订货费用，节省存储费用，避免缺货损失，合理安排不同食品原材料的采购次数和进货间隔周期。

经济批量的方法既可以用于食品原材料采购数量的确定，又可以用于采购控制，其内容是：

（1）确定需要建立批量控制的原料种类。分析库存食品原材料结构、市场供应状况、生产过程中的消耗情况，确定哪些种类的食品原材料需要采用经济批量控制。一般说来，经济批量控制主要适用于消耗量较大、市场供应充足、存储期较长的食品原材料或比较贵重且占用资金较多的干货。

（2）收集资料，计算经济批量。收集原始记录，做好统计分析，积累有关数据。需要收集的资料包括：年度或季度某种食品原材料需要量、每次采购平均订货费用、年度或季度食品原材料的单位存储费用和食品原材料的采购价格。在此基础上，即可确定不同种类的食品原材料的经济批量控制标准，其公式请参见本章第一节公式（5）。

（3）根据经济批量和进货周期，定期组织进货，控制进货数量。在实际工作中，每次补充进货计划以经济批量为准，入库验收时，尽力避免超量进货，防止库存大量增加。凡实行经济批量控制的食品原材料，超量进货必须经领导签字审批，否则，由采购员负全责，即可达到经济批量控制的目的。

【案例二】

西郊宾馆餐饮部有餐位 680 个。根据前三年的原料消耗记录和本年度市场客源分析，金华火腿和云南熏肉的年度需要量分别为 3 850 千克和 2 980 千克。批量进货的原料进价分别为 168 元 / 千克和 89.6 元 / 千克，每次订货费用分摊 5 元，库存维持费用率为 0.8%，安全存量 5 天。请确定两种原料的经济订货量，采购次数，间隔天数和最高存量。

案例分析：根据题目已知条件和经济定货量公式，直接计算，结果如表 6–19 所示。

表 6–19　经济批量计算

品名	经济批量（千克）	采购次数（次）	间隔周期（天）	最高存量（千克）
金华火腿	169.25	22.75	16	221.51
云南熏肉	204	14.61	25	244.93

五、采购订货点控制

采购订货点是指食品原材料库存量下降到多少时提出订货。在库房管理中，食品原材料每次进货时，库存量达到最高点，随着生产业务的进行，库存原材料逐渐消耗，当库存量下降到必须提出订货时的存量，称为订货点。因为从库房提出订货到采购进货，还有一个短时期，在这一时期范围内，每天还要消耗食品原材料，因此，必须提前订货。

影响食品原材料订货点的因素主要有：订货期间的日均消耗量、订货期间的预计最大日均消耗量、提出订货到货物入库所需要的时间长短和安全存量，其控制方法有两种：

（一）安全存量法

安全存量是指为保证客人突然增加后生产业务能不间断地进行所需要的食品原材料最低存量。一般来说，鲜活原材料的安全存量以 1 ~ 2 天的需要量即可，干货、不易采购的原料可保持 3 ~ 5 天的需要量。采用安全存量法控制订货点的工作步骤如下：

1. 收集订货点的资料

根据食品原材料种类，分析订货期间不同原材料的日均需要量，预计最大日均需要量和提前采购天数，目的是防止客人突然增加或库存报损可能造成的原材料短缺。

2. 根据安全存量和提前采购天数，确定订货点库存数量控制标准

相关公式为：

$$A = n \cdot (x - y) \tag{15}$$

$$B = y \cdot n + A \tag{16}$$

若将公式（15）代入公式（16），则订货点的库存数量为：

$$\begin{aligned} B &= y \cdot n + n(x - y) \\ &= n \cdot x \end{aligned}$$

式中：A——安全存量；

n——提前采购天数；

y——订货期日均需要量；

x——订货期最大日均需要量；

B——订货点。

3. 在掌握订货点的基础上，按期提出并组织进货

订货数量要根据食品原材料种类的不同确定，一般食品原材料根据计划要求的进货间隔期和日均需要量确定。需要实行经济批量控制的食品原材料以经济批量为准。这样，将订货点控制和库存容量控制结合起来，既可满足生产业务需要，又能节省库存，减少资金占用，提高经济效益。

（二）库存货卡控制法

库存货卡控制又称永续盘控制，采用该法控制订货点的步骤如下：

1. 建立库存货卡

根据食品原材料种类不同，设置货架、堆位或冷库，在每个货架、堆位或冷库旁，分别为各种食品原材料建立库存货卡。

2. 确定订货点存量

根据不同食品原材料的提前采购天数、日均需要量和最大日均需要量，事先算出最高存量、安全存量和订货点储存量，并一一记录在库存货卡上，作为库存容量、订货点控制的依据。

3. 按订货点要求进货

库房管理员每次入库验收、出库发货时在库存货卡上记录进、销、

调、存数量，算出库存余额。库存盘点发生盈亏时，立即对库存货卡进行调整。当库存余额达到或接近订货点要求的库存量时，即提出订货补充计划，使食品原材料重新达到最高库存量。如此循环，周而复始，即可实现库存容量和订货点控制。食品原材料库存货卡控制的格式见表6–20。

表 6–20　食品原材料库存货卡

货　　位________　货物名称________　最高存量________
安全存量________　提前天数________　订 货 点________

日期	入库量	出库量	盘库调整	库存余额	备注

【案例三】

荔园宾馆餐饮部有 5 个营业餐厅，1 个员工餐厅，部分食品原材料消耗、采购和储存资料见表 6–21。请确定安全存量、订货点，以便为库存管理控制提供依据。

案例分析：

根据公式直接计算，结果见表 6–21。

表 6–21　食品原料安全存量与订货点计算表

原料	日均用量	最大日均用量	提前天数	安全存量	订货点
鱼翅	0.2 千克	0.38 千克	10 天	1.8 千克	3.8 千克
大米	68.5 千克	76.4 千克	10 天	79 千克	764 千克
牛肉	59.6 千克	62.5 千克	5 天	14.5 千克	312.5 千克
鲜鱼	84.8 千克	96.4 千克	5 天	58 千克	482 千克
雪碧	280 听	315 听	3 天	105 听	945 听

核心要义复习题

1. 食品原材料采购管理工作方针的内容是什么，其具体要求是什么？
2. 食品原材料采购规格书的制定方法是怎样的？请举例说明。
3. 食品原材料采购价格定价方法有几种？应怎样区别不同情况做好采购定价工作？
4. 食品原料采购数量的确定方法有哪几种？举例说明其方法运用。

5. 食品原材料库房有哪几种？其库房管理的特点和任务是什么？

6. 食品原材料库房管理需要建立哪些基本制度？其内容是什么？

7. 食品原材料库房管理中的入库验收管理、库存管理要做哪些工作？

8. 餐饮库房盘点和出库管理要做好哪些方面的工作？

定量管理练习题

1. 某饭店部分食品原材料消耗及储存资料见表 6–22，请确定最高存量、安全存量和订货点，并填入表 6–22 中。

表 6–22　某饭店部分食品原材料消耗及储存资料

原料	日均用量（千克）	最大日均用量（千克）	周期	提前天数（天）	安全天数（天）	安全存量（千克）	订货点（千克）	最高存量（千克）
大米	185	200	1 月	5	4			
面粉	148	152	1 月	5	4			
大虾	32	38	1 周	3	2			
牛肉	48	56	1 周	3	3			

2. 某酒店啤酒年度计划用量、订货成本以及储存费率见表 6–23，安全天数 2 天，请确定经济批量、订货次数，并填入表 6–23 中（每季度按 3 个月，每月 30 天计算）。

表 6–23　某酒店啤酒年度计划用量、订货成本以及储存费率资料

季度	季度用量（瓶）	单价（元）	订货成本（元）	储存费率（%）	经济批量（瓶）	订货次数（次）	间隔周期（天）	最高存量（瓶）
一季度	25 120	0.9	5	8				
二季度	26 430	0.9	5	8				
三季度	32 390	0.9	5	7				
四季度	29 780	0.9	5	7				

即测即评

第七章　厨房餐饮产品生产管理

知识结构图

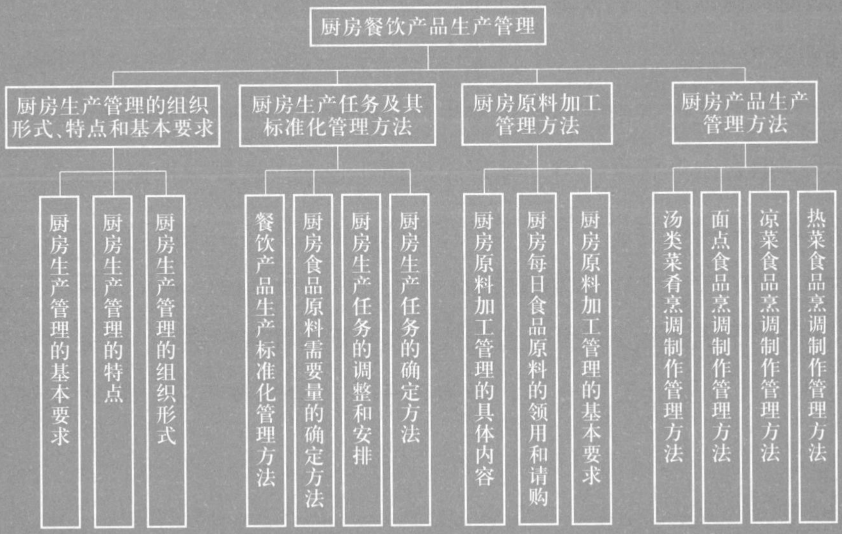

学习目标

知识目标

1. 掌握厨房生产管理的特点、组织形式和基本要求
2. 掌握厨房生产任务和原料需要量的确定方法和标准化管理的内容
3. 掌握厨房原料加工程序和热菜烹制管理的内容和方法

技能目标

1. 能结合实际设计厨房组织机构
2. 能用喜爱程度法确定一个餐厅的部分产品生产任务量
3. 能结合实际确定厨房原料需要量
4. 熟知热菜凉菜和面点食品烹制管理技巧

第一节　厨房生产管理的组织形式、特点和基本要求

【案例导入】

酒店厨房生产管理的三大基础工作

酒店厨房生产管理的关键取决于三大基础工作。

1. 厨房管理的组织建设

组织建设是企业和部门管理的基础，也是厨房生产管理的组织保证，要想做好厨房团队建设，打造优秀团队，做好生产管理，必须抓好厨房组织建设。这要求把握三个要点：一是厨房组织机构的规模形式必须与企业等级规格、厨房业务性质及生产能力相适应；二是企业餐饮总监、行政总厨、各厨师主管等厨房领导核心的人员选择、聘用、用人要适当，否则难以打造出优秀的厨房团队，甚至会造成技术水平低下和管理混乱；三是厨房人员配备的数量、专业水平和专业分工要合理，要有利于形成合力与互补，预防和减少内耗。

2. 厨房团队的核心缔造

厨房团队核心的规模主要取决于以行政总厨或总厨师长为首的领导团队的规模。小型酒店或餐馆往往 1～3 人，中型酒店或餐馆 5～8 人，大型酒店或餐馆 10～15 人甚至更多。缔造厨房团队核心的关键是解决好三个问题：一是行政总厨和各个厨房厨师长的选派必须与厨房性质、产品风味相适应，有较强的专业技术水平和领导能力；二是各厨房厨师长、主管、领班，必须与行政总厨有良好的人际关系，有较强的沟通能力；三是行政总厨和各厨师长之间必须有良好的沟通协调制度，要在个性特点、工作习惯、工作内容、权限分配和日常工作上默契配合，才能形成优良团队，搞好厨房生产管理。

3. 厨房管理规范建设

厨房规范建设首先要建立健全各岗人员的岗位职责规范，并从行政总厨、各厨房厨师长到各级领班和各岗专业厨师逐级逐岗落实，由此形成各级各岗人员在职权分配、工作内容、任职条件、岗位职责、考核办法等方面的具体规范。其次是要抓好各级人员岗位职责规范的贯彻落实、督导检查。最后要以各级各岗人员的工作标准为基础，推行标准化、程序化、制度化、规范化管理，形成良好的工作制度。

点评　厨房生产是餐饮业务经营的核心，餐厅销售服务经济收入的唯一来源。厨房生产管理涉及的问题很多，案例中提出的三大基础工作只是其中的一个方面。为此，本章在

承前食品原材料采购管理章节内容的基础上，研究介绍厨房餐饮产品生产管理的有关原理和方法技术。

一、厨房生产管理的组织形式

餐饮产品生产的组织形式主要取决于厨房的管理方式。我国酒店、餐馆的厨房主要分中餐厨房和西餐厨房，另外，还有日餐、韩餐等多种类型的厨房。就其产品生产的组织形式来看，可分为四种。

（一）中餐厨房简单形式

采取这种组织形式的企业只提供中餐服务，一般适用于 1～2 星级的小型酒店和大多数餐馆。其厨房的数量根据餐厅数量和接待能力确定，一般是设厨师长，再分设热菜、冷荤和面点领班。其中，小型企业则设冷荤和面点小组，分别负责各类菜点的制作管理，其组织形式可参阅图 7–1。

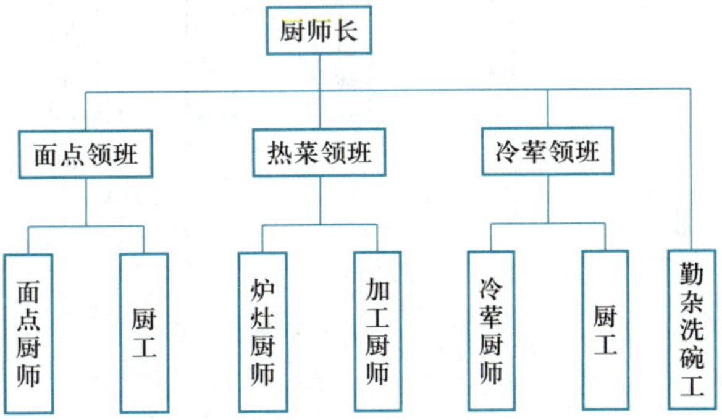

图 7–1　中餐厨房简单形式

（二）西餐厨房基准形式

这种形式主要适合于三星级以上酒店的西餐厅和西餐馆。三星级以上酒店要求必须设西餐厅和咖啡厅。四星级、五星级酒店的西餐厅又可分设法式西餐厅、美式西餐厅、意大利西餐厅、芬兰西餐厅等。其厨房的组织形式一般是行政总厨下设西餐厨师长，各厨房再设不同领班。每个厨房的内部分工则大致相同，其组织形式可参阅图 7–2。

（三）大中型酒店厨房一般形式

这种规模的酒店可同时提供多种风味的中餐、西餐和其他风味的餐饮服务，其特点是餐厅类型多，厨房与之配套，种类多。餐饮产品生产管理复杂，其厨房的组织形式一般是设行政总厨，再分设 1～2 名副总厨负责中餐厨房和西餐厨房。各个厨房再设大厨（相当于厨师长）、主厨、砧板岗等不同的岗位，负责生产管理和菜点制作。餐饮部同时设管事部，负责财产保管、原料领用、洗盘洗碗、清洁卫生等工作。各大中型饭店厨房管理的具体组织形式区别较大，没有统一的模式，需要根据各酒店的实际情况确定，其一般组织形式可参阅图 7–3。

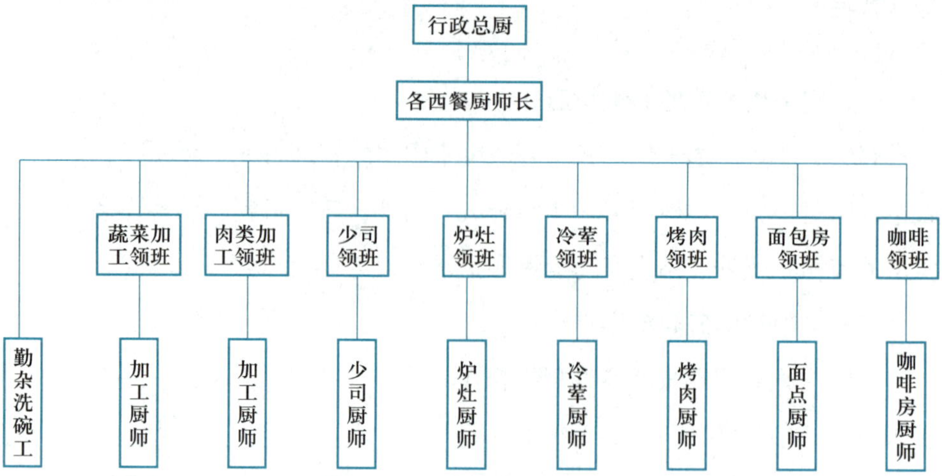

图 7–2　西餐厨房基准形式

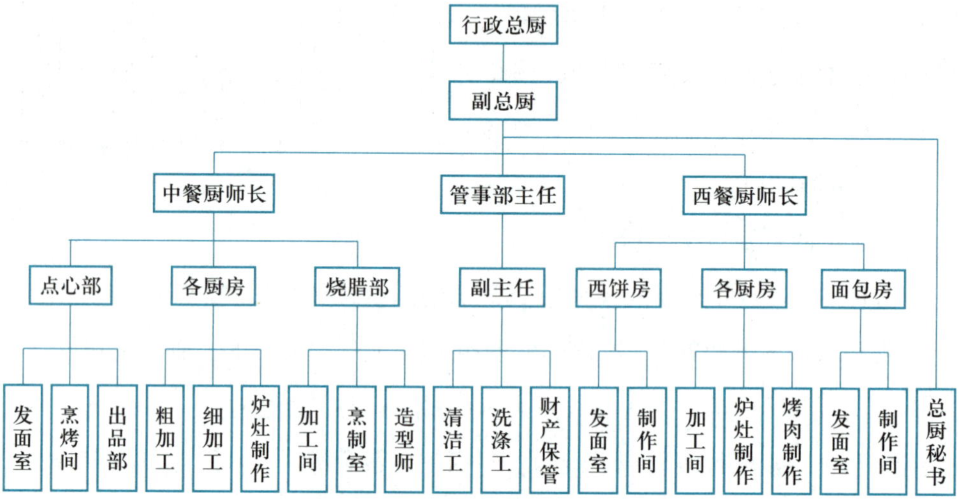

图 7–3　大中型酒店厨房一般形式

（四）中心–卫星厨房现代化形式

这种形式主要适用于大型和特大型（客房 800 间以上）酒店和酒店集团、餐馆集团，它是随着合资酒店的兴建而兴起的。其组织形式是全店或集团设中心厨房，统一负责食品原材料的加工配菜，各个餐厅再设卫星厨房，主要负责菜点烹制，其组织机构形式可参阅图 7–4。

二、厨房生产管理的特点

在餐饮经营方面，大中型酒店的厨房生产既不同于一般生产性工业

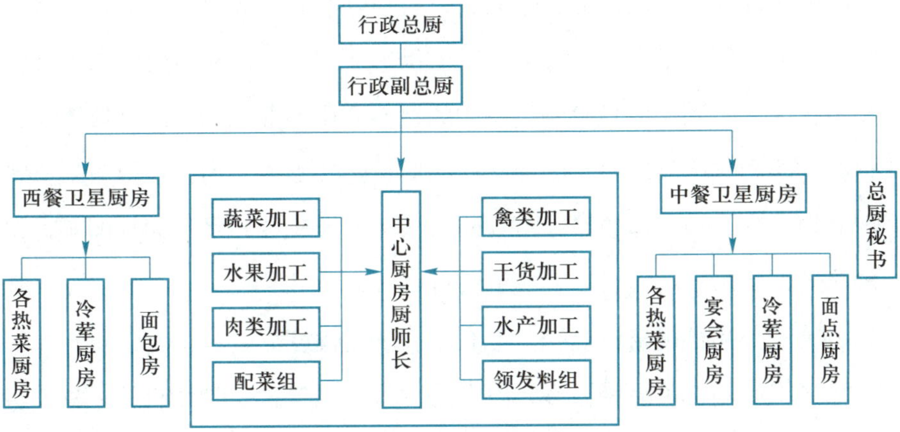

图 7–4　中心–卫星厨房现代化形式

企业，又不同于食品加工厂，又和低档餐馆及大排档有一定区别，其生产管理具有四个特点：

（一）生产过程复杂，手工操作比重大

厨房生产要先后经过原材料的选择、加工、切配、烹制、装盘和出菜等不同的工序。每道工序都有不同的要求，加工方法也不一样。原材料的选择必须根据菜点风味来确定，原料的品质、用途不同，粗加工的方法和净料率不同，菜点品种和风味不同，精细加工和烹调方法不同。厨房每天要生产几十种、上百种产品，每种产品的主料、配料、调料配制比例和要求也不一样。同时，面点、冷荤和热菜制作有较大区别，必然使厨房生产管理具有复杂性。从生产管理过程来看，各种食品原材料的选择、拣洗、涨发、拆卸、粗加工、细加工和烹调制作，都以手工操作为主，机械设备大多只起配合作用。为此，管理人员必须根据企业产品生产的自然属性来安排生产流程，根据不同风味的花色品种来确定加工方法，主料、配料及调料的配制比例，必须特别重视工序和各级厨师的手工技艺，才能适应企业生产管理的需要，提高管理水平和产品质量。

（二）烹调制作即时性强，产品质量比较脆弱

餐饮产品是根据餐厅客人当时所点的花色品种和数量或厨师长安排的生产任务即时生产的，生产、销售和消费几乎在同一时间内发生。生产的产品必须马上供客人享用，其色、香、味、形都有很强的时间性，

因而即时性很强。从产品质量来看，有很强的时间观念。一盘色、香、味、形俱佳的热菜食品，如果不马上供客人享用，产品质量立即下降，易引起客人不满，而且烹制过程中的调料使用不准确，火候掌握不当，也会立即影响产品质量。因而，产品质量比较脆弱。为此，厨房生产管理必须十分重视工作质量，重视原料搭配的准确性，坚持即炒即卖，热炒热卖，确保产品质量，才能获得良好效益。

（三）品种规格不统一，毛利率有一定幅度

餐饮产品花色品种很多，不管经营哪种风味，一般都有几十种、甚至上百种产品。这些产品的规格各不相同，如同做鱼，不同的鱼类可以烹制不同的产品，同一种鱼采用不同的加工方法，又可以烹制出众多的风味。厨师往往在同一时间内采用各种不同的方法生产出规格不统一的多种餐饮产品，各种产品毛利率也不一样。为此，厨房生产管理必须控制不同规格的产品出料率，建立成本核算和价格管理制度，加强毛利率考核，以适应各种产品的规格、质量和毛利要求，提高企业生产管理水平。

（四）生产活动影响因素多，生产安排随机性较强

餐饮产品生产受季节、天气、节假日、企业地理位置、旅客流量、交通状况、周围环境和地区大型活动等多种因素的影响，一年又有淡、旺季之分，一月也有阴晴风雨之别，一周还有日常和周末之不同，甚至一日有早、午、晚三餐之异，厨房每天、每餐需要生产的产品数量，花色品种，产品规格往往随时变化，具有极强的随机性。为此，厨房生产管理必须每天做好销售记录，掌握各种产品销售的变化规律和客人点菜频率，才能做好计划安排，克服因产品销售的随机性可能带来的经济损失。

三、厨房生产管理的基本要求

为确保企业产品风味，适应客人物质和精神享受需要，厨房生产管理必须遵循以下基本要求：

（一）批量生产和小锅制作结合，坚持热炒热卖

为保证产品的风味和质量适应不同客人的消费需求，做到一菜一格，百菜百味，必须根据餐厅和客人的类型来组织厨房生产。对于大中

型团队、会议、宴会、冷餐会的客人，要根据菜单要求，以小批量生产为主，每锅炒菜不允许超过三盘。冷荤、面点产品要以批量生产为主，单盘装配。零点餐厅必须坚持小锅制作，热炒热卖。生产过程中，要严格控制各种产品的主料、配料和调味料，把好营养配菜和烹调质量关，合理装盘，保证产品质量。

（二）坚持销售预测，做好计划安排

厨房餐饮产品生产既有产品销售的随机性，又有产品质量的脆弱性。为克服这些特点可能带来的厨房生产管理混乱和食品原材料及人工费用损失，必须以原始记录为基础，分析各种产品生产变化规律，逐日、逐周、逐月掌握其产品销售量，做好销售预测。在此基础上，安排生产计划，既为食品原材料的采购、库存、领用提供依据，又为厨房人员的安排与使用提供参考。

（三）克服手工操作的盲目性，实行标准化管理

厨房产品生产以手工操作为主，传统的食品原材料的拣洗、拆卸、加工、切配、上灶烹制、装盘出菜，都以厨师个人意愿而定，随意性较强，损失浪费较大，质量完全取决于厨师的个人技艺和现场发挥。为克服这种生产管理的盲目性，必须实行标准化管理：根据厨房生产流程，分别制定原料加工，净料出成，盘菜用量，主料、配料比率，盘菜成本消耗，烹调制作程序等客观标准，并保证标准化管理的贯彻实施，提高厨房生产管理水平。

（四）合理安排人员，发挥技术优势

在不同时间用餐的客人数量不同，厨房生产所需人员数量也不同；食品原材料的拣洗、拆卸、宰杀、粗加工、细加工、配菜、烹制和洗盘洗碗等工种不同，对后厨人员的技术要求也不一样。合理安排人员，发挥技术优势，必须解决两个问题：一是根据不同时间不同阶段的客人人数预测，安排劳动力的使用，节省人工成本；二是根据工种的技术要求，安排工作岗位，突出砧板岗、打荷岗、配菜岗等岗位的专业技术水平，防止“特级厨师不上灶，一级厨师干勤杂”等不合理现象的发生。

拓展阅读

餐饮企业厨房面积分割标准

酒店宾馆、餐厅饭庄的中餐厨房一般同时配有冷荤和面点制作区。

厨房的面积分割标准

功能分区	面积占比（%）	功能分区	面积占比（%）
加工区	23	面点制作区	10
烹调区	42	厨师长办公	2
冷荤制作区	10	其他	5
切配雕拼区	8	合计	100

第二节　厨房生产任务及其标准化管理方法

【案例导入】

麦当劳餐饮店的标准化管理

遍布世界各地，包括中国各大中城市的麦当劳餐饮店，每天都在销售着一样大小、一样分量、一样口味的汉堡食品，其配套食品都是标准化的。这种标准化的食品生产管理方式不仅让麦当劳公司吸引了成千上万家企业加盟，而且带来了丰厚的利润。麦当劳公司的标准化管理是由其创始人麦克唐纳先生最先创立的。基本做法是生产麦当劳汉堡包食品，必须使用同一种原料，采用同样的加工方式，使用同样的配料，每一个步骤所使用的分量等必须相同，生产过程中每个步骤的操作方法也是标准化的，因而生产出来的食品分量大小、口味、味道都是相同的。且必须在装修美化设计、室内装饰布置和消费环境、服务操作和服务质量都相同的各个麦当劳加盟店中销售。发展到今天，麦当劳公司的食品都在其生产基地严格按照标准化生产管理的制度、技术和程序组织生产，然后用保温车分送到各个分店，按照严格的标准化销售服务制度、程序、方法、技术为客人提供现场服务。这就是著名的麦当劳餐饮集团公司几十年来长盛不衰持续发展的秘密所在。

点评　中餐厨房生产管理的传统方法是以手工操作为主，师傅带徒弟。因而，一个马勺一个柄，一个师傅一个令，菜点随意性强，产品质量和装盘份量波动性大，是长期存在的普遍性很强的弊端。案例中的麦当劳公司推行的标准化管理是十分科学合理的。改革开放后，随着外资与合资餐饮企业在我国的发展，中餐厨房生产的标准化管理已有了一定发展，本节在介绍厨房生产任务的基础上，介绍厨房生产标准化管理方法，以提高餐饮企业科学管理水平，保证产品质量的稳定性。

一、厨房生产任务的确定方法

餐饮产品生产任务是短期内对产品数量和花色品种所做出的安排。由于客源变化大，菜单随季节调整，客人对花色品种的需求具有随机性。因此，厨房无法确定长期生产任务。短期内不同花色品种的生产任务量也只能是一个近似值，但是，合理的生产任务量仍然是必要的。它既是厨房餐饮产品生产管理的基础，又是合理组织食品原材料、加强成本核算、坚持以销定产、降低成本的客观要求。确定生产任务的方法主要有四种：

（一）经验估计法

经验估计法是在传统小生产管理方式的基础上发展起来的。其做法是以前几天客源变化为基础，考虑未来短时间内的节假日、周末、天气变化、地区和企业的产品推销活动等因素，大致确定就餐客人数量及对花色品种的要求，以此确定生产任务量，安排食品原材料采购供应，组织餐饮产品生产。

经验估计法主要适用于餐饮管理基础工作比较薄弱、缺乏统计报表和有关数据、产品生产管理尚处于经验管理阶段的企业。现阶段，这种方法还在我国不少酒店宾馆的厨房生产管理中广泛使用。由于它建立在管理人员丰富实践经验的基础上，因此，具有一定实用性和可行性，在企业餐饮经营尚未实现科学化管理以前，不失为一种有效的方法。

（二）统计分析法

统计分析法是以企业客源统计资料为基础，预计未来短时间内的客源数量，安排厨房餐饮产品的生产任务量。这种方法主要适用于酒店、餐馆的团体用餐、会议用餐和包饭服务。其工作步骤是：

（1）统计团队用餐情况。根据酒店宾馆前厅部团体资料或餐馆业务室旅行社预约登记的团队用餐资料，统计未来短时间内的用餐客人数量、标准、餐次和时间要求，对团体用餐生产任务做出安排。

（2）统计会议用餐情况。根据企业会议资料，统计未来短时间内接待的会议次数，每个会议的名称、人数、用餐标准、花色品种要求和时间安排，对会议用餐生产任务做出安排。

（3）统计预约用餐和包饭的情况。统计预约用餐和包饭的客人数量和标准，安排花色品种，确定其生产任务量。

（4）组织餐饮产品生产。对上述三种统计资料进行综合整理，按照时间顺序和餐次要求，分类归档，在厨房挂牌公布，形成每天、每餐次的生产任务量，同时确定食品原材料需要量，由厨师长向厨房各级人员分派生产任务，组织餐饮产品生产。在实际工作中，团体会议用餐和包饭的花色品种是根据客人的用餐标准确定的。

采用统计分析法每天要将生产任务形成统计表，在厨房公布。现以一家中餐厨房为例说明其格式，详见表 7–1。

表 7–1　餐饮产品生产任务

厨房：二楼中餐厨房　　____年____月____日　　星期________

客人	人数（人）	标准（元）	早餐		午餐		晚餐	
			时间	每桌任务	时间	每桌任务	时间	每桌任务
瑞士 3 团	52	75	7:00	4 小菜 一粥	11:30	5 菜 1 汤	—	—
环球 A 团	85	95	7:20	5 小菜 一粥	—	—	18:00	4 小菜 5 热菜
日本考古团	12	120	7:30	6 小菜 一粥	12:00	7 菜 1 汤	18:00	5 小菜 6 热菜
美国文化团	25	75	7:20	4 小菜 花卷	12:00	5 菜 1 汤	18:10	4 小菜 5 热菜
预计包饭	38	25	7:30	3 小菜 一粥	11:50	2 菜 1 汤	18:00	2 菜 1 汤

（三）预订统计法

预订统计法根据客人预订资料，分别统计确定未来短时间内厨房餐饮产品生产任务量。这种方法主要适用于宴会厨房。宴会销售都是事先预订的，餐饮部门根据客人预订登记，逐日统计宴会生产任务。其任务统计表的格式可参阅表 7–2（未来 1 周）。

表 7-2 宴会生产任务统计表

日期	星期	宴会名称	主办单位	人数（人）	标准（元）	餐次	生产任务（菜肴）
×月×日	一	洽谈宴会	商务部	19	185	午	6 小菜 6 热菜
×月×日	二	迎风宴	外交部	36	160	晚	5 小菜 5 热菜
×月×日	三	合资谈判	××工厂	18	120	午	6 小菜 8 热菜
×月×日	四	生日宴	××客人	38	300	晚	10 小菜 12 热菜
……							

每天的宴会有时不止一次，需根据预订资料逐一统计。宴会属于高档消费，为保证做好宴会生产，餐饮部门每天对每个宴会还要确定具体的生产任务量。其方法是根据预订资料，下达每天每场宴会生产任务单，分别列出宴会名称、宴会标准、预订人数、保证人数、菜单安排和酒水安排，由此确定具体生产任务。

（四）喜爱程度法

喜爱程度法是以菜单设计为基础，预测就餐人次或全部产品生产任务量，再根据客人对不同花色品种的喜爱程度确定厨房各种产品的具体生产任务量。这种方法主要适用于零点餐厅，包括各种风味的中餐厅、西餐厅、咖啡厅等。其具体方法有两种：

第一种方法是根据客人接待人次确定喜爱程度和生产任务量。这种方法是以餐厅一定时期的接待人次和菜点销售为基础，分别计算出各种产品的喜爱程度，然后根据前后几天的客源状况和未来几天的天气、气候、节假日情况等，预测出每天客人接待人次，由此即可预测出各种产品的生产任务量。其公式为：

$$r=\frac{D}{n}\cdot 100\%$$

$$x=Q\cdot r$$

式中：r——喜爱程度；

D——某种菜肴销售份数；

n——接待人次；

x——某种菜肴预计生产份数；

Q——预计接待人次。

【案例一】

根据接待人次确定生产任务量

江城宾馆有客房 480 间，宾馆花园餐厅以接待散客为主，餐厅有座位 280 个，管理人员已收集了客房住宿资料和餐厅销售资料，结果见表 7–3 和表 7–4。过去 1 周内的餐厅接待总人次为 1 528 人，请根据这些资料确定花园餐厅未来 1 周内部分产品的生产任务量。

表 7–3　未来 1 周餐厅客源预测资料

客源状况	周一	周二	周三	周四	周五	周六	周日
客房出租率（%）	62.5	62.8	65.3	67.2	66.4	70.2	71.5
客房双开率（%）	38.2	38.6	36.5	39.4	38.2	41.3	42.5
店客光顾率（%）	21.3	22.5	21.8	23.4	23.6	25.8	26.5
外客上座率（%）	25.3	24.5	24.8	22.4	23.6	26.5	28.6

表 7–4　过去 1 周菜肴销售统计资料（部分）

菜肴	份数（份）	菜肴	份数（份）	菜肴	份数（份）	菜肴	份数（份）
糖醋鱼	315	蚝油鸡片	328	一品鲍鱼	258	龙虎斗	278
清蒸鳜鱼	320	软炸里脊	286	绣球全鱼	290	双蛇戏珠	325
松鼠黄鱼	295	冬笋仔鸡	320	油焖大虾	260	蚝油青菜	348

案例分析：

（1）根据客源预测资料，计划餐厅未来 1 周每天的接待人次。结果见表 7–5。

表 7–5　餐厅未来 1 周每天的接待人次　　单位：人次

客源	周一	周二	周三	周四	周五	周六	周日
店客	88	94	93	105	104	123	130
外客	142	137	139	125	132	148	160
合计	230	231	232	230	236	271	290

（2）根据过去 1 周内接待人次和菜肴销售统计，计算不同菜肴喜爱程度，并由此确

定厨房生产任务量，结果见表 7–6。

表 7–6　零点餐厅生产任务量预测表　　（单份：例）

菜肴	喜爱程度（%）	周一 230（人）	周二 231（人）	周三 232（人）	周四 230（人）	周五 236（人）	周六 271（人）	周日 290（人）	合计 1 722（人）
糖醋鱼	20.62	47	48	48	47	49	56	60	355
清蒸鳜鱼	20.94	48	48	49	48	49	57	61	361
松鼠黄鱼	19.31	44	45	45	44	46	52	56	332
蚝油鸡片	21.47	49	50	50	49	51	58	62	369
软炸里脊	18.72	43	43	43	43	44	51	54	321
冬笋仔鸡	20.94	48	48	49	48	50	57	61	361
一品鲍鱼	16.88	39	39	39	39	40	46	49	291
绣球金鱼	18.98	44	44	44	44	45	51	55	327
油焖大虾	17.02	40	40	40	40	41	47	50	298
龙虎斗	18.19	42	42	42	42	43	49	53	313
双蛇戏珠	21.27	49	49	49	49	50	58	62	366
蚝油青菜	22.77	52	53	53	52	54	62	66	392

第二种方法是根据菜点平均销售份数确定喜爱程度和生产任务量。这种方法是根据过去一定时期各种菜点的销售份数和总份数计算出平均份数和菜点喜爱程度，然后预测未来几天内每天预计的菜点销售总份数和平均份数，由此，即可确定各种产品每天的生产任务量。其公式为：

$$r=\frac{x_m}{x}\cdot 100\%$$

$$n=P\cdot r$$

式中：r——喜爱程度；

x_m——菜点平均份数；

x——全部菜点平均份数；

P——预测平均份数；

n——菜点生产任务量。

【案例二】

根据零点销售平均数确定生产任务

江城宾馆嘉陵餐厅经营四川风味，以零点销售为主。餐厅菜单上的 12 种菜肴过去 3

周内共售出 12 541 份，销售记录见表 7–7。根据预测，明日大致可销售 658 份菜。请确定厨房明天各种菜肴的生产任务量。

表 7–7　过去 3 周菜肴销售记录

菜肴	份数（份）	菜肴	份数（份）	菜肴	份数（份）	菜肴	份数（份）
A	925	D	1 086	G	1 126	J	978
B	987	E	948	H	1 184	K	983
C	1 042	F	952	I	1 052	L	1 278

案例分析：

（1）根据菜肴销售记录，计算过去 3 周内平均每天每种菜的销售份数 $\overline{a}$。

$$\overline{a} = 12\,541 \div 21 \div 12 \approx 49.77\text{（份）}$$

（2）根据预测，计算明日平均每种菜肴的销售份数 $\overline{b}$。

$$\overline{b} = 658 \div 12 \approx 54.83\text{（份）}$$

（3）根据过去 3 周销售记录，分别计算每种菜的日均销售量，并和总的日均销售量比较，确定菜肴喜爱程度。计算明日各种餐饮产品的生产任务量，结果见表 7–8。

表 7–8　喜爱程度法确定餐厅生产任务计算表

菜肴	3 周销售（份）	日均销售（份）	总平均份数（份）	喜爱程度	明日平均销售（份）	生产任务（份）
A	925	44.05	49.77	0.885 1	54.83	49
B	987	47.00	49.77	0.944 3	54.83	52
C	1 042	49.62	49.77	0.997 0	54.83	55
D	1 086	51.71	49.77	1.039 0	54.83	57
E	948	45.14	49.77	0.907 0	54.83	50
F	952	45.33	49.77	0.910 8	54.83	50
G	1 126	53.62	49.77	1.077 4	54.83	59
H	1 184	56.38	49.77	1.132 8	54.83	62
I	1 052	50.10	49.77	1.006 6	54.83	55
J	978	46.57	49.77	0.935 7	54.83	51
K	983	46.81	49.77	0.940 5	54.8	52
L	1 278	60.86	49.77	1.222 8	54.8	67
公式	日均销售 = 3 周份数 ÷ 21　　喜爱程度 = 日均销售 ÷ 总平均份数 生产任务 = 喜爱程度 × 明日平均销售份数					

二、厨房生产任务的调整和安排

厨房生产任务是根据客人用餐的统计数据、菜点喜爱程度和就餐客人预测来确定的。由于餐饮产品销售影响因素多，随机性和波动性较强，因此，厨房还应分析各种影响因素，对生产任务量做出必要的调整和安排，然后组织生产。其调整和安排的方法是：

（一）确定调整预测值

调整预测值是指在每日生产任务预测值的基础上，根据当日的天气、当地或企业本身当日有无重大活动等因素，对预测的生产任务量再做出适当的增减调整。如某月某日红烧海参的预测份数为 18 份，因当日正值元旦，天气很好，根据过去经验将生产份数调整为 22 份。再如某月某日鱼香肉丝的预测份数为 25 份，因当日正赶上刮大风，天气很差，根据以往经验，将生产份数下调为 20 份等。具体各种产品的预测值的调整要根据当天的具体情况而临时确定，其关键则取决于厨房和餐厅主管经理人员的经验和分析判断能力。

（二）掌握厨房成品或半成品结存量

厨房每天生产的餐饮产品不一定当天全部售完，一般会有少量成品或半成品尚未售出，需要第二天继续加工使用或出售。这部分成品或半成品需要从当日生产任务量中扣除。

（三）安排预防保险量

在厨房产品生产过程中，每日生产任务量的安排不可能完全准确。为防止客人突然增加、原材料加工过程中的损耗量估计不足、配菜不够准确等，还应该安排适当的预防保险量。其数量很少，一般在 3 份左右，具体数量由厨房主管人员确定。

（四）调整和安排生产数量

在做好上述 3 项工作的基础上，厨房就可以安排每天的餐饮产品生产任务量。其方法是用表格形式列出预测和调整数量，格式见表 7–9。

表 7-9 厨房生产任务统计

餐厅______ 日期______ 月___ 日___ 星期___ 天气___

产品	预测份数（份）	调整数（份）	上日结存（份）	生产任务量（份）	盘菜分量（克）	备注
鱼香肉丝	47	+5	—	52	350	
锅巴鱿鱼	58	−2	3	53	500	
红烧鱼翅	41	+3	—	44	320	
水煮肉片	45	+4	2	47	650	
红烧海参	38	−3	—	35	450	

三、厨房食品原材料需要量的确定方法

厨房食品原材料需要量的确定是以生产任务量为基础的。合理确定食品原材料需要量，要根据产品花色品种的生产数量及食品原材料消耗，采用不同的方法。其主要方法有三种：

（一）粗略估计法

粗略估计法主要适用于确定米面、干制品、罐头、冻货和蔬菜瓜果等食品原材料的需要量。方法是根据每天接待人次，分析厨房生产任务量，参照前后几天这部分食品原材料消耗情况，估计其需要量。如米面及其干制品，每位客人每天大致需要 0.1 千克，根据预测接待人次，即可确定其需要量。又如瓜果，根据前后几天的消耗情况和当天的预计客人数量，也可确定其需要量。由于这部分食品原材料价值量不大，加工方式相对简单，当天领用后未用完，还可留着下一天使用。因此，其需要量无须十分准确，可以采用粗略估计法来确定其每天的需要量。

（二）耗损率确定法

耗损率确定法主要适用于确定肉类、鱼类、海鲜、部分冷冻食品原材料及进口食品原材料的需要量。方法是事先确定食品原材料加工过程中的耗损率，然后根据生产任务量来确定其需要量。因为这部分食品原材料价值量较高，加工方式比较复杂，为防止领用过剩或短缺、加大成本消耗，需要相对准确地确定其需要量。其公式是：

$$Q=\frac{D\cdot A}{1-f}+Q_n$$

式中：Q——原材料需要量；

D——单位产品用量；

A——生产任务量；

f——原材料耗损率；

Q_n——预防保险量。

【案例三】

江城宾馆花园餐厅生产豆瓣鱼、清蒸鲥鱼、油浸鱼和松鼠黄鱼，其生产任务量和盘菜用量见表 7–10，耗损率为 15%，请确定其原材料需要量。

案例分析：根据生产任务和耗损率直接计算见表 7–10。

表 7–10　耗损率确定法确定原料需要量计算表

产品名称	鱼类	盘菜用量（千克）	耗损率（%）	计划任务（份）	预防保险量（千克）	原材料需要量（千克）
豆瓣鱼	鲤鱼	0.8	15	65	6	67.18
清蒸鲥鱼	鲥鱼	0.5	15	50	8	37.41
油浸鱼	白鲢	0.5	15	78	5	50.88
松鼠黄鱼	鳜鱼	0.8	15	70	8	73.88

（三）涨发用量等值法

涨发用量等值法主要适用于确定海参、鱼翅、鲍鱼、香菇、猴头菇等干货原材料的需要量。这部分食品原材料大多比较贵重，主要用于生产高档餐饮产品，加工过程中又要经过涨发。为防止领用和加工过程中的丢失、浪费，其需要量更应相对准确。采用涨发用量等值法是以生产任务量为基础，根据单位产品消耗和原材料涨发率来确定其需要量。公式为：

$$x\cdot(1+r)=\frac{D\cdot A}{1-f}+Q_n$$

$$x=\left(\frac{D\cdot A}{1-f}+Q_n\right)\div(1+r)$$

式中：x——原材料需要量；

r——原材料涨发率；

D——单位产品用量；

A——生产任务量；

f——原材料耗损率；

Q_n——预防保险量。

【案例四】

江城宾馆嘉陵餐厅接待高档宴会 10 桌，假定蟹黄海参、红烧鱼翅、冬瓜燕菜干货原料消耗及涨发率见表 7–11，请确定海参、鱼翅和燕窝菜原材料需要量。

案例分析：根据不同原材料涨发率，生产任务和加工耗损率直接计算原料需要量，见表 7–11。

表 7–11　涨发用量等值法确定原料需要量计算表

产品名称	原材料	涨发率（%）	盘菜用量（千克）	耗损率（%）	预防保险量（千克）	原料需要量（千克）
蟹黄海参	海参	535	1.5	2.5	1.5	2.66
红烧鱼翅	鱼翅	128	0.8	24	0.8	4.97
冬瓜燕窝	燕窝	412	0.4	1.5	0.45	0.88

四、餐饮产品生产标准化管理方法

餐饮产品生产标准化是指在确定生产任务的基础上，对同种风味、同一品种的菜点在原料加工、盘菜用量、烹调方法、质量要求等方面采用同一标准来组织生产，以保证产品用料、用量准确，口味、质量均好的一种生产管理方法。餐饮产品生产标准化管理方法的工作内容主要包括四个方面：

（一）产品配方标准化

餐饮产品不管其风味和花色品种如何，就同一规格的产品而言，其盘菜配方中的主料、配料、调味料的原料品种和使用数量都应该是相同的。为此，厨房生产管理应根据每种产品的主料、配料、调味料的不同，分别制定产品配方，使之形成配方标准化。以后凡是生产同一种产品，都按标准配方投料、用料，组织生产，以保证同一产品原料用量、配料比例、产品规格、营养成分都是相同的，从而达到保证产品质量、维护消费者利益的目的。

（二）原料加工标准化

在产品配方标准化的基础上，原料加工的质量、规格是保证烹调质量的基础，为此，厨房生产管理要推行原料加工标准化。即生产同一品种、同种规格的产品时，其原料加工的方式、方法、规格、出料率的高低应该基本相同，以保证同一产品的原料加工形成标准化管理，从而为烹调制作标准化创造条件。

（三）烹调制作标准化

烹调制作标准化是指在制定生产配方，做好原料加工的基础上，厨房要根据不同风味，不同花色品种的菜点烹制要求，分别制定烹制方法，将同一品种的菜点烹调步骤、烹制方法固定下来，以减少手工操作的随意性。以后凡是烹制同一种菜点，都采用同样的方法和步骤，从而达到保证产品质量和风味特色、控制菜点烹制、培养厨师技术的目的。

（四）成品质量标准化

成品质量标准化是指在采用标准配方、标准烹调方法的基础上，所烹制出来的同一花色品种的产品，在色、香、味、形、盘菜分量、风味特色等方面都应达到同一标准。如松鼠黄鱼要求色泽浅黄，鱼肉鲜嫩，口味适中，形状完整。水煮牛肉要颜色白中透红，肉质细嫩、滑溜，口味麻辣，肉片薄而均匀。

餐饮产品生产标准化管理方法最终是将上述几个方面的要求结合起来，通过测试，形成每一种产品的标准化烹调明细书，以此作为标准化管理的依据和操作控制标准，其格式见表 7–12。

表 7–12　餐饮产品标准化烹调明细书

产品名称 ________　规格 ________　编号 ________

单位成本 ________　毛利 ________　基价 ________

原料名称	单位	净料价	盘菜用量	烹调折损	成本额
1. 2. 3. 4.					

标准烹调方法	成品质量要求
1. 2. 3. 4.	1. 2. 3. 4.

相关链接

厨房员工操作空间的基本要求

厨房要推行标准化管理，离不开各种设备配置和员工现场操作，为此必须正确处理两方面的关系。现代厨房生产管理，其员工操作空间的基本要求是：

（1）员工作业空间。厨房员工操作时的人均占用面积不得少于 1.5 平方米。其工作台、炉灶的高度、宽度、橱柜和壁柜的高度及其相互之间的距离，必须在人体伸展的最大幅度范围内。

（2）厨房设备之间的间隔，不少于 0.3 米，离地面高度 0.2 米，并符合工作流程，便于清洁与维修。

（3）操作台面高度。调理台高度在 0.86 米左右，切配台在 0.76 米左右，炉灶台在 0.81 米左右。烹饪炉灶与调理台之间的距离为 1～1.2 米，便于操作。

（4）通道宽度。厨房主通道宽度不少于 1.8 米。平行的通道宽度不少于 1.2 米，有手推车通行的通道，必须较手推车的宽度再多出 0.6 米以上，便于操作时通行。

第三节　厨房原料加工管理方法

【案例导入】

厨房原料加工登记制度

丽华大酒店是一家有 460 间（套）客房、6 个餐厅、5 个厨房、850 个餐位的四星级酒店。酒店开业以来，在中外双方经营者的共同努力下，客房、餐饮经营良好。营业收入逐年递增。特别是餐饮经营在当地酒店业已创出了名气。其平均毛利率为 65.3%左右，而菜点价格却是当地同星级酒店中最低的，原因就在于生产过程中的采购和加工成本控制良好。其中，原料加工登记制度发挥了重要作用。其登记制度的要求是：①加工厨房由厨师长制定各种原料加工方式、加工出料率标准。其上下差额必须控制在 ± 1%～2%。②每天各种原料加工完成后，必须填表登记，并交厨师长和行政总厨审阅。③每周例会检查一次原料加工耗损情况，肯定成绩，纠正存在的问题。④原料加工成本控制好坏，与厨房员工奖金挂钩，其原料加工登记格式如表 7–13 所示。

表 7-13　原料加工登记表

厨房 ________　厨房原料加工登记表 ____ 年 ____ 月 ____ 日

原料名称	当日领料	领料等级	标准出料率	加工净料	实际出料率	备注
1. 2. 3.						
合计						
填表人：			厨师主管：			

点评　厨房生产管理的目的就是将各种原料加工，再按主料、配料、调料比例烹制成产品供客人消费，原料加工的好坏不仅影响烹调质量，也是影响成本消耗的重要因素。案例中的原料加工登记制度是一种科学适用的管理控制方法。为此，本节介绍厨房食品原材料的加工管理原理和方法，为菜点烹制创造条件。

一、厨房原料加工管理的基本要求

（一）保持原料营养成分

原料加工是为产品烹制服务的，加工方法不当，营养成分就会受到一定损失，增加原料损耗程度和成本消耗。为此，原料加工过程中的拣洗、去皮、拆卸、涨发、解冻、刀工处理、挂糊上粉、煎炸包卷工艺，都要采用正确的方法，合理利用原材料，尽可能保持原料的营养成分不受或少受损失。

（二）密切配合烹调方法

各种菜点的烹调方法不同，原料加工的方法和要求也不同。粗加工的分档取料，必须保证取料部位准确，如整只的鱼虾原料，必须做到加工用料的大小、规格一致。如同一规格的牛排、肉丝、肉片，加工后应保持其形状、厚薄、大小整齐划一。特别是原料加工过程中的刀工处理，要根据不同花色品种的烹调要求，分别采用不同的刀工技法。急火刀口要小，块状轻薄；慢火刀口较大，块状适宜。同种风味、同一品种和规格的产品原料加工要做到整齐、均匀、利落，才能密切配合烹调方法，保证产品质量。

（三）掌握菜点定量标准

原料加工是为配菜和烹调服务的。加工过程中的切、片、拍、剁、挂糊、上粉等工艺，都要事先考虑到其形状大小、样式、厚薄是否和菜肴规格相适应。部分菜点的块状、数量及其规格大小往往是固定的，如整条鱼、整只大虾和螃蟹，同一规格的盘菜数量和大小都是一致的，同一规格的菜点的主料和配料，其用量也是相同的。因此，要尽可能做到合理下刀，物尽其用，防止引起配菜困难，分量难于掌握，进而引起客人不满现象的发生。

（四）保持原料形状美观

餐饮产品的质量主要通过色、香、味、形表现出来，其中，产品形状是否美观与原料加工密切相关。它主要取决于原料加工时的造型厚薄、大小及整齐规格程度。因此，在食品原材料加工过程中要根据不同菜点的形状要求，十分注重刀工技法，尽可能保持原料加工后的形状美观，符合配菜和烹调需要，以保证质量。

（五）确保原料清洁卫生

厨房加工卫生是保证产品卫生的基础，是预防食物中毒和疾病传染的重要方面。为此，在厨房生产加工过程中，必须从原料采购、运输、验收、收发到原料清洗、择除、涨发、切配、烹调各个方面，都要加强卫生管理。坚持卫生操作，保持加工场所、台案、刀具、厨具和人员的清洁，坚持每天消毒，以防止食品污染和疾病传染。

二、厨房每日食品原料的领用与请购

厨房加工管理是以食品原材料的请购、领取到位为前提的。餐饮企业每日厨房原料的请购、领用必须在合理确定各种原料需要量的基础上来确定。其工作内容包括四个方面，具体操作方法是：

（一）库房原料领用

凡是库房存有的干货、冷冻、箱冻等食品原材料，根据原材料需要量，每天由大厨（厨师长）填写领料单，到库房领取所需食品原材料，厨房领料单的格式可参阅表 7–14。

表 7-14　厨房领料单

厨房 ________　领料人 ________　____ 年 ____ 月 ____ 日

原料名称	单位	单价	用途	需要量	领取量
1. 2. 3.					
					厨师长签字 ________

（二）鲜活原料请购

厨房每天需要的蔬菜、瓜果、肉类、海鲜等鲜活原料，需要当天直接采购使用的，由厨师长当天或提前一天填写鲜活原料请购单，交采购员每天采购，鲜活原料请购单的格式可参阅表 7–15。

表 7-15　鲜活原料请购单

厨房 ________　采购员 ________　____ 年 ____ 月 ____ 日

原料名称	单位	单价	用途	请购量	建议供货商
1. 2. 3.					
					厨师长签字 ________

（三）购进原料验收

厨房每天使用的鲜活原材料购进后，直接进入厨房。加工厨房的厨师长每天必须组织做好鲜活原料验收工作。原料验收的数量、价格、成本既是厨房每日成本核算的基础，又是控制采购价格和进价成本的重要工作。验收单据称为鲜活原料直拨单，一般一式三份，格式可参阅表 7–16。

表 7-16　鲜活原料直拨单

厨房 ________　验收人 ________　____ 年 ____ 月 ____ 日

原料名称	单位	请购量	计划价格	验收数量	购进价格	发票号
1. 2. 3.						
采购员签字：						

（四）食品原材料的调拨

厨房每日需要的部分食品原材料，如果库存短缺或临时加工已来不及，可以从其他厨房借用。借用的食品原材料要填写调拨单，以便成本核算员正确核算每日各个厨房的实际成本消耗，食品原料调拨单的格式见表 7–17。

厨房每天各种食品原材料的领用、调拨和转账单据，必须及时送成本核算员，作为核算厨房当日成本的客观依据。

表 7–17　食品原料调拨单

调出单位________　调入单位________　____年____月____日

原料名称	用途	调拨价	数量	金额
1. 2. 3.				

领料人：

三、厨房原料加工管理的具体内容

厨房根据每天的生产任务需要来组织原料加工，其加工管理的工作内容和基本方法如下。

（一）做好各类原料的加工组织

厨房每天使用的食品原料种类很多，各种原料的用途和烹制的产品不同，其加工方式和要求也不同。各种原料加工组织的工作内容和方法主要包括：

（1）蔬菜加工。蔬菜、瓜果等新鲜原料的加工主要是拣洗、去皮、去籽、去茎叶和老根等不宜食用的部分，然后加工成一定形状，供配菜烹调使用。一般由徒工完成。

（2）鲜活物宰杀。活鱼、蛇鳝、部分飞禽走兽等鲜活物的加工，主要是宰杀、去鳞、去毛皮、去内脏，然后分档取料，将原料的不同部位加工成一定形状，供细加工使用。其中，活鱼、蛇鳝等可直接加工成净料。鲜活物宰杀主要由水台岗厨师完成。

（3）肉类拆卸。整块的猪、羊、牛肉等原料，也采用分档取料方式，将不同部位、不同用途、不同肥瘦的部分分别切割，以备细加工。

（4）冷冻原料解冻。从冰柜、冷库、冷箱中取出的冷冻原材料，根据原料的大小和冷冻程度提前解冻。解冻方法有空气解冻、冷水解冻、盐水解冻、加热解冻等多种。酒店厨房主要采用流水冲洗解冻。解冻原料必须解透，然后拆卸、切割，供细加工使用。

（5）干货原料涨发。海参、鱼翅、鲍鱼、木耳等干货原料，需提前涨发。涨发方法有水发、油发、浸泡、煮发等多种，以水发、油发为主。如鱼翅要褪尽沙砾，去尽腥味；燕窝要去掉杂毛和沙砾等。干货原料涨发一般要安排有经验的砧板岗或打荷岗厨师完成，以保证涨发的质量。

（6）原料刀工处理。厨房刀工技法很多，主要有切、片、拍、剁四大类。厨房原料加工要根据产品风味、花色品种的不同，从有利于保证烹调入味，保证色、香、味、形的要求出发，在活物宰杀、肉类拆卸、原料解冻、干货涨发等基础上，分别采用不同的刀工技法。如滑溜肉片，主料是肉片，配料是黄瓜，加工时主要采用切刀技术。锅巴鱿鱼，主料是锅巴和水发鱿鱼，配料是水发口蘑、豆苗、白菜心、玉兰片和清汤。加工时鱿鱼要切成薄片，玉兰片必须去老根，横刀切成坡刀片，葱要切成马耳形，姜要切成象眼形等。在批量生产的条件下，厨房对每种原料的刀工处理都要区别不同原料和烹调要求，分别采用不同的刀工技法，保证原料加工质量。

（二）检查各类原料加工质量

厨房各种原料种类、用途和产品不同，原料加工方法不同，就是同一种原料因其烹制的产品不同，加工方法也不一样。因而其原料加工质量和要求也是各不相同的，检查原料加工质量的内容和方法是：

（1）粗加工的质量检查，由加工领班负责。每天随加工随检查，主要检查原料加工中的拣洗、择除、去皮、宰杀、拆卸、涨发、切割、解冻等加工方法是否正确、合理，分档取料的合理程度、准确程度、清洁程度等。

（2）细加工的质量检查。主要检查加工完成后的净料的形状、规格、大小、厚薄等是否符合配菜需要和装盘要求，加工损耗率是否合理，净料率的高低是否达到要求，如有问题，及时处理，保证烹调厨房的需要。

（三）按需发送各种原料

厨房的原料加工是为炉灶烹制提供服务的。每日加工好的食品原材料及净料或半成品应当按需要发送，其基本方法是：

（1）做好原料定量包装。将加工好的食品原材料，在核定出单位成本的基础上，根据配菜要求分别做好定量包装，以供厨房使用。定量包装的原料加工成本单应详细填写原料名称、用途、单位成本、原料重量，以为厨房炉灶装盘烹制提供成本控制的依据。原料加工成本单的格式和内容见表 7–18。

表 7–18　原料加工成本单

原料名称：牛肉片	用途：水煮肉	原料名称：荷兰豆	用途：清炒
加工方式：薄片	重量：250 克	加工方式：拣洗	重量：800 克
单位成本：0.02 元 / 克	成本：10 元 / 袋	单位成本：0.001 2 元 / 克	成本：9.6 元 / 袋
领用量：30 袋	总成本：300 元	领用量：50 袋	总成本：480 元
发料人：____	领料人：____	发料人：____	领料人：____
	____年____月____日		____年____月____日

（2）按需发送。厨房定量包装的各种加工好的净料和半成品，每日按产品烹制需要按时发送，双方均应做好领料、发料记录，以此保证厨房生产管理需要。

（四）每日做好厨房卫生

厨房每天需要加工大量食品原材料。在原料加工过程中会产生大量废品，因此每天都要搞好厨房的加工卫生，每次、每批原料加工完成后，都要及时清理和打扫现场，冲洗地面，擦拭加工台案，处理各种废物，并定时做好厨房消毒工作。

第四节 厨房产品生产管理方法

【案例导入】

一份寿宴菜点生产安排表

以下是一家四星级酒店为客人预订和安排的一次宴会菜点生产任务，时间：××月×日 11:00～13:00，菜点生产安排：

（一）冷菜厨房

请准备好以下菜点，10:45 送到×××厅。

（1）大彩盘：松鹤延年、标准规格。

（2）四冷盘：五子献寿（8 寸盘） 四海同庆（8 寸盘）

玉侣仙班（8 寸盘） 三星猴头（8 寸盘）

（二）宴会厨房

准备好 8 菜 1 汤，按预订程序和标准上菜。

儿孙满堂（鸽蛋扒鹿角菜） 长生不老（海参雪里蕻）

罗汉大会（素全家福） 彭祖献寿（茯苓野鸡羹）

天伦之乐（鸡腰烧鹌鹑） 洪福齐天（蟹黄油烧豆腐）

五世祺昌（清蒸鲳鱼） 返老还童（金龟烧童子鸡）

汤菜：甘泉玉液（人参乳鸽炖盆）

（三）面点厨房

准备 2 份：佛手摩顶（佛手蛋酥）

福寿绵长（龙须面）

（四）其他宴会用品准备

（1）寿烟：吉林人参烟。

（2）寿酒：山东至宝三鞭酒。

（3）寿茶：湖南老君眉茶、湖南仙人掌茶。

（4）寿果：河南仙柿果、上海蟠桃。

点评 厨房原料加工和产品生产是相辅相成的，两者都必须以菜单为基础。本案例是一次宴会菜单在不同厨房中的生产安排。实际工作还要落实到具体厨师人员，通过生产过程的现场指挥来完成。为此，我们在本章最后介绍厨房产品生产管理的基本方法，包括热菜、冷菜、面点和汤类食品。当然，具体到不同的菜点，包括宴会、团队、零点用餐，都要进一步结合实际情况来组织。

一、热菜食品烹调制作管理方法

热菜是客人的主菜，而不是家庭用餐中的佐餐食品，它是客人在餐厅获得物质和精神享受的主要菜肴。为此，做好热菜食品烹调制作管理，重点要抓住五个环节：

（一）做好正式烹调前的准备工作

正式烹调前的准备工作主要包括：第一，厨师要洗手、穿工作服，做好个人卫生准备，清扫好炉灶；第二，准备好已加工好的食品原材料，准备好盛菜的盘、碗、碟，对于需要现场加工的特殊风味产品，则准备好加工刀具和炊具；第三，备好菜单。零点餐厅的点菜单由服务员送到传菜间，再转给厨房配菜师。团体、会议和宴会则准备好事先安排的菜单，以便厨师按先后顺序烹调，保证餐厅销售需要。

（二）严格配菜，按顺序烹调

厨房应配有专业技术熟练、懂得成本核算的配菜师傅。每一种菜都按照“标准化烹调明细书”的要求，将主料、配料搭配起来，源源不断地送炉灶厨师上灶烹调，调料则由炉灶师傅自行掌握使用。零点餐厅，包括中餐厅、西餐厅、咖啡厅、风味餐厅等，配菜的顺序是按客人点菜的先后顺序安排的。团体、会议和宴会则按厨房安排好的上菜顺序进行。采用配菜制度执行标准化烹调的目的是控制成本消耗，减少随意性；保证菜肴营养合理搭配，满足客人消费需求；适应不同花色品种的风味特点，使主料、配料和调味料密切配合，相得益彰，形成特殊风味；增加菜肴烹调后的美观，引起客人食欲，产生形象吸引力，便于扩大产品销售。

（三）做好炉灶烹制，保证产品质量

配菜师傅将盘菜主料、配料搭配好后，源源不断地分送各个炉灶。具体烹调方法则由上灶师傅掌握。烹调技法十分复杂，但就烹调中的热传递而言，则主要有油传热、水传热、空气传热三种。烹调过程中，有

的要炸，有的要煎，有的要炒，有的要扒，有的要先沾皮，有的要先挂糊，具体技法有几十种，每种产品用到的技法各不相同，大多在很短的时间内完成。烹调制作管理主要是由厨师长或质检员检查炉灶烹调制作后的产品质量，保证产品符合其风味特点要求，满足客人消费需要。

（四）加强成品出售管理，确保餐厨衔接与协调

热菜烹制完成后，由餐厅传菜员送往餐桌，供客人享用。为此，必须加强成品出售管理，保证餐厅和厨房的衔接和协调。具体方法是：第一，保证出菜渠道畅通，在炉灶、备餐室和餐厅之间要留有足够的通道，出菜和收盘、收碗的路线要尽可能分开。第二，要按顺序出菜，特别是零点餐厅每张点菜单要编号，防止出菜和客人点菜发生错乱，影响客人需求。第三，每出一道菜，要按花色品种做好登记，以便统计汇总。

（五）做好现场指挥，使烹制工作忙而不乱

热菜烹调制作过程中，厨师长或主厨要做好现场指挥，协调各个炉灶的忙闲程度。同时，对各种要用的和用过的炊具、餐具和用品，要指挥管事人员及时供应，适时收捡，迅速清洗，随时保证厨房清洁、卫生、整齐。做到忙而不乱，保证烹调制作有条不紊地顺利进行。

二、凉菜食品烹调制作管理方法

凉菜制作以冷荤厨房为基础，是餐饮产品的重要组成部分，通常作为第一道菜送给客人。在冷餐会、鸡尾酒会中，凉菜常常成为客人的主食。凉菜烹调制作和热菜不同，它具有造型美观，色泽清新，口味偏重酸、咸、辛辣的特点。为此，做好凉菜食品烹调制作管理，重点要抓好四个环节：

（一）购料要严，选料要精，保证原料质量

凉菜和热菜不同，它主要采用酱、卤、扒、泡、浸、拌、腌、熏、酿、炸、熗等技法，先将成批或成块的食品原料烹制成形或烹熟，然后进行刀工处理。其中，还有部分凉菜是生吃的。因此，凉菜的原料选择比热菜更讲究。购料要严、选料要精，就是指用于制作凉菜的各种蔬菜、海鲜、禽类、肉类等食品原材料，都要经过严格的挑选，做到质地新鲜，外形完好，防止污染，确保凉菜原料质量。

（二）严格消毒，把好凉菜烹调制作卫生关

凉菜食品经过烹调制作，冷却后直接供客人食用，还有部分是生食的。烹调制作前和烹调完成后的温度，适宜细菌繁殖。因此，严格消毒，把好凉菜卫生关，是冷荤烹调制作管理的重要环节。其管理方法是：第一，冷荤间厨师人员必须勤洗手、勤换工作服，炊具、餐具、工作服必须每餐消毒，正式操作前必须洗手消毒。第二，冷荤间本身必须和粗加工及食品保管严格分开，尽量在密闭条件下操作，每餐必须用紫外线照射或用其他方法消毒。第三，必须建立健全冷荤食品化验制度。大中型酒店宾馆冷荤食品的抽检化验率应为 90%～95%，凡化验不合格的食品应停止出售，及时处理。

（三）提前操作，分类烹制，保证凉菜食品质量

凉菜和热菜烹调方法不同，大多是提前分类成批烹制的，不同种类的凉菜，其烹制方法各不相同。因此，凉菜食品要提前制作，分类烹制。尽管各种凉菜食品烹制方法不同，但从烹调制作管理的角度来看，其共同规律是：第一，根据凉菜品种和烹制要求不同，分类严格选料，做好粗加工，使原料成形。第二，区别不同凉菜食品，选好配料和调味料，为烹调制作做好准备。其中，主要是调味料的选择。第三，分别采用不同的方法，分类烹制凉菜食品。具体烹制技法有几十种，主要由冷荤厨房根据不同凉菜的具体烹制方法来制作。食品操作人员要熟练掌握这些技术，加强检查，保证凉菜烹调制作质量。

（四）掌握刀工与食雕艺术，拼摆造型美观，及时销售

凉菜和热菜的重要区别是凉菜的刀工技术主要在烹制完成后进行。掌握刀工、食雕艺术，拼摆造型美观，重点要抓住三个环节：第一，肉类食品要在烹制冷却到 15°C 左右时进行刀工处理。其刀法要求细致、美观、均匀、整齐，特别是天女散花、五柳拼盘、孔雀开屏等各种拼盘食品，其造型要事先设计，使刀工处理密切配合拼盘造型，使之成为可供食用的优美艺术品，供客人享用。第二，部分凉菜要点缀蔬菜、瓜果，并采用食雕艺术，使之锦上添花，增强凉菜的美感，增进客人食欲。第三，采用腌、泡、浸、拌等烹制方法的蔬菜、瓜果等凉菜，刀工处理同样应细致、美观，便于客人食用。

三、面点食品烹调制作管理方法

面点同样是餐饮产品的重要组成部分。它既是正餐和宴会中配合热菜销售的重要食品，又是早餐食品的重要组成部分，还可单独向社会销售，从而提高企业餐饮管理的经济效益和社会效益。

面点花色品种有千种以上，主要分为中餐面点和西餐面点两大类。其特点是品种多、造型美、加工精细、技术复杂、烹饪制作独立性强。烹调制作面点食品要抓好四大环节。

（一）和面

和面是面点烹制的第一关。和面要根据面点种类和花色品种，选用不同的面料，如米粉、面粉、杂粮粉等。和面所用的液体原料以水为主，但水的温度、水中所加的拌料各不相同，和面所要求的柔软度、拉力、弹性也不一样。面点厨师长或厨师班长要先制定好面点菜单，安排好面点生产任务，然后再根据不同花色品种的要求，组织厨师合理领料，做好和面工作，为面点烹调制作做好准备。

（二）拌料

面点食品尽管很多，但又可分为含料和带馅两个大类。前者的配料和调味品大多直接掺和在面粉中，和面和拌料大多是同时进行的。具体做法是将配料和调味品，如鸡蛋、油、盐、味精、花椒面、胡椒粉、香油、葱花等掺和于面粉中，然后用手工或机器搅拌、揉搓，使其达到能够制作产品的要求。后者是配料和调味品单独形成馅料，且多用肉类、海鲜和蔬菜原料制作。做好面点烹调制作管理，拌料或拌馅都是十分重要的环节，它直接影响面点食品的造型和烹制完成后的色、香、味、形和酥、脆、松、嫩等质量。为此，拌料或拌馅都应加强管理，保证质量。其方法是：第一，拌料或拌馅都应选择有专业技术水平的面点师负责。第二，拌料与和面同时进行，必须保证配料和调料的比例，搅拌或揉搓均匀、细致，使各种原料充分混合在面料中，保证味道纯正。第三，馅料原材料要精细加工，配料准确，搅拌均匀。第四，每种面点的拌料或拌馅完成后，要严格检查，在保证质量的基础上，方可进入下一道工序。

（三）发面和造型

发面和造型是面点烹调制作管理的前奏。和好的面料，有的要经过一定时间的发酵，方可正式造型。所谓造型，就是采用包、卷、擀、推、拉、压、抻、团等各种技法，使面点原料形成和其花色品种相适应的形状，便于烘烤和烹调入味。做好面点食品烹调制作管理，发面要区别不同花色品种，发酵原料掌握适当，发酵时间准确，面料柔软适度。造型则根据花色品种不同来确定，如圆形、半圆形、椭圆形、三角形、宝塔形等。造型的关键是要美观、大方、精巧，带馅面点的造型要均匀、光滑。

（四）烘烤和烹制

烘烤和烹制是面点烹调制作管理的最后一道工序。烘烤是将加工好的面点放入烤箱、微波炉、烤炉等机械炉灶设备中，使其受热，完成烹制过程。烹制则是根据面点花色品种制作要求，分别采用蒸、煮、炸、烧、烤、煎、贴等烹调技法，使面点原料完成化学和物理反应过程，达到烹调目的。一般说来，西餐面点以烘烤为主，中餐面点以烹制为主，中式技法更多、更复杂。要做好面点烹调制作管理，考虑到烘烤和烹制都是成批制作的。厨房重点应做好四方面的管理工作：第一，烘烤和烹制要分开进行，该烤则烤，该烹则烹，不可混用。第二，成批制作，每批只能烹制少数几种产品，每天生产哪些面点，必须按计划安排，以满足餐厅面点销售需要。第三，不同花色品种的面点，烹调技法各不相同，要由有经验的面点师负责监制，以保证产品质量。第四，要有计划地组织面点食品的外销生产，以提高企业的经济效益。

四、汤类菜肴烹调制作管理方法

汤类烹调是厨房烹调制作管理的重要内容。汤的种类很多，按汤的作用划分，主要有烹调汤和食用汤两大类。前者又有清汤、奶汤、鸡汤、鱼汤等多种，主要用作热菜烹调制作的原料；后者则根据汤的用料不同，有众多的花色品种，如中餐的酸辣汤、海参汤、元鱼汤、芙蓉鸡汤，西餐的洋葱汤、奶油蘑菇汤等。每一种风味都有几十种、上百种汤。汤的制作水平是热菜烹调水平的直接反映。一名特级厨师，必须是汤类菜肴烹制的高手。汤类烹制的特点是主料以动物性原料为主，配料众多，烹调工序复杂，技艺精湛，味道鲜美。烹调制作汤类菜肴要做好三个方面的工作。

（一）选料严，配料准，保证汤菜味道

不管是烹调汤还是食用汤，每一种汤菜都有相对固定的主料和配料。要想做到选料严、配料准，就必须根据汤菜的花色品种来选择，不可混用。如川菜的清汤，主料为开腔老母鸡、猪肘，配料为猪瘦肉，其比例为 1 500 : 1 000 : 250（克），调料为葱 100 克、姜 50 克、料酒 50 克；酿清汤燕菜，其原料为干燕菜 15 克、母鸡柳肉 200 克、熟瘦火腿 50 克、清汤 2 000 克，外加绿色菜叶。各种风味的汤菜具体用料和比例都不一样，需要严格选择和搭配，以便为汤菜的味道提供原料基础。

（二）深加工，细操作，掌握汤菜火候

汤类原料加工，以配料为主，主料大多是整块使用的，但一些以清汤、奶汤、鱼汤为原料的汤类菜肴，则主料和配料都需深加工。汤类的烹调制作讲求精细，一般是先将主料用旺火烧沸，按工艺要求加入配料和调料，再改文火，慢熬细炖，使原料中的鲜味物质，如氨基酸等充分溶于汤水中，产生鲜美味道，而烹调过程溢出的油脂及漂浮物要撇掉。不少汤类菜肴，随着原料的不断加入，火力要多次调整，所以，掌握好火候，往往是汤类烹调的关键，必须加强这一环节的控制，以确保汤类菜肴的质量。

（三）提前制作，保证火候，配合热菜烹调

汤类菜肴，特别是烹调汤制作时间较长，如清汤中的鸡汤一般要 2～3 小时，牛肉汤需 3～4 小时，鱼清汤一般要 1～2 小时，比热菜烹调时间长得多。在汤类菜肴烹制的不同时段，其火候也各不相同，要合理掌握。同时，有的汤类要留底汤，以用于热菜制作。所以，汤类菜肴烹调制作管理不能和热菜一样，要提前制作，配合热菜烹调和餐厅销售。

相关链接

宴会厨房和点菜厨房产品生产管理的主要区别

宴会厨房以批量生产为主，点菜厨房以零点生产为主。两者产品生产管理的主要区别是：

（1）宴会厨房生产的产品花色品种是事先预订协商确定的，且品种较少。一场宴会大多 8～10 种热菜。点菜厨房的菜单一般有 60～70 种炒菜。点菜厨房以客人点菜、零星生产为主，随机性强。

（2）宴会厨房同一产品一次生产的数量较多，一般 4～5 盘，多则 20～30 盘，故大型宴会开餐时厨房十分繁忙。点菜厨房同一产品一次生产数量很少，大多一次一盘，多则 2～3 盘，但客人若再点同种菜点，则会重复烹制。

（3）宴会的冷荤面点食品与炒菜生产具有协同性，故每次宴会，热菜和冷荤面点厨房要紧密配合，保证宴会上菜需求。点菜餐厅的冷菜与面点食品是客人点菜后，将点菜要求直接交冷荤和面点厨房制作。他们一般是按菜单要求，事先做好准备，客人点菜后可很快供应。

核心要义复习题

1. 餐饮产品生产管理的组织形式有哪几种？
2. 酒店、宾馆、餐馆厨房生产管理有哪些特点？其基本要求是什么？
3. 餐饮产品生产任务确定方法有哪几种？其适用范围如何？
4. 厨房原料加工管理的要求是什么？其管理方法是怎样的？

定量管理练习题

1. 某酒店未来 1 周的客源资料和过去 10 天风味餐厅销售资料见表 7–19 和表 7–20，酒店的客房数为 350 间，风味餐厅座位为 260 个，每日两餐。请用喜爱程度法确定未来 1 周风味餐厅餐饮产品生产任务量（过去 10 天总接待量为 5 140 人次）。

表 7–19 未来 1 周客源预测资料

项目	周一	周二	周三	周四	周五	周六	周日
客房出租率（%）	61.5	58.4	63.7	65.4	62.3	68.5	72.3
客房双开率（%）	28.6	29.4	32.5	31.8	35.6	38.4	42.3
店客光顾率（%）	21.5	22.8	21.3	22.5	21.9	23.6	22.4
外客上座率（%）	21.4	21.3	23.5	24.6	22.3	23.7	25.6

表 7–20　过去 10 天菜肴销售统计

菜肴	数量（份）	菜肴	数量（份）	菜肴	数量（份）	菜肴	数量（份）	菜肴	数量（份）
A	486	C	492	E	512	G	365	I	528
B	453	D	435	F	428	H	476	J	494

2. 花园酒店山东风味餐厅以零点销售为主。菜单上主要有 15 种菜。过去 3 周内共售出 15 342 份，结果见表 7–21。根据前后几天客源预测，预计明日这些菜肴可售出 786 份，请确定明日厨房各种菜的生产任务量。

表 7–21　过去 3 周菜肴销售统计

菜肴	数量（份）	菜肴	数量（份）	菜肴	数量（份）	菜肴	数量（份）	菜肴	数量（份）
A	986	D	1 140	G	875	J	938	M	872
B	824	E	1 050	H	764	k	1 280	N	895
C	1 250	F	958	I	1 030	L	1 190	O	1 290

3. 北京某酒店接待宴会 20 桌，需要部分干货原料，其涨发率、加工耗损率见表 7–22，请确定其原材料需要量，填入表 7–22 中。

表 7–22　部分干货原料的需要量

原料名称	涨发率（%）	盘菜用量（千克）	生产任务（份）	耗损率（%）	预防保险量（千克）	原料需要量（千克）
海参	432	1.0	20	1.2	1.5	
鱼翅	128	0.4	20	25	0.5	
鲍鱼	225	0.25	20	2.2	2.5	
蹄筋	336	0.65	20	0.5	3.8	

即测即评

第八章　餐厅酒吧销售服务管理

知识结构图

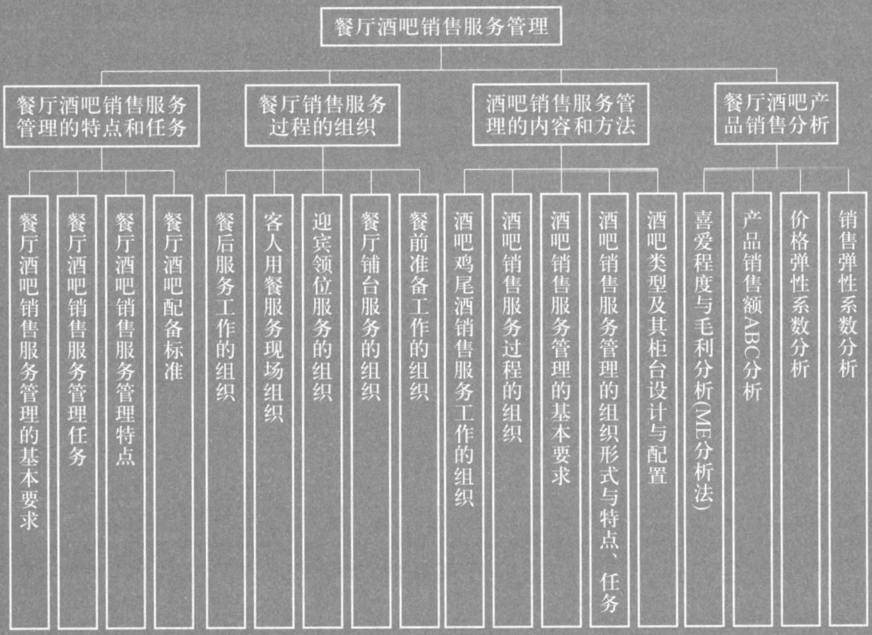

学习目标

知识目标

1. 掌握餐厅酒吧的设置标准，包括数量、餐位及其面积
2. 掌握餐厅酒吧销售服务管理的特点、任务
3. 掌握销售弹性系数、价格弹性系数及其变化规律

技能目标

1. 熟悉掌握餐厅、宴会铺台服务技能，餐前准备工作内容和用餐服务程序方法
2. 掌握酒吧服务过程的组织内容、方法和销售程序
3. 能用实际数据运用销售弹性、价格弹性、ABC 和 ME 法进行销售分析

第一节　餐厅酒吧销售服务管理的特点和任务

【案例导入】

一家五星级酒店中餐厅每日餐前会的基本内容

某五星级酒店中餐厅每天午餐和晚餐正式开餐前，都要由当班领班或主管召开一次餐前会。会议基本内容是：

1. 检查服务人员的仪容仪表
2. 检查服务工具用品是否准备好
3. 讲解当日推荐菜点要点
4. 介绍预订及重要客人（VIP）接待工作
5. 向服务员说明客人投诉处理
6. 通报需要协调的有关问题及情况

……

点评　餐前会是餐饮企业开餐前都会召开的基层例会，是餐厅销售服务管理的工作内容之一。案例中介绍的餐前会的内容，与一般餐厅基本内容相同。实际工作中，厨房菜点生产和餐厅销售服务管理是相辅相成的，它们是餐饮业务经营管理的两大车轮，缺一不可。厨房生产的菜点最终要通过餐厅的销售服务，才能产生经济收入。为此，本章介绍餐厅酒吧销售服务管理的基本原理、工作内容和方法。首先介绍销售服务管理的特点、任务和要求。

一、餐厅酒吧配备标准

餐厅和酒吧是企业餐饮产品的销售场所，又是满足客人消费需求、提高服务质量、扩大产品销售、获得优良经济效益的重要条件。餐饮企业的餐厅和酒吧配备标准主要包括三个方面：

（一）餐厅酒吧数量配备

1. 酒店宾馆的餐厅酒吧数量配备

酒店宾馆的餐厅酒吧数量主要是根据企业星级高低、接待能力、客源对象的性质、产品风味等多种因素来确定的，其最低数量配备标准见表 8–1。

表 8-1　酒店宾馆餐厅酒吧配备　　单位：个

星级	中餐厅	西餐厅	咖啡厅	多功能厅	包间	酒吧间	合计
一星级	1	—	—	1	1～2	—	2
二星级	1	—	—	1	2～3	1	3
三星级	1～2	1	1	1	2～5	1	5～6
四星级	1～2	1	1	1	3～6	1～2	5～7
五星级	1～3	1～2	1	1	4～10	1～3	5～10

2. 酒楼饭庄餐厅酒吧数量配备

小型酒楼饭庄一般配备 2～3 种餐厅，即大众餐厅、雅座餐厅各一处，同时配备数量不等的包间餐厅，供团体聚餐和小型宴请使用。只有大型高档或豪华型酒楼才会设单独的宴会厅和独立的酒吧间。所以，酒楼饭庄的餐厅酒吧配备比较简单，业务性质比较单一，又以零点销售和喜宴、寿宴等销售为主，酒水则以餐厅客人佐餐酒水销售为主。

（二）餐厅酒吧餐位配备

1. 酒店宾馆餐位配备

酒店宾馆餐位总数的配备标准是：客房数 × 2 × 80%。若当地居民生活水平较高，外出就餐的本地客人多，可以超过这一标准，但一般不应低于这一标准。

餐位总数确定后，内部各个餐厅的餐位数又是根据饭店的性质、主要目标市场和市场结构来确定的。我国酒店分旅游型酒店、商务型酒店、会议型酒店等多种。与此相适应，酒店内部的团体餐厅、零点餐厅、大众餐厅、咖啡厅、宴会厅、酒吧间等各类餐厅的餐位配备标准也不完全一样，需要根据酒店类型与当地的市场结构来确定，以使各种类型的餐厅相互配合，适应各种类型客人的消费需求。

2. 酒楼饭庄餐位配备

酒楼饭庄等是独立的餐饮企业，专业从事餐饮经营。其餐位总数多少没有统一的标准，主要根据投资人的资金实力、投资规划和企业规模设计来确定。但从规模经济效益的角度来考察，一个独立酒楼饭庄的总餐位一般不应少于 100 个，最好应在 300～500 个，才可能获得较好的规模效益。

（三）餐厅酒吧餐台和餐位面积配备

1. 餐厅酒吧餐台配备

餐厅酒吧餐台有 2 人台、4 人台、6 人台和 8～10 人台等多种。合理配备餐台，适应客人消费需求，尊重客人消费心理，有利于扩大产品销售，提高服务质量。各餐厅内部各种餐台的配备要根据餐厅性质、主要接待对象、客源状况和客人消费心理等多种因素来确定。一般标准和要求是每一份客单的客人只能使用同一餐台，而不应出现多份客单的客人共同使用一张餐台。

2. 餐厅酒吧餐位面积配备

在安排各类餐厅餐位数量时，还要考虑餐厅内部每个餐位平均占用的面积大小，如宴会厅、西餐扒房档次最高，平均每个餐位占用的面积最大。反之，团体餐厅、咖啡厅每个餐位所占用的面积则相对较少。如果以餐厅总面积为基础，则各类餐厅的餐位面积可参照以下标准配备：

宴会厅：　1.6～1.8 平方米 / 座；西餐扒房：1.8～2.0 平方米 / 座；
团体餐厅：1.2～1.3 平方米 / 座；零点餐厅：1.5～1.7 平方米 / 座；
咖啡厅：　1.4～1.5 平方米 / 座；酒吧间：　1.3～1.5 平方米 / 座。

每个餐位的平均面积确定后，各类餐厅内部的餐位多少即可确定，方法为：

各餐厅餐位数 = 餐厅总面积 ÷ 餐位平均面积

拓展阅读

大型高档餐饮企业的多功能厅

四星级以上的酒店和大型高档酒楼饭庄等企业的多功能厅又称宴会厅。其格局一般有 1～3 间大厅，中间有活动隔断，打开后是一个很大的空间，并设有开会、演出用的舞台和音响、灯光照明设施。大厅的周围还配有可设 1～5 张桌子的宴会单间，以适应各类客人的需求。这种多功能厅设计美观、装修豪华、舒适典雅。其功能主要有三种：一是可为客人举办不同规模和规格的宴会，几个宴会同时举办时还不会互相干扰。二是可为客人举办大、中、小型的会议，承接会议用餐。三是可根据需要承担演出、展览会、展销会等活动。

二、餐厅酒吧销售服务管理特点

餐厅和酒吧是餐饮产品销售服务的营业场所，它以就地销售、现场服务为主要表现形式。销售过程就是其服务过程，销售和服务融为一体，对产品质量和服务质量的要求都很高。事实上餐饮企业各项经营活动的开展都是围绕着销售服务这一中心来进行的，其管理直接决定餐饮经营的经济效益。为此，必须正确认识餐厅和酒吧销售服务管理的特点，并据此做好销售服务过程的组织，其具体特点主要表现在四个方面：

（一）管理目的的明确性

餐厅酒吧销售服务管理工作是现代餐饮业专业化分工的产物。各种餐厅和酒吧不管其类型和档次高低、经营风味和消费环境如何、菜点和酒水饮料的花色品种多少、客源层次和消费水平怎样，其管理目的都是相同的：提供优质服务，获得理想经济效益。提供优质服务是餐厅和酒吧销售服务管理的中心工作，获得理想经济效益则是餐厅和酒吧销售服务管理的结果和目的所在。餐厅酒吧销售服务管理的这一特点要求餐饮企业的管理人员必须根据其餐厅或酒吧的等级规格、客源层次和消费需求，合理制定优质服务的质量标准和价格水平，根据餐厅和酒吧计划管理要求，保证餐位利用率，保证菜点和酒水销售的收入水平、毛利水平，才能确保计划经济效益指标的顺利完成。

（二）管理过程的协作性

餐厅和酒吧的销售服务管理不是孤立的，其协调配合性都较强。首先，各餐厅和酒吧的菜点及佐酒菜销售是以厨房生产为前提的。每个产品的销售都是先点菜或预订而后烹制，具有定制生产的性质，其花色品种、供应份数、质量优劣、出菜速度、价格高低等，都是由厨房决定的。因而，餐厅酒吧管理过程中，必须加强和厨房的协调配合，才能保证产品质量和服务质量。其次，餐饮企业的各种酒水销售除独立经营的酒吧间外，还有各个餐厅的佐餐酒水销售，它们都归酒吧管理。这就必然要求各种酒水销售要与餐厅销售服务搞好协调配合。此外，餐厅与酒水部销售服务管理过程中的餐茶用品、服务用品供应、设施设备维修、台布餐巾洗涤等，还需要工程、采购、财务等各级各部门的配合。所以，餐厅酒吧销售服务管理过程具有较强的协作性。

（三）工作内容的庞杂性

餐厅和酒吧销售服务管理的具体工作内容十分庞杂，从服务方式、服务态度、礼节礼貌、语言动作、着装仪表、环境卫生、安全服务到迎宾领位、开单点菜、斟酒上菜等，都属于管理工作的内容。为此，餐厅酒吧管理人员必须以提高服务质量为中心，掌握各项工作内容及其相互关系，认真做好计划安排，做好督导检查，才能提供优质服务，扩大产品销售。

（四）质量标准不易界定性

餐厅酒吧管理以为客人提供优质服务为中心。但服务态度、礼节礼貌、语言动作、菜点质量、环境卫生、服务操作等都很难用一定规格、一定数量来界定其标准；客人对产品质量和服务质量的需求和感受往往因人而异，这就增加了餐厅酒吧销售服务管理的工作难度。为此，管理人员必须重点抓好员工素质、管理制度、劳动纪律、工作程序、操作规程等工作，从定性和定量两个方面着手，实行全员、全面、全过程、全方位的质量管理，将标准化、规范化和个性化、感情化管理结合起来，才能提高服务质量，适应各种类型的客人的消费需求。

三、餐厅酒吧销售服务管理任务

餐厅酒吧销售服务管理的基本任务是在企业（酒楼饭庄）总经理或餐饮部（酒店宾馆）经理领导下，贯彻企业经营方针和经营策略，研究客人消费需求和消费心理，认真做好产品销售和接待服务过程的组织，提供优质服务，加快餐位周转，获得优良经济效益。其具体任务是：

（一）提供优良消费环境

在餐厅酒吧装饰布置、环境美化的基础上，每天组织员工搞好环境卫生、餐台布置、餐厅铺台、餐茶用品摆放及个人卫生等各项准备工作，使客人能够在美观大方、舒适典雅、安全卫生的消费环境中享受各种美食，从而获得优良的物质和精神享受。

（二）组织菜点酒水销售

餐厅和酒吧管理都以客人前来用餐和饮酒为中心。为此，餐厅酒吧每天每餐都要根据其销售方式，掌握菜点酒水的销售内容、产品风味与特点、产品价格、喜爱程度等，认真组织服务人员接待好每一位客人，保证餐厅服务程序、操作规程、质量标准的贯彻落实，从而提高餐位利用率和客人的人均消费额，扩大产品销售。

（三）切实提高服务质量

餐厅酒吧销售服务的管理人员每天每餐都要加强现场管理、走动式管理，督导、巡视和检查服务人员的着装仪表、服务态度、礼节礼貌、语言动作，督导员工认真做好迎宾领位、拉椅让座、开单点菜、传菜上菜、斟酒派菜和收款结账等各项餐厅服务工作，确保提供优质服务，切实提高服务质量。

（四）保证销售收入逐期完成

餐厅酒吧销售服务管理最终要落实到增加客人，保证销售收入实现上来。为此，还要做好销售分析，以掌握每天各种菜点酒水的销售情况，包括餐厅酒吧客人数、客单数、上座率、人均消费额、客单消费额、各类产品的销售比率及其结构变化情况。若发现问题，要及时提出改进措施，从而改变客人消费构成，扩大销售，增加收入，不断提高餐厅酒吧的销售服务管理水平，保证销售收入逐期完成，才能获得优良经济效益。

四、餐厅酒吧销售服务管理的基本要求

餐饮企业的餐厅和酒吧类型多种多样，尽管餐厅、酒吧的档次规格、装饰布置、环境好坏、客源对象等各不相同，但从它们销售服务管理的基本要求来看，则大致相同，主要包括以下三点：

（一）服务质量标准化

餐厅酒吧管理本质上是服务质量管理。不管其餐厅和酒吧的类型与档次如何，为确保向客人提供优质服务，都必须从本餐厅或酒吧间的等级规格、收费标准和客人需求出发，制定环境质量、产品质量、卫生质量、安全质量、服务操作（包括服务态度、礼节礼貌、语言动作、迎宾领位、桌面服务等）等各项标准，形成标准化管理。并在此基础上，将管理工作的重点放在上述各种标准每天每餐的贯彻、落实、督导、检查上来，保证服务质量标准化管理的顺利进行，从而确保为客人提供优质服务。

（二）服务操作程序化

餐厅酒吧的服务质量标准是通过操作服务程序来贯彻落实的，标准化管理必须和程序化管理相结合。为此，餐厅和酒吧的销售服务管理都必须在制定各项操作程序的基础上，将工作重点放在每天每餐的餐前准备、餐厅铺台、迎接客人、餐中服务、餐后服务和环境卫生、餐茶用品卫生等各项服务程序的贯彻落实、督导检查上来。只有每天的各项服务都坚持了程序化管理，落实了程序化操作，才能保证质量，提供优质服务。

（三）客户服务感情化

餐厅和酒吧服务都是以客人为对象的，是与人打交道的。能否广泛招徕顾客，大量吸引回头客、培养忠诚客户，在保证产品质量的前提下，关键在提供个性化、感情化、针对性很强的服务。餐厅和酒吧的标准化和程序化服务，是贯彻八字方针——“主动”“热情”“耐心”“细致”——的现场服务，其最高境界都是个性化、感情化服务。对客服务感情化、个性化，就是要对客人有爱心，尊重他们的人格、爱好、兴趣、生活习惯、消费心理，加强同客人之间的感情交流。这样，才能提供优质服务，赢得大量回头客。

第二节　餐厅销售服务过程的组织

【案例导入】

一盘未能让客人食用的蒸鱼头

一个旅游团队预订了三 D 酒店中餐厅晚 18:00 的团队餐。因当日团队景点安排多、交通堵塞，很难控制时间。当客人到达餐厅时，已经 18:30，但餐厅服务员已按预订时间将菜点摆在桌上了。由于菜盘较多，已摆满全桌，服务员小李就将一大盘剁椒蒸鱼头暂时放到了后面的备餐桌上，并征求了客人意见得到勉强同意。

用餐快结束时，一位客人突然叫服务员将那盘剁椒蒸鱼头端上来。当服务员再去端菜时，发现剁椒鱼头已经无影无踪。经询问，原来是服务员小王清理桌面剩菜时没有特别在意，将剁椒鱼头连同其他剩菜一起端到了洗碗间。客人很不满意，提出严重投诉，要求重新做一盘。两位服务员则在此争辩，互推责任。争吵引起了餐厅经理的注意，他迅速过来安抚客人，同时安排厨房迅速为客人制作了这盘剁椒鱼头，并亲自送上餐桌，向客人表示歉意。但客人仍然余怒难消。

点评 酒店宾馆、酒楼饭庄的餐厅、酒吧都是以为客人提供现场用餐服务为中心的。案例中的餐厅服务管理明显存在严重问题：其一，缺乏与团队客人的及时沟通，没有掌握客人到达的准确时间。其二，没有按实际时间和程序上菜，有些敷衍客人。其三，服务员服务意识较差。端到备餐桌上的菜没有照顾好，没有及时跟进再端上餐桌。其四，宾客至上，服务第一的观念薄弱，出了问题不是先满足客人正当需求，而是互相争辩，互推责任……事实上，餐厅酒吧销售服务管理工作是十分庞杂的，需要专业知识和能力。为此，本节集中介绍餐厅销售服务过程的组织，以确保为客人提供优质现场服务。

一、餐前准备工作的组织

餐前准备是餐厅销售服务管理的前提和基础。酒店宾馆等各餐饮企业尽管有不同类型的餐厅。但餐前准备的组织工作内容却是基本相同的。为此，应从三个方面做好餐前准备的组织工作。

（一）掌握客情，做好组织安排

为有针对性地提供优质服务，扩大产品销售，必须掌握客情，做好组织安排。其主要工作内容和方法是：

（1）掌握团体、会议和包饭客情。要掌握每个餐次用餐客人的人数、标准、国籍、生活习惯和宗教信仰以及开餐时间和任务量。因宗教信仰和生活习惯不同有特殊要求的客人，要提前做好安排，提供特殊服务。

（2）掌握零点餐厅客情。要掌握客源变化，预测就餐人数和客人对不同餐饮产品的喜爱程度，以便开餐过程中有针对性地做好客源组织，扩大产品销售。

（3）做好人员组织工作。在预测就餐人次的基础上，提前安排好服务人员的班次，确定每个班次的上班人数，每个班次要将服务人员分成不同的区域，明确每个区域各负责多少餐桌或餐位。同时，要落实迎宾领位、铺台服务、清扫卫生、开单点菜、跑菜和酒水服务等具体工作任务。

（4）组织员工熟悉菜单内容。正式开餐前，对重点推销菜、时令菜、季节菜、特式菜肴，员工要掌握产品名称、主要原料、制作方法、产品价格和风味特点，以便有针对性地向客人推销，扩大产品销售。

（二）搞好餐厅布局和卫生，提供优良的就餐环境

其主要工作内容和方法如下：

（1）餐桌椅的摆放。餐桌椅摆放要美观舒适，一般餐厅靠门边和四周摆 2 人台和 4 人台，中间摆 8～10 人台；咖啡厅摆 4 人台或 6 人台。餐厅进门处摆花坛或屏风，四角或适当位置摆盆栽或盆景。桌面摆放要整齐、美观、疏密得当，便于客人进出，形成美好的桌面构图形象，给客人以舒适感。

（2）高档餐厅的环境布置。设有小型酒吧、休息室和酒水饮料柜台的高档餐厅，要注意环境布置，台面、家具要美观舒适，留出较大活动空间，便于客人消费或餐前小饮休息。

（3）餐厅清洁卫生的保证。要每餐清扫卫生，桌椅擦拭干净，墙面、地面保持清洁，门窗和玻璃每餐擦拭，天花板、墙角、高处玻璃、灯饰定期循环清洁，餐茶用品每餐消毒、清除油腻，台布、口布每餐换新，香巾每次消毒。整个餐厅卫生要和桌面布局结合，形成优良就餐环境，才能正式接待客人。

（三）准备餐茶用品，保证销售服务需要

其主要工作内容和方法如下：

（1）备餐室餐茶用品的准备。正式开餐前，要组织服务人员准备好各种餐具、茶具、酒具和服务用品，做到各种餐茶用品数量适当、摆放整齐、清洁卫生、取用方便。跑菜、送菜所用的小推车、托盘和餐茶酒具都要经过严格的检查，以保证正式开餐后的需要。

（2）服务人员的用品准备。正式开餐前，服务人员要准备围裙、点菜单、开瓶器、火柴或打火机，并检查桌号牌、牙签等的位置摆放是否适当。同时，还要搞好个人卫生，整理着装、仪表，女服务员则要化淡妆。这样才能为正式开餐做好各项准备工作。

（3）餐厅准备效果的检查。上述各项准备工作完成后，管理人员要逐一检查。如菜单是否背熟，桌面布局是否美观舒适，清洁卫生是否达到标准，各餐室和服务人员的各种餐茶用品和服务用品是否准备恰

当，服务人员的着装、仪表和个人卫生是否符合要求等。在此基础上，即可组织铺台服务。

二、餐厅铺台服务的组织

铺台服务是创造用餐环境和气氛，提高服务质量，满足客人享受需要的客观要求。餐厅铺台种类主要有中餐铺台、西餐铺台、自助餐铺台以及冷餐会和鸡尾酒会铺台四种。铺台方法一般是按照铺台布、放转盘(中餐)、摆餐具和口布叠花、拉座椅、摆花草、查台面等工作步骤进行的。其重点要抓住以下三个环节。

（一）明确餐厅类型和销售方式，掌握铺台标准和要求

餐厅类型和销售方式不同，铺台服务的标准和具体要求也就不同。如中餐铺台和西餐铺台，其台形、餐具、铺台的具体方法和标准都不完全相同；自助餐铺台和冷餐会、鸡尾酒会铺台，其铺台方法和要求也有较大区别。为此，管理人员在组织铺台服务时，要根据餐厅产品销售类型和服务档次规格，组织服务人员按照其标准和要求做好铺台服务。

（二）准备好台面和用品，组织服务人员做好铺台服务

正式铺台前，要准备好台面，设计好台型，同时做好台布、口布、餐茶用品、必要设备和接手桌及其用品等各方面的准备工作。为此，餐厅经理要先提出方案，然后按照铺台程序指挥服务人员做好铺台服务工作，其具体方法是：①铺台布。根据台面要求选择，折线居中，凸面朝上，四角下垂 4～5 厘米。②放转盘。方台、西餐长台不放，8～10 人台才放转盘，转盘位置居中，与四周间距相等。③摆餐具。根据中餐、西餐、冷餐会、鸡尾酒会铺台的具体标准和要求摆放，各种餐具的具体位置和要求不同，又以宴会铺台规格最高，此外，自助餐、冷餐会、鸡尾酒会在摆餐具的同时还要摆菜台和酒台。④口布叠花。口布叠花有植物造型、动物造型和实物造型三大类，其花型有几百种，主要运用整、叠、推、卷、翻、穿、提、拉等手法，将口布叠成一定花型，插在口杯中或放在餐盘或桌面上，使台面美观、舒适，具体采用什么花型，要根据餐厅铺台规格和产品销售方式确定。⑤摆花草。一般餐厅摆花瓶，宴会特别是重要宴会摆花坛或花环，以突出宴会规格。⑥拉座椅。桌面铺台完成后，将座椅摆放在台面四周，做到对称统一，整齐美观，由此完

成餐厅铺台服务工作。

（三）检查铺台质量，保证铺台效果

做好铺台服务的组织工作，管理人员的工作重点是指挥服务人员铺台，检查铺台效果，保证铺台质量。由于餐厅铺台分为中餐、西餐、自助餐、冷餐会、鸡尾酒会铺台等多种，其质量标准不完全相同。为此，管理人员要按照不同的标准来检查，保证铺台质量。具体标准主要包括以下 8 种，请参见图 8–1 至图 8–8。

（1）中餐便餐摆台，标准见图 8–1。

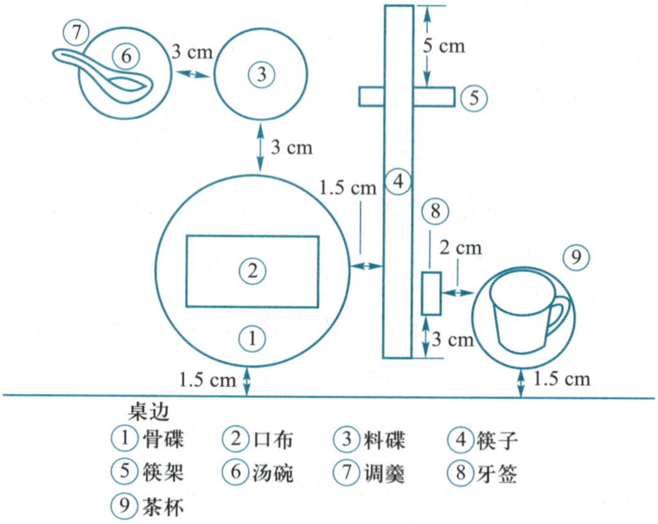

图 8–1 中餐便餐摆台示例

（2）中餐宴会摆台，标准见图 8–2。

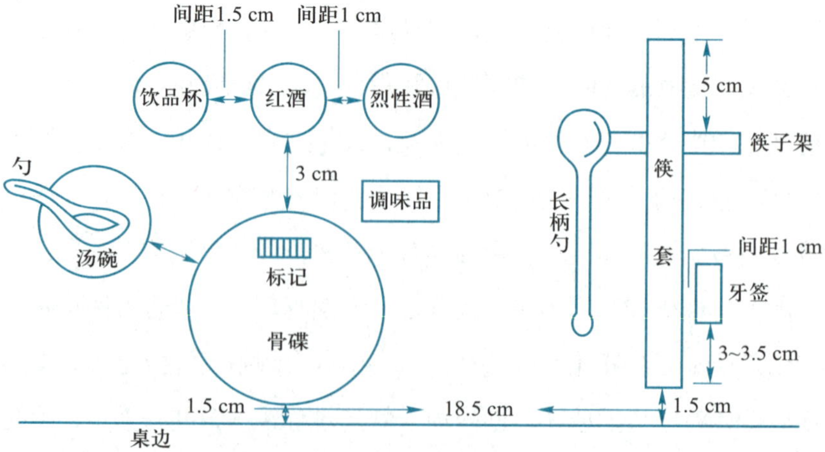

图 8–2 中餐宴会摆台示例

（3）西餐早餐摆台，标准见图 8–3。

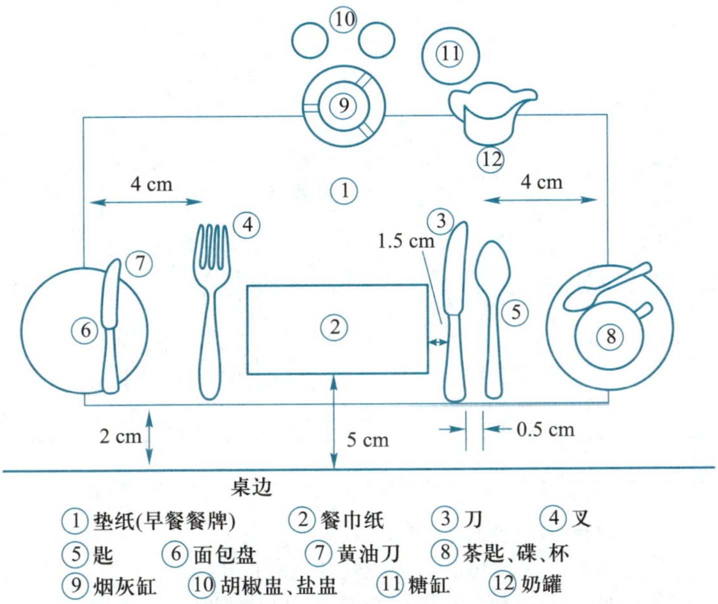

图 8–3 西餐早餐摆台示例

（4）西餐正餐摆台，标准见图 8–4。

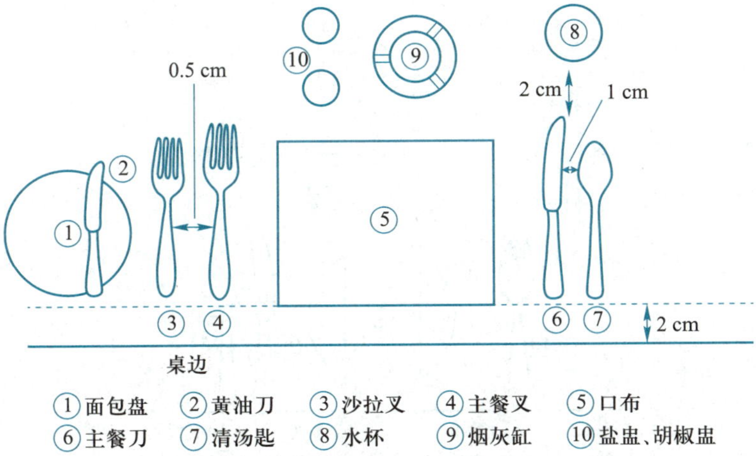

图 8–4 西餐正餐摆台示例

（5）西餐宴会摆台，标准见图 8–5。

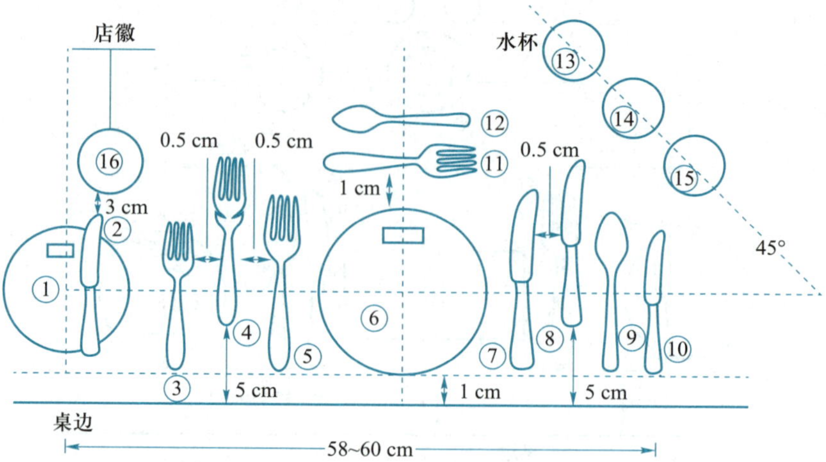

①面包盘 ②黄油刀 ③沙拉叉 ④鱼叉
⑤主餐叉 ⑥装饰盘 ⑦主餐刀 ⑧鱼刀
⑨汤匙 ⑩沙拉刀 ⑪甜点叉 ⑫甜点匙
⑬水杯 ⑭红酒杯 ⑮白酒杯 ⑯黄油碟

图 8–5 西餐宴会摆台示例

（6）法式西餐摆台，标准见图 8–6。

①主餐叉 ②餐巾 ③装饰盘 ④主餐刀
⑤汤匙 ⑥黄油刀 ⑦面包盘 ⑧甜点勺
⑨甜点叉 ⑩水杯 ⑪烟灰缸 ⑫盐瓶、胡椒瓶

图 8–6 法式西餐摆台示例

（7）美式西餐摆台，标准见图 8–7。

①面包盘　②黄油刀　③沙拉叉　④主餐叉
⑤口布　⑥主餐刀　⑦汤匙　⑧咖啡杯、碟
⑨茶匙　⑩水杯　⑪烟灰缸　⑫盐瓶、胡椒瓶
⑬黄油碟

图 8–7　美式西餐摆台示例

（8）英式西餐摆台，标准见图 8–8。

①沙拉叉　②主餐叉　③餐巾　④装饰盘　⑤主餐刀
⑥沙拉刀　⑦汤匙　⑧面包盘　⑨甜点匙　⑩甜点叉
⑪水杯　⑫白酒杯　⑬红酒杯　⑭烟灰缸　⑮胡椒盅、盐盅

图 8–8　英式西餐摆台示例

三、迎宾领位服务的组织

迎宾领位是餐厅产品正式销售的开始，也是提供优质现场服务的重要工作。其组织工作的内容和方法包括以下三个方面。

（一）选好迎宾领位员，明确岗位职责

餐厅要挑选素质较高的服务员担任迎宾领位工作，明确岗位职责和具体工作任务。迎宾领位员的基本素质要求是：服务态度端正，主动热情，有强烈的服务意识，外形条件好，气质好，有风度，同时注重仪容仪表和形体语言，有良好的礼貌修养，能耐心周到地为客人提供优质服务，还要具有一定的英语口语表达能力。其主要职责和任务是：开餐前同服务人员一起做好餐前准备，搞好铺台服务和清洁卫生，正式开餐后，在餐厅门口迎送宾客，调度客流，提供迎宾领位、菜单递送、回收和保管服务。

（二）检查着装仪表，准备迎接客人

正式开餐前，管理人员应检查迎宾领位员的着装仪表，使其做到着装整洁、仪表端庄、精神饱满，同时，要讲个人卫生，并提前 5 分钟左右到达工作岗位，准备迎接客人。

（三）主动热情迎送宾客，提供优质服务

正式开餐后，迎宾领位员要主动热情地迎送宾客，协助餐厅经理做好客人调度和协调。其基本步骤是：①主动迎接。客人来到餐厅门口，要主动迎接问好、询问人数和有无订座或订餐，接挂衣帽和手提包。迎接客人时，要注意按“先主宾后随员，先女宾后男宾”的顺序迎接，宴会厅、西餐扒房等高档餐厅的 VIP 客人，要先引到休息室，请服务人员提供茶水或餐前鸡尾酒服务。②引客入座。将客人引到餐厅餐位入座时要注意餐厅不同区域的忙闲程度，根据餐厅餐位利用情况，合理调度客流，协调餐厅服务员工作，加快餐位周转；同时要根据客人消费心理引导宾客，其一般规律是：商务散客多喜边角餐位，谈生意的客人多喜靠窗餐位，团体聚餐客人多喜居中餐位，恋爱情侣客人多喜安静的餐位，带小孩的客人应安排在靠角边餐位，将客人引导到餐位后，主动拉椅让座。③菜单服务。客人入座后，将菜单递给客人，然后视情况回收菜单。④热情送客。客人入座后，用餐服务由桌面服务员负责。用餐完

毕，迎宾领位员要主动热情地送别客人，征求意见，将客人送到门口，递还衣帽、手提包，主动向客人告别。

四、客人用餐服务现场组织

客人用餐是餐饮产品销售服务管理的中心环节，是提供优质服务，产品销售的最终体现。为此，餐厅管理人员要从以下五个方面做好组织工作。

（一）全面检查餐厅准备效果

正式开餐前，餐厅经理要召集服务人员开好班前会，讲清预计用餐人数，销售方式，用餐标准（团体、会议或宴会），开餐时间，接待要求，重点客人或有禁忌的客人接待服务注意事项，当天的特色菜、时令菜或厨师长特别推销的菜肴等。并检查备餐室，餐厅台面和布局，宴会厅接手桌，餐茶用品和各种服务用品以及服务人员的着装、仪表、个人卫生和点菜单等各项准备工作的完成结果，同时做好迎接客人的心理准备。

（二）准备迎接客人

正式开餐前 10 分钟，组织服务人员到岗。桌面服务员要最后检查台面效果，传菜员要准备好托盘或餐车，保持过道通畅，收款员要检查票据、收款机和零钱。第一批客人进入餐厅时，要通知厨房准备做菜。如果是事先有安排的团体、会议、宴会或客人聚餐，必要时要先上好凉菜和酒水，引导客人就座。

（三）提供优良就餐服务

客人来到餐桌，服务员热情问好，拉椅让座，表示欢迎，先送香巾和茶水，然后开单点菜和上菜，其重点要抓好三个环节的工作：①分析客人心理，判断客人需求。要从客人的服饰、神态、举止、风度和进入餐厅时的表情等分析客人的消费心理，判断客人的身份、地位、职业和消费水平，以便有针对性地为客人提供点菜服务。②了解客人嗜好，主动推销产品。点菜时要询问客人的需求，了解客人的嗜好。对于回头客或常客，要记住他们的姓名、饮食爱好、生活习惯或禁忌，坚持一般推销、重点推销、特别推销和酒类推销相结合。询问要清楚，开单要准确，报价要合理，算账要迅速，使客人感到亲切、舒适、符合消费需求。③迅速传单和上菜，做好桌面服务。开单点菜完成后，迅速将点菜单转给备餐室传入厨房，按顺序做菜。传菜员要准确及时地将客人点的菜送到接手桌或餐桌，桌面服务员要严格遵守操作程序，做好斟酒、上菜和派菜服务，做到主动、热情、礼貌、耐心、周到。

（四）加强巡视检查，做好现场指挥

客人用餐过程中，各项服务工作主要由服务员完成，餐厅经理或领班要加强巡视检查，做好现场指挥。其主要工作内容是：检查餐厅服务员是否坚守工作岗位和严格遵守操作程序；协调餐厅各个服务区域的忙闲程度、调度客流；督促服务员做好翻台（客流量较大时）服务；处理客人投诉；高峰时加强餐厨联系，提高上菜速度和餐位利用率，纠正服务员斟酒、上菜或派菜中可能发生的偏差，亲自为重要客人提供服务等。

（五）把握餐厅气氛，保证服务规格

要重视餐厅服务气氛，特别是高档餐厅常常提供钢琴伴奏、名曲欣赏和文艺演出等服务。其组织工作内容是：根据需要适时调节灯光，指挥服务员适时上银器烛灯，做好钢琴伴奏、名曲演奏、文艺演出的组织工作，处理演奏过程中的特殊情况，接待好有关演奏人员等，要使客人在用餐过程中享受到优质的服务。

五、餐后服务工作的组织

餐后服务既是餐饮产品销售管理的结束，也是下一餐销售管理的前奏。为此，管理人员应抓好三个方面的组织工作。

（一）善始善终，接待好最后一位客人

在餐厅销售过程中，对最后一分钟前来用餐的客人也要热情接待。客人用餐结束，必须在最后一位客人吃完后才能收盘收碗。要坚持善始善终，使客人带着享受优质产品和优良服务的美好印象离开餐厅。

（二）准确收款结账，欢迎客人再次光临

客人用餐快结束时，服务人员要准备好账单，礼貌地请客人付款，对挂账签单的客人，要核对账款，请客人签字。收款员和餐厅服务员要密切配合，通力合作，防止发生差错。客人离开餐厅要主动征求意见，拉椅送客，递送衣物，欢迎客人再次光临。

（三）指挥服务员做好收盘收碗，搞好餐厅卫生

客人离开餐厅后，要组织服务人员迅速收盘收碗，清洗、整理好餐茶用具，搞好餐厅卫生，准备迎接下一批客人，必要时要开会总结经验教训，表扬好人好事，改进餐厅管理和服务工作。

拓展阅读

餐厅销售服务组织的灵活性

餐厅销售服务过程的组织是就其基本服务的内容和程序而言的，具有科学性、实用性和可操作性的特点。如果从餐厅促销、招徕客人的角度来考察，餐厅销售服务过程的组织还具有灵活性，关键是将餐厅销售和文化娱乐活动结合起来。其常用的形式有：

（1）民族歌舞表演。即经过精心策划和装饰布置，将餐厅销售和民族歌舞，特别是少数民族的歌舞表演结合起来。让客人一边用餐，一边欣赏歌舞，可更好地吸引、招徕和留住客人，提高餐厅销售额。

（2）时装表演。即经过精心策划和组织，将餐厅销售和时装表演结合起来。让身着不同时装的模特在餐厅舞台和通道展示台间穿行展示。客人可一边欣赏一边用餐。

（3）特定文化娱乐。即在圣诞节、情人节、国庆节、重要名人周年纪念日、奥运会等重要节庆或活动期间，将餐厅的食品销售和纪念活动结合起来，具体形式可结合节庆活动的内容灵活运用，以增加餐厅销售，从而吸引更多客人前来用餐。

第三节　酒吧销售服务管理的内容和方法

【案例导入】

调酒技术的来源传说

很久以前，法国波尔多地区的一家酒坊遭到了一场灾难：一种专门咬食葡萄根的害虫在很短的时间内将整个葡萄园完全毁灭。

望着成片坏死的葡萄，酒坊老板欲哭无泪，因为过不了多久，就到新酒上市的时候了。望着其他酒坊的新酒摆在集市上的盛况，老板只能无可奈何地准备将前几年积累下来的陈酒拿出来卖。他也知道，这是一件很丢人的事情。

当他在酒窖中整理陈酒的时候，忽然灵机一动，将几种陈酒混在一起，配成了一种新酒，他尝了尝口味，味道竟非常独特。于是，在开心之余，他将这种用陈酒调制而成的酒

当成当年的新品酒来卖，结果大获成功。从那以后，在法国的酒坊里就开始兴起调酒的技术了。

点评 餐饮企业的酒吧间都以调酒销售为主，又以经过调制的混合酒、鸡尾酒而著称，其销售毛利也最高。今天的调酒技术与案例中的做法是相同的，只不过其比例、花色品种和口味更复杂、更多、更好而已。酒吧销售服务管理是增加企业酒水饮料销售比例和收入的重要手段。为此，我们在餐厅销售服务管理的基础上，进一步介绍酒吧销售服务管理的内容、技术和方法，以提高其管理的科学性和规范性。

一、酒吧类型及其柜台设计与配置

（一）酒吧类型

酒吧是专业销售鸡尾酒和零杯酒水饮料的营业场所。根据酒吧销售方式、主要服务对象和作用的不同，主要有四种类型：

1. 立式酒吧

立式酒吧（The Stand-up Bar）是酒店、餐馆和独立酒吧最常见、最典型、最具有代表性的酒吧类型。“立式”并不是指客人必须站立饮酒或服务员必须站立服务，它只是一种传统的称呼而已。立式酒吧的特点是以吧台和靠凳为中心，以桌椅、沙发为凭借形成面向吧台的整体布局，为客人提供酒水服务。

2. 服务酒吧

服务酒吧（The Service Bar）又称餐厅酒吧，它是配合各餐厅菜点销售而设置的一种酒吧，以销售佐餐酒水和软饮料为主，这种酒吧一般很少提供鸡尾酒。服务酒吧的特点是吧台酒水员不直接面对客人，客人购买酒水是通过桌面服务员开票，再由桌面服务员到吧台将酒水带给客人。因此，其酒水销售以瓶装或原包装为主，酒吧布局以直线封闭型为主。

3. 宴会酒吧

顾名思义，宴会酒吧（The Catering Bar）是专为宴会业务而设置的一种酒吧。它主要设在宴会厅的某一位置，其酒吧设施可以是活动结构（即可以是随时撤除或移动的），也可以是永久固定型设施。宴会酒吧根据其营业形式与收款方式不同，还可以分为三种：一是现金酒吧。即参加宴会的客人取用酒水，需要随取随付钱，宴会主办单位或主办人不负担酒水费用，这种形式一般适用于大型宴会。二是赞助酒吧。这种酒吧的客人取用酒水饮料无须付钱，有时凭券取酒水，酒水费用由举办单位承担，故也称“请饮酒吧”或“料金付讫酒吧”。三是一次结账酒吧。即客人在宴会或招待会中，可随意取用酒水饮料，所有费用在宴会结束时由举办单位或举办人一次结清。

4. 鸡尾酒吧

鸡尾酒吧（The Cocktail Bar）又称鸡尾酒廊，通常设在饭店门厅或附近，不少饭店的大堂酒吧、消闲酒吧大多属于这一种。鸡尾酒吧的特点是设计高雅，环境美观、舒适，一般比立式酒吧宽敞，大多有钢琴、竖琴或小乐队演奏，音乐节奏舒缓，客人可以在此尽情享受。

酒吧种类根据其考虑问题的角度不同，还可以有其他分类方法。如按客源对象划分为男士酒吧与女士酒吧，会员酒吧与公共酒吧等；按酒吧位置和重要程度划分为大堂酒吧、屋顶酒吧、花园酒吧和中心酒吧等。

（二）酒吧吧台造型选择

酒吧吧台造型是为酒水销售服务提供方便的，它一方面可以美化酒吧环境，另一方面又可以形成酒吧特色和气氛，适应客人的消费需求。现代酒吧的吧台形式多种多样，酒店宾馆中的酒吧或独立酒吧可供选择的形式主要有三种：

1. 直线或曲线封闭形

这种酒吧柜台设计的特点是吧台呈长条形，两端与墙壁相连，吧台可以突出在酒吧的中间，也可以退缩进酒吧间的一面墙中。柜台可以是直线形，也可以略呈曲线，柜台长度没有统一的标准，一般根据酒吧间的座位多少来确定。吧台服务人员的配备，原则上为 3∶1，即每 3 米长度配 1 名酒吧服务员。

直线或曲线封闭形吧台的优点是柜台面对酒吧，服务员站在吧台的任何位置都可面对宾客，便于销售酒水和提供优质服务。酒店餐馆的立式酒吧、各个餐厅的服务酒吧、部分鸡尾酒吧可采用这种柜台设计形式。

2. 圆形或空方阵形

这种酒吧的柜台设计特点是吧台呈圆形或空方阵形，实现在酒吧间的中间或靠墙、靠边的某一部位。吧台四面凌空、造型别致，主要适合于大中型酒店的某些庭院、浴场、游泳池边等处酒吧使用。其好处是可以形成酒店庭院或环境的一种点缀、一个风景，增加美观效果。

3. 马蹄形或半圆形

这种酒吧柜台设计的特点是吧台呈马蹄形（U 字形）或半圆形，从三个方向突出在酒吧间里。它与直线封闭形酒吧柜台设计的主要区别是，直线形吧台的酒水陈列均靠墙一线排列，而马蹄形或半圆形吧台的酒水陈列可以相对集中布局，三面观看。因此，这种酒吧柜台设计更富于变化，可以增加装饰效果，为立式酒吧、鸡尾酒吧、宴会酒吧广泛采用。

（三）酒吧柜台设计方法

柜台设计是根据吧台造型和设计要求，对酒吧柜台及服务场所进行的安装、装饰，以便为鸡尾酒制作、酒水陈列和销售创造良好的条件。做好酒吧柜台设计重点要解决两个问题：

1. 前吧柜台设计

不管酒吧柜台设计所选择的形式是直线形、圆形、马蹄形还是半圆形，其柜台都是由吧台即操作台形成的，所以又称前吧。前吧柜台在设计时要注意三个问题：

（1）吧台。吧台是供靠凳客人饮酒的地方。设计制作要美观、大方、舒适。高度一般为1.20～1.25 米，宽度为 70～76 厘米，厚度为 4～5 厘米。表面多用大理石或厚真皮、塑料包裹装饰。当然，也有极少数设计比较低矮的吧台，再配低矮的沙发茶几做吧桌的，这要根据经营的实际情况来安排。

（2）操作台。吧台的下方是服务人员的操作台，一般用不锈钢制作，便于清洗消毒。操作台的高度在 85～90 厘米，宽度为 65 厘米左右，操作台一般与柜台长度相适应。

（3）操作设备。在操作台的两边或适当位置，要配好酒吧操作设施和设备。主要有：三格洗涤槽或自动洗杯机（具有初洗、刷洗和消毒功能）、水池、贮冰槽、酒瓶架、杯架、饮料与啤酒配出器等。

2. 后吧设计

在酒吧间，吧台称为前吧，吧台后面的走道、橱柜、陈列架、冷藏柜等称为后吧，后吧在设计时也要注意三个问题：

（1）高度与宽度。后吧总高度一般为 175 厘米。顶层应使服务员伸手可及。后吧下层高度一般在 110 厘米左右，或与吧台等高。前吧和后吧设备之间的走道最小不应低于 95 厘米宽。若是餐厅餐位较多的服务酒吧，其宽度最多可在 300 厘米。

（2）设备配置。后吧设备主要有贮藏设备和陈列设备两大类。贮藏设备包括储藏红葡萄酒、烈性酒的橱柜，安装在下部的冷藏柜（冷藏白葡萄酒、啤酒和水果饮料等）。陈列设备主要有安装在上层的酒水陈列架、酒具和酒杯陈列柜等。这些贮藏和陈列柜架，经过精心设计与安装，与前吧柜台配合，共同形成酒吧柜台的完整布局。

（3）走道安装。前吧和后吧之间的吧台走道是酒吧服务的工作场所。由于服务员长期站立服务，容易疲劳。因此，这里的地面应采用木质地面或铺设橡胶垫板，为员工工作创造良好条件。

（四）酒吧设备配置和常用工具与配料

1. 酒吧设备配置

酒吧设备多种多样，其用途各不相同，做好设备配置是保证服务员工作需要、提高工作效率和服务质量的必要条件，现代酒吧的常用设备可参阅表 8–2。

表 8–2 酒吧设备配置表

前吧设备	后吧设备
1. 酒吧用酒瓶架	1. 收款机
2. 三格洗涤槽	2. 瓶酒贮藏柜
3. 冲洗水池	3. 瓶酒、饮料陈列柜
4. 饰物配料盘	4. 葡萄酒、啤酒冷藏柜
5. 储冰槽	5. 饮料配料冷藏柜
6. 啤酒配出器	6. 饰物冷藏柜
7. 软饮料配出器	7. 制冰机
8. 空瓶架	8. 酒杯储藏柜
9. 废物箱	

2. 酒吧常用工具用具

鸡尾酒制作和酒水销售服务都离不开工具用具，合理配备这些用具，才能保证酒吧服务需要。现代酒吧常用的用具可参阅表 8–3。

表 8–3 酒吧用具表

1. 调酒壶	13. 长匙
2. 调酒杯	14. 长叉
3. 电动调酒杯	15. 冰夹
4. 水果刀	16. 冰勺
5. 削皮刀	17. 冰桶
6. 水果榨汁器	18. 水桶
7. 砧板	19. 碎冰机
8. 开瓶钻	20. 盐、豆蔻等调味瓶
9. 开瓶器	21. 糖碗
10. 滤冰器	22. 牙签盒
11. 搅酒棒	23. 酒吧毛巾与纸巾
12. 调酒匙	24. 洗涤消毒剂

3. 酒吧常用配料

酒吧鸡尾酒的制作不仅需要基酒和相匹配的酒水，而且常常要加各种配料，以突出鸡尾酒的风味、颜色。各种鸡尾酒的配制方法不同，其配料品种也不一样，常用的鸡尾酒配料可参阅表 8–4。

表 8–4 酒吧常用配料表

1. 青橄榄	10. 苏打水	19. 鲜橙汁
2. 柠檬	11. 可口可乐	20. 菠萝汁
3. 鲜橙	12. 鸡蛋	21. 番茄汁
4. 青柠	13. 盐粉	22. 苦酒
5. 樱桃	14. 干姜水	23. 辣酱油
6. 水芹	15. 汽水	24. 牛奶
7. 菠萝	16. 汤力水	25. 奶油
8. 薄荷叶	17. 柠檬汁	26. 糖粉、方糖
9. 洋葱	18. 青柠汁	27. 豆蔻粉

4. 酒吧常用酒杯

酒吧不同酒水销售需要用不同的酒杯盛酒，不可混用，更不能用一种酒杯盛所有的酒水，特别是鸡尾酒和混合饮料销售更是如此。酒吧需要配备的常用酒杯主要有以下几种：

（1）汤姆·柯林斯杯。为圆形大容量玻璃杯，容量为 10～12 盎司。①

（2）白兰地杯。又称白兰地吸入器，口小、底大，能使酒液香味充分散发并集中，最大容量 12 盎司，一般盛装 2 盎司。

（3）酸味威士忌杯。四壁平行，口径较细，杯深，一般容量为 3～6 盎司。

（4）鸡尾酒杯。有各种样式和大小，其特点是杯口大、杯身浅、呈碟形，容量为 3～6 盎司。

（5）葡萄酒杯。有白葡萄酒杯、红葡萄酒杯之分，又有多种形状和规格，一般容量为 5～10 盎司。

（6）高飞球杯。形状与汤姆·柯林斯杯基本相同，体积略小，容量为 5～10 盎司。

（7）啤酒杯。有直筒形、带柄形、不规则形多种，容量一般为 10～16 盎司。

（8）甜酒杯。杯柄较短，杯身细长，与郁金香形杯相似，有的杯身有 1 盎司的刻度。一般容量为 3 盎司。

（9）古典式杯。杯身矮短，上部比底部略宽，有不同规格，容量为 6～10 盎司，常用于盛加冰纯饮料或加冰鸡尾酒。

（10）香槟酒杯。呈浅碟形，以郁金香形香槟酒杯最为流行，容量为 4～5 盎司。

（11）雪利酒杯。上部大，斜边，杯底较浅，容量为 2～3 盎司。

二、酒吧销售服务管理的组织形式与特点、任务

（一）酒吧销售服务管理的组织形式

酒吧酒水销售服务的组织形式直接与酒吧的类型和数量密切相关，而酒吧类型、数量和餐位多少又必须与企业的接待能力相适应。当前大型及中高档酒店宾馆酒水管理的组织形式可参阅图 8–9。小型酒店通常只有一个独立酒吧和服务吧，其机构形式要简单一些。

① 1 盎司 = 28.349 5 克。

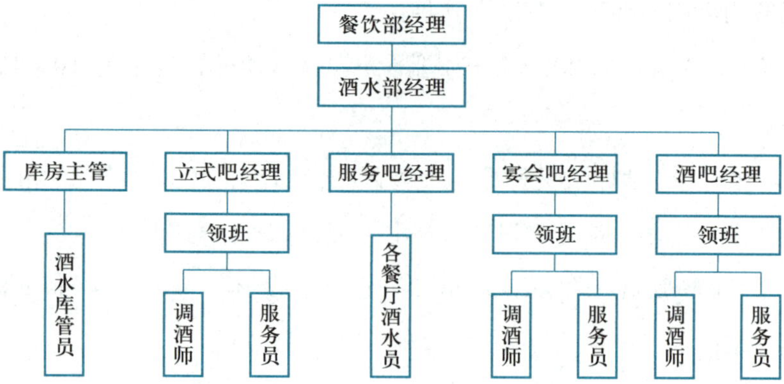

图 8–9　酒店餐馆酒水管理组织机构图

酒水销售服务组织的内部分工是酒水部经理全面负责各餐厅和酒吧的酒水饮料控制，酒水库房主管和库管员负责酒水饮料供应；酒吧经理全面负责所管酒吧的管理工作，调酒员是酒吧间的中心人物，负责各种鸡尾酒的配制销售，服务员主要负责上酒服务和酒桌服务。根据酒吧间的接待能力，服务员还有领班、服务员和见习生之分，调酒员也有调酒师、调酒员和见习生之分，分工程度主要取决于酒吧间的营业面积和接待能力。

（二）酒吧销售的特点

酒吧的酒水销售服务和餐厅菜点销售不同，它有四个特点：

1. 酒吧规模小，销售随机性强

酒店餐馆的酒水销售以酒吧销售和各餐厅吧台销售为主。酒吧间一般都只有几十个座位，内部环境美观、舒适、高雅，是客人消闲、交往的场所。从酒水销售来看，其酒水销售具有随机性。客人喜欢用哪些酒水没有固定的规律。如果企业规模大，可以设多个酒吧，但每个酒吧的规模仍然较小。

2. 销售单位小，花色品种多

酒水销售以瓶装和杯装为主，其中，酒吧间则主要是杯装，销售单位很小。从花色品种看，酒水的种类很多，制成鸡尾酒即混合饮料后其花色品种更多，每种鸡尾酒的配制方法不同。酒吧的客人有的消闲时间较长，但大多时间较短，客流量较大，酒水销售以杯酒为主，每杯分量不同，配制方法不同，因而增加了酒水销售服务的难度和专业性。

3. 酒水成本低，销售毛利率高

酒吧将瓶酒或整装酒拆零销售，酒水制成鸡尾酒或拆零杯装后加价销售，成本率一般在 23%～27%，毛利可高达 77%，比食物产品高得多。所以，酒店餐馆都十分重视酒水饮料销售，加强管理，提高服务质量，才能够扩大销售额，提高经济效益。

4. 销售网点多，管理不易控制

酒店的餐厅、宴会厅、咖啡厅、各种酒吧和客房酒吧的酒水销售都由酒水部统一控制，销售范围较广，销售网点多。销售过程中，整装或瓶酒拆零，鸡尾酒制作溢出、流失的可能性都广泛存在，管理不易控制。独立餐馆和酒吧虽然销售网点较少，但酒水销售控制也有一定难度。为此，必须制定一套成本控制制度，加强管理过程的组织、控制，才能降低消耗，获得预期经营效果。

（三）酒水销售服务管理的任务

酒吧的酒水销售服务管理需要做好以下四方面的工作：

1. 做好采供管理，保证酒水供应

根据餐厅菜点销售计划，分析各餐厅和各酒吧间的酒水销售、饮料销售比率、各类酒水的销售结构。在此基础上，制定各类酒水采购计划，做好采购管理、库房管理、酒水发放，保证企业各个餐厅、各类酒吧和客房酒吧的酒水供应。

2. 制定销售计划，落实管理目标

酒水销售要采用目标管理方法。为此，做好酒水销售管理就必须制定酒水销售计划，并将计划指标分解到各个酒吧的管理人员，才能落实管理目标，保证酒水销售服务管理的顺利进行。酒水销售计划指标主要包括两个方面：一是各个酒吧间的计划销售额和计划进度以及毛利率、成本率等指标；二是各个餐厅配合食品销售的酒水销售额、饮料比率和酒水毛利率、成本率等，将这些指标落实到每一个具体的餐厅和酒吧间，也就落实了管理目标。

3. 制定酒水管理制度，形成管理规范

饭店宾馆、餐馆的酒水部经理要结合企业实际，在餐饮部经理领导下，制定出具体的酒水采购、入库验收、出库管理制度和各酒吧间的酒

水领取、销售、每日盘点、收款管理、酒水控制等制度，并将这些制度具体落实，才能形成酒水管理的规范化，保证酒水销售服务工作的正常和顺利开展。

4. 做好销售控制，保证经营效果

酒水销售管理控制主要通过工作程序、管理制度、服务操作、管理标准等来实现。酒店餐馆的酒水控制，重点是抓住销售服务质量控制和成本毛利控制。为此，要制定和落实酒水销售的服务程序、质量标准以及产品质量、清洁卫生等标准，并控制好酒水成本或毛利，才能完成计划指标，获得预期经营效果。

三、酒吧销售服务管理的基本要求

（一）配合餐厅销售，选好佐餐酒水

酒店餐馆的酒水销售有相当数量的销售额是在各个餐厅和客房完成的，而不设酒吧间的低星级酒店和大部分餐馆，其酒水销售额则全部源于餐厅。因此，酒水销售服务管理必须配合各个餐厅的食品销售，选好佐餐酒水，保证酒水销售和客人需求的适销对路。下面分两种情况介绍：

1. 没有酒吧的低星级酒店和餐馆

其佐餐酒水主要是档次适中的国产蒸馏酒（即常说的白酒）和软饮料，也可配部分酿造酒，包括葡萄酒、啤酒和中国黄酒等。酒水品种的选择一要考虑餐厅档次的高低，二要考虑客人的档次和消费习惯，品种不宜过多，但一定要适销对路，才能扩大酒水销售，增加经济收入。

2. 设有酒吧的高星级酒店和餐馆

这类酒店餐馆的客源档次较高，外国消费者和追求时尚的高消费客人较多，因此，其餐厅佐餐酒水的选择要适当增加高中档葡萄酒和蒸馏酒，包括茅台、五粮液、汾酒等。特别是进口葡萄酒，具体品种的选择和档次高低，要根据餐厅档次、客源构成和客人的消费习惯、喜爱程度来确定。

（二）合理制定酒单及其鸡尾酒的配方

酒单是酒吧酒水销售的凭借和广告，也是鸡尾酒调制的依据。合理制定酒单，要根据酒吧的特点、档次、客源及消费水平、饮酒习惯来确

定。其中，鸡尾酒花色品种的选择和定价，一定要尽可能做到适销对路，适应大多数客人的消费习惯和支付能力。因为实际上鸡尾酒的花色品种有 500 种以上，而一个酒吧间一般只选用 30 种左右。与此同时，酒单的鸡尾酒一经选定，必须按照每一种鸡尾酒的配方标准来制作，才能保证酒水口味和质量，从而扩大酒水销售，增加经济收入。

（三）坚持标准化管理，控制酒水成本和销售

标准化管理是现代企业管理水平的重要体现，也是酒水销售服务管理的基本要求。只有坚持标准化管理，才能保证服务质量，控制成本消耗，增加销售收入。酒水销售中的标准化管理主要包括：

1. 标准定额

它又分为标准销售定额、标准成本定额两种。标准销售定额是指一个服务员一天（8 小时）应该完成的酒水销售额；标准成本定额是指每销售 100 元酒水应该支出的成本额，即成本率。这两种定额都以平均数为基础制定，坚持合理的标准定额管理既能调动员工积极性，又能控制成本消耗。

2. 标准酒单

它是各种类型的酒吧所制定的酒水单。标准酒单要根据酒吧的豪华程度、客源构成、消费习惯等各种因素来安排酒水档次和花色品种、鸡尾酒的种类和名称，并在酒水单封面设计，酒水安排，文字、图案等方面做到标准化，增强吸引力。

3. 标准配方

它主要指鸡尾酒的原料配方和调制方法。每一种鸡尾酒的原料配方及酒水用量、配料用量是各不相同的，有了标准配方，在制作销售同一种鸡尾酒时，就可以做到标准化，这样既能保证酒水口味和质量，又能维护供求双方的利益。

4. 标准基酒

基酒是鸡尾酒中的基本酒水，一种基酒可以配制出众多鸡尾酒。标准基酒就是酒吧间事先选定（大多经过试验，客人满意后确定）的用来配制固定的鸡尾酒的基本酒水，如苏格兰威士忌、科涅克白兰地、斯塔卡（Starka）伏特加等。酒吧在选择标准基酒时，要考虑酒吧和客人档

次、客人消费习惯、爱好和市场供应，它一经选定，就长期保持稳定不变，形成标准。

5. 标准价格

标准价格是根据酒水进价、杯酒标准成本和标准毛利来制定的。如苏格兰威士忌，单瓶酒进价 76.8 元（32 盎司），制成鸡尾酒“苏格兰高飞球”，威士忌含量为 1.5 盎司，则基酒成本为 3.6 元，再加上其他配料成本（如苏打水、冰块等）1.1 元，则杯酒成本为 4.7 元。如果标准成本率为 21.5%，则苏格兰高飞球的标准价格就是 21.86 元（4.7 ÷ 21.5%）。

酒吧各种酒水的标准价格一经制定，就应保持相对稳定，才能形成价格的标准化管理，适应客人消费。

6. 标准操作程序

在酒水销售过程中，各项服务和鸡尾酒的配制，都应制定出标准操作程序，这是酒水管理中提供标准质量、标准服务的重要途径，也是酒水销售标准化管理的重要内容和基本要求。

四、酒吧销售服务过程的组织

（一）开吧前的准备工作组织

大多数的酒吧上午 10:00 开始营业，直到次日凌晨 2:00。营业时间多在 12 ~ 16 个小时，每天正式营业前，都要组织服务人员做好三个方面的准备工作：

1. 吧台准备

调酒服务员提前 15 ~ 20 分钟进入工作岗位，先核对陈列架和储存处的酒水饮料，摆好位置，缺货应开具领料单，到库房领取，然后检查柜台各种酒杯、用品、用具是否按规定要求摆放整齐，同时准备好调酒所需的冰块、果汁、柠檬、托盘等，接着整理柜台卫生，保持台面、地面、用具、杯具清洁、环境美观，准备迎接客人。

2. 桌椅准备

在调酒服务员准备吧台时，其他服务员要准备好餐桌椅。桌椅要摆放整齐、美观，桌上铺好台布，摆好用具、餐巾，摆上烟灰缸、火柴和酒单。同餐厅铺台一样，桌面用具摆放要整齐、规格、对称、均匀，形成美好构图形象。整个酒吧间要清洁、美观、舒适、典雅，便于客人前来饮酒消遣。

3. 人员准备

服务员做好仪容仪表和个人卫生，做到着装整洁、仪表端庄、精神饱满地进入工作岗位，面带微笑地准备迎接客人。酒吧经理和领班要开好班前会，做好工作布置，说明注意事项，做好和有关餐厅与厨房的联系。

（二）酒水销售服务过程的组织

开吧过程就是酒吧正式营业过程。它以酒水销售和接待服务为主要工作内容。这一过程的组织工作内容和方法是：

1. 主动迎接客人

客人到来，领位员主动问好，引导客人到吧凳或到酒吧餐桌旁，拉椅让座。座位随客人自选。若几人一起来，要注意礼仪顺序。特别是对到酒吧洽谈业务的客人，要有针对性地做好迎接服务。

2. 做好酒水推销

酒吧客人入座后，服务员应立即上前问好，及时提供酒单，准备点酒服务。靠柜客人入座，柜台服务员应当即问好，请客人点酒。酒水推销服务要主动、热情、适度，开点准确，同时提供佐酒小吃，满足客人要求。

3. 提供优质服务

酒水服务重点要注意四个方面：一是客人点要的鸡尾酒或杯装酒水饮料要配制准确，品质优良，价格合理，服务及时，态度热情，客人需要续添时补充及时。二是酒吧要按规定时间适时提供钢琴、竖琴等伴奏服务，歌曲以轻音乐为主。三是接待服务过程中要“一视同仁”，服务耐心细致，始终注意保持安静，不随意打扰客人。四是对于客人的特殊要求，如点要酒单上没有的鸡尾酒，额外加冰、加糖，添加酒水、小吃等，要热情礼貌，及时满足客人需求。

4. 做好收款结账

客人将离开酒吧时，要主动征求意见，开好账单。店客结账请客人签单，外客账款当面点清。每位客人结账都应做到准确及时。客人离去，要热情告别，欢迎客人再次光临。

（三）收吧盘点工作的组织

酒吧销售的酒水品种较多，以杯装销售为主，比较零散，因此，必须日结日清。每日营业结束后到第二天开吧前，酒吧必须做好以下组织工作。

1. 柜台酒水盘点

根据柜台各种酒水饮料当日领料、销售状况进行盘点，统计出各种酒水当日销售数量，做到日结日清，每种酒水的盘点统计均按下式计算。

当日销售数 = 上日结存 + 本日上货 – 本日盘存 – 拆零半瓶数

2. 酒吧销售日报

每日营业结束，酒吧收款员要根据当日销售记录，制作打印出酒吧销售日报表，统计出当日和累计酒吧接待人次、酒水收入、日均消费额、客单消费额、座位利用率等，并将现金和日报交企业财务部指定场所或人员。销售日报要保证账目清楚，日结日清。

3. 收吧安全卫生

每日下班前工作人员要检查设施设备、各种用品，锁好门窗，拉闸关灯，并在第二日营业前整理好酒吧卫生，以便营业。

五、酒吧鸡尾酒销售服务工作的组织

鸡尾酒是酒吧调制和销售的主要产品，也是酒吧销售的特色和销售收入的主要来源。鸡尾酒的品种、调制质量、口味和价格，直接影响酒吧收入和毛利高低。做好鸡尾酒销售服务过程的组织，要做好四个方面的工作。

（一）合理制定鸡尾酒配方

鸡尾酒的种类很多。如果一家酒吧一般销售 30 ~ 40 种杯装酒水饮料。其中，鸡尾酒大多在 15 ~ 20 种。各种鸡尾酒都是按配方制作的，合理确定每种鸡尾酒中的基酒、配酒、配料用量和成本、售价，制定鸡尾酒配方，是做好鸡尾酒配制和销售的前提和基础。鸡尾酒配方一般由酒吧经理和调酒师根据传统配方和试制调配结果制定，其配方格式可参阅表 8–5。

表 8-5　鸡尾酒配方与销售控制表

名称：酸味威士忌　成本：11.9 元 毛利：72.5%　基价：43.27 元 选用酒杯：酸酒杯　盎司				名称：曼哈顿　成本：16.1 元 毛利：70.4%　基价：54.39 元 选用酒杯：鸡尾酒杯　盎司			
配方	单位成本（元）	杯酒用量	成本额（元）	配方	单位成本（元）	杯酒用量	成本额（元）
威士忌 柠檬汁 果子露	6.2 2.5 3.8	1.25 盎司 1 盎司 0.33 盎司	7.75 2.50 1.25	威士忌 甜苦艾 苦味滋补剂	6.8 12.5 —	1.25 盎司 0.5 盎司 10 滴	8.50 6.25 0.85
配料	—	樱桃	0.40	配料	—	柠檬片	0.50

（二）选择配备好基酒和酒杯

酒吧基酒是用来配制鸡尾酒的主要酒水，它和其他酒水饮料相配，经过调制即形成各种不同的鸡尾酒。一种基酒可以调制出众多鸡尾酒，在鸡尾酒中的用量较大，作用突出。酒吧中的基酒主要有吧台基酒和供点基酒两种。

吧台基酒是根据酒单中的鸡尾酒配方选择配备的。其配备特点是品种较少，用量较大，进价档次较低。基酒与其他酒水饮料相配，可以配出多种鸡尾酒。如伏特加酒可同时作为“宝岛之春”“冰冻苹果”“红苹果”“金手指”“龙卷风”等不同鸡尾酒的基酒。具体选择哪些酒水作吧台基酒，要根据各企业酒吧间的酒单设计要求来确定。

供点基酒是指酒单上没有而客人可能点要的鸡尾酒需要使用的基酒。如“马丁尼”鸡尾酒，酒吧一般是用普通琴酒作基酒的，而客人可能要求改变配方，改用“老波士顿先生琴酒”作基酒，供客人点用。这时，“老波士顿先生琴酒”就叫供点基酒。酒吧供点基酒的选择和配备要根据客人档次、爱好、兴趣，调酒师的技术能力，目标客人的消费能力和习惯等来确定。供点基酒一般品种多、档次高、进价贵。因此，只有高档酒吧才乐于配备。配备时要注意提高客人的点用概率，提高收入，以减少资金占用。

酒吧鸡尾酒杯的选择和配备主要有三种：一是加冰饮用的鸡尾酒，一般选用带柄鸡尾酒杯，以防手握酒杯影响鸡尾酒的温度。二是不加冰饮用的鸡尾酒，一般选用无柄鸡尾酒杯。三是多色鸡尾酒，一般选用壁薄、身浅、底小、口大、呈碟形的鸡尾酒杯。上述三种类型的酒杯，每一种都有很多不同的规格、式样，名称也各不相同，酒吧要根据酒单设计的实际需要来选择和配备。

（三）掌握鸡尾酒配制的操作要点

酒吧各种鸡尾酒的配方不同，酒水配制比例和配制方法不同。但从鸡尾酒调制的共同点和规律来看，重点要根据各种鸡尾酒的配制要求，视需要掌握以下操作要点：

1. 酒杯降温

为使鸡尾酒保持清新爽口的冰味，所用的酒杯需贮藏在冷藏柜中降温。如果冷藏柜容量不足，则可在调制前先把碎冰放进杯子中或把杯子埋入碎冰中使之降温。

2. 酒杯加霜

加霜有两种形式，即酒杯加霜和杯口加霜。酒杯加霜指把酒杯较长时间置于冷藏柜中或埋入碎冰内，取出时，由于冷凝作用，杯身上会出现一层霜雾，给人以极冷的感觉，适用于某些类型的鸡尾酒。

杯口加霜指杯口蘸糖粉或盐粉，先用柠檬片擦预先已作降温处理的酒杯杯口，使之湿润，随后将杯口均匀地蘸上糖粉或盐粉，某些鸡尾酒要求酒杯杯口加霜。

3. 冰的使用

不论是冰块、碎冰或是刨冰，都应当是新鲜、洁净、无异味的。不论采用何种方法调制饮料，都应先将冰放入酒杯或调酒器，随后再加入基酒。用直身酒杯如高飞球、古典式等酒杯盛放的鸡尾酒，多用大冰块，调酒壶及调酒杯可分别用冰块和碎冰，而用软管吸饮的饮料多用刨冰。

4. 糖的使用

调制时如需用糖，则应将糖先于基酒放入杯内，除非酒谱另有注明，一般都使用糖粉。有些酒吧间习惯用糖水代替糖粉，糖水可事先调妥冷藏，比例是 1 磅①砂糖调制 1 品脱②糖水。

---

① 1 磅 = 0.453 6 千克。

② 1 品脱 ≈ 0.57 升。

5. 合理搅拌

饮料若采用无色透明的基酒以及有汽饮料加汤力水、干姜水、汽水或可口可乐作配料时，都应搅拌调制。搅拌动作应当轻巧，搅拌时间应恰到好处。搅拌时间太短，各种原料混合不匀，饮料不冷；但如果搅拌太久，则冰块过多溶解，会冲淡饮料。

6. 准确摇酒

饮料若采用较难混合的果汁、奶油或鸡蛋等作配料时，通常得用调酒壶配制。摇酒动作宜快捷、连贯，以使原料充分混合并降温，但应避免摇得太久致使冰块过多溶解，饮料变得过分稀薄。一般情况下，当调酒壶外壳出现霜雾时即可停止。此外，如遇难以摇匀的配料，则应使用电动调酒器调制。

7. 正确倒酒

如果用调酒壶一次调制 2 份以上的饮料，在倒酒前先应把酒杯并排成一列，随后从头到尾往返倒入酒杯，使各个酒杯中先倒入 1/4 杯，然后再倒入 1/2 杯，直至倒满，而不能先倒满一杯，再倒第二杯。这样，才能保证每杯饮料具有相同的酒度和味道。

8. 多色饮料配制

多色饮料的制作是利用各种酒有不同比重的特点，使一种酒漂浮于另一种上面。因此，首先必须严格遵照酒谱中原料倒入次序，不可颠倒乱倒。配制时应先将各种酒用量杯量妥，依次排好，然后将长匙柄插入酒杯，再把各种酒依次沿着匙柄缓缓倒入，也可用玻璃搅拌棒代替长匙，将酒沿棒徐徐倒入。这样，各种酒不会混合，而形成一杯层次分明、色彩艳丽的多色饮料。

9. 合理使用配料

只要条件允许，酒吧应尽量使用新鲜水果，如橙子、柠檬、菠萝、香蕉等。樱桃和橄榄通常用鸡尾酒专用的罐头制品。

橙片应选用无斑痕鲜橙，按纵长方向（蒂－脐方向）切成 0.6 厘米左右厚的橙片，丢弃边皮。

柠檬切片也应 0.6 厘米左右厚。先将柠檬纵向切成两半，随后横向切成小片，丢弃头尾两端小片。

青柠应切成楔形而不是薄片。每个青柠一般可切 8 片，即先将青柠纵向切成两半，随后，切口朝下，切成楔形片。

柠檬皮的切法是从柠檬顶端进刀，取 2 厘米左右宽，一直切到底部。

螺旋柠檬皮的切法一如削苹果或梨，即从顶端开始，取 2 厘米左右宽，盘旋着一直切到底部。

番茄汁、菠萝汁、柠檬汁、橙汁等是酒吧常用的果汁，通常使用罐头成品。但橙汁和柠檬汁应尽量用新鲜水果当场榨取。

（四）正确运用酒水服务技巧和方法

在鸡尾酒和各种酒水销售服务过程中，服务人员都要灵活运用服务技巧，并与服务态度、礼节礼貌、服务语言结合起来。其主要服务内容是：

（1）配料、调酒、倒酒应在宾客看到的情况下进行，目的是使宾客欣赏服务技巧，同时也可使宾客放心。服务员使用的饮料、原料用量应准确无误，操作过程符合卫生要求。

（2）调好的饮料端送给宾客以后，应立即退离吧台或离开，不要让宾客认为你在听他们对话（除非宾客直接与你交谈），更不可随便插话。

（3）认真对待、礼貌处理宾客对饮料服务的意见或投诉。酒吧跟其他任何服务场所一样，其经营的原则是“宾客永远是正确的”，如果宾客对某种饮料不满意，应立即设法补救或重调。

（4）任何时候都不能对宾客有不耐烦的语言、表情或动作，不要催促宾客点酒、饮酒，不能让宾客感到你在取笑他喝得太多或太少。如果宾客已经喝醉，应用文明礼貌的方式拒绝供应酒类饮料。

（5）如果在上班时必须接电话，谈话应当轻声、简短。当有电话寻找宾客，即使宾客在场也不可告诉对方宾客在此（特殊情况例外），而应该回答“请等一下”，然后让宾客自己决定是否接听电话。

（6）为控制饮料成本，应用量杯量取所需基酒。也可以取一小杯，在杯身上刻上 1 份至 4 份饮料所需基酒量的记号，这比使用量杯更加方便。

（7）酒杯应在三格洗涤槽内洗刷消毒，然后倒置在架空的橡胶架上让其自然干燥，避免手和毛巾接触酒杯内壁。

（8）除了掌握饮料的标准配方和调制方法外，还应时时注意宾客的习惯和爱好。如有特殊要求，应照宾客的意见调制。

（9）酒吧一般都免费供应一些佐酒小点，如咸饼干、花生米等，目的无非是刺激酒瘾，增加饮料销售量。因此，服务员应随时注意佐酒小点的消耗情况，及时补充。

（10）酒吧服务员对宾客的态度应该是友好、热情，而不是随意、亲热。上班时间不准抽烟，也不准喝酒，即使有宾客邀请，也应婉言谢绝。服务员不可对某些宾客给予额外照顾，不能因为熟人、朋友或者见到某顾客连续喝了数杯，便奉送一杯。当然也不能擅自为本店同事或同行免费提供饮料。

第四节　餐厅酒吧产品销售分析

【案例导入】

酒店餐饮销售分析表格式

项目	当日			累计			上月同期			上年同期		
	实际（元）	预算（元）	构成百分比（%）	实际（元）	预算（元）	构成百分比（%）	实际（元）	预算（元）	构成百分比（%）	实际（元）	预算（元）	构成百分比（%）
餐饮部门收入												
中餐厅												
西餐厅												
咖啡厅												
客房送餐												
宴会厅												
服务费												
销售收入合计												
食品												
饮料												

续表

项目	当日			累计			上月同期			上年同期		
	实际（元）	预算（元）	构成百分比（%）	实际（元）	预算（元）	构成百分比（%）	实际（元）	预算（元）	构成百分比（%）	实际（元）	预算（元）	构成百分比（%）
部门成本合计												
食品												
饮料												
成本率												

点评 餐饮销售分析是以实际数据为基础，从不同角度计算不同数据。分析方法和角度不同，所用的数据和具体方法不同。案例分析表主要从销售收入和成本变化及其构成变化的角度分析餐饮部门的相关数据，将其结果与预算比较，可以掌握实际状况与进度，为餐饮部门的收入和成本控制提供参考。在餐饮经营管理中，没有分析的管理工作都是盲目的。为此，我们在本章最后主要从促进销售的角度介绍几种分析方法，以帮助管理人员更好地做好餐厅、酒吧销售服务的管理工作。

一、销售弹性系数分析

销售弹性系数是不同时期销售额的变化和客源变化之间的比值。客源是影响餐饮产品销售的首要因素，随时分析客源变化对销售量的影响，并以此为依据，采取相应措施，是提高餐饮产品销售量的重要手段。客源反映一定需求量，餐饮产品销售的客源多少受产品质量、产品价格、服务质量、企业竞争等多种因素的影响，但在一定经营条件和一定价格水平下，客源变化和销售量的变化呈一定函数关系，其公式为：

$$Q=f(x)$$

式中：Q——销售收入；

x——客源数量。

销售弹性系数反映客源变化对销售量变化的影响程度。在一定时期和一定经营条件下，它们之间的变化存在着一定的量度关系，其计算公式为：

$$r=\frac{(Q_2-Q_1)\div Q_1}{(x_2-x_1)\div x_1}=\frac{\Delta Q}{\Delta x}$$

式中：r——销售弹性系数；

Q_1、Q_2——不同时期产品销售额；

x_1、x_2——不同时期客源数量。

销售弹性系数始终大于 0，它说明客源变化和销售量的变化之间存在着正比例性质的关系，但影响的程度不同，存在三种可能：

（1）当 $r>1$ 时，说明客源变化对销售量的影响程度很大。这时，增加客源可以更大比例地增加餐饮产品销售收入，因为客人的人均消费水平在提高，消费结构在改变。餐饮经营者应尽量在这时多组织客源，也可适当提高价格或加强产品推销。

（2）当 $r=1$ 时，说明客源变化和销售量的变化成等比例关系，增加一定客源，其销售收入按人均消费成比例增长。这时市场相对稳定，客人消费结构没有改变，但不宜调整价格，防止引起客人消费结构波动。

（3）当 $r<1$ 时，说明客源变化对销售量的影响较小，这时，增加客源可以增加一定收入，但不成比例。因为客人的人均消费水平在降低，消费结构在改变，市场处于波动下降状态，提价是危险的，可能引起不良反应。这时应尽量在产品质量和服务质量上下功夫，提高客人消费水平。

二、价格弹性系数分析

价格是影响餐饮产品销售的又一重要因素。随时分析价格变化对销售量的影响，合理掌握价格，求得价格和市场销售的最佳适应性，也是提高餐饮产品销售的重要手段。餐饮产品价格受原材料成本、管理费用、市场竞争等多种因素影响，但最终通过接待人次和客人对餐饮产品的喜爱程度来影响销售收入。在一定时期和一定经营条件下，价格变化对客源的影响的函数关系可用下式表示：

$$x=f(P)$$

式中：x——客源数量；

P——产品价格。

价格弹性系数是指价格变化对客源、从而对销售量的影响程度。在一定时期和一定经营条件下，价格弹性系数说明价格变化引起客源变化、从而引起销售量变化的度量关系。其计算公式为：

$$f=-\frac{(x_2-x_1)\div x_1}{(P_2-P_1)\div P_1}=-\frac{\Delta x}{\Delta P}$$

式中：f——价格弹性系数；

x_1、x_2——不同时期的产品销售量；

P_1、P_2——不同时期的产品价格。

价格弹性系数始终小于 0，它说明价格变化和销售量的变化之间存在反比例关系，但影响程度不同，也有三种可能：

（1）当 $|f|<1$ 时，说明价格变化对销售量的影响较小，市场求大于供，有利于扩大产品销售，也可以适当调价，以扩大产品销售，增加经济收入。

（2）当 $|f|=1$ 时，说明价格变化会引起销售量等比例的变化。价格越高，销售量越少。如果各种产品都涨价，提高综合毛利率，客源会大量减少，涨价毫无意义。而且会对客人消费心理引起连锁反应，这时要保持价格的稳定性。

（3）当 $|f|>1$ 时，说明价格变化对销售量的影响很大，市场处于敏感期，客人对价格的敏感性较强，这时涨价会引起销售量更大比例的减少，影响销售收入。管理人员应保持价格稳定，最好是适当降价，增强竞争力，扩大产品销售。

三、产品销售额 ABC 分析

餐饮产品的销售额受产品质量、价格、风味和客人的喜爱程度等多种因素的影响。通过产品销售额的 ABC 分析，可以发现哪些菜是重点菜、哪些菜是调节菜、哪些菜是需要淘汰的菜，从而帮助管理人员选择经营重点，扩大产品销售。

产品销售额 ABC 分析法是以产品价格、销售量、销售收入为基础，分析不同菜肴的收入构成，确定累计百分比。一般来说，A 类菜销售额的累计百分比在 60%～65%，B 类菜在 25%～30%，C 类菜在 10%～15%。通过分析，管理人员可把 A 类菜作为经营重点，对于 B 类菜给予适当重视，C 类菜则给予一般性照顾。对于那些销售构成太低的菜肴可以淘汰，以便不断调整花色品种，适应客人消费需求，扩大产品销售。

采用 ABC 分析法对产品销售进行分析，要以统计资料为基础，定期分析，比较其分析结果，再采取相应措施，调整花色品种或价格。

【案例一】

某饭店零点餐厅过去 1 周内部分餐饮产品的销售记录资料见表 8–6。请用 ABC 分析法对产品销售作出分析。

案例分析：根据 ABC 分析法直接计算，结果见表 8–6。

表 8–6　ABC 分析法计算表

菜肴	售价（元）	销售数量（份）	销售收入（元）	构成比例（%）	序号	累计百分比（%）	分类
鸡片冬菇	12.5	380	4 750	8.22	6	67.39	B
滑溜里脊	15.8	490	7 742	13.39	2	27.27	A
软炸肉片	14.3	520	7 436	12.86	3	40.13	A
清蒸鱼	16.2	295	4 779	8.27	5	59.17	A
松鼠黄鱼	21.8	368	8 022.4	13.88	1	13.88	A
烤大虾	18.6	243	4 519.8	7.82	7	75.21	B
香鸡腿	17.4	160	2 784	4.82	11	96.69	C
咕噜肉	13.2	215	2 838	4.91	9	86.96	B
口蘑鸡	10.6	268	2 840.8	4.91	10	91.87	C
鱼香肉丝	11.4	546	6 224.4	10.77	4	50.90	A
家常海参	12.6	314	3 956.4	6.84	8	82.05	B
蚝油生菜	7.8	246	1 918.8	3.32	12	100.01	C
合计	—	4 045	57 811.6	—	—	100	—

四、喜爱程度与毛利分析

餐饮产品销售收入高，并不一定毛利也高。通过喜爱程度和毛利分析，可以发现哪些菜肴喜爱程度高，毛利也高，哪些菜在这两个方面次之，哪些菜两者都低，从而发现产品销售的主要利润来源，把产品销售和利润结合起来，将管理人员的工作重点引向那些客人既愿意购买、利润水平又较高的产品上，使企业获得更大的经济效益，而对那些喜爱程度和毛利都较低的菜肴则要逐步淘汰。

餐饮产品喜爱程度和毛利分析是以统计资料为基础，算出各种菜肴的喜爱程度、毛利额及其平均数，然后对产品进行分类。其分类标准是：第一类，产品喜爱程度和毛利额都较高，均超过先进平均数；第二类，产品毛利额较高，喜爱程度一般，企业能获得实际利益；第三类，产品喜爱程度高，毛利额一般，这类产品有发展潜力；第四类，产品毛利额和喜爱程度都较低，均低于后进平均数。

在喜爱程度和毛利分析的基础上，管理人员即可从经济效益的角度加强经营管理，突出重点，以获得良好的经济效益。

【案例二】

旋宫大酒店风味餐厅过去 1 周内部分产品的销售资料见表 8–7。请对产品喜爱程度和毛利做出分析（接待人次 1 450 人）。

案例分析：运用资料分析见表 8–7。

表 8–7　餐饮产品销售喜爱程度与毛利分析表

菜肴	数量（份）	售价（元）	单位成本（元）	喜爱程度（%）	销售收入（元）	成本（元）	毛利额（元）	分类
清蒸鱼	217	17.21	7.23	14.97	3 734.57	1 568.91	2 165.66	3
油浸鱼	268	13.02	5.86	18.48	3 489.36	1 570.48	1 918.88	3
松鼠鳜鱼	354	25.69	9.25	24.41	9 094.26	3 274.5	5 819.76	1
滑溜里脊	285	19.47	8.37	16.66	5 548.95	2 385.45	3 163.5	2
鸡丝鱼肚	381	22.16	8.42	26.28	8 442.96	3 208.02	5 234.94	1
鱼香肉丝	198	16.49	7.58	13.66	3 265.02	1 500.84	1 764.18	4
水煮牛肉	235	25.97	9.35	16.21	6 102.95	2 197.25	3 905.7	2
软炸肉片	176	15.95	6.54	12.14	2 807.2	1 151.04	1 656.16	4
红烧海参	258	32.92	12.18	17.79	8 493.36	3 142.44	5 350.92	2
鸡片冬菇	275	13.05	5.48	18.97	3 588.75	1 507.0	2 081.75	3
青炒辣椒	194	9.92	4.76	13.38	1 924.48	923.44	1 001.04	4
家常豆腐	220	13.1	5.24	15.17	2 882.0	1 152.8	1 729.2	4
蚝油生菜	324	11.38	4.78	22.34	3 687.12	1 548.72	2 138.4	3
平均	260.38	18.18	7.31	17.73	4 849.31	1 933.92	2 917.8	—
先进平均	303.14	—	—	21.38	—	—	4 694.96	—
后进平均	210.50	—	—	14.60	—	—	1 806.91	—

核心要义复习题

1. 饭店餐厅和酒吧配备包括哪些内容，其标准是什么？
2. 餐厅和酒吧销售服务管理的共同特点、任务和要求是什么？

3. 餐厅销售服务过程的组织要抓好哪几个方面的工作？
4. 酒吧类型有哪几种？ 其柜台设计的工作内容是什么？
5. 酒吧销售服务管理有哪些特点？
6. 酒吧销售服务过程的组织要做好哪些方面的工作？
7. 鸡尾酒销售服务要抓好哪些环节的工作？
8. 什么是销售弹性系数和价格弹性系数？其系数变化规律是怎样的？
9. 餐饮管理中，ABC 分析法的重点是什么？其分类标准是什么？
10. ME 分析法的分类标准是什么？

定量管理练习题

1. 桃园餐厅有餐位 290 个，今年 5—6 月的销售记录如表 8–8（1）所示，请分析餐厅在此期间的销售弹性系数（且开西餐）。

表 8–8（1） 桃园餐厅今年 5—6 月销售记录

项目	5 月	6 月
餐厅上座率（%）	78.5	76.8
食品人均消费（元）	82.4	87.6
饮料比率（%）	23.6	24.2

解：列表计算，结果填入表 8–8（2）中。

表 8–8（2） 桃园餐厅今年 5—6 月销售弹性系数计算

项目	5 月	6 月
接待人次		
食品销售		
饮料销售		
合计销售		
销售弹性系数 =		

2. 红楼宴会厅有餐位 480 个，今年 9—10 月宴会生意红火，其销售记录如表 8–9（1）所示，请分析宴会厅的价格弹性系数。

表 8–9（1） 今年 9—10 月红楼宴会厅销售记录

项目	9 月	10 月
餐位利用率	0.985	1.128
食品人均销售（元）	120.84	124.64
饮料人均销售（元）	23.52	23.98
杂项人均销售（元）	8.25	9.12

解：列表计算，结果填入表 8–9（2）中。

表 8–9（2） 今年 9—10 月红楼宴会厅销售分析

项目	9 月	10 月
接待客人数		
食品销售额		
饮料销售额		
杂项收入额		
人均标准额		
价格弹性系数 =		

即测即评

第九章　宴会经营与美食展销活动管理

知识结构图

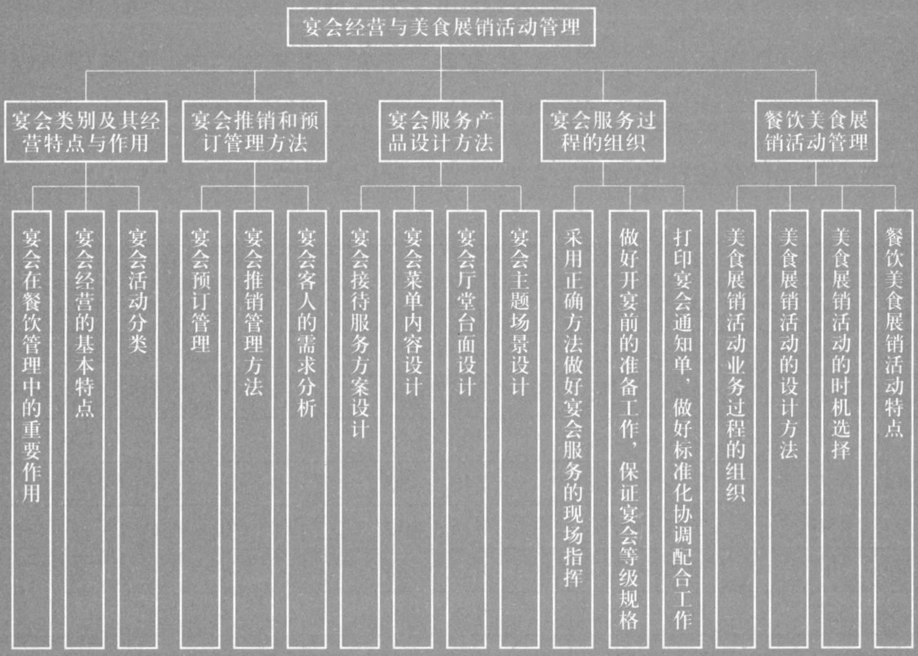

学习目标

知识目标

1. 掌握宴会类型、经营特点及客人需求
2. 掌握宴会预订、推销管理方法与步骤
3. 熟悉掌握美食展销特点与业务组织方法
4. 掌握宴会、美食展销、宴会推销、宴会设计概念

技能目标

1. 能结合实际签订宴会预订合同或协议
2. 能为小型 VIP 客人宴会做好厅堂设计（自设预订要求）
3. 能结合实际做好宴会现场指挥
4. 能举例拟订一个美食展销活动方案

第一节　宴会类别及其经营特点与作用

【案例导入】

一家五星级酒店的分档宴会标准

酒店宾馆的宴会销售标准有两种：一是以人均费用为标准，二是以餐桌费用为标准。前者以高中档宴会为主，后者以面向社会大众的婚宴、寿宴、家宴等为主，两者均不包括酒水和其他费用。不管费用多少酒店内部对费用的使用和菜点数量都有控制标准。以下是北京一家五星级酒店的分档宴会控制标准表，可供业内同仁参阅。

档次	宴会标准（元／人）	毛利率	食品成本（元／桌）	菜点准备（凉菜＋热菜）
1	100～200	55%～62%	450～700	4凉＋8热1汤
2	150～250	58%～65%	630～875	4凉＋8热1汤
3	200～300	60%～70%	640～900	4凉＋10热1汤
4	250～350	68%～75%	800～875	4凉＋10热1汤
5	300～400	75%～78%	840～880	6凉＋10热1汤
6	350～450	75%～80%	875～900	6凉＋10热1汤
7	400～500	77%～82%	920～950	8凉＋12热1汤
8	450～550	79%～85%	945～960	8凉＋12热1汤
9	500～600	82%～88%	900～940	8凉＋14热2汤
10	550～650	85%～92%	945～980	8凉＋14热2汤
更高	650以上	88%以上	视标准而变	双方协商确定

点评　宴会与美食展销都是餐饮企业产品销售的重要形式和经济收入的重要来源。宴会包括冷餐会、鸡尾酒会和外会服务，其档次规格都是多种多样的。案例中的宴会档次只是企业向客人推销宴会而使用的，标准与准备的具体菜点都会在向客人当面推销时说明。正式确定还要同客人协商并签订协议或正式订单。由此可以推断，宴会和美食展销都是十分复杂的，也是特别重要的餐饮销售服务形式。为此，我们在餐厅酒吧销售服务管理的基础上，进一步介绍宴会和美食展销活动管理的原理、技术和方法。首先介绍宴会类别及其经营特点和作用，为后面的专题研究介绍打下良好基础。

一、宴会活动分类

宴会是以餐饮聚会为表现形式的一种高品位的社交活动方式。西餐宴会英文为 Function，意为一种重大的集体聚餐的社交活动，在我国，宴会旧称筵席。最早产生于殷周时代。殷周甲骨文中有“旨”字，意为二人相对跪食，解释为“设美肴盛礼以待宾”，即最早的宴会。最早的筵席是用芦苇编成席子铺于堂中，叫筵，再用较精致的席子铺在筵上摆放食品，所以叫筵席。在我国，宴会是随着家具用具和食品的进步而发展的，大致经历了筵席阶段、条案阶段和清朝中后期以来的圆桌阶段等三个不同阶段，但历朝历代的宴会都是利用餐饮聚会来达到某种社交目的的这一本质并没有改变。

现代宴会活动形式多种多样，从不同的角度来分析，其类型和特点各不相同，见表 9–1。

表 9–1　宴会分类比较表

划分依据	名称	举办者	主要特点
按性质礼仪划分	国宴	国家元首、政府首脑	挂国旗、奏国歌，规格档次高，隆重热烈，礼仪规格高
	团宴	公司、社团、政府机构、大中型企业	正规、规格档次较高，目的多样，档次区别很大，礼仪相对较高
	家宴	家庭	个人色彩较重，举办目的明确，档次规格区别较大
按服务方式划分	正规宴会	公司、社团、政府机构、大中型企业、文教科研机构等	档次规格较高，低于国宴，服务正规，礼仪规格要求高
	自助餐宴会	公司、机关团体	以自我服务为主，有立式、坐式之分，不设桌面服务人员，档次区别较大
	冷餐会	公司、各类组织	以小吃、饮料为主，消费较低，但人数较多，服务简单、灵活
	鸡尾酒会	公司、社团等商业机构	以酒水饮料为主，档次规格较高，但区别大，以社交为主，比较自由活泼
按举办者的目的划分	庆贺 / 社交型宴会	团体、个人	主题突出，目的明确，场面、气氛比较隆重热烈，形式多种多样
	欢迎 / 告别宴会	团体、个人、家庭	围绕主客进行，目的明确，喜雅静、重叙谈、重礼仪
	商务宴会	公司、社团、商务机构	宾主双方以商业目的——谈判签约、洽谈意向等为主，比较正规
	会议型宴会	政府机构、协会社团、学术机构	以会议、论坛为主，兼办宴会，档次规格较高，气氛热烈，但档次规格区别较大

续表

划分依据	名称	举办者	主要特点
按主人角色划分	喜宴	家庭、个人	目的单一，以结婚、结婚纪念日庆祝为主，气氛热烈
	寿宴	家庭、个人或单位	以祝贺老年人生日为主，家庭气氛隆重、热烈，档次区别大
	便宴	个人、单位	规范性较低，不排座位，无正式讲话，比较随意自由

二、宴会经营的基本特点

宴会是一种特定的餐饮经营方式，它和一日三餐或两餐的餐厅日常经营方式不同。总体来看，它有四个基本特点。

（一）目的形式的多样性

宴会都是为达到一定目的而举办的社交活动，举办者的目的不同，其活动方式和要求也不同。因此，宴会经营必然具有活动目的与方式的多样性，这就是酒店宾馆、酒楼饭庄的宴会厅又叫多功能厅的原因所在。就宴会活动目的与方式的多样性表现来看，主要有六种类型：一是庆祝型宴会。举办目的以庆典、庆祝、祝贺等为主，其活动方式必须与庆祝目的协调一致，确保提供相应的服务内容和质量标准。二是欢迎型宴会。举办目的以迎接欢迎某些重要人物为主，其活动方式和宴会服务都要突出欢迎气氛、突出宾主双方的身份地位。三是商务型宴会。举办目的都以达成某种商业目的和双方或多方的商业利益为主，具体包括商业谈判、签约、洽谈意向、商品发布、客户招待等，其宴会活动方式和宴前、宴中和宴后服务都必须与客人或客户的具体目的和要求相适应。四是会议型宴会。即在会议期间而举办的宴会。具体目的各不相同，其活动方式和服务内容要与会议目的结合，明确具体要求。五是社交型宴会。举办目的以社交联络、增进友谊、招待客户、加深感情等为主，具体目的多种多样，其活动方式和服务内容必须与宴会的具体目的协调一致。六是告别型宴会。其举办目的与活动方式也不尽相同。总之，宴会活动目的与方式的多样性，要求宴会经营者和宴会经理、服务人员必须了解、掌握每一个宴会的具体目的、要求、服务方式、工作内容，才能提供有针对性的宴会服务。

（二）需求规格的多层次性

宴会需求和等级规格是由举办者的宴请目的、宴请事由、主要宴请对象的重要程度、准备达到的宴会影响、出席宴会的主要人物的身份地位、举办者的宴会标准等多种因素决定的。因而，宴会经营必然具有客人需求和等级规格的多层次性。这种多层次性主要通过由客人的宴会标准、支付能力决定的等级规格体现出来。宴会经营的这种特点要求宴会经营者要加强宴会销售，做好市场开发、客户联系、宴会预订等工作，力争多办宴会，并且多举办档次较高的宴会。在做好宴会预订落实的基础上，针对每一个不同等级规格的宴会，明确客人或客户的具体要求，包括厅堂布置、环境美化、礼遇规格、菜点酒水、质量要求等，确保每个宴会都能根据其需求层次和等级规格，提供质价相符、针对性强的优质服务。

（三）消费服务过程的享受性

宴会是餐饮经营的最高档次。宴会客人的身份、地位大多较高，他们非常注重宴饮中的精神享受。宴会经营的这种特点要求宴会管理要充分重视由宴会目的和宴会标准决定的每个宴会所要求的享受程度。然后，在宴会菜单设计、菜点安排、酒水安排、产品质量、环境布置、厅堂设计、现场服务等各个方面都确保能够提供与宴会要求的享受程度相适应的质量标准和优质服务。防止质价不符、以次充好、降低享受程度和质量标准的现象发生。要将宴会服务的享受程度与一般服务态度、礼节礼貌、语言动作、环境卫生等通用质量标准区别开来。宴会等级规格、享受程度不同，其菜单设计、菜点品种、菜点档次、设备使用、环境布置等方面的质量可以有很大区别，但在服务态度、礼节礼貌、语言动作等通用质量标准上不能降低标准，必须坚持“一视同仁”，同样提供优质服务。

（四）经营管理的正规性和复杂性

宴会不同于零点、便餐，它是一种有计划、有组织、有周密安排、讲究礼仪规格、社交气氛的一种高品位的餐饮经营管理活动。因此，宴会必然具有经营管理过程的正规性和复杂性。正规性主要表现为设计严谨、组织严密，礼仪规格要求较高，活动安排规范，服务质量要求较高等方面。复杂性主要表现在两个方面：一是宴会经营有一套比较复杂的工作程序和质量标准。工作程序包括宴会预订、预算、确认、菜单设计、厅堂设计、环境布置、开宴服务、现场指挥等一系列工作环节，而每个环节都有其质量标准。又因宴会目的、收费、举办者的具体要求不同而不完全相同，因而具有复杂性。二是宴会管理涉及范围广泛。上述各个方面的工作往往需要餐饮企业内部各部门、各环节的紧密配合。只有采购、验收、库房、厨房、酒水和工程、保安、财务、总经理室等各部门的通力合作，才能做好宴会管理。为此，宴会管理必须树立整体观念，强化"全局一盘棋"的意识，防止互不协调、互相推诿、扯皮等不良现象的发生，以收到良好效果。

三、宴会在餐饮管理中的重要作用

宴会在餐饮管理中的重要作用主要表现在以下四个方面：

（一）宴会是餐饮部门经济收入的重要来源

宴会属于高级享受方式，标准较高，尽管档次区别较大，但总体消费水平往往大大高于零点消费和团体用餐。一次高档宴会的人均消费水平往往比零点消费高出几倍、十几倍、甚至几十倍。在正常情况下，酒店宾馆的宴会收入常常占餐饮部门总收入的 60%～70%，最高可超过各个餐厅的收入之和。与此同时，在餐饮管理中，宴会的利润率极高。在正常情况下，其毛利率在 65%～70%，高档宴会的毛利水平可达 90%。

（二）宴会是发展烹调艺术和培养厨师力量的良好机会

提高烹调技术和培养厨师力量的关键在于实际操作。发展烹调艺术，创造名优产品，培养厨师力量，都要靠实际操作。产品越名贵，则加工越复杂、成本支出越高。在正常经营条件下，出于降低成本费用的需要，厨师人员不可能有大量机会练习名优产品的操作，而宴会经营却提供了发展烹调艺术、创制名优产品的良好机会，将继承和创新结合起来，为培养厨师的技术力量、提高厨师的技术水平创造了良好的条件。长此以往，形成良性循环，企业的技术水平就会迅速提高。

（三）宴会是提高管理人员和服务人员专业技术水平的良好平台

宴会、特别是大型高档宴会用餐客人多，消费水平高，其组织实施过程有一套复杂的工作程序，需要管理人员和服务人员有较高的专业技术水平和协调配合能力。宴会、特别是大中型高档宴会的举行，会促使管理人员通盘考虑宴会管理所需要的各种知识，并在实践中运用自己的组织指挥能力和协调配合能力去完成各项管理工作，同时也使服务人员得到良好的锻炼。宴会越多、情况越复杂，锻炼的机会也越多，管理人员和服务人员的宴会管理和服务的专业技术水平就提高得越快，这对提高整个餐饮管理水平、服务质量和经济效益都是十分重要的。

（四）宴会是提高企业声誉，增强竞争能力的重要条件

宴会产品质量、服务质量和管理过程的组织是企业餐饮管理水平较集中的体现。重视宴会经营，提高产品质量和服务质量，使客人得到优良的物质享受和精神享受，必然提高企业声誉，增强竞争能力。部分客人往往成为企业下次宴会的预订者，从而增加回头客，同时，潜在客人也会大量增加而成为宴会预订者。这对增强企业竞争能力，扩大产品销售无疑会起到积极的促进作用。

第二节　宴会推销和预订管理方法

【案例导入】

把木梳卖给和尚的推销技巧

有一家大公司为扩大销量，决定高薪招聘营销主管。诱人的薪金引来了大批应聘者，这让主管经理无法决定。于是他想出一个好主意："相马不如赛马，为选出高素质的人才，决定让应聘者想办法把木梳尽可能多地卖给和尚。"

大多数应聘者感到困惑，不少人甚至愤怒：出家人要木梳何用，这不是明摆着拿人开涮吗？于是纷纷拂袖而去。最后剩下甲、乙、丙三个人。

主管经理交代："给你们 5 天时间，到时候向我汇报销售成果。"

5 天很快就过去了，三人准时回到了公司。主管经理问甲："卖出多少把？怎么卖的？"

答："1 把。"甲说："我历尽辛苦，游说和尚应当买把梳子，但和尚不仅不买，还把我骂了一顿。好在下山途中遇到一个小和尚一边晒太阳，一边使劲挠着头皮，我灵机一动，递上木梳。小和尚用后满心欢喜，于是买下一把。"

主管经理问乙："卖出多少把？怎么卖的？"

乙答："10 把"，"我去了一座名山古寺，由于山高风大，进香者的头发都吹乱了，我找到住持说，蓬头垢面是对佛的不敬，应该在香案前放把木梳，供善男信女梳理一下头发。住持采纳了我的建议，那座山有 10 座庙，于是买了 10 把木梳。"

主管经理问丙："卖出多少把？怎么卖的？"

丙说："1 000 把。我到了一个颇具盛名，香火极旺的深山宝刹，朝圣者、施主络绎不绝。我找到住持说，凡来进香参观者，多有一颗虔诚之心，宝刹应有所回馈。以作纪念，保佑其平安吉祥，鼓励他们多做善事。我有一批木梳，你的书法超群，可刻上'积善梳'三个字。便可做赠品。"

住持大喜，立即买下 1 000 把。得到"积善梳"的施主和香客也很高兴。一传十，十传百，朝圣者更多，香火更旺，住持的签名也更加远近闻名。

点评 这是一个未必真实的寓言故事，但它却反映了不同应聘人员推销思维和技术所产生的不同效果。21 世纪以来，我国餐饮企业已进入竞争激烈的市场环境，宴会、美食推销对经营者都有十分重要的作用，"坐店等客""酒香不怕巷子深"的经营思维方式，已经不适应市场竞争环境的要求了。为此，本节在宴会经营一般原理的基础上，介绍其推销和预订管理方法，以增加客源，提高设施利用率。

一、宴会客人的需求分析

现代餐饮企业所承接的宴会种类繁多、形式多样，各种宴会的举办目的千差万别，但从共同规律的角度来看，宴会客人的消费需求主要包括以下四个方面：

（一）环境与场景需求

宴会环境是指宴会厅堂的环境装饰和美化，即宴会场所的消费环境。现代餐饮企业的宴会厅又称多功能厅，大多由设有隔断的一个大厅和设在周围的若干单间或包房组成。宴会客人对宴会厅堂的环境需求主要为宴会厅堂的面积，厅堂内部的环境布局，装饰布置的美观程度，家具用具的齐全、完好与配套程度，宴会需要的灯光、气氛，配套设备如签到台、演说台、摄像机等（高档豪华型宴会）的满足程度以及客人进出的方便程度等。上述这些环境需求又主要是由宴会活动本身的规模大小、档次高低和举办宴会活动的具体目的不同来决定的。宴会经营者在其条件许可的前提下，应尽量满足宴会客人的上述环境需求，并通过宴会预订逐一落实。

宴会场景是指根据宴会目的，通过环境艺术加工所形成的宴会现场的景观。如欢迎宴会的场景要热烈；自助宴会的场景要活泼自由；寿礼宴会的场景要庄重、热情等。宴会客人对宴会厅堂的场景需求主要是由宴会活动的具体目的、宴会主题和环境气氛决定的，每个宴会的场景需求各不相同。这些需求主要包括：宴会主题背景的场景设计、宴会场景的整体布局、宴会现场的台形设计、宴会摆台与花草布置、宴会灯光、音乐、现场气氛等。这些场景需求也是由宴会客人在预订时提出来的，宴会经营者也应在客人预订要求的基础上逐一落实。

（二）社交与礼遇需求

宴会是一种高品位的社交活动方式，是十分注重社交方式和礼遇规格的。宴会客人的社交与礼遇需求的方式和程度主要取决于宴会性质、规格和宴会主题与目的。如国宴要挂国旗、奏国歌，宾主要互致祝酒词，客人和主人的座次十分讲究，其社交和礼遇需求非常具体、严格；喜宴要设婚礼台，要举行结婚仪式，有一套礼遇规格，气氛要十分热烈；而便宴的社交礼遇要求就要简单得多。宴会经营者必须根据客人预订的各种宴会性质、目的、主题及其具体要求，认真做好礼遇规格设计，充分满足客人的社交和礼遇需求，提高宴会管理水平。

（三）菜点与酒水需求

菜点与酒水是宴会客人的核心需求。菜点需求主要包括宴会客人要求的菜点风味、花色品种、菜点名称与数量、档次结构、收费标准等。酒水需求根据中餐和西餐宴会不同也有差异。中餐宴会多以 1～2 种烈性酒或葡萄酒为主。西餐宴会酒水要与菜点需求相匹配，上什么菜喝什么酒。为此，宴会经营者在每次宴会预订中，要认真做好酒水推销。明确客人要求的酒水花色品种、酒水名称、服务方式，特别是西餐宴会、鸡尾酒会等的酒水准备要具体、准确。同时，要根据每个宴会客人的菜点预订标准，认真做好菜单设计，安排好宴会菜点风味、品种、数量和档次，以保证宴会客人的菜点和酒水需求得到完全落实。

（四）服务与享受需求

宴会是一种高级消费方式，大多标准较高，客人的身份地位也较高，因而要求高质量、高品位的优质服务。宴会客人的服务与享受需求主要通过现场服务的员工服饰、服务态度、礼仪动作、清洁卫生、现场操作及其与菜点、酒水服务的协调配合表现出来。为此，宴会经营者必须认真做好宴会服务的现场管理，要合理安排宴会程序、操作规程，正确制定宴会服务的产品质量、环境质量、安全卫生等质量标准，做好宴会服务过程的组织，以确保宴会客人对物质享受和精神享受的需要，从而提高宴会服务质量、管理水平和经济效益。

二、宴会推销管理方法

传统的宴会销售以坐店等客，被动接受客人预订为主。在市场经济条件下，随着餐饮业以买方市场为主的市场竞争格局的形成，宴会销售必须改弦易辙，采用主动出击的推销管理方法。餐饮企业做好宴会推销管理的基本方法是：

（一）确定宴会市场定位

宴会市场定位是指确定宴会销售的主要市场范围、市场领域、客户层次及消费水平。宴会市场的客源类型可分为政府购买型、企业购买型、事业购买型和个人购买型四大类。选择确定宴会市场定位的方法，一般是以宴会经营者的企业位置为中心，以半个小时的车程距离为半径，选择那些与本企业的星级、宴会环境与档次相适应的客户群体作为自己的主要目标市场，包括政府机构、企业组织、事业单位和个人购买者。宴会销售人员应该掌握这些客户的单位或个人名称、地址、业务内容、可能举办宴会的主题、目的、时间、消费水平和支付能力等，由此形成自己的目标市场范围、市场领域、客户层次和客源群体。

（二）印制宴会推销资料

宴会推销资料以宴会宣传小册子为主，主要内容包括：

1. 宣传册封面

封面要经过精心设计，彩色印刷，要印制宴会经营单位的企业名称、地址、交通路线、联系电话、宴会预订电话与传真等信息，并用彩色图片展示宴会厅的现场服务场景、气氛等，要做到封面封底分工明确，设计美观大方，图文并茂，印制精美。

2. 宴会推销内容

将宴会分别设计出高、中、低等不同的档次和类型，如迎宾宴、庆贺宴、婚礼宴、告别宴等。采用文字、图片相结合的形式介绍不同宴会的特点、主题、规格、收费标准以及可以达成的宴会目的等。

3. 宴会菜单与菜点介绍

以图片为主，介绍不同档次、标准、主题和目的的宴会，并提供可选择的主要菜点和预订方法，以激发客人或客户的购买欲望。

宴会宣传小册子可采用一张大纸的折叠方式印制，既美观大方，图文并茂，又可免费赠送、节省成本。

（三）广泛建立客户联系

广泛建立客户联系的方法是：在餐饮企业设立宴会预订部，配备宴会推销人员和预订人员，将企业宴会目标市场范围内的客户分成不同的区域，再划归各推销人员。由他们去走访、电话询问、定期或不定期地拜访客户，逐步、逐一建立客户档案，记录客户资料、掌握各客户可能预订和举办宴会的缘由、时间，由此形成广泛的客户联系，同时做好广告宣传、宴会小册子宣传，才能做好宴会推销、扩大宴会销售。

（四）做好宴会推销洽谈

在广泛建立客户联系的过程中，宴会推销人员要经常拜访、联系客户，掌握各种信息。一旦客人、客户有了举办宴会的意向、需求，要迅速同他们联系，推销宴会服务，包括主动上门拜访、电话联系推销、约请到店内实地参观、直接与客人洽谈等，做好宴会推销洽谈的方法是：

1. 主动热情接待客人

不管是将客人约请到酒店宾馆内或其他场所洽谈，客人到来，均要主动、热情、诚恳、礼貌地接待客人。要事先安排好接待场所，准备好茶水，主动同客人打招呼。若是老客户，要称呼客人姓名、职衔，若是新客户，则推销员要主动做好自我介绍，善于推销自己，语言、动作、表情等要礼貌、诚恳、大方。只有取得客人的好感和信任，才能做好宴会推销。

2. 诚恳推销宴会产品

推销人员要热情、耐心地同客人交谈。在礼貌询问客人的单位、主要业务范围、举办宴会的时间、目的、主题内容等的基础上，介绍自己的企业状况、宴会经营情况、宴会接待能力、设计组织能力、宴会主要产品和服务质量等。通过交谈介绍，加深相互了解，力争客人预订宴会。

3. 正确运用洽谈技巧

宴会洽谈技巧要根据洽谈、接待过程中客人需求的具体情况来掌握运用。如客人还在犹豫时，要善于运用劝说技巧；客人对环境、质量缺乏信任时，要善于运用图片宣传、参观解说、多媒体演示、攻心劝说、消除疑虑等洽谈技巧；客人不了解宴会价格和收费标准时，要善于运用报价技巧，将宴会档次、收费标准和菜点品种、档次规格、服务质量结合起来，使宴会价格具有明显的合理性和竞争力。

（五）培养创造忠诚客户

通过宴会洽谈推销，大多数宴会可以通过预订落实，宴会推销人员要诚恳地向客人表示感谢。即使因各种原因没有落实，也要与客人继续保持联系。要通过举办优质宴会获得客人的信任、好感和支持，通过不断同客人联络、加深感情等方式，不断培养与创造忠诚客户，增加回头客，从而搞好宴会推销，扩大宴会销售。

三、宴会预订管理

宴会推销和宴会预订是相辅相成的，推销以寻找客户为主，预订以落实销售为主。为保证宴会客源，做好宴会销售，酒店宾馆餐饮部门一般都设有宴会预订部，配有推销人员和预订人员。酒楼饭庄、餐饮集团则多设有专门的销售部门和人员，负责餐饮销售和宴会预订。现代餐饮管理中客人预订宴会的方式主要有面谈预订、电话预订、书面预订、网上预订四种，但不管采用哪种形式，宴会预订管理的重点是做好六个方面的工作。

（一）做好宴会预订前的准备工作

宴会预订人员要熟悉宴会厅的面积、厅堂数量、餐位数量、接待能力、宴会分档标准、宴会菜点的花色品种和分档宴会收费标准等基本情况。在此基础上，在正式预订前还要做好以下准备工作：

1. 查阅宴会预订情况

宴会预订都是提前连续进行的，每个宴会预订落实后都要将资料录入计算机或做好记录。为此，预订人员正式预订前都要查阅计算机或预订记录表，以便掌握已经落实的宴会预订情况和当天或未来几天哪些厅堂在什么时段可以继续预订，可以安排哪些包间、厅堂，各能安排多少客人，防止厅堂利用发生冲突，保证满足客人预订要求。

2. 做好信息沟通和资料准备

上班前要和上一班人员做好交接，保证交接事项清楚。同时召开班前会，传达上级指示。做好宴会预订人员和外出推销人员的信息沟通，通报宴会举办情况，布置当天预订和外出推销工作。在此基础上，还要准备好宴会预订单、预订表、宴会记录表、合同样本等，以保证宴会预订工作的顺利进行。

（二）受理宴会客人的预订申请

客人预订宴会不管是采用电话、书面、函件方式或电传、传真和当面预订，都要认真做好宴会客人的预订受理工作，其工作内容是：

1. 了解客户基本情况

书面预订要认真阅读客人书面申请，必要时通过电话询问客人。电话预订要主动接听、询问。当面预订则直接同客人交谈，了解客户基本情况，所要了解的主要内容包括客户单位名称、地址、电话、联系方式以及预订人的姓名、职务、电话；预订宴会的目的、时间、时段等。大型重要宴会还应询问客户单位的业务性质、规模档次、营业情况等，以便做到心中有数，做好预订安排。

2. 询问客人预订要求

在与客人交谈、询问过程中，预订人员一方面要针对客人的询问向客人介绍本企业的宴会预订、接待情况、企业声誉、产品质量和服务质量等情况，必要时还应带领客人到宴会厅进行现场介绍和推销，让客人留下深刻印象，乐于在此举办宴会。另一方面要详细询问客人的预订要求，逐一做好记录，询问内容包括客人预订宴会的具体目的、时间、时段，出席人数、保证人数，人均餐费预订标准，酒水要求、菜点风味、花色品种，宴会服务的台形设计、座次安排、礼仪要求等，以便针对客人要求做好具体安排。

3. 落实宴会客人预订

在询问客人需求的过程中，同客人协商，按照客人要求和企业有关规定，逐一落实宴会客人预订细节，包括菜点、酒水、厅堂环境布置要求等，保证宴会预订的准确性。

（三）填写宴会订单资料

宴会订单及有关资料是做好宴会服务的重要依据。为此，在受理预订的基础上，宴会预订人员还要做好两个方面的工作：

1. 填写宴会预订单

根据宴会预订的落实情况，逐一将预订单位和人员的基本情况、预订要求、预订标准与费用等填入宴会预订单，其内容和格式可参阅表9–2。

表 9–2　宴会预订单　　　编号＿＿＿＿

<table>
<tr><td>预订日期　月　日</td><td colspan="3">预订方式　电话／来店</td><td colspan="2">预订员</td><td>宴会负责人</td></tr>
<tr><td>宴会名称：</td><td colspan="6">宴会时间：　月　日　星期　从＿＿时至＿＿时</td></tr>
<tr><td rowspan="3">宴会标准：
付费方式：
现金、支票、转账：
预付金额：¥＿＿</td><td rowspan="3">联系单位</td><td colspan="5">单位名称：</td></tr>
<tr><td colspan="5">单位地址：　　　　电话：</td></tr>
<tr><td colspan="5">联系人：　　　　电话：</td></tr>
<tr><td>预订人数：＿＿名</td><td colspan="2">保证人数：＿＿名</td><td colspan="2">宴会地点：＿＿</td><td colspan="2">休息厅：＿＿</td></tr>
<tr><td colspan="2">宴会费用</td><td colspan="5">宴会形式：中餐／西餐</td></tr>
<tr><td colspan="2" rowspan="2">菜肴　¥
饮料　¥
鲜花　¥
香烟　¥
礼品　¥
印菜单　¥
厅堂租金　¥
席间节目　¥
其他　¥
合计　¥　　平均每人　¥</td><td colspan="5">宴会菜单：</td></tr>
<tr><td colspan="5">台形设计及服务方式：</td></tr>
<tr><td colspan="7">备注</td></tr>
</table>

2. 处理宴会预订资料

宴会预订资料内容和处理方法为：一是将预订单的内容逐一录入计算机，留档备查。二是根据客人预订资料制作宴会预订控制表，明确每天已经落实的宴会预订、厅堂安排、客人数量、时间与时段等，以便为宴会的连续预订提供准确依据。三是根据需要将近期内要举办的宴会订单整理打印成宴会通知单，并分发给厨房、餐厅、酒水、采购等有关部门，以便提前做好准备工作。

（四）做好宴会预算与订金收取

宴会预算是根据客人预订要求和收费标准，在双方协商、洽谈的基础上，对宴会需要的全部费用所作出的安排，预算内容主要包括菜点费用、厅堂租金、酒水费用等。如果是客人有特殊要求的大中型特别宴会、会议型、庆祝型、欢迎型等宴会，其费用预算还应包括菜单设计费、厅堂装饰费、场景布置费、设备租赁费等。如果是婚礼宴会，还可根据客人要求，提供婚礼仪式、礼服、化妆、录像、摄影等服务，同时收取相关费用。将上述费用按客人要求编制成宴会预算表，告之预订客人或客户，以便客人做好准备。

在宴会预算的基础上，宴会预订金一般按预算费用的 30% ~ 50%收取。除信誉较高的老客户、回头客和档次较低的便宴外，宴会预订金必须在预订落实、签订合同时收取，最晚应在客人举办宴会前 7 天收到预订金。

（五）签订宴会合同与确认处理

1. 签订宴会合同

宴会预订确认后，一般应签订宴会合同或协议，特别是大中型重要宴会和由重要客户举办的欢迎型、庆祝型、会议型等特别宴会，都应签订宴会合同或协议，以维护双方权益，保证宴会如期举行，宴会合同的内容和格式可参阅表 9–3。

表 9–3 宴会合同格式

甲方：　　　　　　饭店　　　　　　地址	
乙方：　　　　　　公司　　　　　　地址	
甲乙双方经友好协商，就乙方在甲方举办宴会事宜，达成如下协议，双方共同遵守。	
宴会名称	举办方组织者
活动日期	活动时间
宴会厅堂	承办方负责人
出席人数	保证人数
菜单安排	酒水安排
厅堂设计	场景要求
租用设备	其他事项
人均费用	预算总费用
预付订金	结账方式
甲方（单位盖章）	乙方（单位盖章）
委托代理人（签名）	委托代理人（签名）
开户银行	开户银行
账　　号	账　　号
签约日期	签约日期

2. 签发预订确认书

凡是比较重要的正规宴会或提前预订时间较长的宴会，在签订宴会合同或协议的基础上，都应在宴会举办前 3 ~ 10 天给举办单位的经办人签发宴会预订确认书，以促使双方共同遵守宴会合同，保证宴会按时举行。预订确认书的内容可参阅表 9–4。

表 9–4 宴会预订确认书

致　　　　　公司　　　　　小姐 / 先生：	
承蒙光顾，不胜感谢。您代表贵公司于 ____ 年 ____ 月 ____ 日在我店所订宴会，我店已按预订要求认真准备妥当。如有不妥之处或新的要求，请即时来电来函告之，我店愿为您竭诚服务，务请按时光顾。	
附宴会准备情况如下：	
宴会名称：××××	举办时间：____ 年 ____ 月 ____ 日 ____ 时
宴会人数：____ 人	保证人数：____ 人
宴会标准：×××元 / 人	预计费用××××元
宴会菜单：已设计完成	食品原料：已经购入
宴会厅堂：已安排准备妥当	酒水安排：已准备妥当
	酒店宴会经理：________
电话：________	____ 年 ____ 月 ____ 日

（六）做好宴会预订善后服务工作

宴会预订管理是一个复杂的过程。各项预订工作完成后，还有一些善后工作需要处理，主要包括以下内容：

1. 取消预订处理

客人或客户在宴会预订后，因各种原因可能取消预订。其处理方法是：第一，在预订洽谈或合同、协议中，明确告之客人店方对宴会预订取消的时间要求和规定；第二，遇有客人预订取消，要耐心、诚恳询问客人取消预订的具体原因，详细做好记录，如果是客人原订的宴请活动变化而取消，要继续加强联系，若是因宴会竞争激烈而取消，要分析原因，改进服务，尽量避免和减少这种宴会预订取消；第三，客人取消如果超过了企业规定的提前取消时间，即提前天数，应按规定将宴会预订金转变为取消预订损失费，以预防和减少取消预订给企业造成的经济损失。

2. 预订更改处理

客人预订宴会后，因宴请活动计划或其他原因改变预订举办时间和内容，要求预订更改，预订人员应尽量满足客人要求，其处理方法是：第一，询问客人更改预订的原因和具体更改项目，如更改时间、人数、菜点要求等，逐一做好记录；第二，填写宴会预订更改单，通知宴会厨房、餐厅和有关人员，以便按更改后的要求做好宴会服务准备工作；第三，将更改资料和原订资料装在一起，并在计算机中做宴会更改处理。

3. 预订日报处理

其方法是根据每个宴会预订结果和厅堂安排，逐一记录每天安排的各种宴会，以便掌握各宴会厅堂的利用情况，做好宴会服务接待的组织工作，预订日报格式可参阅表 9–5。

表 9–5　宴会预订日报表

日期________　星期________　填报人________

厅堂	时间	宴会名称	举办单位	出席人数	宴会标准	开宴时间	联系人与电话	预订人员
宴会大厅	午							
	晚							

续表

厅堂	时间	宴会名称	举办单位	出席人数	宴会标准	开宴时间	联系人与电话	预订人员
龙凤厅	午							
	晚							
樱花厅	午							
	晚							
桃园厅	午							
	晚							

4. 档案资料处理

宴会档案根据宴会预订和接待资料建立，档案资料内容以宴会预订单、宴会合同、宴会确认书等为主，其归档管理方法是：第一，按客人或客户归类，每个客户或客人（举办者）建一份档案；第二，按预订接待资料归档，即按预订单、合同书、确认书、来往函件、宴会菜单、接待方案等顺序编排；第三，按客人宴会次数的先后次序排序，由此形成宴会预订档案资料，便于做好宴会接待服务，有利于留档备查，同时也有利于为老客户和回头客的宴会预订推销提供可靠依据。

第三节　宴会服务产品设计方法

【案例导入】

“上海 1920”主题宴会场景设计

应客人预订和要求，五星级大酒店上海华亭宾馆开设了“上海 1920”主题宴会。宴会的场景设计主要通过三个方面体现出来。一是可容纳 850 人的大宴会厅门前和周边设计布置了 20 世纪 20 年代的上海小茶馆、小酒店，还有上海滩头独有的叫卖声。街头把戏穿插其间，同时布置了各种小吃摊，客人可以品尝到富有浓郁传统特色的各类风味小吃，如排骨年糕、鲜肉锅贴、烧麦（又称作烧卖）、豆腐粉丝、鸡血烫等。二是让宾馆服务人员装扮成酒店堂倌、摊贩厨师和印度巡捕，从服装到化妆、动作都返回到 20 世纪 20 年代。三是请客人采用 20 世纪 20 年代的服饰，有的穿长袍马褂，有的头戴瓜皮小帽，太太、小姐则穿连衣裙或短裙，也有的穿旗袍。整个宴会从环境、餐桌、服饰、菜点到服务方式都体现出 20 世纪 20 年代的上海特点，至于各个厅堂内的正式宴会，则按客人档次、预订标准，提供具有 20 世纪 20 年代上海风格的产品和服务，很受客人欢迎。

点评 酒店宾馆、酒楼饭庄的宴会大多属于高级消费，其享受程度随宴会的档次规格而变化。案例中的“上海 1920”主题宴会的环境布置，客人与服务人员的服饰与服务及其现场气氛都是宴会性质、目的、档次规格的体现，而这些都是经过宴会产品，包括主题场景、台型、环境氛围等的设计，布置而形成的。为此我们在宴会推销和预订管理的基础上，进一步介绍宴会产品的设计方法，以适应客人的消费需求。

一、宴会主题场景设计

在宴会预订的基础上，做好宴会服务的产品设计是做好宴会服务管理的前提和基础。宴会产品设计是指根据宴会目的、主题和档次规格对宴会活动的厅堂场景、活动内容、接待方案等所进行的统筹规划和组织安排，它是达成宴会目的、满足客人需求、提高宴会质量的重要措施。

主题场景是指由宴会目的和主题所要求的举办宴会时的现场景致。主题场景是宴会设计的首要内容，也是反映宴会等级规格、主人意向与目的的重要表现形式，宴会主题场景设计的工作内容和方法主要包括三个方面的工作：

（一）主题场景内容选定

宴会主题是由宴会主办者的目的、要求、意向等决定的，如喜宴、寿宴、接风宴、庆祝宴等的主题不同，其宴会主题布置的要求也不同。宴会主题场景内容选择的步骤是：①分析宴会目的。与主办单位协商、询问宴会的具体目的、主题内容和表现形式。②提出主题布置意向。要明确宴会主题布置的中心，征求主办单位的意见，然后选择确定具体的宴会场景布置的主题内容，如婚宴，不同国家和地区、不同民族和风俗的客人，其婚宴的主题内容、主题场景、主题背景的图案布置是各不相同的；再如中秋赏月宴会，客人要求的宴请方式、社交赏月的具体地点、宴会档次和客人身份地位不同，其宴会主题的表现形式、主题布置的要求内容、主题意境和背景也不相同。所以，宴会主题布置的具体内容选定，关键是要明确主办单位的宴请目的、意向、表现形式。宴会管理人员要具有丰富的想象力、创造性，善于向客户提出主题意境和具体表现形式的建议。

（二）主题意境创造

主题意境是为主题内容服务的，它主要通过宴会现场的背景图案、环境气氛、灯光、横幅、主墙、环境美化等表现出来。如北京长城饭店为外国商务客人举办的著名的“丝绸之路”宴会。饭店根据客人的要求，设计创造出了以天山图案为背景，以三条象征丝绸之路的黄色装饰的宽敞通道、伴有新疆舞蹈演员载歌载舞的表演及设计美观、大方、舒适、典雅的 16 张宴会台面，完美地体现了宴会主题，烘托了意境，从而创造出了使客人十分满意的宴会主题场景和优质服务，收到了使客人“永生难忘”的效果。要创造良好的宴会主题意境，关键是要在明确举办者的宴会目的、要求、档次规格和费用标准的基础上，充分发挥想象力、形象思维的创造力，由此提出宴会的主题意境、主题场景设计的创意内容及其具体表现形式。

（三）主题场景布置

主题场景布置是在主题场景内容、主题意境的基础上，选择不同布置材料和表现手法来创造出符合宴会目的和要求的现场景致，具体包括宴会现场的背景布置，墙面或天花板的现场装饰（主办单位提出要求的），灯光气氛的设计布置，主墙和主席台面的设计图案，宴会横幅标语，主桌的宴会花草布置，中心设计图案的造型设计和布置等。上述宴会主题场景的内容和布置方法主要是在制定出设计方案的基础上，由饭店美工人员和工程部门的有关人员按设计方案和要求逐一落实，最后做好检查，保证宴会主题场景的美观、大方，符合宴会主题和主办单位的要求。

二、宴会厅堂台面设计

宴会厅堂是客人举办宴会的现场。宴会厅堂和台面设计的好坏直接影响宴会主题气氛、等级规格和宴会目的能否实现，因而它也是宴会设计的重要内容。宴会厅堂和台面设计的内容和方法主要包括三个方面：

（一）厅堂台形布局设计

宴会台形布局是宴会主题和目的的重要现场表现形式，将直接影响宴会现场服务的整体形象、客人需求和服务质量，宴会台形布局设计的方法如下：

（1）根据中餐和西餐宴会性质选择台形。中餐宴会以圆台为主，西餐宴会以长台为主。

（2）根据宴会出席人数设计台形布局。如中餐宴会 3 桌以上可选择的台形有品字形、菱形、中心图案形等。西餐宴会可选择的台形有一字形、T 字形、工字形、山字形和 U 字形等。

（3）将厅堂台形布局和宴会主题结合起来，突出主桌或主席台的台形设计。如婚礼宴会要以新人台面为中心，采用中心图案形设计，大型欢迎宴会要以主宾席为中心，突出主席台面或主席台区布置。

（4）厅堂台形要做到整体布局协调、美观、大方、典雅。各种台形和台面之间的通道、过道空间安排合理，客人进出顺畅，接手桌的摆放和移动、服务员上菜撤盘方便，有利于提高宴会服务质量。

（二）厅堂台面图案设计

宴会厅堂台面图案设计的目的主要是体现礼遇规格、创造宴会接待环境和气氛，进而突出宴会主题。宴会台面图案设计以主席台面和主席台区的台面为主，其他台面为辅，其设计内容和方法是：

1. 台面中心的图案设计

即每张餐台的中心图案，它主要烘托宴会气氛，体现主人对主宾与客人的礼遇程度。宴会台面中心图案设计一般以花草为主，中餐宴会主席台面多用大中型花坛，西餐多用大中型花环，也可两者结合，一般台面则多用花瓶，均以鲜花为主。除花草外，台面中心图案也可选用雕塑造型、果品造型、彩碟造型、鱼缸造型、叠花造型等。不管采用哪种造型，都要根据宴会等级规格、主题内容和主办者的要求来设计，图案选择和造型设计要美观大方，符合客人身份地位、礼遇规格和具体要求。

2. 台面餐位的口布叠花

同样以主席台面和主席台区的台面为主。一般是主席台面和主席台区的每个台面要突出正副主宾或主人的餐位，选择 1～2 种符合宴会主题和主宾身份的口布花形，折叠美观大方即可，其余餐位则都用同一种花形。

3. 台面图案设计的责任人

一般宴会由宴会厅经理负责，重要和特别宴会由宴会厅经理根据客人要求提出设计方案，报餐饮部经理或总监批准后执行。

（三）台面座次礼遇设计

宴会台面的座次设计一般以对称为原则，它是宴会服务礼遇规格的重要体现，其设计方法是：

1. 主桌和餐位朝向

宴会主桌及其主人和主宾的餐位应面对大门，摆放位置要显著、突出。

2. 台面座次安排

基本要求是主人和副主人相对、主人与主宾相邻、主宾和副主宾相对，其余陪客和宾客按宾主礼仪顺序安排，符合先主宾后随员、先客人后主人和女士优先的原则即可。

3. 台面名次牌摆放

凡是重要宴会、特别宴会、政府机关的国宴或大型宴会，都应按照主办者的要求和所提供的宾客名单，制作宴会客人名牌，然后配合主办单位来设计和安排客人桌次和座次，以充分体现宴会服务的礼遇规格。

三、宴会菜单内容设计

宴会菜单有两种类型：一是分档宴会菜单；二是客人预订宴会菜单。前者是为宴会预订人员在与客人洽谈，协商菜点提供控制标准的，后者是在客人确定了宴会标准后而设计的可以立即使用的菜单。

（一）分档宴会菜单

分档宴会菜单以不同等级的宴会可以提供的主要菜点品种和档次规格为主，其目的是控制分档宴会成本，防止因宴会成本过高而影响必要毛利，其设计方法是：

1. 确定不同档次的宴会标准

宴会标准是指每人或每桌（一般按 10 人计算）的收费标准。酒店宾馆以人均食品费用为主，酒楼饭庄以每桌食品费用为主。酒水饮料费用均不在预订标准之中，大多按客人实际饮用消费结果收费。确定不同档次的宴会标准的主要依据是企业等级规格和客人曾经举办的人均或每桌实际标准，如按人均食品标准计算，二星级以下的酒店餐馆可以 50～80 元为起点，三星级可以 80～120 元为起点。星级越高，起点越高，由此形成不同等级的宴会人均收费标准，以此作为分档宴会菜单设计的基本依据。

2. 制定分档宴会毛利率标准

宴会等级规格和人均收费标准不同，毛利率也不同，等级越高，享受程度越高，毛利率标准越高。设计分档宴会菜单可以事先设计和制定出不同档次的宴会毛利率标准，如人均收费 80～150 元，毛利率可安排在 50%～56%；人均收费 150～250 元，毛利率可安排在 55%～62%，以此类推。这样，通过制定分档宴会的毛利率标准，可以为分档宴会的菜单设计和成本控制提供依据。

3. 以可容成本为依据设计分档宴会菜单

可容成本是计划收入扣除毛利额后的成本，即为保证毛利或利润可以容许的成本。在分档宴会可容成本已经确定的情况下，确定可以上哪些菜点，也就是宴会菜单的内容。一般来说，每个宴会只要能保证其成本消耗不超过可容成本就可以了，至于每个宴会的分档菜单，只需列出菜名，同客人协商，即可确定，分档宴会菜单的设计方法和格式可参阅表 9–6。

表 9–6　分档宴会菜单设计

档次	收费标准（元 / 人）	毛利率	每桌成本（元）	菜单内容
（一）	100～200	55%～65%	450～700	1 ____ 3 ____ 5 ____ 7 ____ 9 ____ 2 ____ 4 ____ 6 ____ 8 ____ 10 ____
（二）	150～250	58%～69%	630～775	1 ____ 3 ____ 5 ____ 7 ____ 9 ____ 2 ____ 4 ____ 6 ____ 8 ____ 10 ____
（三）	200～300	64%～72%	720～840	1 ____ 3 ____ 5 ____ 7 ____ 9 ____ 2 ____ 4 ____ 6 ____ 8 ____ 10 ____
（四）	250～350	68%～75%	800～875	1 ____ 3 ____ 5 ____ 7 ____ 9 ____ 2 ____ 4 ____ 6 ____ 8 ____ 10 ____
（五）	300～400	72%～76%	840～960	1 ____ 3 ____ 5 ____ 7 ____ 9 ____ 2 ____ 4 ____ 6 ____ 8 ____ 10 ____

（二）客人预订宴会菜单

客人预订宴会菜单是根据客人的预订要求和标准，经过双方协商、得到客人认可的正式宴会菜单，它和分档宴会菜单不同。后者是供预订人员内部掌握、参阅使用的菜单，前者是按客人预订标准和要求，将要实际使用的菜单。这种菜单的设计内容和方法是：

1. 根据宴会档次确定可容成本

客人预订宴会档次规格越高，其宴会标准和享受程度越高，因而宴会毛利率安排越高。为此，在设计客人预订的宴会菜单时，首先要根据宴会档次和标准高低，确定可容成本，以保证在满足客人需求、达成宴会目的的前提下，获得必要毛利，以免因宴会经营成本过高而得不偿失。可容成本的计算方法是：

可容成本总额 = 宴会人数 × 人均食物标准 ×（1 – 分档宴会毛利率）

2. 根据宴会主题突出主要菜点

客人预订宴会目的和主题不同，其宴会菜单的主要菜点和台面造型也不相同，如海鲜席、燕菜席等宴会的主题不同，其主要菜点内容也不同。除按宴会菜点档次高低形成的主题外，还有因客人举办宴会的目的和主要意图、意向不同所形成的主题，如婚礼宴会和金婚、银婚、纸婚等纪念性喜宴的主题内容不同，因而其主要菜点的具体内容、菜点名称、菜点造型也有所不同。所以，根据宴会目的和主题，选择设计出主要菜点的内容、名称、造型，使菜单设计有利于强化、突出主题，是做好客人预订的宴会菜单设计的重要方法和基本要求。

3. 根据宴会目的、气氛做好菜名设计

宴会是一种高品位的社交方式，其享受程度高，十分讲究现场服务的礼遇规格、环境气氛。因此，做好宴会菜点名称的选择设计，有利于突出和强调宴会活动的主题和气氛。如婚礼菜单可选择“花好月圆”“鸳鸯戏水”“珠联璧合”等菜名，老年人的寿宴可选择“延年益寿”“青松傲雪”等菜名，迎宾宴会的菜单可以选择“孔雀开屏”“友谊长存”“风光无限”等菜名。总之，宴会菜名设计要做到突出主题，强化气氛，寓意深刻，富有诗意。

4. 根据宴会菜点结构设计上菜顺序

宴会菜点结构根据中餐、西餐等宴会性质而有所不同。如西餐一般按开胃菜—汤菜—主菜—甜点顺序上菜，中餐一般按凉菜—热炒—主菜—汤菜—点心—水果顺序上菜，但宴会菜单设计在基本遵守上述顺序

的原则下，具体上菜顺序还各有区别。这主要表现在中餐宴会的热炒、主菜等不同菜点的上菜顺序设计，如燕菜席或鱼翅席的宴会上菜顺序，上完冷盘后，热炒和主菜的上菜顺序应该是：鱼翅（或燕窝）—银耳—大菜—蔬菜。这样有利于客人用餐过程中的胃口调节、增强食欲和宴会用餐享受的愉悦性。至于各种宴会的上菜顺序必须由行政总厨或宴会厨师长根据客人预订宴会的菜点种类、菜点结构及中餐、西餐、日餐等宴会风俗习惯不同，做好具体设计和安排，以保证宴会菜点符合膳食营养，有利于胃口调节，促进身体健康。

5. 根据宴会等级规格做好菜单封面装帧设计

宴会菜单的封面与装帧可以分为两种：一是高中档豪华宴会根据客人要求单独设计制作的宴会菜单。这种宴会菜单的封面和装帧设计大多高档豪华、美观大方，具有纪念意义，客人可以带走，因而其成本较高，需要加收费用，其设计过程是：①根据宴会目的和主题，询问客人对菜单设计的要求，明确式样、色彩、菜单设计和封面装帧印制的档次高低。②根据菜单档次、印制份数收取设计和印制费用。③请企业或社会上的美工设计人员做好菜单封面和装帧设计。④审查菜单设计结果，在客人举办宴会前完成印制工作，保证宴会客人需要。另一种是一般分档宴会的菜单封面和装帧设计，其设计方法是由酒店宾馆事先根据客人预订宴会的档次（只以不需要单独收取菜单设计印制费用的中低档宴会为准）、宴会类型，分别设计出 5～8 种不同宴会的菜单封面，如迎宾宴会、告别宴会、庆祝宴会、婚礼宴会、纪念性宴会等。每种类型的宴会菜单选用不同的材料、形状、样式，选择不同封面和装帧并事先印制出来，然后在客人举办宴会时，根据菜单菜点内容、设计结果，分别选用不同类型、不同档次、不同宴会主题的分档宴会菜单封面和装帧样式。这种菜单封面和装帧设计的基本要求是：体现宴会等级规格，反映宴会主题类型、材料装帧与印制规范，样式美观、大方，经济、实用。

四、宴会接待服务方案设计

宴会接待服务方案是指宴会现场服务的组织方案，它以宴会厅的工作内容为主，其方案设计的工作内容是：

（一）人员组织方案设计

宴会服务质量的高低是由服务人员来创造的。宴会服务人员组织方案的设计方法是：

1. 每天根据宴会次数和客人数，确定日上岗人员数量

宴会服务人员可以分为以主管、领班为主的固定人员和随客人多少变动的服务人员两类。每天上岗人数的确定方法是：

$$日上岗人数=\frac{每班预订宴会人数}{平均劳动定额}\times 班次+固定员工人数$$

2. 做好宴会人员现场服务方案设计

在确定每天上岗人员数量和班次的基础上，服务人员的现场服务方案设计主要包括两个方面：一是人员分工。宴会服务可分为迎宾领位员、酒水员、传菜员、看台服务员等，这些不同工种的人员分工要具体落实。二是分组人员台面服务的任务安排。如果一个宴会规模大、客人多，要将宴会服务的台面分为 A、B、C、D 等不同的区域，每个区域安排一个小组分别负责不同台面的现场服务。由此做好宴会服务人员现场服务方案设计，明确小组每个人员的具体分工和任务，确保宴会现场服务的顺利进行。

（二）用品铺台方案设计

宴会所需要的餐茶酒具等用品很多，铺台方法各不相同，其用品和铺台方案的设计内容是：

1. 宴会用品方案设计

基本设计方法是：①分析每日宴会次数、每个宴会的等级规格、主题要求、出席人数等资料，确定每个宴会所需要的餐具、茶具、酒具和各种服务用品的数量、品名、规格。②填写宴会用品借用表。除宴会厅日常使用保管的用品外，凡是大中型高中档宴会所需要的、不足的各种用品，由宴会厅经理填写宴会用品借用表，一式两份，到用品库房领取，用后按宴会用品借用表的名称、规格和数量归还。由此完成宴会用品方案设计，宴会用品借用表的格式可参阅表 9–7。

表 9–7　宴会用品借用表

用品名称	规格	型号	借用件数	发货人	借用人
1. 2. 3.					

年　月　日

2. 宴会铺台方案设计

其基本设计方法是：①分析每个宴会的性质、目的、主题和客户或客人的要求，确定宴会铺台的类型。如是欢迎宴会、告别宴会、结婚宴会还是庆祝宴会、寿礼宴会等；或者是自助餐宴会、冷餐会、鸡尾酒会等的铺台类型。②根据宴会铺台类型确定台面铺设方案。主要是由宴会厅经理画出每个宴会铺台的台面铺设草图，由宴会领班去组织落实，方案具体内容包括选用的台布、口布、铺台类型、台面装饰要求、宴会花坛或花环规格、口布叠花的种类花形等。③提出具体要求和完成时间。每种类型的宴会铺设标准和操作方法是事先制定的，员工大多都已经过培训，掌握了具体操作方法，铺台设计方案只需提出具体要求和完成时限即可。领班和服务人员自会按标准和要求在宴会正式开始前半小时左右完成。

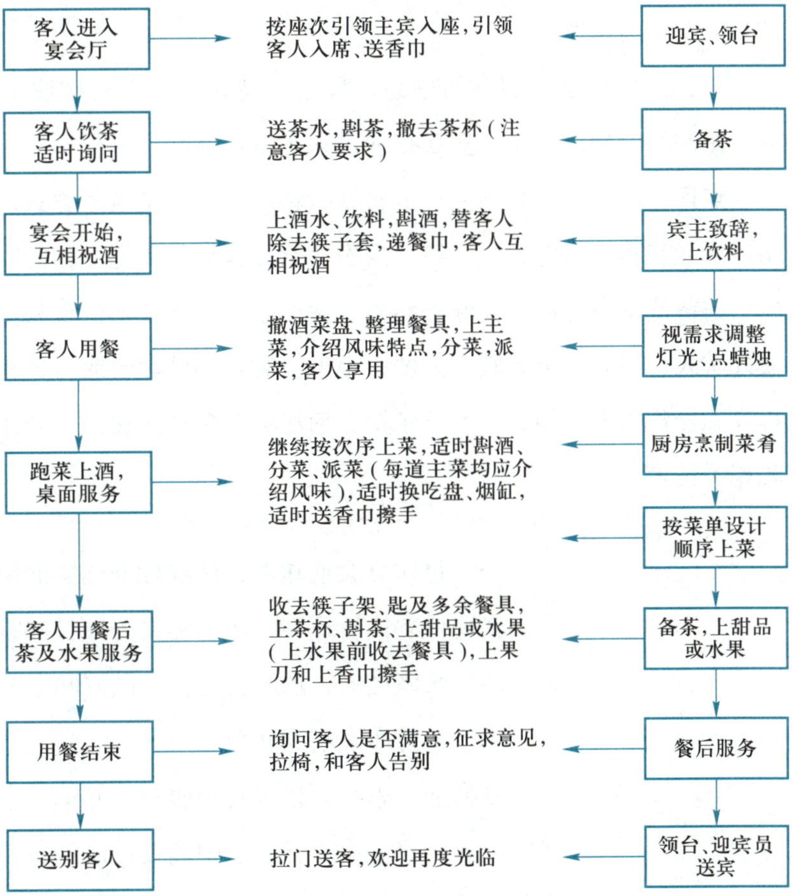

图 9–1　宴会服务（中餐）程序图

（三）宴会服务的程序和标准设计

宴会的准备工作完成后，宴会服务程序包

括客人到来时的迎接、客人进入餐厅的引导服务、拉椅让座、宴前茶水和饮料服务（西餐宴会可提供餐前鸡尾酒）、开宴中的上菜、斟酒、派菜服务等，其具体程序和标准的内容可见图 9–1。

第四节　宴会服务过程的组织

【案例导入】

宴会用花的部分调整

有一次，在北京市中心区域的某酒店内，一家大公司即将举办宴会招待客人。商务活动推介活动结束后，客人来到大宴会厅，每张餐桌上除摆好的餐具外，都有一盆大绣球状的黄澄澄的插菊花。客人按指定的座位陆续入座，开始了互相交谈。

领位小姐很快发现，左边的几张餐桌前仍有些客人没有入座，不知是没有对上号还是有别的原因，于是，她走上前去，原来那是一些法国客人，他们认为黄色的菊花是不吉利的，因此不肯入座。

领位小姐迅速与服务员联系，取走了菊花，换上红玫瑰花来，客人脸色迅速转忧为喜，高高兴兴地入座了，宴会很快进入正常程序。

点评　宴会是一种高品位的餐饮销售服务的社交活动方式，除小型低档宴会外，一般出席人数较多。当客人的国籍、身份、宗教信仰等不完全相同时，众口难调的情形是难免的，关键要有良好的应变服务能力。案例就是这种情形的反映。事实上，宴会特别是接待海外客人、不同民族宗教客人的大中型、高中档的宴会服务是相当复杂的，都有一套完整程序和操作技术。为此，本节承接上面宴会服务产品设计，介绍宴会服务过程的组织方法和相关技术。

一、打印宴会通知单，做好标准化协调配合工作

在现代餐饮管理中，重要宴会的预订和宴会服务的落实是靠“宴会通知单”来联结的，这时，重点是做好两个方面的工作：

（一）打印宴会通知单

宴会通知单有时也称宴会服务通知单，它是根据宴会预订和宴会设计的内容，将宴会服务过程中需要完成的各项工作统一印制在一张表格上，分发给各有关部门和人员，以便共同做好宴会服务工作。宴会通知

单的内容可参阅表 9-8。

表 9-8 宴会通知单

存档号码：________ 日期：________

宴会名称：________	举办单位：________
联系人姓名：________	地址：______ 电话：______
宴会日期：________	使用时间由______至______
宴会类别：________	宴会标准：______ 宴会厅堂：______
宴会人数（席）：________	保证人数（席）：________
台形要求：________	饮宴时间：________
宴会形式：________	场地租金：________
结账地址：________	结账人：________
付款方式：________	座次要求：________
菜单设计 1. 4. 7. 2. 5. 8. 3. 6. 9.	饮料及特别要求 1. 4. 2. 5. 3. 6.
宴会设计师：________	
宴会设备要求： 签到台 演说台 麦克风 黑 板 会议桌 表演台 摄影机 幻灯机 录像机 电影机 音 响 台 花 照相员 舞 池 其 他	
分送单位： 总 台 工程部 安全部 厨 房 行李部 经理室 客房部 财 务 管事部 采购主任 部门经理 酒 吧	

制表人　　　　　　　　　　　　　　　　年　月　日

（二）做好宴会服务的标准化协调管理

宴会通知单提前分发给各有关部门经理和主管人员，就可以使他们按照宴会预订和设计要求、宴会接待服务方案，相互协调配合，分头做好各项准备工作和现场服务。宴会通知单将宴会服务的各级、各部门的工作统一纳入宴会管理中，形成标准化、程序化、系列化的协调配合管理，起到了宴会服务的统一调度和标准化协调管理的作用。

二、做好开宴前的准备工作，保证宴会等级规格

宴会的准备工作做得好坏，直接影响宴会设计方案和接待服务方案的具体落实，直接影响宴会举办的准时性和质量标准。开宴前的准备工

作的内容是：

（一）召开宴会管理例会，落实宴会服务方案和任务

宴会通知单下发后，餐饮部经理、行政总厨、宴会厅经理等人员要根据宴会产品设计方案和宴会接待服务方案，召开宴会管理例会，启动宴会设计方案和宴会接待服务方案；落实宴会主题场景设计、厅堂台面设计、菜单设计、现场接待服务等各项准备工作；明确标准和要求，保证开宴前各项准备工作的顺利进行。

（二）做好厅堂环境台面布置，确保宴会服务等级规格

宴会厅环境和台面布置主要由宴会厅经理会同工程部装修人员、公关部美工设计师等人员共同完成，其基本步骤是：①认真分析掌握宴会主题场景设计、宴会厅堂台面设计方案和要求。②按照设计方案准备宴会厅堂主题背景、主题场景、台面布置所需要的设备、材料，确定宴会厅堂环境和台面布置的表现手法。③认真做好每个宴会的厅堂环境布置。包括主题场景布置、台面布局安排、宴会铺台、宴会厅主席台面和每桌宴会的花草布置、整体环境的美化布置等。④根据客人宴会预订要求，选择签到台、演说台、电影机、摄像机、谈判桌、麦克风等设备，安放在适当位置，与宴会厅环境整体布局协调。⑤检查宴会厅堂环境和台面布置结果，按照不同宴会的性质、主题、环境布置和台面设计方案的要求，逐项检查布置结果。确保宴会厅堂环境和台面布置能够突出主题，强化现场气氛，体现等级规格，做到美观、大方、高雅、协调，符合宴会举办单位的目的和要求。

（三）准备好食品原料和必要半成品，保证宴会生产需要

宴会开始前，必须根据宴会菜单设计和菜点生产制作要求，准备好各种食品原材料。鲜活原料一般当天或前一天购进并保鲜；冷冻原料应提前解冻，保证当天需要；干货原料要提前做好涨发工作，做成可以立即加工使用的水发原料；需要提前加工成半成品、熟食以便配菜使用的，必须提前做好加工调制，以保证宴会开餐后菜点生产速度和产品质量。

（四）做好宴会酒水准备，保证开宴服务需要

宴会酒水饮料以西餐宴会为主。其准备工作内容是：根据宴会服务

方案和宴会通知单，准备好所需酒水饮料的品种和数量，特别是西餐宴会要先后饮用香槟酒、雪利酒、红葡萄酒、白葡萄酒等多种酒水，而宴会酒水服务人员主动及时斟酒，服务操作要规范，动作应迅速。若有宴前鸡尾酒，特别是彩色鸡尾酒，必须提前做好准备，以防临时来不及。

（五）督导宴会现场服务，切实提高服务质量

宴会开宴中的现场服务，主要是上菜、斟酒、派菜等工作。管理人员要严格按照质量标准和服务程序要求，做好督导检查，其工作重点和方法是：①上菜。要按先凉菜、后热菜，点心穿插于热菜之中的顺序上菜。菜点之间的口味要搭配。整只的鸡、鸭、鱼要头向左、腹部面向主人；每一道新菜应在上一道菜剩 1/3 左右时再上。②派菜。每上一道菜都应先介绍菜名、风味、重要菜点要简单介绍烹调方法或典故后再派菜。派菜从主人右边客人开始。分菜要准确、均匀，注重礼仪顺序。若是西餐宴会，菜点要和餐具相匹配。③斟酒。先斟白酒或红酒。饮料按客人要求的品名斟上，重要宴会先斟少许请客人品尝。斟酒时酒瓶商标朝外，轻倒防止泡沫溢出。西餐宴会酒水要和菜点相匹配。④上点心。在上 3～5 道菜后开始上点心。点心品种要和热菜搭配好，并主动介绍名称与口味。⑤上水果。水果或冰激凌在热菜、点心上完后再上，要先撤去台上餐具（只留水杯），整理好台面后再上，同时上相应的水果刀或餐具，以方便客人食用。⑥相关服务。包括五项：一是骨盘，每一道热菜换一个新的骨盘。二是香巾，每上 2～3 道菜换一次香巾。三是净手盅，凡上螃蟹、盐水虾或大虾等，均要同时上净手盅，并适时撤走。四是烟缸，桌上烟缸内烟头不超过 3 个，及时换新。五是其他事项，如菜汤洒出、酒水打翻、有带小孩的客人等，都应根据具体情况提供相应服务。整个开宴服务过程都要做到周到、细致、体贴入微，切实提高宴会服务质量。

（六）热情主动告别客人，做好宴后服务工作

客人宴饮结束，要主动同客人告别，征求客人意见，要拉椅送客，主动递送衣帽，欢迎客人再次光临。与此同时，还要做好以下宴后服务工作：①组织服务人员迅速收盘收碗，做到快速、轻拿轻放，防止破损。②重新整理好宴会厅堂的环境卫生，准备迎接下一个宴会的举办。

③与主办单位负责人联系，迅速做好宴会服务的收款结账工作，保证营业收入实现，防止长时期的拖欠现象。④做好宴会服务总结工作，尤其是重要宴会或特别宴会，要肯定成绩、找出差距，不断提高宴会管理水平和服务质量。⑤将各种宴会资料按举办单位档案编号存档，并用电话或电函向主办单位表示感谢。

三、采用正确方法做好宴会服务的现场指挥

宴会现场服务过程的组织指挥是一项比较复杂和细致的工作。宴会厅经理和有关主管经理的工作重点是要做好现场指挥，宴会服务现场指挥的工作内容是：

（一）掌握宴会所需时间

要提前同主办单位负责人协商，根据宴会性质、目的、等级规格，确定宴会所需时间，以便同厨师长协商，安排好宴会各道菜点的上菜间隔时间，控制宴会进度。

（二）掌握主人讲话时间

要提前掌握主办单位主人讲话和祝酒开始时间，以便通知厨房停止上菜，防止正上热菜时主人讲话祝酒。

（三）安排好上菜顺序和间隔时间

宴会要严格按菜单安排的顺序上菜，每道菜之间的间隔时间要适当，防止过快过慢，影响客人进餐。

（四）掌握各餐桌进餐速度

宴会用餐，各餐桌之间有快有慢，对进餐过快者要指挥服务员通过斟酒、斟茶等来调节，以便维护宴会气氛，提供优质服务。

（五）安排好席间节目

重要宴会或娱乐性宴会，常常有席间节目。宴会厅经理要事先同有关人员做好安排，使宴会进行中的钢琴演奏、歌曲欣赏、文艺演出等席间节目按程序和时间进行，防止混乱或不能按时开始。

（六）注意灯光气氛调节

有的宴会要上烛台，有的要调节灯光，这些服务要事先做好安排，组织人员按时落实。

（七）加强巡视检查

开宴过程中，管理人员要随时巡视，检查服务员是否按服务程序和质量标准提供服务，发现问题及时处理，做到眼观六路、耳听八方，确保提供优质服务。

相关链接

外会与宴会、美食展销的区别和联系

外会、宴会和美食展销是高星级酒店和高档酒楼饭庄的三种餐饮经营业务。其中，宴会是最重要、最正规的餐饮经营活动。美食展销是餐饮企业在正常业务基础上的一种餐饮业务推销活动。外会则是应外单位的要求，由餐饮企业提供的上门服务。因此，它与宴会、美食展销的区别和联系主要表现为：

（1）外会是高中档餐饮企业应邀为外单位提供的一种高中档现场服务。它具有宴会的性质，但具体经营方式不同，与美食展销也有较大区别。

（2）三者的经营地点和经营方式不同。宴会在本企业的宴会厅举办，是客人上门、企业提供服务。外会是企业应邀、外出服务，是企业上门服务。美食展销则是企业自创活动方式与美食吸引招徕客人。正因为如此，三者的经营方式是不完全相同、各有特色的。

（3）外会与宴会在性质上有雷同，但外会因不在本单位而在客户指定地点，大多同时伴有设备、餐茶酒具等的租用和搬运费用。因而，其经营管理过程一般比宴会要复杂，销售收入也会更高，但营销机会则比宴会少，也只有大型高档餐饮才有外会服务的机会和可能。

第五节　餐饮美食展销活动管理

【案例导入】

某酒店云南民族歌舞美食节活动方案

南方某市一家四星级酒店中餐厅有 480 个餐位。餐厅生意较差，在激烈的市场竞争条件下，经营难度越来越大。为调节市场供求关系，主管副总经理与行政总厨、餐饮总监经过协商，决定举办一次云南民族歌舞美食节活动。其活动方案内容是：

1. 活动名称和时间

活动名称为云南歌舞美食节，主要利用本店部分员工为少数民族，他们能歌善舞，并特别新招聘了5名素质好的骨干员工。时间计划从3月一个少数民族的节日开始，持续2个月。

2. 美食节展销特色

（1）组建云南歌舞美食节文艺演出小分队，在原有基础上集中排练，形成4~5套内容不完全相同的节目，每套节目可演出2个小时左右。

（2）充分发挥原有民族风格特点，并从昆明合作伙伴单位请来有特级技师水平的厨师，研制具有少数民族特点的菜肴，形成特色风味，吸引招揽顾客。

（3）将餐厅原来的小型平台进行适当改造。装修布置，使餐饮经营与少数民族歌舞结合，方便顾客边用餐边欣赏。演出过程中，穿插民族服饰演示。

3. 客源组织

主要采用以下方式来宣传组织客源。

（1）由公关部在本地三种报纸上连续刊登活动信息，时间1周。

（2）提前10天在交通台，经济台做广告，开张后连续宣传一个月。

（3）由公关部、餐饮部分别向老客户、回头客、当地大中型企业，事业单位客人发出宣传资料和邀请函。

（4）在酒店和餐厅门口、大厅、电梯处等张贴本店举办“云南歌舞美食节”的活动招贴画。以确保美食节期间的餐厅客源。

4. 活动阶段划分

（1）×月×日至×月×日为创意策划阶段。

（2）×月×日至×月×日为计划拟订和审批阶段。

（3）×月×日至×月×日为餐厅环境布置、舞台装饰、环境美化阶段。

（4）×月×日至×月×日为广告宣传、公关促销、客源邀请阶段，其工作与上面工作有交叉。×月×日举行开张剪彩活动。

（5）×月×日至×月×日为正式展销阶段，重点做好现场演出和客人服务工作。

（6）×月×日前完成本次活动总结和效果评估，向上级领导汇报。

5. 效果预估

预计，480个餐位的利用率将从原来的65%提高到98%左右，人均消费95元左右，饮料比率18.5%。预计整个活动结束时，餐厅总收入可达320多万元，扣除活动成本和费用，可增加盈利52万元左右，但如果活动组织不成功，也可能亏损8万~10万元。

点评　美食展销是在餐饮正常经营的基础上为调节市场供求关系，开展市场竞争，促进餐饮销售而举办的一种经营活动，它是餐饮经营灵活性强、形式多样的体现。餐饮美食展销活动成败的关键在事先的创意策划，方案制定与准备工作，正式开张后的工作则相对正常，其具体管理工作是比较复杂而又有一定风险的。为此，本节在宴会经营的基础上，介绍餐饮美食展销活动的管理内容和方法，以适应企业市场竞争的客观要求。

一、餐饮美食展销活动特点

美食展销又称美食节，是指在正常餐饮经营基础上所举办的美食产品销售活动。它往往选择一种风味、围绕一个主题，在一个较短的时间内集中展示推销具有特色的美食产品，形成轰动效应，为饭店带来优良经济效益和社会效益。美食展销活动和日常餐饮经营不同，它具有以下特点：

（一）活动方式灵活多样

美食展销活动是为搞活餐饮经营、开展市场竞争、广泛招揽客人、扩大产品销售而举办的。其活动方式十分灵活多样，既可以中餐、西餐等各种风味的形式来举办，又可以日餐、韩餐、印度餐、泰餐等各国的饮食风味的形式来举办，还可以民间餐饮、宫廷餐饮、仿古餐饮、怀旧餐饮、名人事件等不同主题的形式来举办，具体活动方式可以是美食节、美食周、食品节、啤酒节，也可以是烧烤会、火锅会、池边晚餐会、花园美食节等。每次活动的具体形式、活动地点、就餐环境等都是由餐饮管理人员根据市场竞争需求经过精心策划、精心设计、精心组织来完成的。为此，酒店餐饮管理人员需要具备广泛的餐饮活动专业知识，较强的策划、应变与活动设计能力，才能做好餐饮美食展销活动。

（二）活动主题鲜明突出

酒店宾馆等餐饮企业举办美食节活动不可盲目而行。它每次都应有一个鲜明的主题，然后围绕这个主题来选择美食风味、经营场所、美食展销活动的表现形式和就餐环境的装饰布置等。企业组织美食展销活动，必须做到主题鲜明突出，只有形成主题特色，才能广泛吸引客人，扩大产品销售，获得优良经济效益，如酒店举办法国食品节，其主题布置、餐厅装饰、环境美化、美食产品、服装服务等，都必须是法国特色的，其法式主题必须鲜明突出，具有特色。同样，如果举办意大利面条节，其餐厅的主题布置、就餐环境、面条食品的种类和特色，都必须具有意大利风格。这些，都是由美食展销活动的特点决定的。

（三）风味美食独具特色

美食展销活动无论采用什么形式、选择什么主题，要想在一个较短的时间内产生轰动效应，吸引大量客人，保证每次活动的销售收入抵付各种开支后，都能取得优良经济效益，其关键就在所选择和烹制的风味美食是否独具特色，是否对目标市场的客人具有广泛的吸引力。所以，风味美食独具特色既是餐饮企业美食节活动的基本特点，又是对餐饮企业开展美食节活动的基本要求。要使餐饮企业美食展销活动的美食产品独具特色，一要保证美食风味和所选的花色品种互相适应；二要选择具有特色的美食产品为主，确保原料供应和烹调质量，确保色、香、味、形对客人的广泛吸引力；三要保持美食节的产品价格和目标市场的客人消费水平和支付能力的最佳适应性。

（四）社会影响范围广泛

美食展销活动大多是为调节市场供求关系，配合各种节庆活动，形成市场竞争优势而有目的、有计划、有组织地进行的。每次展销活动不仅要经过精心策划、精心设计和组织，而且要经过广泛宣传，在当地市场、目标市场和企业内部形成宣传攻势和展销气氛，从而产生较为广泛的社会影响。另外，美食展销活动期间，往往有大量重要客户，如 VIP 客人前来品尝和参加美食文化与展销活动，这又会进一步扩大餐饮企业的社会影响、提高企业知名度和美誉度。为此，酒店、餐馆等企业组织美食节、食品周、烧烤会等各种展销活动时，每次都应认真做好宣传推销，认真做好客源组织，只有形成轰动效应和较为广泛的社会影响，才能收到良好效果。

（五）组织管理过程复杂

餐饮企业举行的美食展销活动是在一个较短的时间内来集中展示销售具有鲜明主题和丰盛食品的现代餐饮经营活动，它是一项比较复杂的工作。其工作内容包括美食展销活动的主题创意、主题设计、活动计划编制、活动预算编制、活动准备工作、活动客源组织、接待过程组织和活动效果总结评估。这些工作需要企业餐饮部、销售部、公关部、财务部、工程部、保安部等多个部门的配合与协调，因而必然是一个复杂的过程。为此，酒店宾馆等企业要组织好食品展销活动，管理人员必须树立系统观念和整体意识，具有“全局一盘棋”的思想，并加强相互之间的协调与配合，才能保证美食展销活动的顺利开展，获得良好效果。

二、美食展销活动的时机选择

美食展销活动是企业餐饮产品销售的延伸和发展。它并不需要另购一批设备，另设一套班子，而是餐饮部门为搞活企业餐饮经营而举办的形式多样的产品推销活动。其活动形式主要有四大类：

（一）以各国及各地区节假日为契机的美食展销活动

这种活动有三个共同规律：一是时间都选在各国各地区节假日期间，活动期限多在 1 周到 15 天；二是活动方式同所选国家或地区的节假日和民族文化特点相结合，在活动内容安排、就餐环境布置、餐饮服务方式等方面突出该国或该地区的民族风情；三是活动期间以销售该国、该地区的特色食品为主。食品原材料多从该国或地区引进，主持产品生产的名厨技师多从该国或该地区短期聘请，以确保食品展销活动能够办出经营特色，产生广泛的吸引力，扩大产品销售。

以各国及各地区节假日为契机的美食展销活动，其具体时机与活动形式主要有三种：

（1）国庆节美食展销活动。活动期间要挂该国国旗，播放该国音乐，餐厅布置突出该国首都的风土民情，餐厅气氛比较热烈、庄重、美观，销售该国有代表性的特色食品，具有较广泛的吸引力。

（2）民族文化节美食展销活动。这些节日如情人节、母亲节、圣诞节、狂欢节等。这种食品展销活动形式以具体节日情趣为中心，突出节日气氛，餐厅布置根据该国节日传统习惯安排，菜单内容及花色品种亦随节日习惯不同而变化。如圣诞节要布置圣诞树，扮演圣诞老人，准备圣诞礼品；情人节要突出恋爱婚姻特点；父亲节、母亲节要突出尊重父母，关心母亲的气氛等。

（3）名人和事件纪念性美食展销活动。如纪念世界著名的音乐家、文学家、艺术家等，其时间均选在名人诞辰或逝世周年纪念期间，其活动内容安排以名人所在国家和地区的风土人情为主，突出纪念性，如纪念肖邦、莫扎特的美食展销活动。

此外，如德国的啤酒节、日本的樱花节等也是举办美食展销活动的好时机。

（二）以我国传统节日为契机的美食展销活动

这种美食展销活动往往同我国的纪念活动结合起来，活动期间演出各种节目，增强节日气氛。其餐饮产品以中餐食品为主，不同的节日有不同的特色，如春节除提供丰富多彩的食品外，必包饺子，端午节必包粽子，中秋节必有各种月饼和点心。餐厅环境布置和美食展销活动内容安排也同具体节日期间我国的传统文化相结合，使海内外客人能够品尝中餐名特食品，领略中华民族文化情趣。有的活动甚至可以到店外举办，搞得生动活泼，如利用中秋节，组织饭店外籍职工和部分客人到颐和园举办中秋赏月活动；利用中秋节举办烧烤会、花园美食展销；利用端午节组织客人划船比赛，举办美食展销等，都属于这种形式。

（三）以国内外重大活动为契机的美食展销活动

这种美食展销活动的契机选择一般是国内外比较关注的重大事件，又以比较轻松自如的文娱、体育活动为主，如奥运会、亚运会、世界青年足球锦标赛、国际拳王争霸赛、世界著名音乐会、国际大型电影节等。选择这些国内外客人都比较关心的重大活动为契机，可以为客人提供聚会交谈的场所和话题。餐厅环境布置要和这些重大活动结合起来，选择有典型代表性的形象进行装饰，墙上电视播放活动实况，播出活动新闻，可以引起客人的广泛兴趣，广泛招揽客人，扩大餐饮产品销售，提高经济效益。

（四）以小吃饮料为中心的美食展销活动

这种活动是选择固定场所，进行特定的装饰布置，在相对稳定的时期内为客人提供各种风味小吃和酒水饮料服务，它实际上是酒店餐馆内部的食品店。如建国饭店的啤酒花园、美食走廊，北京长城饭店前面的广场，广州中国大酒店的食品一条街，某些饭店开办的小吃城等，均属于这种美食展销形式。

美食展销活动的形式是多种多样的。餐饮企业应根据市场竞争的需要，选择适当机遇，将各种形式统一组织起来，使企业在一年中每一两个月就有一次美食展销活动，每一次都办出特色，广泛招揽客人，获得良好的经济效益和社会效益。

三、美食展销活动的设计方法

美食展销活动的组织好坏和经营效果，在很大程度上取决于其活动创意、策划与设计，其创意、策划和设计方法重点是做好四个方面的工作：

（一）选好美食展销活动主题

美食展销活动都有一个主题，其内容十分广泛，既可以海外各国餐饮风味为主题，又可以我国各种菜系风味为主题；既可以古代菜点为主题，又可以现代美食为主题；既可以节假日活动为主题，又可以民间、民族饮食文化为主题；还可以名人、名著、著名事件为主题。但不管选择什么内容为主题，都必须注意四个方面：一是主题美食的风味必须明确，如法国风情食品节，泰国风味美食节；二是美食内容和主题要清楚，如新年团圆美食节，日本樱花美食周；三是所选主题的名称要具体，如“红楼梦美食节”“三国宴美食周”；四是主题内容要与名称功效保持一致，如火锅系列美食节、“药膳”美食周、“美容”食品节等。

（二）制定专项美食展销方案

美食展销活动都是单独、专项完成的。因此，每次美食展销活动都必须制定专项活动方案，其方案包括五项内容：一是活动名称与主题，二是活动时间与地点，三是美食展销活动的内容和特色，四是展销活动的客源预测，五是活动费用开支和效果预估。

（三）设计展销环境与内容

展销环境是用来突出美食展销活动特点的。它以美食展销活动主题为中心，根据不同主题的不同风味、不同活动目的和内容来确定展销环境布置的具体表现形式，如法国食品节的环境布置必须突出法国风情和法式菜点；印度食品节的环境布置必须既有印度特色、又有热带风光；“梁山泊美食节”和“三国宴会食品周”的环境布置则必须选择《水浒传》和《三国演义》的特定场景和情节来作为环境布置的表现形式。因此，每次举办美食展销活动前都必须根据展销活动主题和名称，事先设计专项美食展销活动的环境布置方案和内容，其方案的要点有：一是展销环境表现形式；二是展销环境装饰材料；三是环境布置表现手法；四是环境布置整体效果和特色；五是展销环境布置的完成时间和检查验收时间；六是展销活动中的菜单和内容设计。将上述六个方面的内容写成方案，并绘制出环境效果图，就完成了美食展销活动的环境与内容设计工作。

（四）预估展销费用与效果

美食展销活动必须重视投入和产出的关系，重视经济效益。为此，在美食展销活动设计过程中，必须做好展销成本与费用开支预算，预测经济效益好坏。由于食品展销活动是在日常餐饮经营活动的基础上进行的，因此，其成本费用开支和经营效果预测方法是根据日常经营情况事先预算出举办美食活动的餐厅平均每天的保本收入，然后预测餐厅美食展销活动期间的日均收入和总收入，再预测展销期间的变动成本。只要活动期间的销售收入超过日常销售收入，并且扣除食品原料成本和水电能源等变动费用及额外增加的宣传广告等费用后还有余额，即边际利润大于日常经营时的平均利润，就是合理的。

四、美食展销活动业务过程的组织

美食展销活动必须在认真做好活动方案设计，拟订活动计划的基础上，切实做好美食展销活动过程中的业务组织。其工作重点是：

（一）布置工作，明确美食活动任务和要求

美食展销活动都不是单靠餐饮部门或某个餐厅来完成的，而需要企业各级各部门的共同配合。一般是餐饮部牵头，某一餐厅具体承办，销售部协助销售产品、组织客源，公关部负责活动宣传，工程部协助展销活动的环境布置，采供部负责展销期间的原料供应。因此，每次食品展销活动方案设计和活动计划编制完成后，要报企业总经理审批，然后将活动方案打印通报各有关部门，也可由总经理或主管副总经理出面召集专题会议，布置美食展销活动的具体任务和要求，其活动方案的内容和形式可采用工作单形式通报各相关部门，格式可参阅表 9–9。

表 9-9　美食展销活动工作单

活动名称 ________ 展销地点 ________	活动时间 ________ 活动方式 ________
菜单安排 1.　　　6. 2.　　　7. 3.　　　8. 4.　　　9. 5.　　　10.	设备要求 1. 2. 3. 4.
展销环境布置方案设计要求 1. 2. 3. 4. 5.	工作进度要求 1. 2. 3. 4. 5.
分送单位：（请以下有关部门按酒店美食节活动方案要求做好相关准备与配合工作） 销售部　工程部　厨房部　财务部　酒水部　前厅部 采供部　保安部　管事部　食品库房　餐厅部　总经理室	

制表人　　　　　　　　　　　　　　　　年　　月　　日

（二）设计菜单，保证美食展销活动特色

美食展销活动都是以菜点风味、花色品种、产品质量为中心的。活动中的产品是否具有特色，能否形成卖点又取决于活动的菜单设计、原料供应和厨房技术。因此，只有根据展销活动的名称、性质、风味、展卖方式选择菜点花色品种，做好菜点设计，合理核定成本和价格，才能保证每次美食展销活动具有特色，创造卖点，广泛吸引客人。菜单设计都必须做到：菜单外观设计美观大方、印制精美、使用方便、菜点设计风味突出、品种适当、结构合理、品质优良。

（三）美化环境，创造美食展销活动气氛

环境气氛与美食质量是美食展销活动成功的关键。为此，美食展销活动的环境布置和美化，都要根据美食展卖活动的性质、名称、主题风味、展卖形式，经过精心设计、布置、美化，从而创造出美食展卖活动的特定气氛。如“瑞士食品节”反映瑞士特定环境风情，“孔府菜点美食节”具有反映孔子生活的特定环境和气氛，“花园晚餐会”要将酒店内部花园的环境美化和食品展销的特定环境要求结合起来，创造展卖环

境氛围。所以，认真做好环境美化和布置是做好美食展销活动业务组织的重要工作内容和方法之一。

（四）组织客源，确保美食展销活动收益

客源是举办美食展销活动能否获得优良经济效益的前提和基础。客源不足、美食展卖时的上座率太低，必然得不偿失。美食展销活动的客源组织重点要做好五个方面的工作：一是要根据活动方案，认真制定客源组织计划，明确工作任务、客源数量要求。二是要做好报刊、电台和电视宣传，同时，也要加强户外宣传和酒店门前、内部的宣传工作，以广泛吸引客人。三是要向老客户、目标市场的客人和客户、各种重要客人包括 VIP 客人，发出各种邀请，请他们前来参加美食节活动。四是要大力开展美食订餐、订座业务，保证客源落实。五是要每天统计客源、收入状况，分析销售业绩、存在问题，及时采取措施，确保客源数量和展销活动收益。

（五）试制预演，保证美食展销活动质量

美食展销活动正式开张前，都应组织本店或外请厨师、根据菜单设计及活动方案试制美食菜点、演练现场服务。试制演练时，要请企业主要领导、质检人员、重要客人、有关专家和消费者代表前来品尝和享受现场服务。通过菜点试制、服务预演，了解客人对美食菜点、展卖服务的认可和接受程度，征求客人意见，发现存在问题，迅速改进、调整产品规格、装饰、价格和服务质量等再正式开张接待客人，保证美食展销活动的质量，增加客源，扩大收入。

（六）现场管理，做好展销活动过程的业务组织

在试制预演、改进质量的基础上，美食展销活动即可正式开张剪彩、接待客人。开张剪彩一般会举行仪式，请上级主管领导和电台、报刊、电视记者及重要客人前来参加品尝，广泛传播活动内容，形成热烈气氛和宣传攻势，以广泛吸引客人。在此基础上，转入美食展销活动的现场管理。在现场管理中要做好美食展销活动过程中的业务组织和指挥，其重点在四个方面：一是原料采购供应和组织。要保证原料采购及时、新鲜优质、价格合理。二是美食产品的生产组织。每天要组织厨师人员认真做好原料加工、切配、配菜、现场烹制，确保每盘菜点口味与

质量，才能吸引和留住客人。三是餐厅环境和卫生组织。每天每餐都要组织服务人员认真做好展销期间的环境美化、卫生整理、餐椅摆放、设备维护。四是美食展销现场服务质量保证。要组织各级各岗服务人员热情主动接待客人，细致周到地做好迎宾领位、开单点菜、传菜上菜、桌面服务等工作，热情礼貌推销美食菜点，确保提供优质服务，从而保证美食展销活动的成功。

（七）效果分析，提高美食展销活动的经济效益

美食展销活动要以提高经济效益为中心。为此，展销活动期间，要认真统计和制作美食展销业务报表，其内容包括美食展销座位数、接待人次、上座率和座位利用率、食品收入、人均消费、饮料比率、总销售额、每天的毛收入、成本额、毛利额与毛利率。在此基础上，分析经营效果，与美食展销方案和计划必须完成的数据比较，找出存在问题和原因，及时提供改进措施，确保提高美食展销活动的经济效益。

（八）总结评估，不断提高美食展销活动管理水平

美食展销活动结束，转入常规经营后，酒店餐饮部经理、酒楼总经理都应组织厨房、餐厅等有关人员召开总结会，肯定成绩、表扬先进、找出存在问题，总结经验教训，同时还应向销售、公关、财务、工程等有关部门的协调配合及大力支持表示感谢，并写出总结报告，向总经理汇报。展销活动的宣传材料、客源统计、销售报表、菜单设计，特别是展销方案、展销计划等资料，都应整理、分类、存档，以便总结经验、评估实效、改进不足、提高美食展销活动的管理水平。

核心要义复习题

1. 宴会经营与日常零点经营有何不同？它有哪些经营特点？
2. 宴会在餐饮管理中有何重要作用？
3. 宴会客人的主要需求是什么？宴会推销要做好哪些工作？
4. 宴会主题场景设计的工作内容和方法是怎样的？
5. 宴会服务过程的组织要做好哪几个方面的工作？其中，开宴前的准备工作内容是怎样的？
6. 宴会服务的现场指挥要做好哪些工作？

7. 美食展销活动与日常零点服务有何不同？它有哪些特点？

8. 美食展销活动设计的工作内容是什么？

9. 饭店宾馆和酒楼饭庄的美食展销业务组织要做好哪些工作？

10. 什么是宴会、宴会推销、宴会设计、美食展销？

定量管理练习题

1. 燕山大酒店宴会厅接到一家著名公司的一项豪华宴会任务，宴会接待相关资料如表 9–10（1）、表 9–10（2），请根据表中资料对比宴会做出成本分析，标准误差 ± 2%内。

表 9–10（1） 宴会资料表

宴会名称	豪华庆典	分类菜点	可客成本比
预订人数	180 人	冷荤类	19.5%
宴会标准	460 元 / 人	热菜类	50.2%
产品风味	宫廷风味	面点	15.6%
宴会毛利	78.4%	汤类	8.21%
		其他	6.5%

表 9–10（2） 厨房宴会烹制成本耗用表 单位：元

菜点	厨房领料	当日进货	昨日转账	今日结存	厨房调拨
冷荤	2 816.20	474.32	298.00	185.14	—
热菜	5 438.14	3 125.28	1 875.33	820.85	485.25
面点	1 275.32	892.84	598.42	215.48	– 85.6
汤菜	892.54	387.28	194.36	128.56	—
其他	98.16	75.34	—	21.58	—

解：

宴会食品收入 =

宴会可客成本 =

列表分析宴会成本，结果填入表 9–10（3）中。

表 9-10（3）　宴会成本核算与误差分析表

菜点	实际成本	可客成本	绝对误差	相对误差	与标准误差比
冷荤					
热菜					
面点					
汤类					
其他					
合计					

计算结果分析说明：

2. 某酒店宴会厅 2021 年 7 月承接高档会议一次，主办单位与酒店协商，已确定用餐通知单如下，请据此做出费用成本安排。

会议用餐通知单

名称：× × 论坛峰会	人数：250 人
标准：280 元 / 人 / 天	时间：4 天
酒水：50 元 / 人 · 天	起止：7 月 5—9 日
毛利：62.5%（食品）	其中早餐：50.2%
餐别费：早 20%，正 40%	酒水费别：同左

即测即评

第十章　餐饮管理的成本核算与成本控制

知识结构图

学习目标

知识目标

1. 掌握餐饮成本、直接成本、可控成本、机会成本、成本系数、成本控制、成本核算、成本误差等概念
2. 掌握成本核算的基础工作、方法分类和工作步骤
3. 掌握成本控制的内容、工作步骤和控制依据

技能目标

1. 在给定资料数据的基础上，会原料加工、成本系数、团体用餐成本核算方法与运用
2. 在给定资料数据的基础上，会原料采购、库房管理、厨房生产的成本控制表填制，并提出改进措施

第一节　餐饮管理成本核算概述

【案例导入】

一家开业三个月就亏损 15 万元的酒楼

金水河大酒楼是一家有 450 个餐位的四星级餐馆，地处某市商业繁华区。酒楼是租用高档写字楼一层的地下室开办的，营业面积 2 200 平方米，经过 5 个月的装修改造，餐厅环境、厨房设备等焕然一新。酒楼董事长兼总经理原做服装生意，通过招聘采用包厨房的方式组建了厨师队伍，餐厅服务则由酒楼董事长亲自督导。

当年 5 月 10 日，餐厅采用半价销售方式试营业 3 天，其上座率较高，达到 70%左右，3 天后正式营业，菜单价格较高。菜点质量比较稳定，上座率有所减少。一个半月后，餐厅上座率已不足 50%，但厨房的原料成本、水电燃料等费用却基本保持不变，成本率反而有所提高。3 个月后，酒楼已经亏损 15 万多元，董事长已经深深地感到了经营的压力。长此以往，较高的房租、成本费用将难以承担，该怎么办呢？

点评　餐饮业是一个市场准入门槛较低、经营难度较大、有一定风险的行业。案例中的金水河大酒楼开业 3 个月就亏损 15 万元是以保本经营计算为基础的，亏损的原因是多方面的，但是其成本管理、核算和控制存在问题是不言而喻的。包厨房必须同时包收入和成本，确保客源，才有可能营利、客源减少、上座率降低，成本费用不降反而提高，没有不亏损的。事实上餐饮成本核算和控制都是一项复杂和细致的工作，需要专业技术、人员、制度与规范的管理方法。为此，我们在本章专门介绍餐饮管理的成本核算与控制的有关原理和方法，以帮助企业降低消耗，提高经济效益。

一、餐饮产品的成本构成和成本分类

（一）餐饮产品成本构成

餐饮成本是凝结在产品中的物化劳动价值和活劳动消耗中为自身劳动的价值的货币表现。从理论上讲，物化劳动价值包括食品原材料价值和生产过程中的厨房、餐厅设备、餐茶用品、水电燃料消耗等的价值。这些物化劳动的价值有的以直接消耗的形式加入成本，有的以渐进消耗的方式加入成本，成为餐饮产品成本的基本组成部分。活劳动消耗中为自身劳动的价值主要指为维持劳动力的生产和再生产所需要的价值，它

们以劳动工资、奖金福利的形式加入成本，成为餐饮产品成本的必要组成部分。

餐饮产品成本核算以原料成本为主。在餐饮生产过程中，食品原材料有主料、配料和调料之分。主料是餐饮产品中的主要原材料，一般成本份额较大。配料是餐饮产品中的辅助原材料，其成本份额相对较小，但在不同花色品种中，配料种类各不相同，有的种类较少，有的种类可多达 10 种以上，使产品成本构成变得比较复杂。调料也是餐饮产品中的辅助原材料，主要起调节作用，增强餐饮产品在色、香、味、型方面的功能。调料品种很多，而在产品中每种调料的用量则很少。食品原材料的主料、配料和调料价值共同构成菜肴成本。在餐饮经营过程中，要同时销售各种酒水饮料，其中，鸡尾酒又是酒店宾馆、涉外餐馆的重要产品。由此，菜肴成本和饮料成本又共同构成餐饮产品成本，加上餐饮经营中的其他各种合理耗费，就形成了餐饮经营中的全部成本。因此，餐饮产品的成本构成可以分为狭义和广义两种，其成本构成见图 10–1。

图 10–1 餐饮产品成本构成图

（二）餐饮产品成本分类

成本分类是做好成本核算和成本管理工作的基础。成本核算和成本管理的方法和目的不同，成本分类也不一样。餐饮产品的成本，按角度可分为以下种类，见表 10–1。

表 10–1 餐饮产品成本分类比较

角度	成本种类	成本概念及主要表现	作用
按与产品形成关系划分	直接成本	在产品生产过程中直接耗用而加到成本中去的那些成本，主要包括直接材料、直接人工、直接消耗三部分	主要为部门核算和店级核算提供理论依据。部门以直接成本核算为主。全店以间接成本核算为主
	间接成本	在产品生产中不是直接消耗，需要通过分摊才能加到成本中去的那些成本，主要表现为管理费用、维修费用、销售费用等	
按成本可控程度划分	可控成本	指在餐饮管理中基层部门员工通过努力能够控制的那些成本，主要包括食品原料、餐茶用品、水电能源等	主要为成本控制分工和重点掌握提供了依据。基层部

续表

角度	成本种类	成本概念及主要表现	作用
按成本可控程度划分	不可控成本	基层部门员工难于控制，只有高层管理人员才能掌握的那些成本，主要包括折旧费用、管理、维修、保险费用等	门以可控成本控制为主。高中层人员以不可控成本控制为主
按成本的性质划分	固定成本	在一定时期和一定经营条件下，不随产品、产量和销售额的变化而变化的那些成本，包括约束性固定成本和酌量性固定成本两大类	主要为利润分析和成本控制提供理论根据，高层管理以固定成本控制为主。中低层管理以变动成本控制为主，尽量降低保本点
	变动成本	在一定时期和一定经营条件下，随着产品产量和销售额的变化而变化的那些成本，以原料成本、水电能源、洗涤费用等为主	
按成本与决策关系划分	边际成本	在餐饮生产管理中增加一定产销量所追加的成本。当边际成本等于边际收入时，企业利润最大	主要为领导决策提供理论依据。前者用于生产价格决策，后者可用于采购、设备购置、管理方案选择决策
	机会成本	从多种方案中选择一个优化方案时，被放弃的次优方案所丧失的潜在利益，是实际并未发生的成本	

二、餐饮管理成本核算的基础工作

（一）餐饮成本核算的组织形式

建立健全成本核算组织机构，配备核算人员是做好餐饮成本核算的重要前提和基础。从酒店餐饮成本核算的内容来看，应该包括采购成本核算、库房成本核算、厨房成本核算和分类汇总核算四个环节，因而，成本核算的组织形式可参阅图 10–2 建立。

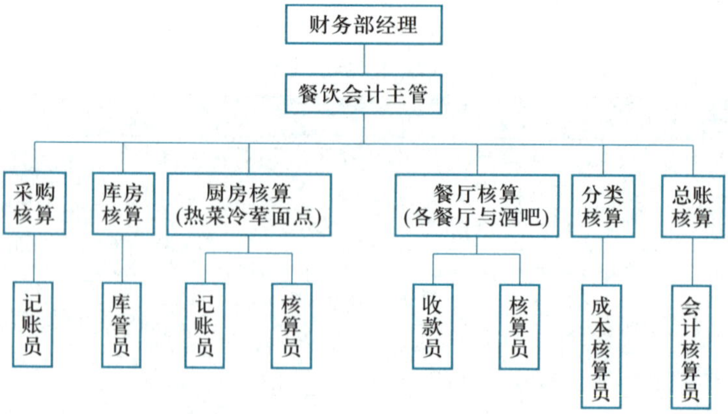

图 10–2　酒店餐饮成本核算组织形式

（二）餐饮成本核算的管理制度

建立健全和落实成本核算的管理制度是做好餐饮成本核算的重要基础工作之一，“没有规矩不成方圆”，这些管理制度是保证成本核算工作每天能够顺利和正常开展的重要条件。这些制度的内容主要包括：采购凭证制度、验收管理制度、库房盘点制度、出库核算制度、厨房领用制度、餐厅酒吧收入管理制度、核算凭证传递交接制度等。

（三）餐饮成本核算原始记录

原始记录是成本核算的客观依据。为此，从原料物品采购、入库验收、库存保管、出库管理、库房盘点到厨房原料加工、产品配制、生产组织、出菜记录、餐厅销售等各个环节都要做好原始记录。其内容包括进货发票、验收记录、领料单、直拨单、调拨单、转账单、盘点记录、报损单、生产日报、库房进销存报表等。这些原始记录都必须做到表格设计合理，记录内容全面准确，报表内容互相衔接，报表凭证传递制度具体明确，贯彻落实良好，才能为餐饮产品的成本核算提供准确、及时、可靠的原始依据，保证成本核算的顺利进行。

（四）餐饮成本核算标准误差规定

标准误差是指实际成本核算结果和事先规定的标准成本之间可以允许的成本差额，它包括绝对误差、相对误差和成本率差额三种。绝对误差是实际值和标准值之间的差额，即实际成本减去标准成本，用绝对数表示。相对误差是绝对误差和标准值之间的比率，用相对数表示。成本率差额是实际成本率和标准成本率之间的差额。其计算公式为：

$$\text{相对误差}=\frac{\text{实际值}-\text{标准值}}{\text{标准值}}=\frac{\text{绝对误差}}{\text{标准值}}\times 100\%$$

$$\text{成本率差额}=\text{实际成本率}-\text{标准成本率}$$

规定标准误差是保证餐饮成本核算能够顺利进行的重要基础工作之一。因为在餐饮管理和成本核算中，标准成本都是事先制定或通过预算而确定的，实际成本要每天核算。从成本消耗的角度来考察，每天或每种产品的实际成本不可能总是和事先规定的标准成本完全相同，必然存在差额。事先规定标准误差，使实际成本核算结果和标准成本或成本率之间有一个允许存在的误差范围，只要在这个范围内，即说明成本消耗基本正常，超过这个误差范围，才需要去查明原因，采取控制措施。这样，就为每天的实际成本核算和成本管理创造了良好条件：一方面便于控制成本消耗，另一方面又能保证餐饮成本核算的顺利进行。

三、餐饮管理成本核算的方法分类和工作步骤

（一）餐饮管理成本核算的方法分类

餐饮管理成本核算的方法是根据其核算内容和不同核算环节的要求来确定的，其具体核算方法主要有以下五种。

1. 顺序结转法

这种方法是将产品的每一生产步骤都作为成本核算对象，依次将上一步骤的成本转入下一步的成本，逐步核算出产品成本。它主要适用于分步加工、最后烹制的餐饮产品，以热菜厨房的成本核算为主。如滑溜肉片的成本核算是先核算出鲜肉片、鲜竹笋、黄瓜片成本，逐步相加，最后加上调料成本，才形成产品成本。

2. 平行结转法

这种方法主要适用于批量生产的餐饮产品。其方法是将同时使用的一批产品的各项原料成本核算结果相加，即可得到批量产品的总成本和单位产品成本。因为原料成本是平行发生的，所以称为平行结转法。平行结转法和顺序结转法不同，前者主要用于以批量生产为主的冷荤、面点厨房的成本核算，后者则主要用于以分步加工为主的热菜厨房的成本核算。

3. 订单核算法

这种方法主要适用于团队、会议、宴会等集体用餐方式的成本核算。其方法是根据客人订单，在掌握客人用餐标准、确定毛利标准的基础上来核算团队、会议或宴会的可容成本，然后组织生产。因为这类客人用餐都是事先经过预订的，其客人用餐标准，即人均收费十分明确。在成本核算时，只要先根据客人的订餐标准和用餐人数算出餐饮收入，然后合理确定每批客人应该掌握的毛利率，即可核定出一批客人每天或一餐的可容成本。厨房只要在可容成本的开支范围内使用食品原材料组织生产，即可控制成本消耗。

4. 分类核算法

这种方法主要适用于餐饮成本核算员的成本核算。其方法是先收集成本核算的原始记录，再根据原始记录和一定分类标准将原料成本分类，最后核算出分类产品成本或分类食品原材料的成本。分类核算的分类方法主要有产品分类法和原料分类法两种。前者一般是将餐饮产品分为热菜食品、冷荤食品和面点食品三种类型，分别核算成本。后者是先将原料成本分成食品、饮料两大类，然后再将食品原料分为蔬菜、肉类、海鲜、鱼类、禽蛋等不同的成本，分类记账，分类核算。如成本核算员每天的成本核算就是每天将各种成本的原始单据汇总，先按餐厅和厨房分类，然后在每一个厨房或餐厅内部，再按食品和饮料分类记账，最后核算出每个餐厅或厨房每天的食品和饮料的分类产品成本消耗。

5. 统计核算法

这种方法主要适用于餐饮管理中的原料采购成本核算、库房成本核算、产品销售成本核算和分类统计核算。其方法是在原始记录或报表记录的基础上，分类统计各种或各类原料的成本发生额、核算出需要的成本数据。如食品库房的成本核算就是先根据原始记录分类统计出各类原料的入库量、出库量、期初库存、期末库存，然后即可分类或分库核算出平均库存或资金占用、资金周转、库存余额等有关成本数据，为领导决策提供依据和参考。

餐饮管理成本核算的方法分类为餐饮成本核算指明了方向。它可以帮助管理人员根据餐饮管理的不同业务内容，不同业务环节及成本发生状况，分别采用不同的成本核算方法，以提高成本核算的科学性、实用性、准确性和成本管理水平。

（二）餐饮管理成本核算的工作步骤

1. 收集成本资料

成本资料的收集是餐饮成本核算的前提和基础，内容包括原材料的采购管理、库房管理、厨房生产、餐厅销售四大环节的各种原始记录、原始报表、统计资料等。如采购发票与进货单、入库验收单、盘点记录单、出库单、直拨原料单、养活原料单、转账单、加工耗损单、原料报损单等。根据成本核算的内容和目的，上述资料还要从不同的角度分类，以使成本资料为不同的成本核算内容和目的服务。如采购核算以采购单、进货发票、验收单等资料为主；原料加工成本核算则以不同食品原料的毛料价、使用量、出料率、盘菜成本等资料为主；餐厅成本核算则以领料单、直拨单、养活单、调拨单、收款凭证等资料为主。在收集成本资料时，还要以原始记录和实测资料为准，不能用估计值，以保证成本核算的准确性。

2. 核算餐饮成本

在收集成本资料的基础上，要根据成本发生环节来核算成本，以便为餐饮业务管理提供成本数据。在实际工作中，餐饮成本核算分为采购成本核算、库房成本核算、厨房加工成本核算、餐厅成本核算和会计分类统计核算等多种。上述各种核算互相联系、互相依存，往往前一步的成本数据是后一步的核算依据。因此，餐饮成本核算要分类、分项目或分产品进行。核算餐饮成本的关键是要做到核算分类合理、核算内容科学、原始记录和分类核算的数据准确、及时。如厨房成本核算就有原料加工成本核算，产成品生产的成本核算，团队、会议、宴会的成本核算等多种；餐厅的成本核算又有每日总成本、分类成本、累计成本核算和成本率核算等。

3. 做好成本分析

餐饮成本核算的目的是为了随时掌握成本消耗，降低成本开支，提高经济效益，因此，做好成本分析，找出成本消耗和成本管理中的问题及其原因，引导管理人员降低成本开支，也是餐饮成本核算的工作内容和工作步骤之一。为此，在认真做好餐饮成本核算的基础上，还应该逐周、逐月、逐季对各项成本核算的结果进行分析，定期提出成本分析报告。其分析周期以每周和每月一次为宜。通过成本分析，指导餐饮业务经营活动的开展。

4. 提出改进建议

要在成本核算和成本分析的基础上，肯定成绩，找出在餐饮采购、库房、厨房、餐厅等各部门、各环节的成本管理中存在的问题，分析其具体原因，找出漏洞和不足，及时提出改进措施，以便为高中层管理人员做好成本管理、加强成本控制、降低成本消耗提供客观依据。只有这样，才能达到成本核算的最终目的。

四、餐饮管理成本核算的指标分类

餐饮管理的成本核算是通过各种成本指标的运用来掌握其各项成本数据的，其成本指标的具体内容很多，如原料成本额、成本率、损耗率、毛利率等。这些常用的成本核算指标可以分为三种。

（一）综合成本核算指标

综合成本核算指标是指一家餐饮企业或一个餐厅的每天或一定时期的总成本、平均成本等核算指标。它能反映一家企业或一个餐厅成本消耗、成本管理的整体状态。综合成本核算指标的具体内容很多，它以一家企业或一个餐厅的餐饮成本为核算对象和界定范围，主要指标包括成本总额、综合成本率、综合毛利率、成本标准误差额、相对误差率、成本率差额、标准成本率、成本升降率、采购总额、进价成本率、平均原料资金占用、期初库存、期末库存和原料资金周转率。

（二）分类成本核算指标

分类成本核算指标是指一个餐厅的不同类型的产品或原料每天或一定时期的各项成本指标。它以一个餐厅的不同产品或不同类型的食品原材料为核算对象和界定范围，主要核算指标有一个餐厅的食品、饮料和热菜、冷荤、面点、汤类等分类产品的成本额、成本率、分类毛利率、分类产品的标准成本额和成本率、成本误差额、误差率和成本率差额。

（三）单项成本核算指标

单项成本核算指标是指某项产品或某原料的每天或一定时期的成本指标，它以单项或单件产品和原料为核算对象和界定范围，主要适用于厨房原料加工、产品生产、团队会议和宴会的成本核算。指标内容包括毛料进价、库房出料价格、毛料用量、加工损耗率、原料涨发率、净料出成率、原料成本系数、盘菜成本、盘菜用量、单位成本、单件或单位产品的成本额、成本率和毛利率。

第二节 餐饮管理成本核算方法与案例

【案例导入】

石油大王投宿故事带来的启发

约翰·洛克菲勒是世界著名的石油大王，腰缠万贯，可他在日常开支方面却很节省。

一天，他到纽约一家酒店投宿，要求住一间最便宜的小间客房。

酒店经理说："先生，你为什么要住最便宜的小房间呢？你儿子来住店时总是挑最豪华的客房呀！"

"没错"，洛克菲勒说："我儿子有个百万富翁的父亲，可我没有呀！"

点评 扩大销售节省成本是企业发展的成功之道。故事中的洛克菲勒经历过艰辛创业之苦，深深懂得节省之道，懂得创业的艰辛和财富的来之不易，所以十分节省。而要节省成本费用，就要采用各种正确的方法做好成本核算，才能掌握实际成本消耗是否合理，发现存在的问题、进而采取节省成本的措施。为此，我们在餐饮成本核算原理的基础上进一步介绍其成本核算的方法，以增强教材的实用性和可操作性。

一、原料加工成本核算方法

餐饮成本核算是从原料加工开始的，它以单位产品的成本核算和分类原料成本核算为主，目的是为厨房产品配制、烹调制作提供成本和定价依据。原料加工的成本核算方法主要适用于厨房的成本核算。由于食品原材料的种类不同，原料用途和加工方式不同，其成本核算的具体方法有四种。

（一）一料一档成本核算

一种原材料经过加工处理后只有一种净料，下脚料无法利用，其成本核算是以毛料价值为基础，直接核算净料成本，其核算公式为：

$$C=\frac{P\cdot Q}{Q_n}$$

$$r=\frac{Q_n}{Q}$$

式中：C——净料单位成本；

P——毛料价；

Q——毛料重量；

Q_n——净料重量；

r——出料率。

【案例一】

厨房用胡萝卜 25 千克和木耳 8 千克做原料，胡萝卜进价 0.86 元 / 千克，木耳进价 98.4 元 / 千克。经加工处理后，得到胡萝卜净料 21 千克，水发木耳 20.6 千克。请分别确定两种原料的单位成本和出料率。

案例分析：

（1）直接代入公式计算两种净料的单位成本（设胡萝卜单位成本用 C_1 表示，木耳单位成本用 C_2 表示）。

$$C_1 = \frac{25 \times 0.86}{21} \approx 1.02（元 / 千克）$$

$$C_2 = \frac{8 \times 98.4}{20.6} \approx 38.21（元 / 千克）$$

（2）直接代入公式计算两种原料的出料率 r_1 和 r_2。

$$r_1 = \frac{21}{25} \times 100\% = 84\%$$

$$r_2 = \frac{20.6}{8} \times 100\% = 257.5\%$$

（二）一料多档成本核算

一种原材料经加工处理后可以得到两种以上的净料，这时，要分别核算不同档次的净料成本。食品原材料加工处理形成不同的档次后，各档净料的价值是不相同的。为此，要分别确定不同档次的净料的价值比率，然后才能核算其分档净料成本。其核算公式为：

$$C_i = \frac{P \cdot Q \cdot f_i}{Q_i}$$

式中：C_i——第 i 种分档净料单位成本；

P——毛料价格；

Q——毛料重量；

f_i——第 i 种净料价值比率；

Q_i——第 i 种净料重量。

【案例二】

厨房领光鸡 75 千克，进价 16.24 元 / 千克，经加工处理后得到鸡腿 18.6 千克，鸡胸 15.4 千克，鸡翅 12.5 千克，鸡杂 8.6 千克，鸡架、鸡脖 13.6 千克，其余为下脚料无值。各档净料价值比率分别为 42.5%、30.6%、12.4%、9.5%和 5%。请核算各档原料单位成本。

案例分析：直接代入公式计算，设鸡腿成本为 C_1，鸡胸成本为 C_2。

$$C_1=\frac{75\times16.24\times42.5\%}{18.6}\approx27.83\text{（元 / 千克）}$$

$$C_2=\frac{75\times16.24\times30.6\%}{15.4}\approx24.2\text{（元 / 千克）}$$

以此类推，即可核算出其他各档原料的单位成本。

（三）多料一档成本核算

多种原材料经加工处理后，得到一种净料。这种情况主要适用于批量生产的餐饮产品成本核算。在生产过程中，某些批量生产的餐饮产品，尽管各种原材料的加工方式不同，但加工后的原料最终混合成一种净料，这时，厨房只要将各种原材料的实际成本汇总，即可核算出单位成本。其计算公式为：

$$C_i=\frac{\sum(P_i\cdot Q_i)}{Q_n}$$

式中：C_i——混合净料单位成本；

P_i——第 i 种毛料进价；

Q_i——第 i 种毛料重量；

Q_n——混合净料重量。

【案例三】

厨房生产小笼包子一批，馅料用量见表 10–2，经加工处理，得到馅料 23.8 千克，请核算馅料单位成本。

表 10–2　产品生产成本记录表

原料	用量（kg）	单价（元）	成本（元）	备注
腿肉	15	9.2	138	
肉皮	4	3.6	14.4	
红糖	2.8	2.9	8.12	
麻油	0.5	18.4	9.2	
味精	0.03	98.8	2.96	
胡椒	0.02	64.3	1.29	
生姜	0.3	3.8	1.14	
红醋	0.3	1.4	0.42	
酱油	1.6	1.2	1.92	
其他	—	—	9.80	
合计			187.25	

案例分析：直接计算单位成本。

$$C=\frac{187.25}{23.8}\approx 7.87（元/千克）$$

（四）多料多档成本核算

多种原材料经过加工处理后，得到一种以上的净料。这种情况主要适用于餐饮产品的再加工或分类使用。其成本核算方法是先分档核定原料成本，再确定净料或半成品价值比率，最后核定分档净料或半成品成本。其核算公式为：

$$C_i=\frac{f_n}{Q_n}\Sigma（P_i\cdot Q_i）$$

式中：P_i——第 i 种毛料价格；

Q_i——第 i 种毛料重量；

f_n——第 n 档净料的价值比率；

Q_n——第 n 档净料的重量。

【案例四】

厨房烹制鸡汤一锅作烹调汤使用。预计可分 30 份，用料为老母鸡 4.8 千克，毛值 11.8 元 / 千克，另用配料一种 0.2 千克，进价 68.4 元 / 千克，其他调料 1.85 元，烹制后鸡汤作烹调汤使用，鸡肉改作他用，重 3.6 千克，其价值比率为 22.8%，请核定鸡汤和鸡肉的单位成本。

案例分析：运用公式直接计算：（设鸡汤成本为 C_1，鸡肉成本为 C_2）

$$C_1 = \frac{(4.8 \times 11.8 + 0.2 \times 68.4 + 1.85) \times (1 - 22.8\%)}{30}$$

$$\approx 1.86\ (元/份)$$

$$C_2 = \frac{(4.8 \times 11.8 + 0.2 \times 68.4 + 1.85) \times 22.8\%}{3.6}$$

$$\approx 4.57\ (元/份)$$

（五）厨房每日原料加汇总核算

这种方法主要适用于厨房成本核算员的成本核算。其方法是将每日各种原料加工记录资料汇总，分别核算后再相加，得到当日总成本和成本率。

【案例五】

厨房每日原料加工成本核算

广元宾馆川菜厨房生产松鼠鳜鱼、清蒸鲥鱼、冬笋仔鸡、锅巴鱿鱼、冬笋牛肉、龙眼蒸包等产品。8 月 10 日，部分原料领用加工情况如下，请核定当日成本。

（1）购进鲜活鳜鱼、鲥鱼，经验收分别为 86.5 千克和 78.4 千克。进价分别为 62.4 元 / 千克和 42.6 元 / 千克。加工处理后得到鳜鱼净料 74 千克、鲥鱼净料 67 千克待用，下脚料不能再被使用，请核算两种原料的成本和单位成本。

（2）购进鲜竹笋 38.5 千克，进价 4.8 元 / 千克。领取光鸡 64.8 千克，毛料价 11.6 元 / 千克。经加工处理后得到笋丝、笋片和玉兰片分别为 3.8 千克、7.4 千克和 9.6 千克。留作烹制冬笋仔鸡、冬笋牛肉、锅巴鱿鱼和鱼香肉丝待用。光鸡经分档取料后得到各档原料重量和市场价资料见表 10–3。请核定竹笋和光鸡分档原料成本。

表 10–3　光鸡分档后的各档原料重量和市场价格

项目	鸡腿	鸡胸	鸡翅	鸡爪	鸡杂	鸡头脖	合计
净料重（千克）	17.6	14.7	9.4	4.8	3.6	10.9	61.0
市场价（元 / 千克）	18.2	16.5	20.4	8.2	18.5	5.6	87.4

（3）当日生产龙眼蒸包领用原料见表 10–4。经加工处理后得到馅料 60.5 千克。烹

制出龙眼蒸包 94.5 千克。请核定三鲜馅料和蒸包成本。

表 10-4　龙眼包子原料领用量单价及成本表

原料	领用量（千克）	单价（元／千克）	成本（元）	原料	领用量（千克）	单价（元／千克）	成本（元）
鲜猪肉	15	14.5	217.50	红醋	0.5	4.2	2.10
肉皮	3.5	3.8	13.30	味精	0.4	25.8	10.32
大葱	28	2.1	58.80	腿肉	2.8	15.8	44.24
红糖	1.8	4.9	8.82	生姜	0.8	4.8	3.84
酱油	1.6	4.2	6.72	麻油	1.2	29.8	35.76
虾仁	4.5	21.5	96.75	鸡蛋	2.4	5.4	12.96
其他	少许	—	16.54	面粉	138	2.4	331.20

（4）当日购进甲鱼 4 只，验收每只平均 1.5 千克，进价 148 元／千克。同时领取人参 0.6 千克，龟片 0.3 千克，烹制参龟甲鱼汤。人参与龟片进价分别为 158 元／千克和 128 元／千克。经加工处理后，厨房当日售出参龟甲鱼 4 份，甲鱼汤再烹制鼋鱼鸡片 18 份。同时耗用配料 28.4 元。参龟甲鱼的价值比为 68.5%，请核定两种菜点成本。

案例分析：

根据厨房领料与加工情况，在不考虑其他因素条件下，分别核定 8 月 10 日厨房成本如下。

（1）按题目条件直接核定鳜鱼、鲥鱼成本：

①鳜鱼、鲥鱼总成本 $= 86.5 \times 62.4 + 78.4 \times 42.6 = 8\ 737.44$（元）

②鳜鱼净料单位成本 $= \dfrac{86.5 \times 62.4}{74} \approx 72.94$（元／千克）

③鲥鱼净料单位成本 $= \dfrac{78.4 \times 42.6}{67} \approx 49.85$（元／千克）

（2）根据竹笋领料加工和鸡肉分档取料，分别核定两种原料的总成本和单位成本如下：

①当日竹笋总成本 $= 38.5 \times 4.8 = 184.8$（元）

②笋丝笋片单位成本 $= \dfrac{184.8}{3.8 + 7.4 + 9.6} \approx 8.89$（元／千克）

③光鸡总成本 $= 64.8 \times 11.6 = 751.68$（元）

④鸡肉分档原料单位成本核算为：

$$鸡腿 = \frac{751.68 \times \dfrac{18.2}{87.4}}{17.6} \approx 8.89（元/千克）$$

$$鸡胸 = \frac{751.68 \times \dfrac{16.5}{87.4}}{14.7} \approx 9.65（元/千克）$$

$$鸡翅 = \frac{751.68 \times \dfrac{20.4}{87.4}}{9.4} \approx 18.66（元/千克）$$

其余各档原料单位成本核定方法相同。

（3）核算龙眼蒸包的馅料和蒸包成本如下：

①蒸包馅料成本 $= \sum$ 表中各项成本（面粉除外）$= 527.65$（元）

②馅料单位成本 $= \dfrac{527.65}{60.5} \approx 8.72$（元/千克）

③蒸包单位成本 $= \dfrac{527.65 + 331.2}{94.5} \approx 9.09$（元/千克）

（4）核算参龟甲鱼和鼋鱼鸡片汤成本如下：

①两种菜点原料总成本 $= 1.5 \times 4 \times 148 + 0.6 \times 158 + 0.3 \times 128 + 28.4$

$= 1\,049.6$ 元

②参龟甲鱼单位成本 $= \dfrac{(6 \times 148 + 0.6 \times 158 + 0.3 \times 128) \times 68.5\%}{4}$

≈ 174.88（元/份）

③鼋鱼鸡片汤单位成本

$= \dfrac{(6 \times 148 + 0.6 \times 158 + 0.3 \times 128) \times 31.5\% + 28.4}{18}$

≈ 19.45（元/份）

（5）在不考虑其他因素条件下，核算当日总成本如下：

当日总成本 $= 8\,737.44 + 184.8 + 751.68 + 527.65 + 331.2 + 1\,049.6$

$= 11\,582.37$（元）

二、产品生产成本核算方法

餐饮产品生产成本核算方法主要有两种：

（一）随机抽样成本核算方法

这种方法是在核定餐饮产品标准成本或份额成本的基础上，抽样检查和核定实际生产过程中的产品成本是否与标准成本相符，以监督实际成本消耗，控制产品成本。厨房每天生产的各种菜点花色品种很多，管理人员不可能每天都去核算每盘菜的实际成本发生额，只能采用抽样核算的方法来监督和控制实际成本消耗。随机抽样的成本核算方法是厨房日常成本核算的主要方法，其工作程序包括三个步骤。

1. 制定产品标准成本

标准成本是控制实际成本消耗的依据。只有事先制定标准成本，才能将实际成本与标准成本比较，发现问题，纠正偏差。标准成本既可以单件产品（盘菜）为基础，也可以批量产品为基础。餐饮产品标准成本的制定方法已在本书第七章第二节中做了介绍，这里不再重复。

2. 随机抽测实际成本

在制定标准成本的基础上，厨房每天都应该按各种菜点标准成本的要求组织生产，但由于各种原因，菜点生产的实际成本可能偏离标准成本。这时，通过随机选择产品抽样，测定实际成本消耗，即可发现成本差额，然后根据抽样测定数据计算成本误差，就能分析原因，指导厨房改进生产，控制成本消耗。

3. 填写成本误差报表

餐饮成本核算是为生产经营活动服务的。在随机选择产品抽样，测定实际成本消耗、计算成本误差的基础上，还应填写“成本误差报表”，分析原因，找出存在问题，提出改进措施，以便为厨房生产管理人员提供改进生产组织、加强成本控制的客观依据。

（二）成本系数核算方法

成本系数是指单位产品或净料或半成品的实际成本和毛料价格或平均价之间的比值。采用成本系数法来核算净料、半成品或成品的成本或单位成本，可以为成本核算带来方便，简化日常计算过程和工作量，但它必须事先核定出不同产品的净料或半成品或产成品的成本系数。因此，采用成本系数法来核算成本，需要具备两个条件：一是原料加工方式比较稳定，用途也基本稳定。二是成品或半成品的原料配比相对简单、固定，能够核定出综合性成本系数。运用成本系数法分为三个步骤：

1. 核定原料加工成本系数

根据原料进价、加工方式及其形成的净料用途，在扣除原料损耗的基础上，分别核定出不同原料加工后的净料或半成品的成本系数。在此基础上，将成本系数整理成标准成本系数表，以便为以后的实际成本核算提供依据，其成本系数的计算公式为：

$$\gamma=\frac{C_n}{P}$$

式中：γ——成本系数；

C_n——净料或成品单位成本；

P——毛料进价。

2. 抽查测定实际成本消耗

在实际生产过程中，同样采用抽样调查方式，测定实际成本消耗，并与事先制定的标准成本比较，分析成本差额，即可发现成本管理的效果，指导厨房生产顺利开展。由于成本系数是事先核定好的，核定实际成本消耗时只要掌握毛料价格和净料或半成品的出料或使用数量，即可非常简单地核算出实际成本。其计算公式为：

$$C=P\cdot\gamma\cdot Q$$

式中：C——净料或产成品成本；

P——毛料进价；

γ——成本系数；

Q——净料使用量。

3. 分析成本误差与原因，提出改进措施

在核定实际成本消耗的基础上，将实际成本与标准成本比较，分析误差，找出原因，再提出改进措施，从而达到利用成本核算指导厨房生产的目的。

【案例六】

长安酒店对 5 种餐饮产品成本消耗进行抽样检查，每种产品在 1 周内检查了 5 次，其标准成本和实际测定结果见表 10–5，请分析其成本消耗（成本误差要求为 ± 1.5%）。

案例分析：

（1）根据抽样测定结果，分别计算每种产品实际平均成本，见表 10–5。

表 10–5　成本抽样记录统计表　　单位：元

产品名称	标准成本	抽样检查记录					实际平均成本
		第 1 次	第 2 次	第 3 次	第 4 次	第 5 次	
A	6.25	6.31	6.28	6.45	6.19	6.23	6.292
B	8.76	8.72	8.68	8.84	8.82	8.78	8.768
C	9.67	9.54	9.62	9.72	9.75	9.69	9.664
D	7.48	7.43	7.51	7.59	7.42	7.38	7.466
E	12.56	12.48	12.58	12.63	12.52	12.46	12.534

（2）实际成本和标准成本比较，分别计算每种产品的成本相对误差。

$$\text{成本相对误差 } A = \frac{6.292 - 6.25}{6.25} \times 100\% \approx 0.67\%$$

$$\text{成本相对误差 } B = \frac{8.768 - 8.76}{8.76} \times 100\% \approx 0.09\%$$

$$\text{成本相对误差 } C = \frac{9.664 - 9.67}{9.67} \times 100\% \approx -0.06\%$$

$$\text{成本相对误差 } D = \frac{7.466 - 7.48}{7.48} \times 100\% \approx -0.19\%$$

$$\text{成本相对误差 } E = \frac{12.534 - 12.56}{12.56} \times 100\% \approx -0.21\%$$

（3）计算综合成本相对误差。

$$\text{综合成本误差} = \frac{0.67\% + 0.09\% + 0.06\% + 0.19\% + 0.21\%}{5}$$

$$= 0.06\%$$

（4）填写抽样成本核算误差记录表，见表 10-6。

表 10-6 成本抽样报告表

产品	标准成本（元）	实际成本（元）	绝对误差（元）	相对误差（%）
A	6.25	6.292	0.042	0.67
B	8.76	8.768	0.008	0.09
C	9.67	9.664	−0.006	−0.06
D	7.48	7.466	−0.014	−0.19
E	12.56	12.534	−0.026	−0.21
			合计	0.3

三、团体用餐的成本核算方法

团体用餐包括团队、会议、宴会三种，是酒店宾馆和酒楼饭庄成本核算的重要部分。团体用餐的成本核算有三个特点：一是团体用餐都是集团性消费。其成本核算是分别独立进行的。因为不管是团队、会议还是宴会，每个团体的客人数量、用餐标准和具体要求都是各不相同的，因而只能分别和单独核算。二是团体用餐是以厨房日常生产组织标准化、正规化为基础的。其成本核算一般以一个团队或会议或宴会的总成本为主。具体生产什么菜点往往根据事先预订来安排，或由厨师长设计确定。而每一种具体菜点的盘菜成本一般是经过事先测试而确定的。日常团体用餐时只需按照这种事先制定的标准组织生产，无须每天都去核算每个团体每种菜点的盘菜成本，只需根据需要抽查即可。三是团体用餐成本核算的内容是以一个团队、会议或宴会每天或每餐的可容成本为主，即以团体用餐的预计收入扣除应该获得的毛利后的余额作为主要核算对象和成本控制标准。这是因为每个团队、会议或宴会客人的用餐标准不同，毛利率的高低不同，可容成本的多少也不一样，因此，必须以可容成本核算为主要内容。因此，酒店团体用餐的成本核算方法主要包括四个步骤：

（一）掌握团体用餐预订，明确客人用餐标准和成本核算内容

做好团体用餐成本核算，首先必须掌握客人的预订情况、用餐标准和成本核算内容。具体包括团体名称、预订人数、餐费标准、酒水安排、菜单要求或与客人商定的菜单设计（宴会）、团体客人预订的用餐

时间、餐次、客人要求的菜点风味、团体客人中个别客人的饮食禁忌或特殊要求等。只有掌握这些情况和有关数据，才能进行团体用餐的成本核算。

（二）确定团体用餐的餐费和毛利率标准，计算可容成本和分类菜点的可容成本

团体用餐的餐费标准分两种：一是每天餐费标准，以会议客人为主。二是一餐餐费标准，以宴会客人为主。团队客人介乎两者之间。"客人数×餐费标准×用餐天数+酒水费用"，即为团体用餐的基本收入。毛利率则是根据团体用餐的预订标准和客人要求的质量高低和餐饮服务的享受程度来确定的。一般餐费标准越高，毛利率越高，客人对服务质量和餐饮服务享受程度的要求越高。可容成本则是根据客人餐费标准和毛利率的高低来确定的。它是指在保证客人需求和酒店毛利的基础上，团队、会议或宴会客人每天或一次（一餐）用餐的可以容许的原料成本。因为酒水销售一般按客人实际饮用或预订标准单独收费。所以，可容成本均以菜点烹制的可容成本为主。在确定团体用餐的餐费标准和毛利率的基础上，可容成本的计算公式是：

$$C=Q\cdot(1-\gamma)$$

$$V=C\cdot n$$

式中：C——可容成本；

Q——团体用餐菜点收入；

γ——毛利率；

V——分类菜点可容成本；

n——分类菜点成本比率。

（三）按预订标准和要求安排菜点花色品种，在可容成本范围内组织产品生产

在可容成本确定的基础上，团队、会议和宴会每天或一餐（宴会）需要生产哪些花色品种、各生产多少，都是根据客人事先预订要求，由团队、会议或宴会厨房的厨师长或酒店行政总厨（高档宴会）来安排的。在按可容成本组织厨房生产、控制成本消耗、满足客人需求的过程中要切实注意四个问题：一是菜点花色品种的选择必须根据宴会菜单设

计或客人预订要求来确定，保证符合客人要求。二是每种菜点的生产数量即盘数都按 10 人一桌来确定，不足 10 人的可单设或加到某些桌面上去。因此，团体用餐每种菜点的烹制有大盘和小盘两种规格。三是每一盘菜的原料成本都应该按照标准化生产的要求投料用料，组织生产，保证团体用餐的菜点成本合理，质量优良。四是整个团队、会议或宴会每天或一餐的总成本消耗必须在可容成本的范围内，防止过高或过低，严重偏离可容成本要求。

（四）抽样检查实际成本消耗，分析成本误差与提出改进措施

在团体用餐可容成本和分类菜点可容成本核定的基础上，厨房按可容成本组织生产。但实际成本消耗是否符合可容成本要求，主要是通过抽样检查和事后核定来确定的。因此，团队、会议或宴会服务完成后，应该抽样检查和测定实际成本消耗，然后同可容成本比较，分析成本误差，找出存在问题和原因，进而提出改进措施，以便为团队、会议和宴会的成本核算与控制提供客观依据，从而提高成本管理水平。

【案例七】

宴会用餐的成本核算

泰山大酒店宴会部成本核算员收到宴会订单和本次宴会标准成本资料见表 10–7。

表 10–7　宴会标准成本资料

宴会名称	特别庆典	宴会毛利	75.6%	分类菜点	可容成本	标准成本
举办单位	××公司	开宴桌数	9 桌	凉菜	20%	1 405.44 元
预订人数	90 人	宴会厅堂	多功能厅	炒菜	50%	3 513.6 元
宴会标准	320 元 / 人	宴会时间	2.5 小时	面点	15%	1 054.08 元
产品风味	川菜	有无禁忌	无	汤菜	8%	562.18 元
酒水安排	酒水在外	其他要求	无	其他	7%	491.9 元

宴会部按客人预订要求和工作程序认真进行了宴会组织和厨房调制，圆满完成了宴会服务。宴会结束后。成本核算员抽查了本次宴会成本消耗，得到以下成本资料，见表 10–8。请核算宴会成本误差（标准误差率为 ± 2%）。

表 10-8　宴会成本消耗表　　单位：元

菜点	库房领料	当日进货	昨日转账	今日结存	厨房调拨	备注
凉菜	658.4	724.8	247.5	268.3	—	
炒菜	1 895.8	1 524.5	352.6	428.7	+125.4	
面点	893.7	148.6	98.5	102.4	—	
汤菜	324.8	286.4	32.6	42.9	-59.2	
其他	128.5	342.8	98.4	32.6	—	

说明：其他主要指水果、主食等宴会食品成本消耗。

案例分析：

（1）根据宴会预订标准核定宴会食品收入，可容成本和毛利额如下：

食品收入 = 320 × 90 = 28 800（元）

可容成本 = 28 800 ×（1 – 75.6%）= 7 027.2（元）

食品毛利 = 28 800 × 75.6% = 21 772.8（元）

（2）根据抽查核定分类菜点成本资料，核定各类菜点实际成本消耗。方法是：

$$C_n = C_1 + C_2 + C_3 - C_4 \pm C_5$$

式中：C_n——分类菜点成本；

C_1——库房领料；

C_2——当日进货；

C_3——昨日转账；

C_4——今日结存；

C_5——厨房调拨。

所以凉菜 C_n = 658.4 + 724.8 + 247.5 – 268.3 = 1 362.4（元）

炒菜 C_n = 1 895.8 + 1 524.5 + 352.6 – 428.7 + 125.4 = 3 469.6（元）

面点 C_n = 893.7 + 148.6 + 98.5 – 102.4 = 1 038.4（元）

汤菜 C_n = 324.8 + 286.4 + 32.6 – 42.9 – 59.2 = 541.7（元）

其他 C_n = 128.5 + 342.8 + 98.4 – 32.6 = 537.1（元）

（3）填写宴会成本核算分析表，见表 10-9。

表 10-9　宴会成本核算分析表

菜点	实际成本（元）	可容成本（元）	绝对误差	相对误差（%）	与标准误差比（%）
凉菜	1 362.4	1 405.44	– 43.04	– 3.06	– 1.06
炒菜	3 469.6	3 513.6	– 44.0	– 1.25	—
面点	1 038.4	1 054.08	– 15.68	– 1.49	—
汤菜	541.7	562.18	– 20.48	– 3.64	– 1.64
其他	537.1	491.9	45.2	9.19	7.19
合计	6 949.2	7 027.2	– 78.0	– 1.11	—

根据以上计算可以看出本次宴会成本控制总体效果较好，误差率为 1.11%。但汤菜成本超标达 – 1.64%，说明少用了成本 20.48 元。其他类中的水果、主食成本严重超标达 7.19%，多用成本 45.2 元。今后应注意加强宴会分类菜点成本控制的准确性。

四、采购、库房与餐厅每日成本核算方法

（一）原料采购成本核算

原料采购是餐饮产品成本形成的最初环节。做好采购成本核算是控制进货成本、降低成本消耗的重要工作。其工作主要由酒店财务部出纳会计员或采供部（财务部的二级部）记账员按财务部要求进行。其核算方法是：

1. 收集原料采购凭证

酒店餐馆原料采购进店后，鲜活原料直接进入各厨房供当天使用，由各厨房的厨师长或指定人员验收，进入库房待用的食品原料则由库管员验收，没有库管员的酒店则由记账员验收。不管属于哪一种，食品原料采购进店验收后，都要由成本核算人员收集采购凭证。其内容主要包括每天或每次进货的采购发票和入库验收单，包括直接进入各厨房的采购验收单。只有收集好这些单据，才能为采购成本核算提供原始凭据。

2. 审核采购凭证

逐一审核每张采购单据的原料名称、规格、价格、进货数量、金额等是否符合会计制度和凭证要求，有无问题。特别是入库验收的品种、规格、数量、价格是否与进货发票一致，是否与采购部集体定价的价格单或货源报价相符。发现问题要及时处理或上报处理，然后才能进行记

账核算。

3. 分类核算采购成本

在审核原料采购凭证的基础上，按照原料种类和单据逐一记录和核算各类原料采购的实际发生额。其分类方法先以库房为基础分类，再按照蔬菜、肉类、海鲜等不同原料分类。对原始凭证的核算则主要采用借贷记账法。原料采购成本核算的三级账则交餐饮成本会计人员复核。由此完成原料采购成本核算。

（二）食品库房成本核算

食品库房成本核算一般每月核算一次，在每月库房盘点后进行。其目的是掌握食品原料库存资金占用情况，加快资金周转。其成本核算方法是：

1. 审核库房入库验收资料

在日常采购成本记账和核算的基础上，审核当月每次入库验收的原始凭证和成本账目，检查有无问题，掌握库房当月入库金额。

2. 审核库房盘点资料

在库房盘点的基础上，审核当月每个库房的盘点记录和库房盘点统计表。检查有无问题，掌握盘点数据，为库房成本核算提供依据。

3. 核算库房成本

在采购核算和库房盘点的基础上，核算库房原料资金占用和周转情况。其方法比较简单，以统计核算为主，重点核算四个指标。其公式分别为：

$$\text{平均库存}=\frac{\text{期初库存}+\text{期末库存}}{2}$$

$$\text{库存周转次数}=\frac{\text{出库货物总额}}{\text{平均库存}}$$

$$\text{原料资金周转天数}=\text{计划期天数}\div\text{库存周转次数}$$

$$\text{月度成本总额}=\text{月初库存额}+\text{本月进货}-\text{月底库存}$$

（三）餐厅每日成本核算

餐厅每日成本核算是掌握实际成本消耗和成本变化动态，分析存在问题，降低成本消耗的主要依据。其成本核算方法是：

1. 核算餐厅销售收入

餐厅销售收入包括食品收入和饮料收入。其核算方法都是以餐厅收款员的收入报告为基础，分别核算出每个餐厅每天的食品收入和饮料收入。如果餐厅采用计算机联网、客人刷卡收费的方式，则直接根据电脑中的客人刷卡或收款员录入的消费记录来核算每个餐厅的食品收入和饮料收入，最后汇总成全店每天的食品收入和饮料收入。

2. 核算餐厅每日成本

餐厅每日成本包括食品成本和饮料成本。每个餐厅每日的实际成本都是根据五种原始凭证记账核算的结果统计出来的：一是领料单。即每天从库房领用的原料的成本额。二是直拨单。即每天购进的、直接进入厨房使用的鲜活原材料的成本发生额。三是养活单。即客人直接从餐厅鱼缸点用的鱼虾、蟹等活物原料成本发生额。四是调拨单，即厨房在每天生产过程中因个别原料短缺而从其他厨房借用的原料成本额。五是结存数。它包括两种：其一是上日结存。即昨天未用完的原料今天继续使用。其成本应记入今日消耗。其二是本日结存。即当日未用完的原料可留作下日使用，其成本额应从当日成本中扣除。厨房每日成本结存数一般都是选择几天或更长一点天数，经过实际测试得到一个大致每日平均结存数来确定的。只有那些重要原料或当日结存量大的原料，才当日核定成本结存数。

3. 核算餐厅成本率和成本误差率

在餐厅每日成本核算的基础上，分别核算每个餐厅每天的食品成本率、饮料成本率、平均成本率，然后汇总成全店的食品成本率、饮料成本率和平均成本率，并与餐厅标准成本比较，分析误差，从而达到掌握成本动态，控制日常成本消耗的目的。

【案例八】

餐厅每日成本核算

丽园宾馆是一家三星级小型酒店。6 月 18 日成本核算员已收集了酒店三个餐厅的成本核算资料（见表 10–10）。请核算当日各餐厅及全店餐饮成本。

案例分析：根据表 10–10 资料，直接核算当日成本，并与标准成本比较。假定规定

的成本误差率为 ± 2% 成本率差额为 ± 1.5%，则核算比较结果见表 10–11。

分析结果表明，丽园宾馆 6 月 18 日成本消耗普遍存在超标现象。三个餐厅的成本绝对误差分别为 849.4 元、881.1 元、542.8 元，合计高达 2 348 元。相对误差分别为 5.01%、4.75%、4.83%，合计达 4.95%，均超过规定的不超过 ± 2%的要求。从成本率的角度来看，也存在普遍超标现象。其成本率差额三个餐厅分别为 1.92%、1.64%、1.78%，合计为 1.82%，均为正数，也超过了规定的 ± 1.5%的要求。为此，应查明具体原因，提出改进措施。

表 10–10　A、B、C 餐厅的成本核算资料

项目	A 餐厅			B 餐厅			C 餐厅			合计		
	食品	饮料	合计	食品	饮料	合计	食品	饮料	合计	食品	饮料	合计
标准成本率（%）	40%	28%	38.37%	38%	24%	35.72%	39%	26%	36.75%	39%	25%	36.82%
当日收入（元）	38 180	5 995	44 175	45 195	8 774	53 969	25 278	5 280	30 558	108 653	20 049	128 702
当日领料（元）	6 850	1 230	8 080	7 640	1 150	8 790	3 920	860	4 780	18 410	3 240	21 650
直拨单（元）	8 924	380	9 304	9 825	524	10 349	5 860	458	6 318	24 609	1 362	25 971
养活单（元）	385	—	385	698	—	698	298	—	298	1 381	—	1 381
调拨单（元）	123	– 150	– 27	– 235	310	75	98	—	98	– 14	160	146
上日结存（元）	268	480	748	328	375	703	280	425	705	876	1 280	2 156
本日结存（元）	320	370	690	270	184	454	195	230	425	785	784	1 569

表 10–11　核算比较结果

项目	A 餐厅			B 餐厅			C 餐厅			合计		
	食品	饮料	合计	食品	饮料	合计	食品	饮料	合计	食品	饮料	合计
实际成本（元）	16 230	1 570	17 800	17 986	2 175	20 161	10 261	1 513	11 774	44 477	5 258	49 735
标准成本（元）	15 272	1 678.6	16 950.6	17 174.1	2 105.8	19 279.9	9 858.4	1 372.8	11 231.2	42 374.7	5 012.3	47 387
绝对误差（元）	958	– 108.6	849.4	811.9	69.2	881.1	402.6	140.2	542.8	2 102.3	245.7	2 348
相对误差（%）	6.27	– 6.47	5.01	4.73	3.29	4.57	4.08	10.21	4.83	4.96	4.9	4.95
实际成本率（%）	42.51	26.19	40.29	39.8	24.79	37.36	40.59	28.66	38.53	40.93	26.23	38.64
标准成本率（%）	40	28	38.37	38	24	35.72	39	26	36.75	39	25	36.82
成本率差额（%）	2.51	– 1.81	1.92	1.8	0.79	1.64	1.59	2.66	1.78	1.93	1.23	1.82

实际认知

缺乏过程管理的另类成本核算

餐饮成本核算是以每日每周每月的过程为主的，并贯穿在采购、库房、厨房、餐厅业务管理过程中。在现实状况下，一些管理水平较低的酒店、餐馆包括一些夫妻店、父子店性质的家族企业，却采用了手中缺乏过程管理的另类成本核算与控制方法。其基本做法是：

（1）重视业务，不重视财务管理。企业老板重视厨房、餐厅业务，眼睛盯紧产品销售和餐厅服务，多赚钱，不重视财务。采购、收入以老板自我控制为主，没有正规的会计和核算人员，只有简单的记账人员，大多还是兼职的。

（2）没有日常的成本核算，只有每月一次的总账核算。日常管理以经验为主，只有简单的进出记账凭证。月底算一次总账，其成本核算方法是：

$$月度成本 = 月初库存 + 本月进货 - 月底盘存$$

$$原料成本率 = \frac{月度成本}{月度收入} \times 100\%$$

采用以上公式所得到的月度成本数字并没有错。但由于缺乏过程核算与控制，所得到的月度总成本中，除实际生产耗用的成本外、企业发生的不必要的损耗、包括吃的、拿的、顺的原料食品耗费，都在其中。只有精明的企业老板才能发现其中的问题。所以称为另类成本核算。

第三节　餐饮管理成本控制

【案例导入】

飞机大王一张机票的临机处理

休斯先生曾被誉为美国的“飞机大王”，当时，他是美国环球航空公司的董事长。一次他开车到机场，车上还有一位美国富豪福斯先生。他们边开车边谈生意。福斯在滔滔不绝地谈论一笔 2 300 万美元的大生意。他说要设法做成。休斯听了福斯的推介，似有所悟，立即将车靠边停下，向路旁的一间药店走去。

福斯不知怎么回事，只好在车上等待，一会儿，休斯回来了，福斯困惑不解地问他干什么去了。

“打电话。”休斯说：“我把我在环球航空公司（休斯自己拥有的公司）的机票退掉了，因为我要陪你乘另一航班去谈生意。”答完后他们又谈起那笔 2 300 万美元的大生意。

福斯突然笑着说：“我们正在谈论 2 300 万美元的大生意，你却为了节省 150 美元的机票费用把我放下去打电话了，这么急停下来差点让我闷死了。”

休斯却认真地说：“这 2 300 万美元的大生意能否成功还是个问题呢，我们都会去全力争取。但这 150 美元的费用却是实实在在节省下来的现款。”

点评 企业的成本核算和成本控制是相辅相成的。成本核算是计算掌握已经发生的成本费用，成本控制是监控减少哪些不必要的开支。案例中的休斯先生深明此中的道理。150 美元机票费用的临机处置就是成本控制的措施。当然，实际工作中的成本控制是很复杂的，远比退掉一张机票涉及的问题要多得多，也复杂得多。为此，作为本书的收尾，我们在餐饮成本核算方法和案例的基础上，最后介绍餐饮成本控制的原理和方法。

一、餐饮成本控制的客观依据

餐饮成本控制是以目标成本或标准成本为基础，以纠正偏差，控制消耗，提高经济效益为目的，对各种成本要素进行检查、监督和指导的成本管理技术和方法。

餐饮成本控制的客观依据就是目标成本或标准成本。目标成本是指在调查分析的基础上，经过预测、预算而事先确定的成本控制标准。它以餐厅目标成本率为主。具体包括采购目标成本、库管目标成本、餐厅目标成本和餐饮部门目标成本。标准成本是指经过成本测试而事先制定的单位产品成本或盘菜成本。它以厨房生产的标准成本为主。具体包括冷荤、面点的每 1 千克、每 500 克、每 100 克、每 50 克或每 1 克成本，热菜食品的每盘、每份标准成本。因此，目标成本和标准成本作为餐饮产品成本控制的客观依据，前者以采购、库房、餐厅和部门的成本额、成本率控制为主，后者以厨房产品生产的实际成本消耗为主。

除食品饮料的原料成本外，餐饮成本控制还应包括人工成本、水电燃料成本、餐茶用品用具消耗等的成本控制。这些项目的成本控制的客观依据仍然是目标成本，即经过预测、预算而事先确定的人工成本额、水费、电费、燃料、洗涤等费用预算额、餐茶用品预算消耗额等。因为这些成本项目日常消耗的合理程度只有以事先预算或预测的项目成本额或费用比率为依据，才能分析、判断实际成本消耗是否合理，所以，必须以这些成本项目的预算额或费用比率为客观依据。

二、餐饮产品成本控制的内容

餐饮产品的成本控制贯穿于业务过程的始终。而就其具体内容而言，则主要包括三个方面：

（一）餐饮原料成本控制

原料成本是餐饮产品成本的主要内容。它包括食品原料成本和饮料原料成本两种。其中，又以食品原料成本控制为主。原料成本的形成要先后经过进货、储存、加工烹制和餐厅销售等过程，因而其成本控制的具体内容也必然与此相适应，必然包括采购成本控制、库房成本控制、厨房成本控制和餐厅成本控制等。

（二）餐饮人工成本控制

餐饮管理的新增价值和利润都是由人的劳动创造的。人工成本是餐饮成本中必不可少的组成部分。餐饮人工成本控制的内容包括用工数量和工资消耗（包括等级工资、奖金工资、社会统筹、员工福利）的合理程度。这些成本控制仍然要以目标成本，即事先预算的人工成本为客观依据。

（三）餐饮费用消耗控制

在餐饮成本中，除原料成本和人工成本外，餐饮费用包括水、电、燃料与洗涤费用、餐茶用品消耗费用、餐饮管理费用、装饰费用、维修费用、折旧费用等。具体项目很多，而每一项费用消耗量又相对较少。这些费用有的是部门员工能够控制的，有的是要由酒店高层管理人员来控制的。因而，餐饮费用消耗控制的内容要以可控费用的控制为主。同时要区别部门控制和高层人员的具体控制项目和内容，才能提高餐饮成本费用控制的针对性。

三、餐饮产品成本控制的程序和工作步骤

餐饮成本控制是以标准成本为基础，根据成本控制的基本规律来进行的。其成本控制是一个复杂的过程，基本程序可概括为图 10–3。

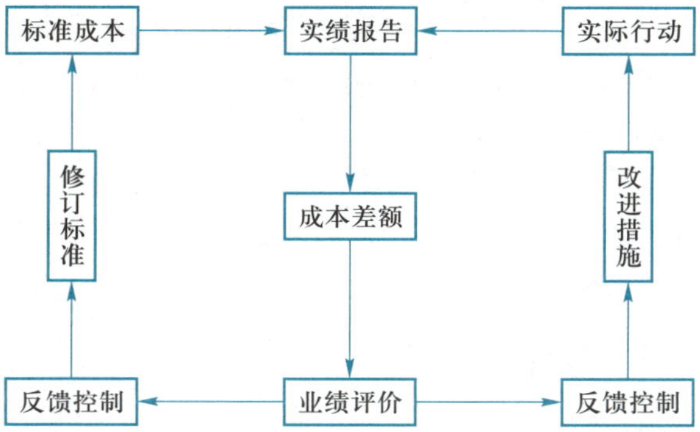

图 10-3　餐饮产品成本控制流程

根据餐饮成本控制程序和流程，其工作步骤主要包括四个阶段：

（一）制定标准成本，提供控制依据

成本控制是以制定标准成本为起点的。标准成本是成本控制的依据，其制定方法是要根据餐饮业务过程中的成本发生环节分析成本对象、成本要素和成本构成，区别不同成本项目而分别制定标准成本。其内容又包括原料采购标准成本、食品库房标准成本、厨房生产标准成本、餐厅销售标准成本等。此外，还应包括水电能源消耗的标准成本、餐茶用品损耗标准成本、直接人工消耗的标准成本等。只有事先制定出上述各种标准成本，才能为餐饮管理的成本控制提供客观依据。

（二）控制业务过程，掌握成本消耗

标准成本制定后，各项成本每天都在餐饮业务管理过程中的各个环节发生。如采购环节中的原料进价成本，库房管理中的进出库及盘点成本，厨房生产加工中的各种菜点成本，餐厅每日全部原料成本，水电燃料消耗等。因此，只有控制业务过程，掌握这一过程中的各个环节每天或一定时期的实际成本，才能发现问题，肯定成绩，纠正偏差，做好成本控制。

（三）分析成本差额，评价控制绩效

在餐饮业务管理过程中，各项实际成本每天都在发生变化。事实上，各环节的各项实际成本要和标准成本完全一致是不可能的，必然存在差额。分析成本差额要以重要原料、消耗量较大的原料和重要成本项目为主，才能发现成本管理的好坏、纠正存在的问题和偏差、其成本差额又包括价格差、数量差、成本差三种，计算公式为：

$$P_c = P_1 \cdot Q_1 - P_2 \cdot Q_1$$

$$Q_c = P_2 \cdot Q_1 - P_2 \cdot Q_2$$

$$V_c = P_1 \cdot Q_1 - P_2 \cdot Q_2$$

式中：P_c——价格差；

P_1——实际价格；

Q_1——实际用量；

P_2——标准价格；

Q_2——标准用量；

Q_c——数量差；

V_c——成本差。

在分析成本差额的基础上，管理人员即可发现餐饮管理的各环节成本管理的问题，进而分析存在问题的原因，为成本控制措施的制定和改进提供依据。

（四）提出改进措施，纠正管理偏差

在分析成本差额，评价控制绩效的基础上，管理人员一方面要肯定成绩、总结经验，另一方面要对造成成本差额的原因进行具体分析。如价格差是市场物价变动造成的还是采购过程中控制不当造成的；数量差是标准成本制定不尽合理造成的还是管理漏洞、报损或加工损耗不合理造成的。在分析具体原因的基础上，即可有针对性地提出改进措施，纠正管理偏差，做好成本控制，不断提高餐饮成本管理水平和经济效益。

四、餐饮管理原料成本控制方法

餐饮原料成本控制是以成本差额分析为中心展开的。在餐饮业务管理过程中，由于原料成本在各环节的表现形式不同。因此，在制定标准成本的基础上，其成本控制也要根据各个环节的成本发生状况和表现形式不同来进行。其主要控制方法包括以下环节：

（一）采购环节的成本控制

采购是餐饮原料成本形成和成本控制的起点。采购成本的高低是影响餐饮原料成本总额及其合理程度最重要的因素。因此，做好采购成本控制是降低餐饮成本消耗，提高经济效益的前提和基础。餐饮采购成本控制的方法是：第一，以每次采购定价或货源报价规定的原料价格为基

础，以每次领导审批或每天鲜活原料请购的数量为依据，制定采购标准成本。以此作为采购成本控制的客观依据。第二，定期或不定期的抽查实际采购成本，分析进价成本差额。采购成本控制以价格控制为主。至少每周应抽查 2～3 次。每次以批量购进或一次购进的原料进货发票和验收单据为依据，抽查实际进价成本。第三，填写“成本差额分析报表”。针对存在问题，提出改进措施，直接报告上级领导，督导采购人员降低进价成本。采购成本控制报表可参见表 10–12。

表 10–12　餐饮采购成本控制表

<table>
<tr><td colspan="2">抽查时间</td><td colspan="2"></td><td colspan="2">报告部门</td><td colspan="2">被抽查采购员</td><td></td></tr>
<tr><td rowspan="2">原料名称</td><td colspan="2">审批计划</td><td colspan="2">实际采购</td><td rowspan="2">价格差（元／千克）</td><td rowspan="2">数量差</td><td rowspan="2">成本差</td></tr>
<tr><td>数量（千克）</td><td>标准价（元／千克）</td><td>数量（千克）</td><td>价格（元／千克）</td></tr>
<tr><td>a
b
c</td><td>150
320
230</td><td>2.85
5.28
185</td><td>152
325
232</td><td>3.10
5.35
198</td><td>38
22.75
3 016</td><td>5.7
26.4
370</td><td>43.7
49.15
3 386</td></tr>
<tr><td colspan="4">成本核算员：________</td><td>合计</td><td>3 076.75</td><td>402.1</td><td>3 478.85</td></tr>
<tr><td>存在问题</td><td colspan="3">1.
2.
3.</td><td>改进建议</td><td colspan="3">1.
2.
3.</td></tr>
</table>

（二）库房管理的成本控制

库房成本控制是在每月盘点的基础上进行的，其目的是控制库存资金占用，加快资金周转，节省费用开支。餐饮库房的原料成本控制方法是：第一，制定库存标准成本。它以月度为基础，主要包括每月原料平均库存额、原料资金周转率、需要零库存的原料最高存量。第二，检查实际库存状况。即每月盘点后，以库房为基础，分别统计每个库房的期初库存，当月进货，月末盘点等数据，然后计算实际库存与标准库存之间的差额。第三，分析库存成本差额及其原因，提出改进措施。库房成本控制的重点在资金占用、资金周转和每月库房原料损耗。为此，要根据成本差额分析结果提出改进措施。其成本控制方法可参阅表 10–13。

表 10-13　餐饮库房成本控制表

<table>
<tr><th rowspan="2">库房</th><th colspan="2">标准成本</th><th colspan="2">实际成本</th><th colspan="2">相对误差</th></tr>
<tr><th>月平均库存（万元）</th><th>库存损耗率（%）</th><th>平均库存（万元）</th><th>库存损耗率（%）</th><th>平均库存（万元）</th><th>库存损耗率（%）</th></tr>
<tr><td>恒温库</td><td>15.82</td><td>1.85</td><td>16.48</td><td>2.18</td><td>4.17</td><td>0.33</td></tr>
<tr><td>化解库</td><td>4.32</td><td>1.48</td><td>3.96</td><td>1.98</td><td>– 8.33</td><td>0.5</td></tr>
<tr><td>冷库</td><td>5.48</td><td>2.12</td><td>6.14</td><td>1.94</td><td>12.04</td><td>– 0.18</td></tr>
<tr><td>酒水库</td><td>12.56</td><td>0.85</td><td>13.72</td><td>1.26</td><td>9.24</td><td>0.41</td></tr>
<tr><td>合计</td><td>38.18</td><td>1.52</td><td>40.30</td><td>1.81</td><td>5.55</td><td>0.29</td></tr>
<tr><td>库存周转次</td><td colspan="2">1.85 次</td><td colspan="2">1.52 次</td><td colspan="2">17.84%</td></tr>
<tr><td>库存周转天</td><td colspan="2">16.22 天</td><td colspan="2">17.74 天</td><td colspan="2">9.37%</td></tr>
<tr><td>存在问题</td><td colspan="2">1.
2.
3.</td><td>改进建议</td><td colspan="3">1.
2.
3.</td></tr>
</table>

（三）厨房生产成本控制

厨房生产成本控制是以餐饮产品的标准成本或可容成本为基础的。由于厨房每天生产的餐饮产品花色品种很多，因此，厨房产品生产成本控制就必须以厨师的实际操作为主。重点是按标准成本或可容成本的要求，控制食品原料加工的损耗率、净料出成率和每盘菜点的主料、配料和调料使用数量。然后采用抽查的方式检查实际成本消耗，分析成本差额，找出存在问题，进而达到成本控制的目的。

生产成本控制可以逐日、逐周、逐月进行，其成本差额分析以成本率差额为主。一般来说，各种产品的成本率差额应控制在 ± 1% ~ 2%，如果发生偏差，就应查明原因，对那些成本率差额太大的产品的实际成本消耗采取控制措施。如改进食品原材料粗加工、细加工，提高净料率；严格控制盘菜配料、用料，降低烹调加工损耗，减少、预防抄吃抄喝等。其成本率差额分析的方法可参阅表 10-14 来计算。

表 10–14　餐饮产品生产成本控制报告表

厨房________　计算期________　制作人________

产品名	标准成本		实际成本（元）		标准成本（元）	实际成本（元）	绝对误差（元）	相对误差（%）	成本率差额（%）
	成本率（%）	菜单售价（元/千克）	生产量（千克）	单位成本（元/千克）					
1	35.2	25.86	520	8.25	4 733.41	4 290.00	–443.41	–9.37	–3.3
2	38.6	27.12	380	10.38	3 977.96	3 944.4	–33.56	–0.84	–0.33
3	34.5	35.82	460	12.56	5 684.63	5 777.6	92.97	1.64	0.56
4	41.3	43.28	850	18.73	15 193.44	15 920.5	727.06	4.79	1.98
5	39.8	36.75	470	14.28	6 874.46	6 711.6	–162.86	–2.37	–0.94
6	40.5	38.74	350	15.36	5 491.40	5 376.0	–115.4	–2.10	–0.85
合计			3 030	13.87	41 955.30	42 020.1	64.8	0.15	0.06
存在问题	1. 2.				改进建议	1. 2.			

表中　标准成本 = 菜单售价 × 成本率 × 生产量

实际成本 = 单位成本 × 生产量

绝对误差 = 实际成本 – 标准成本

相对误差 = 绝对误差 ÷ 标准成本

$$\text{成本率差额} = \frac{\text{单位成本}}{\text{菜单售价}} - \text{成本率}$$

（四）酒水销售成本控制

酒水成本是酒店餐馆餐饮成本的重要组成部分。酒水成本控制以酒吧间的鸡尾酒成本控制为主。各个餐厅的酒水成本因以瓶酒销售为主，其成本控制重点在酒水进价成本。酒吧间的酒水成本控制方法是：第一，制定鸡尾酒的标准成本。它是根据鸡尾酒的标准配方和标准用量制定的。以杯酒标准成本为主。第二，检查实际成本消耗。其具体方法也是以抽查为主，一般每周应抽查 1 ~ 2 次，以检查杯酒实际成本和酒吧实际成本消耗的合理程度。第三，分析成本差额，填写“成本误差报表”，提出改进措施。表 10–15 为酒吧杯酒销售成本控制报告表。

表 10-15　酒吧杯酒销售成本控制报告表

酒吧________　报告期________　制表人________

酒水名称	标准成本		实际成本		标准成本（元）	实际成本（元）	成本差额（元）	成本率差额（%）
	成本率（%）	杯酒价（元）	售出数量（杯）	每杯成本（元/杯）				
1	19.5	14.67	30	2.82	85.82	84.6	−1.22	−0.28
2	20.6	15.78	20	3.28	65.01	65.6	0.59	0.19
3	18.4	11.85	35	2.10	76.31	73.5	−0.68	−0.68
4	14.9	23.07	30	3.45	103.12	103.5	0.05	0.05
5	22.8	18.77	45	4.18	192.58	188.1	−0.53	−0.53
合计	19.31	16.92	160	3.22	522.84	515.3	−0.28	−0.28
存在问题	1. 2. 3. 4.			改进建议	1. 2. 3. 4.			

（五）餐厅原料成本控制

餐厅原料成本控制包括食品原料成本和饮料成本。其成本控制方法是以餐厅为基础，根据标准成本率和实际销售收入统计资料及实际成本核算统计资料来进行，是餐饮食品和饮料成本控制的汇总。在实际工作中，只要确定了每个餐厅的标准成本率，即可根据食品和饮料的销售收入核定标准成本额，然后即可将实际成本消耗与标准成本比较，分析成本差额及其存在问题，进而找出存在问题的原因，提出改进措施。餐厅成本控制一般每周检查汇总一次。

在餐饮管理上述各种原料成本控制方法中，每种控制方法都必须事先规定标准成本的数额或变动幅度。如价格差、数量差、成本差的控制幅度，库房成本控制中的平均库存、资金周转的相对误差变动幅度，厨房、餐厅成本控制中的份额成本、期间成本的相对变动幅度等，并以此作为判断实际成本消耗合理程度的依据。只有这样，才能做好日常成本控制工作。

五、餐饮可控费用成本控制方法

餐饮可控费用主要包括餐茶用品费用、能源消费费用和直接人工成本三个方面。其成本控制方法都是以月度为基础，以预算费用消耗额为标准，每月分析实际成本及其与预算消耗额之间的差额，进而分析原因，提出改进措施，达到成本控制的目的。

（一）餐茶用品费用控制

餐茶用品包括餐具、茶具、酒具、台布口布、客用物品、清洁用品等。这些用品部分属于一次性消耗物品，如茶叶、餐巾纸等，大多属于多次性消耗物品。餐茶用品的费用控制是在月度预算的基础上，根据每月餐茶用品消耗核算的统计数字来进行的。将每月实际消耗的费用和预算比较，即可分析成本差额。

（二）能源消耗费用控制

餐饮能源消耗包括水费、电费、燃料等费用。它们都属于餐饮营业费用的范围。在餐饮管理中，这些费用都是每月事先做出费用预算，由此形成标准费用，然后每月根据核算的实际消耗额与标准费用比较，分析费用差额，提出改进措施。

（三）人工成本控制

人工成本既是餐饮成本的重要组成部分，又是创造餐饮收入和利润的重要条件。人是生产力中最积极、最活跃的因素。餐饮管理必须坚持以人为本，合理使用人员和安排人工成本消耗。因此，控制人工成本绝不是要减少员工工资待遇，而是要合理安排人员结构，提高劳动效率。餐饮人工成本的内容主要包括基本工资、奖金工资、社会统筹、员工福利。其控制方法是以月度为基础，根据月度预算和各月人工成本实际发生额来进行的。方法仍然是分析两者的差额，找出存在问题，及时提出改进用人的措施。

核心要义复习题

1. 什么是餐饮产品成本？其成本构成是怎样的？
2. 餐饮产品成本从不同角度分类各有哪些类型？请分别说明其成本种类及每项成本的定义。
3. 餐饮产品成本核算要做好哪些基础工作？怎样处理成本核算中的成本误差？
4. 餐饮产品成本核算方法有几种？各适用于哪种情况？请分别说明。
5. 餐饮产品成本核算的工作步骤是怎样的？厨房成本核算和会计成本核算有何区别和联系？

6. 什么是餐饮成本控制？其成本控制的主要依据是什么？

7. 餐饮成本控制的工作步骤是怎样的？请绘出成本控制流程图。

8. 食品原材料成本控制主要包括哪些环节？请以采购和生产成本控制为例，定量说明成本控制方法。

9. 餐饮可控费用消耗控制方法有哪些？请以餐茶用品消耗控制为例，定量说明其费用控制方法。

定量管理练习题

1. 厨房领竹笋 48 千克，进价 4.2 元 / 千克，加工后得笋片 25.4 千克，求笋片单位成本和净料率。

2. 厨房领田鸡 58 千克，进价 12.5 元 / 千克，经加工拆卸处理，得田鸡腿 22.4 千克，田鸡肉 26.6 千克，其余为下脚料，无价值。分档原料价值比分别为 54.6%和 45.4%，求分档原料单位成本。

3. 厨房生产三鲜馅饺子一批，用料见表 10–16，加工后得馅料 18.4 千克。请核算三鲜馅料单位成本。

表 10–16　馅料成本资料

原料	用量（千克）	单价（元 / 千克）	成本（元）	备注
精肉	9.8	12.5		
肉皮	2.5	8.6		
香油	0.4	18.8		
红醋	1.2	1.45		
酱油	1.5	1.2		
生姜	0.4	5.6		
味精	0.05	98.6		
鲜菜	4.2	18.6		
其他	—	7.5		

4. 某酒店餐饮成本核算员 1 周内对 4 种餐饮产品成本消耗进行了三次抽样测定，结果见表 10–17。酒店要求成本误差在 ± 2%以内，请分析成本消耗合理程度。

表 10–17 产品成本抽查资料 单位：元

产品	标准成本	抽样测定记录			平均成本
		1	2	3	
a	8.45	8.95	9.04	8.62	
b	11.28	11.18	11.32	11.56	
c	12.85	12.85	12.98	13.04	
d	9.46	9.27	9.34	9.18	

5. 厨房进甲鱼 12.8 千克，进价 260.4 元。烹制甲鱼汤，配料成本 9.84 元，调料成本 3.26 元，加工后，清汤盛 40 份。甲鱼取出制作其他产品，重 8.4 千克。清汤和甲鱼价值比分别为 48.6%和 51.4%，请核定甲鱼汤和甲鱼单位成本。

6. 某厨房 6 月 8 日对分类产品进行成本核算，资料见表 10–18。成本误差要求为 ± 2.5%，请核定与分析成本消耗。

表 10–18 分类产品成本资料

分类	核算记录中的成本（万元）				当日收入（万元）	标准成本率（%）	备注
	领料单	转账单	调拨单	调整数			
热菜	1.32	0.48	– 0.52	0.03	3.468	36.25	
冷荤	0.64	0.21	0.19	– 0.08	1.674	35.46	
面点	0.09	0.32	– 0.27	—	0.395	34.72	
主食	0.12	– 0.54	– 0.46	—	0.648	32.18	

7. 中餐厨房接到团体订单一份，内容及要求如下。请做好团体用餐成本核算与安排。

名称：文化考察团　　人数：28 人

标准：185 元 / 人 / 天　　时间：3 天

起止：7 月 5 日至 7 日　　毛利：早餐 65%，正餐 50%

餐别：早西餐、正中餐　　酒水：每人每天 8 毛，毛利率 50%

风味：广东菜

餐别费：热菜 85%

冷荤 15%

餐别费：早 20%，正 40%

要求：不食动物内脏

即测即评

参考文献

[1] 杨小鹏. 白天鹅宾馆管理实务. 广州：广东旅游出版社，1991.

[2] 蔡万坤，袁宗堂. 中国旅游企业管理大全. 北京：经济管理出版社，1992.

[3] 陈军. 改革开放大潮中的北京建国饭店. 北京：经济管理出版社，1992.

[4] 郭亚东. 西餐烹调技术. 北京：高等教育出版社，1991.

[5] 刘总路. 旅游饭店厨房成本核算. 北京：高等教育出版社，1990.

[6] 蔡万坤. 饭店宾馆优质服务知识. 北京：航空工业出版社，1993.

[7] 陈旭华. 北京兆龙国际酒店管理公司管理规范. 北京：经济管理出版社，1994.

[8] 蔡万坤，郝四平. 餐饮企业市场准入管理. 北京：北京大学出版社，2007.

[9] 蔡万坤，靳星. 餐饮企业总经理管理. 北京：北京大学出版社，2008.

[10] 蔡万坤，靳星. 餐饮企业行政总厨管理. 北京：北京大学出版社，2007.